本书获得湖南省社科基金项目“图书馆知识管理范式构建研究”
和湘潭大学学术著作出版基金的资助，特此致谢。

图书馆知识管理
范式研究

The Paradigm of Library Knowledge Management

龚蛟腾◎著

知识产权出版社
全国百佳图书出版单位

内容提要

图书馆经历了"文献管理范式"和"文献信息管理范式"两次变革，目前正在进行着迈向"知识管理范式"的第三次变革。基于库恩科学革命的范式理论，本著作提出了图书馆知识管理的"三维"范式体系，探讨了图书馆知识管理范式的业务维度、技术维度与制度维度，并阐述了图书馆知识管理的发展趋势。

责任编辑：张水华　杨晓红

图书在版编目（CIP）数据

图书馆知识管理范式研究/龚蛟腾著.
—北京：知识产权出版社，2013.9
ISBN 978-7-5130-2270-5

Ⅰ.①图…　Ⅱ.①龚…　Ⅲ.①图书馆管理—知识管理—研究　Ⅳ.①G251

中国版本图书馆 CIP 数据核字（2013）第 217899 号

图书馆知识管理范式研究

The Paradigm of Library Knowledge Management

TUSHUGUAN ZHISHI GUANLI FANSHI YANJIU

龚蛟腾　著

出版发行：知识产权出版社

社　址：	北京市海淀区马甸南村 1 号	邮　编：	100088
网　址：	http：//www. ipph. cn	邮　箱：	bjb@ cnipr. com
发行电话：	010-82000860 转 8104 / 8102	传　真：	010-82000860
责编电话：	010-82000860 转 8389/8114	责编邮箱：	miss. shuihua99@ 163. com/1152436274@ qq. com
印　刷：	知识产权出版社电子制印中心	经　销：	新华书店及相关销售网点
开　本：	787mm×1092mm　1/16	印　张：	19. 25
版　次：	2013 年 10 月第 1 版	印　次：	2013 年 10 月第 1 次印刷
字　数：	380 千字	定　价：	55. 00 元

ISBN 978-7-5130-2270-5

序

自1994年起，我就跟“图书馆”与“图书馆学”结下了不解之缘。从山峦起伏的资江之滨来到了湘潭大学、武汉大学、北京大学与国家图书馆，或在大学课堂聆听真知灼见，或在高校图书馆贡献青春激情，或在大学讲台阐述一知半解，或在科研圣地从事学术涂鸦。所有的这一切，都紧紧围绕“图书馆（学）”而展开。一路走来，一路思索。图书馆是什么？图书馆将何去何从？这些问题是图书馆事业发展不可回避的中心议题，也是图书馆学发展不容忽视的核心内容。

1977年，福克（H. Falk）提出：“图书馆也将逐渐消亡，它们的历史使命业已完成”。① 1978年，兰开斯特（F. W. Lancaster）指出：“我们正在迅速地、不可避免地走向一个无纸的社会”。② 1982年，他又预言：“在下一个二十年，现在的图书馆可能完全消失。”③ 2003年初，比尔·盖茨（B. Gates）公开宣布：“不消灭书本和纸张死不瞑目。”④ 于是乎，图书馆消亡论充斥图书馆界乃至整个社会。这不能不引起我的高度关注与深入思考：我们是图书馆的掘墓人，还是图书馆的开拓者？

古往今来，无论是古代的“藏书楼”，还是近现代的“图书馆”，抑或是未来的“数字图书馆”，究其本质都是人类知识的集散中心——肩负着社会知识交流的重要职责。尽管“图书馆”形态已经发生了并且还将发生很大的改变，但是图书馆收集、整理、保管与传播知识的职能将永恒存在！没有知识的生产、传播与利用，我们的祖先不可能走出茹毛饮血时代。没有知识的积淀、借鉴与传承

---

① H. Falk. The impact of computers on book and journal publication. In：J. L. Divilbiss. The economics of library automation. The 13th Annual Clinic on Library Applications of Data Processing. Graduate School of Library Science，University of Illinois at Urbana-Champaign，April 25-28，1976：72-82

② ［美］F. W. Lancaster著，陈光祚等译．情报检索系统——特性、试验与评价（第二版）．北京：书目文献出版社，1984：366

③ ［美］F. W. Lancaster著，郑登理，陈珍成译．电子时代的图书馆和图书馆员．北京：科学技术文献出版社，1985：150

④ 张林桂．以纸为承载体的印刷100年也不会消失．广东印刷，2003（6）：14-15

所产生的"社会遗传"，我们的社会不可能取得丝毫的发展与进步。在知识存取活动之中，图书馆素有"舍我其谁"的担当。因此，从"知识管理"的角度来说，图书馆是一个伴随人类始终的知识管理组织。在知识经济时代，图书馆不是恐龙家族的继承者，而是知识海洋的弄潮儿！

2001年，台湾图书馆学家胡述兆先生在海峡两岸发起了一场关于图书馆定义的大讨论，认为"传统图书馆的定义，已经失去时宜，不符资讯社会（Information Society）需要"，提出"图书馆是为资讯建立检索点并为使用者提供服务的机构（Library is an institution which is to establish access points for information and to provide services for its users）。"① 2002年，我在侯经川先生的引荐下，积极从事图书馆新定义的探讨工作。2003年之后，我们从"知识"和"知识管理"视角入手研究"图书馆"，发表了《浅论知识馆（图书馆）定义》、《公共知识中心与公共知识管理——再论图书馆的本质和定义》、《公共知识管理学——关于图书馆学的本质思考》、《知识管理学：图书馆学之上位学科》、《公共管理框架下的公共知识管理》、《公共管理学体系中的公共知识管理学》、《元知识与元知识管理（学）——关于书目情报与目录学本质的探讨》、《图书馆知识管理范式探究》、《国内外图书馆知识管理研究综述》和《图书馆学上位学科再探究：知识管理学还是公共管理学》等系列学术论文，提出了公共知识管理学说。

图书馆知识管理是以知识资源管理为主导的知识管理，即视知识资源为管理对象的"知识被管理"／"知识的管理"，同时需要以"知识型管理"／"知识地管理"作为"科学管理"的方式方法。探索图书馆知识管理是时代赋予我们的重任，无疑具有极其重要的研究意义。首先，图书馆知识管理是知识管理不可或缺的重要组成部分，离开了它社会发展就会面临无比巨大的损失。其次，图书馆知识管理是图书馆事业可持续发展的不二法门，离开了它，图书馆事业就会面临全面坍塌的局面。最后，图书馆知识管理是图书馆学发展的必然趋向，离开了它，图书馆学就会面临无所适从的危机。

当前图书馆知识管理研究还处于初级阶段，尽管人们在知识共享、知识服务和知识保障等方面达成了基本共识，但仍有许多问题没有取得一致意见。近30年来，图书馆学界"知识交流论"、"知识组织论"、"知识服务论"、"知识管理论"、"知识集合论"、"公共知识管理论"与"知识资源管理论"等相继兴起。

---

① 胡述兆. 为图书馆建构一个新的定义. 中国图书馆学会会报（台湾），2001（66）：1-4

这些学说都闪烁着创建者思想的光芒，都认为知识管理是图书馆管理的内核或根本，它们共同吹响了新世纪图书馆知识管理研究的号角。然而，这些成果只是初步揭示了图书馆知识管理的本质，刚刚开启了图书馆知识管理大厦的大门。

我们通过对国内外图书馆管理研究现状与研究动态的统计分析，捕捉到图书馆知识管理是图书馆界的研究热点、焦点与难点。基于库恩科学革命理论的范式考察，我们发现图书馆经历了文献管理范式、文献信息管理范式两个阶段，现在正处于科学革命时期，并且其知识管理范式的雏形已现。图书馆事业可持续发展离不开图书馆业务、图书馆技术和图书馆制度，无疑图书馆知识管理业务、图书馆知识管理技术和图书馆知识管理制度是图书馆知识管理范式的三个维度。于是，我们在洞悉图书馆知识管理永恒使命的基础上，重点探讨图书馆知识管理的三维范式，并提出图书馆知识管理的发展路径。

其一，图书馆知识管理范式的业务维度。当前，复合型图书馆的知识搜集通常指对实体文献知识、本馆数字知识、网络虚拟知识和特色馆藏知识的搜集，知识组织包括显性知识资源组织和隐性知识资源组织，知识服务主要指知识资源共享服务、数字参考咨询服务、网络知识导航服务和知识资源特色服务等。传统图书馆的“文献流”业务正在迈向数字图书馆的“知识流”业务，因此转型期的复合型图书馆则必须承担“文献流”加“知识流”的混合式业务。相应地，图书馆业务部门重组必须从基于“文献流”的“功能部”偏向基于“知识流”的“专业部”，可设置馆藏建设部、技术发展部、知识服务部、用户培训部和课题研究部等部门。

其二，图书馆知识管理范式的技术维度。图书馆事业的发展史，亦是一部图书馆技术进步的历史。图书馆技术水平的高低，最终决定着图书馆事业和图书馆学的发展阶段。图书馆知识管理是一个技术体系，涵盖了知识的生产、分享、应用以及创新等各个环节，承担了知识存储、知识组织、知识控制、知识检索、知识服务等功能。数字技术拓展了知识资源，书目技术优化了知识组织，网络技术推动了知识服务。知识结构化和知识文档管理是知识组织的重要方式，MARC 和 DC 是网络知识控制的基本格式，全文搜索和搜索引擎是知识检索的主要工具，网络化、智能化和个性化是知识服务的发展方向。

其三，图书馆知识管理范式的制度维度。社会知识交流孕育了图书馆，也催生了图书馆制度。图书馆知识管理制度是知识活动理性选择的产物和社会制度不可或缺的部分，因而它是一种社会安排。在充分考察图书馆活动的历史进程的基础上，本书阐述了图书馆知识管理的制度变迁。图书馆知识管理制度具有极其重要的社会功能，如构建公众的知识保障体系，履行知识的公共管理职责，规范图书馆知识管理活动，以及完善社会的知识产权制度。图书馆知识管理法律制度、规章制度和运作制度是图书馆知识管理制度的三个层面，它们共同促进图书馆知识管理事业的发展。

图书馆知识管理业务、技术和制度是一个相辅相成的系统工程，图书馆知识管理技术和图书馆知识管理制度共同约束下的图书馆知识管理活动就是图书馆知识管理业务，图书馆知识管理业务的发展又促进图书馆知识管理技术与图书馆知识管理制度的进步。知识管理作为新兴的潮流和学科只有区区几十年，图书馆知识管理更加年轻。在图书馆知识管理范式草创时期，理论研究和实践探索是图书馆知识管理两个极其重要的方面。只有继续加强这两个方面的发展，图书馆知识管理才能更加稳健地迈向未来；只有从国内外图书馆知识管理流派中提取最大公约数并完成从“文献信息管理”到“知识管理”的“格式塔”转换，图书馆管理才能真正步入“知识管理”范式时代。

本书脱胎于博士论文，先后受益于大师点拨。2005 年 9 月至 2008 年 6 月，我有幸拜读于彭斐章教授门下。恩师德高望重、学识渊博、治学严谨、造诣深厚、思想敏锐，在潜移默化中不断净化我浮躁的心灵，感化我愚顽的头脑，启迪我无穷的智慧，传授我无尽的知识。多年来，恩师的谆谆教诲、悉心指导和不懈栽培，使我受益匪浅。在稿件撰写过程中，亦得到了本科班主任侯经川教授和博士后导师王子舟教授的无私教诲，这是我人生征途中终生受益的宝贵财富。他们严谨的治学态度、孜孜不倦的创新精神永远激励着我继续前进，我在此对恩师们表示最崇高的敬意和最衷心的感谢！无字之碑昭日月，无声之境胜有声，无言之巾表真情！任何语言都难以表达我的至高爱戴，感恩的心本人决不能失去！

此外，还有我幕后的至亲，父母姣妻三儿①。感谢天，感谢地，感谢命运让我们相遇！特别的谢，给特别的你！最后，我再次对良师益友和家人从内心深处道一声“谢谢”！并向被我引用、参考过的文献作者表示深深的谢意！

龚蛟腾

2013 年 6 月于国图

---

① 妻名王凤姣，子名龚三益，故称姣妻三儿。

目　录

0 引言

2001 年，台湾图书馆学家胡述兆先生在海峡两岸发起了一场关于图书馆定义的大讨论，认为“传统图书馆的定义，已经失去时宜，不符资讯社会（Information Society）需要”，“为使图书馆不受社会与时代的影响，得以成为一个永续存在的机制，特为其建立一个新定义……作为一个供大家讨论的议题：图书馆是为资讯建立检索点并为使用者提供服务的机构（Library is an institution which is to establish access points for information and to provide services for its users）。”① 于是，我们怀着满腔的热情、责任与执著，从“知识管理”的角度积极探索图书馆、图书馆事业与图书馆学的发展道路。2003 年以后，《浅论知识馆（图书馆）定义》②、《公共知识中心与公共知识管理——再论图书馆的本质和定义》③、《公共知识管理学——关于图书馆学的本质思考》④、《知识管理学：图书馆学之上位学科》⑤、《公共管理框架下的公共知识管理》⑥、《公共管理学体系中的公共知识管理学》⑦、《元知识与元知识管理（学）——关于书目情报与目录学本质的探讨》⑧、《图书馆知识管理范式探究》⑨、《国内外图书馆知识管理研究综述》⑩ 和《图书馆学上位学科再探究：知识管理学还是公共管

---

① 胡述兆．为图书馆建构一个新的定义．中国图书馆学会会报（台湾），2001（66）：1-4

② 龚蛟腾．浅论知识馆（图书馆）定义．图书馆学研究，2003（5）：8-10

③ 龚蛟腾，侯经川，文庭孝．公共知识中心与公共知识管理——再论图书馆的本质和定义．中国图书馆学报，2003，29（6）：14-18

④ 龚蛟腾，侯经川，文庭孝．公共知识管理学——关于图书馆学的本质思考．大学图书馆学报，2003，21（6）：2-6

⑤ 龚蛟腾．知识管理学：图书馆学之上位学科．中国图书馆学报，2006，32（5）：80-83，87

⑥ 龚蛟腾，文庭孝．公共管理框架下的公共知识管理．图书情报工作，2006，50（6）：93-97，111

⑦ 龚蛟腾．公共管理学体系中的公共知识管理学．图书情报工作，2007，51（5）：86-89，117

⑧ 龚蛟腾．元知识与元知识管理（学）——关于书目情报与目录学本质的探讨．图书与情报，2008（1）：29-33

⑨ 龚蛟腾．图书馆知识管理范式探究．图书馆理论与实践，2008（4）：6-9

⑩ 龚蛟腾．国内外图书馆知识管理研究综述．中国图书馆学报，2008，34（5）：79-84

理学》① 等学术论文相继见刊。在图书馆知识管理这个极具挑战性的课题研究中，我多次得到良师益友的赐教与启发，并不懈寻觅，以期在美丽的海滨拾到些许贝壳。

0.1 图书馆知识管理的研究意义

知识是人类文明的产物和标记，也是人们活动的工具与力量。中华民族正处于复兴的关键时期，科教兴国、学习型社会、全面小康社会、WTO 游戏规则、全球一体化潮流等要求我们建立全社会共建共享的公共知识资源保障体系。图书馆作为公共文化服务体系的重要组成部分，极大地促进了知识资源的开放共享、自由获取与平等利用，为实现“中国梦”提供了至关重要的前提条件。然而，在“数字地球村”时代，图书馆事业却面临前所未有的全球网络环境的冲击，它到底将何去何从？一方面，图书馆与图书馆学即将成为恐龙的谬论必须肃清；另一方面，蓬勃发展的数字图书馆实践急需理论指导。图书馆事业繁荣是我国现代化建设健康、持续、快速发展的条件之一，对此图书馆人肩负着“舍我其谁”的历史重任。运用科学方法研究图书馆知识管理，通过完善图书馆学理论来“以正视听”并指导图书馆实践工作，这对我国图书馆事业发展具有特殊的重要的历史意义。

0.1.1 社会发展离不开知识管理

人与动物的根本区别之一在于人会积累知识，而动物的每一代都必须从头开始。知识通过广泛传递与长期积累成为了社会进步的关键因素，并不断地进行所谓的“社会遗传”，这最终促使人类走出动物界而踏上文明之旅。没有知识的生产、传播与利用，我们的祖先就不可能走出茹毛饮血时代。毋庸置疑，人类文明是知识不断创造与积淀的结果，社会发展进程中的每一小步都离不开知识的贡献！从农业经济形态到工业经济形态再到知识经济形态，知识始终都是经济增长和社会进步的不竭动力，它对经济发展的贡献率不断提高。有关统计表明：科技进步对经济增长的贡献率，已从 20 世纪初的 5％～20％提高到 20 世纪 70-90 年代的 70％～80％，而在全球信息高速公路建成后将提高到 90％。② 科技知识对生产力的作用无比巨大，它促使生产力至少产生三次飞跃，经历了从农业经济时期

---

① 龚蛟腾．图书馆学上位学科再探究：知识管理学还是公共管理学．中国图书馆学报，2008，34（2）：24-28

② 杨博文．科技革命与全球竞争．北京：石油工业出版社，2008：99

的无足轻重到工业经济初期的“和数效应”然后到工业经济鼎盛期的“倍数效应”再到知识经济时代的“指数效应”的巨变过程。这就是说：农业经济时期，生产力=劳动者+劳动资料+劳动对象；工业经济初期，生产力=劳动者+劳动资料+劳动对象+科学技术；工业经济鼎盛期，生产力=（劳动者+劳动资料+劳动对象）×科学技术；知识经济时期，生产力=（劳动者+劳动资料+劳动对象）^{高科技}。① 科学技术是第一生产力，知识比资本更为重要。21 世纪的竞争是知识的竞争，谁占有了知识，谁就占据了竞争的制高点。知识经济时代，不仅是一个知识资源占据首要地位的时代，而且是一个知识创新形成核心竞争力（Core Competence）的时代。有知识就必然有知识管理，知识与知识管理始终形影相随。社会发展离不开知识活动，知识活动离不开知识管理。因此，知识管理是社会发展不可或缺的基本要素，它在国内外已经引起了人们的普遍重视和高度关注。

0.1.2 图书馆始终承载知识管理

“知识就是力量”！弗兰西斯·培根（F. Bacon）的名言家喻户晓。然而，人们往往忽略紧接名言之后至关重要的阐释：“知识的力量不仅取决于其自身的价值大小，更取决于它是否被传播以及被传播的深度和广度。”② 只有在不断流转之中，知识才能更好地应用与增值。知识管理不仅需要在单个组织内部进行深入探讨，而且必须置于人类社会发展大背景中系统考察，即从知识集散与社会交流的互动关系角度进行全面研究。人类需要一种进行知识扩散与交流的社会机制，而图书馆则正是这种机制最主要的表现形式。图书馆知识管理承担着社会知识集散的职责与功能，是人类知识发生“社会遗传”的重要场所。波普尔有两个著名的思想实验：实验一为“我们所有的机器和工具都毁坏了，我们所有的主观学问……也毁坏了。但是图书馆以及我们从图书馆中学习的能力却保存下来……我们的世界还会重新前进”；实验二为“如前，机器和工具毁坏了，我们的主观学问……也毁坏了。但这一次，所有的图书馆也毁坏了……我们的文明在几千年内不会重新出现”。③ 由此可见，图书馆作为知识集散的社会机制，对人类文明的传承与发展起着巨大的作用。图书馆知识管理是人类知识管理的重要组成部分，

---

① 杨东升．促进人的全面发展研究．北京：中国文联出版社，2007：193

② 谢清果．中国科学文化与科学传播研究．厦门：厦门大学出版社，2011：2

③ ［英］K. R. Popper 著，纪树立编译．科学知识进化论——波普尔科学哲学选集．北京：生活·读书·新知三联书店，1987：311

知识管理理论与实践绝不能忽视图书馆知识管理的贡献。在知识经济与知识管理的直接推动下，图书馆知识管理研究好似百花齐放，图书馆知识管理实践犹如星火燎原。

0.1.3 图书馆事业发展困境破解

1977 年，福克（H. Falk）提出：“图书馆也将逐渐消亡，它们的历史使命业已完成。”① 1978 年，兰开斯特（F. W. Lancaster）指出：“我们正在迅速地、不可避免地走向一个无纸的社会。”② 1982 年，他又预言“在下一个二十年，现在的图书馆可能完全消失。只留下几个保存过去的印刷资料的机构”。③ 2003 年初，比尔·盖茨（B. Gates）造访西班牙皇家学院时在新闻发布会上公开宣布：“不消灭书本和纸张死不瞑目”。④ 2010 年，OLPC⑤ 项目创建人尼古拉斯·尼葛洛庞帝（N. Negroponte）在美国加州太浩湖举行的 Techonomy 技术大会上公开表示：今后 5 年内，纸质书籍将逐步消失。⑥ 他还指出亚马逊 Kindle 数字图书销量已超过了相应纸质书，表明“数字图书取代纸质书是大势所趋，这一局面的到来无需等上 10 年，而只需 5 年”。⑦ 当前，电子书籍销售急剧增长的事实，无疑对纸质书籍造成了较大的冲击。图书消失了，图书馆收藏什么？图书馆消失了，图书馆学研究什么？20 世纪 80 年代末期之后，美国图书馆学教育江河日下，芝加哥大学图书馆研究生院和哥伦比亚大学图书馆学院等知名学院接连关闭，截至 1994 年已经关闭或行将关闭的图情学院达 19 所之多⑧。国内图书馆学教育机构纷纷转向、减招甚至停招，图书馆学步履维艰而委身于信息管理（学），专业教学泛信息化与本科教育日益萎缩……1998 年 7 月，随着教育部将 500 多个本科专

---

① H. Falk. The impact of computers on book and journal publication. In：J. L. Divilbiss. The economics of library automation. The 13th Annual Clinic on Library Applications of Data Processing. Graduate School of Library Science，University of Illinois at Urbana-Champaign，April 25-28，1976：72-82

② ［美］F. W. Lancaster 著，陈光祚等译．情报检索系统——特性、试验与评价（第二版）．北京：书目文献出版社，1984：366

③ ［美］F. W. Lancaster 著，郑登理，陈珍成译．电子时代的图书馆和图书馆员．北京：科学技术文献出版社，1985：150

④ 张林桂．以纸为承载体的印刷 100 年也不会消失．广东印刷，2003（6）：14-15

⑤ OLPC 为“one laptop per child”的缩写，意指“学童人手一台笔记本电脑”。电脑中预装大量教科书，故学童无需使用纸质教科书。

⑥ 陈丽容．三网融合将优化网络资源利用．通信信息报，2010-08-11（A01）

⑦ 比尔·盖茨表示 5 年内网络教育大行其道．天津日报，2010-1 表 0-23（07）

⑧ 教育部高等教育司，全国高等学校教学研究中心编．信息管理类专业人才培养模式改革研究报告．北京：高等教育出版社，2005：53-54

业调整为249个，图书馆学本科专业分布从大约50个立刻缩减至20个①。而与图书馆学教育危机形成鲜明的对比：图书馆事业欣欣向荣，图书馆越建越漂亮，图书馆经费迅速攀升，图书馆技术设备越来越先进。程焕文先生曾经一针见血地指出图书馆学的发展现状："高涨的事业与低落的教育"②。实际上，图书馆学教育的"低落"难以承担专业人才培养大业，这将严重影响图书馆事业的持续"高涨"。③ 信息比特的海量剧增，导致人们淹没在信息海洋之中，却又经常忍受与面临知识的饥渴！显然，图书馆事业正在遭遇数字网络的洗礼，图书馆学面临巨大的危机、困境与机遇。因此，及时总结图书馆知识管理的研究成果和实践经验，认真探索能够应用于图书馆事业实践的理论与方法，准确揭示图书馆知识管理范式，无疑具有十分重要的理论价值和现实意义。图书馆是知识资源公平与自由获取的基本保障，知识管理是图书馆神圣而永恒的职责。图书馆学必须研究知识管理，图书馆学发展离不开知识管理。

0.1.4 图书馆学定位与归属探究

目前，从学科地位、教育规模和社会认同来看，图书馆学无疑是一门弱势学科。图书馆学研究对象众说纷纭，学科内容变幻莫测，学科定位模糊不清，学科归属几经变更。20世纪80年代以来，图书馆学在学科体系中就先后隶属于文学、理学和管理学。图书馆学学科性质变化莫测，在"社会科学"、"综合科学"、"应用科学"、"人文科学"、"交叉科学"、"社会应用科学"和"管理科学"等学科中漂泊不定。尤其令人不解的是：图书馆学的上位学科竟然是若干相关二级学科的并列与拼凑，如"图书馆、情报与档案管理"或"图书档案学类"。这种"拉郎配"的列举式一级学科名称，不仅在学科体系中绝无仅有，而且在学术概念划分与归类中亦令人匪夷所思，如此情况不知还要持续多久?！曾几何时，人

① 程焕文．危机种种——图书馆学信息学教育札记．图书馆，2000（1）：39-40

② 程焕文．高涨的事业与低落的教育．中国图书馆学报，2001，27（1）：67-70

③ 图书馆学教育在20世纪90年代末严重"萎缩"，21世纪初随着本科教学点与研究生教育的发展逐步恢复并有一定的发展。至2008年12月，我国共有50个高等院校和科研机构开展图书馆学专业教育，其中有29个本科专业、42个硕士授权单位、8个博士授权单位、5个"图书馆、情报与档案管理"博士后流动站（见：潘燕桃．中国大陆图书馆学教育发展现状及社会需求调查．中国图书馆学报，2009（6）：29-40）。至2011年，图书、情报与档案管理一级学科硕士学位授予单位47个，图书馆学二级学科硕士学位授予单位12个；图书馆学专业博士学位授予单位10个，即北京大学、中国人民大学、中国科学院文献情报中心、武汉大学、南开大学、南京政治学院上海分院、南京大学、吉林大学、中山大学与中国人民解放军后勤指挥学院（中国人民解放军后勤学院）（见：中国图书馆学会，国家图书馆．中国图书馆年鉴2012．北京：国家图书馆出版社，2013：707-708）。但是，在我国高等教育跨越式发展的宏观环境之中，图书馆学教育与其他专业教育的反差有进一步拉大的迹象。

们积极探索将图书馆学归属于“文献管理学”或“文献信息管理学”，可是这种颇有意义的尝试没有产生预期结果。当前，知识管理研究已经扩散到各个领域，图书馆知识管理研究也得到了持续发展。关于图书馆从事“知识管理”和图书馆学归属“知识管理学”的见解已经浮出水面，开展图书馆知识管理范式研究有利于使人们改变对图书馆界的模糊认识。

0.1.5 理论价值与应用价值分析

（1）理论价值。图书馆学教育低迷与图书馆事业兴盛的矛盾仍在加剧，图书馆学往何处去的问题不容回避。传统图书馆学需要经历与时俱进的变革，无纸化（数字化）的图书馆观念亦需继承其难以割舍的历史遗产。图书馆学理论创新与理论变革，只有在学术争鸣中才能逐渐完成。科学的图书馆学理论体系，是图书馆事业可持续发展的前提条件。在图书馆实践的基础上，系统总结与科学概括图书馆学的知识管理理论，有利于图书馆学摆脱所谓“前科学（潜科学）”的质疑而成为更加成熟的科学。图书馆知识管理的经验积累日渐丰富，迫切需要从学科发展的高度加以抽象和提炼，从而上升为图书馆知识管理理论。当前，图书馆知识管理研究虽然呈现出星火燎原之势，但是有内容分散且深度不够之弊。积极探索图书馆知识管理的内在规律及其范式体系，这对图书馆学的理论创新具有极其重要的意义。我们研究图书馆知识管理，探讨知识集聚、知识组织与知识服务的基本规律，必然促进图书馆学理论发展。只有形成完善的图书馆学知识管理范式，才能真正使图书馆学更加强健地屹立于学科之林。

（2）应用价值。数字存取与网络传播之革命，给图书馆事业和图书馆学的发展带来了巨大挑战与难得机遇。美国学者兰开斯特的“无纸社会”预言，事实上并没有如期而至。图书馆没有成为恐龙，反而生意盎然。知识管理是图书情报界的研究热点，开展有关知识整序、知识传播、知识技术、知识制度、知识开发与知识利用等问题的研究，有利于促进图书馆事业健康发展。实践是理论的先导，又需要理论来指导。理论是实践的指路明灯，没有科学的理论，就没有科学的实践。没有系统、完善的图书馆学理论指导的图书馆实践活动，只能是一种低层次的重复劳动。图书馆学界知识管理理论严重滞后，极大地束缚了图书馆事业实践和应用的发展。知识无序剧增而严重失控，这给知识搜索、组织、传播与利用带来了极大的不便。创新是一个民族进步的灵魂，是一个国家兴旺发达的不竭动力。没有知识创新就没有创新知识（拥有自主知识产权的知识），就谈不上高新科技成果的转化与应用，就不可能立足于知识社会。图书馆的“知识管理”活动，有利于人们有效获取与公平利用知识资源，这无疑具有极其重要的应用价值。图书馆人必须在图书馆学理论的指导下，深入研究图书馆知识管理实践活动，推动人类社会的知识交流与知识创新。

0.2 图书馆知识管理的研究现状

0.2.1 国外图书馆知识管理研究

20 世纪 70 年代以来，随着后工业经济、信息经济和高技术经济等概念相继出现，“知识经济”开始萌芽。1975 年，Chaparral Steel 公司实施了全球第一个知识管理项目，通过明确的知识管理活动来保持公司在技术和市场上的领先地位；1986 年，国际劳工组织主办的欧洲管理大会首次提出“知识管理（Management of Knowledge）”概念，并称其为新机会。①·②·③20 世纪 80 年代，管理大师彼得·德鲁克（P. F. Drucker）出版《知识社会的兴起》一书，不但明确提出知识经济的概念，而且萌发对知识进行管理的思想，被认为是知识管理的先驱。④ 20 世纪 70 年代发轫 80 年代兴起的“知识管理（Knowledge Management，简称 KM）”备受世人重视，美国学者彼得·德鲁克、保罗·斯特阿斯曼（P. Strassman）和彼得·圣吉（P. M. Senge）等为知识管理的发展做出了突出贡献。1990 年，联合国研究机构率先使用知识经济（Knowledge Economy）的概念；1996 年，世界经济合作与发展组织（OECD）在《以知识为基础的经济》的报告中明确提出知识经济的定义，即建立在知识的生产、分配和使用（消费）之上的经济。2003 年 12 月，在第二届 David Gruteen KM 会议上有学者提出：知识管理不是头脑中的存在，而是现实中的行动。⑤ 尤其值得关注的是，早在 1998 年一些知识管理志愿者就在华盛顿创立了第一个知识管理社区，在此基础上 2004 年国际知识管理协会（The International Knowledge Management Institute）又在弗吉尼亚州正式成立（2005 年在美国联邦成功注册，总部设于华盛顿）。国际知识管

---

① 王邦兆，王国栋，催金贵．企业管理概论．北京：中国时代经济出版社，2006：293-294

② 靖继鹏，马费成，张向先．情报科学理论．北京：科学出版社，2009：303

③ 至于“知识管理”一词，有人说最早来自于彼得·德鲁克的一句话，也有人认为是美国麻省莱克星顿镇著名的思图维星国际咨询公司首次提出的。见：邱均平．知识管理学概念．北京：高等教育出版社，2011：11

④ 王二高，周建华．知识管理与企业可持续发展．中国质量，2006（8）：44-46

⑤ 柯平，高洁．信息管理概论（第二版）．北京：科学出版社，2007：451

理协会聚集了全球著名的知识管理专家，先后在世界各主要国家设立分部，其中包括 2010 年在中国设立的国际知识管理协会北京分会。

知识经济已成为人类社会的主导经济，知识管理在社会生产生活中的作用越来越重要。因此，人们纷纷从战略管理、人本管理和信息管理等角度探索知识管理，积极开展知识管理实践并取得了诸多颇有价值的研究成果。自 20 世纪末以来知识管理的研究范围已经从企业界①,②扩展到社会活动的各个方面，如政府机构③、公益组织④,⑤、医疗卫生⑥,⑦,⑧,⑨、教育行业⑩,⑪,⑫、人力资源⑬等诸多领域。Dwivedi 等人通过对 1974–2008 年发表在同行评审期刊上 1043 篇有关知识管理的文献进行分析，发现有关知识管理组织和知识管理系统的研究最多，实证

① S. Durst and S. Wilhelm. Knowledge management in practice: insights into a medium–sized enterprise's exposure to knowledge loss. Prometheus, 2011, 29 (1): 23–38

② C. K. Cheruiyot, A. Jagongo and E. O. Owino. Institutionalization of Knowledge Management in Manufacturing Enterprises in Kenya: A Case of Selected Enterprises. International Journal of Business & Social Science, 2012, 3 (9): 127–138

③ M. A. T. Al–Sudairy and T. G. K. Vasista. Fostering knowledge management and citizen participation via E–Governance for achieving sustainable balanced development. IUP Journal of Knowledge Management. 2012, 10 (1): 54–64

④ Y. J. Chen, Y. M. Chen, and M. S. Wu. An empirical knowledge management framework for professional virtual community in knowledge–intensive service industries. Expert Systems with Applications, 2012, 39 (18): 13135–13147

⑤ Z. C. Leung, Knowledge management in social work: The interplay of knowledge sharing platforms. International Social Work, 2012

⑥ A. Kothari, N. Hovanec, R. Hastie and S. Sibbald. Lessons from the business sector for successful knowledge management in health care: A systematic review. BMC Health Services Research, 2011, 11 (1): 173

⑦ C. W. Chen. Modeling and initiating knowledge management program using FQFD: a case study involving a health care institute. , Quality & Quantity, 2012, 46 (3): 889–915

⑧ C. Kuiken, H. Yoon, W. Abfalterer, B. Gaschen, C. Lo, and B. Korber. Viral genome analysis and knowledge management. Methods in molecular biology, 2013, 939: 253–261

⑨ U. S. Aktharsha, H. Anisa and S. D. Ali. The Usage Behavior of Knowledge Management System in Hospitals. IUP Journal of Knowledge Management, 2012, 10 (2): 22–44

⑩ G. Guzman and L. Trivelato. Packaging and unpackaging knowledge in mass higher education–a knowledge management perspective. Higher Education. 2011, 62 (4): 451–465

⑪ Y. C. Yeh, Y. L. Yeh and Y. H. Chen. From knowledge sharing to knowledge creation: A blended knowledge–management model for improving university students' creativity. Thinking Skills and Creativity. 2012, 7 (3): 245–257

⑫ P. D. Brewer and K. L. Brewer. Knowledge Management, Human Resource Management, and Higher Education: A Theoretical Model. Journal of Education for Business, 2010, 85 (6): 330–335

⑬ M. Biasutti and H. EL–Deghaidy. Using Wiki in teacher education: Impact on knowledge management processes and student satisfaction. Computers & Education. 2012, 59 (3): 861–872

的、经验的、概念描述的等多种科研方法有机结合并收到了很好的成效。① Lee 等人搜集 1995–2010 年发表的 10974 篇有关知识管理的文献，采用共引分析、网络技术、战略图表等方法构建了一个知识管理研究趋势的动态视图，反映了知识管理本身及其相关研究的发展状况，表明知识管理的研究范围已经拓展到其他许多学科领域。② 显而易见，国外知识管理的活动领域急剧扩张，不仅在企业、政府、组织、社团等各个部门得到了广泛应用，而且在知识的组织、存储、转移、共享、应用与创新等诸多方面取得了系列成果。

欧美发达国家关于企业知识管理的研究与实践卓有成效，已经形成了较为完善的知识管理程序、模式、技术与方法。尽管国外越来越多的专家学者开始探究图书馆③,④,⑤,⑥等非赢利性组织的知识管理，但是图书馆学领域的知识管理相形见绌，且其研究主要侧重于技术应用方面。从 1994 年美国前总统克林顿提出建立“信息高速公路”开始，数字图书馆、电子图书馆、网络图书馆、虚拟图书馆的建设风靡全球，网络知识组织、分类、搜索等研究与应用取得了巨大的成就。但是，与此同时美国图书馆事业发展出现尴尬的局面，图书馆经费举步维艰，图书馆学研究院（所）不断被关闭。这又似乎佐证了美国图书馆学专家兰开斯特的预言：“无纸时代”即将到来，图书馆即将消失。这说明美国等西方发达国家图书馆事业整体发展水平较高，在实践中也取得了丰盛的成果，但是在图书馆学理论研究方面严重滞后，极大地制约了图书馆事业的发展。西方发达国家的一些重要的图书馆项目和国际组织资助的图书馆项目，都十分重视知识管理。

---

① Y. K. Dwivedi, K. Venkitachalam, A. M. Sharif, W. Al-Karaghouli, V. Weerakkody, Research trends in knowledge management: analyzing the past and predicting the future. Information Systems Management, 2011, 28 (1): 43-56

② M. R. Lee and T. T. Chen. Revealing research themes and trends in knowledge management: From 1995 to 2010. Knowledge-Based Systems, 2012, 28: 47-58

③ K. Yong-Mi and J. Abbas. Adoption of Library 2. 0 Functionalities by Academic Libraries and Users: A Knowledge Management Perspective. Journal of Academic Librarianship, 2010, 36 (3): 211-218

④ O. Porumbeanu. International perspectives: Implementing Knowledge Management in Romanian Academic Libraries: Identifying the Elements that Characterize their Organizational Culture. Journal of Academic Librarianship, 2010, 36 (6): 549-552

⑤ G. L. Persily and K. A. Butter. Reinvisioning and redesigning " a library for the fifteenth through twenty-first centuries": a case study on loss of space from the Library and Center for Knowledge Management, University of California, San Francisco. Journal of the Medical Library Association, 2010, 98 (1): 44-48

⑥ J. Mavodza and P. Ngulube. Exploring the use of knowledge management practices in an academic library in a changing information environment. South African Journal of Libraries & Information Science, 2011, 77 (1): 15-25

自1995年9月在休斯敦召开的Knowledge Imperative Conference上开展对知识管理讨论以来，有关知识管理的各种讨论会已达数百次之多；现在，出现了10种以上的知识管理期刊，成立了诸多知识管理专业组织和协会，如在美国就有国际知识管理联合体、知识经济学中心和知识管理专业学会三大组织。① 这为图书馆知识管理的发展奠定了良好的社会基础，国外图书馆界关于知识管理的研究成果日益增多。②,③,④,⑤,⑥知识管理是图书馆知识管理的理论基础，图书馆知识管理是知识管理的具体应用。考察图书馆知识管理，就不能脱离知识管理这个母体。学术论文、学位论文和学术专著是科研成果的结晶，它们反映了学术研究的发展现状与整体趋势。

EbscoHost检索平台的学术期刊数据库（ASP）、商业资源数据库（BSP）和图书情报学与技术文摘库（LISTA）的收录范围十分广泛，其中高质量的同行评审期刊就有4700多种。我们在题名字段用词组“knowledge management”检索这三个库中的同行评审学术期刊所刊载的论文。早在1974年，N. L. Henry就在Public Administration Review第34卷第3期发文Knowledge Management：A New Concern for Public Administration，探讨公共管理领域的知识管理。⑦ 此后，1975年、1976年、1987年、1990年、1992年分别都有知识管理论文见刊，但连续不断地刊载知识管理论文始于1994年，而图书情报领域的知识管理论文首次见刊始于1996年。⑧ 因此，我们以1994年为起点绘制知识管理学术研究趋势，如图0-1所示（符号含义见表0-1），其中KM表示所有同行评审期刊刊载的知识管理论文，KMLI表示图情领域同行评审期刊刊载的知识管理论文。

---

① 施琴芬，吴祖麒，赵康．知识管理视野下的隐性知识．中国软科学，2003（8）：96-102

② F. Daneshgar and M. Parirokh. An integrated customer knowledge management framework for academic libraries. Library Quarterly，2012，82（1）：7-28

③ H. F. Cervone. Knowledge management as a method for supporting digital library projects. OCLC Systems & Services，2011，27（4）：272-274

④ S. K. Baker. New Opportunities for Research Libraries in Digital Information and Knowledge Management：Challenges for the Mid-Sized Research Library. Journal of Library Administration，2007，46（1）：65-74

⑤ L. Ralph and C. Tijerino. Knowledge Management and Library Culture. College & Undergraduate Libraries，2009，16（4）：329-337

⑥ C. K. Maina. Traditional knowledge management and preservation：Intersections with Library and Information Science. International Information & Library Review，2012，44（1）：13-27

⑦ N. L. Henry. Knowledge Management：A New Concern for Public Administration. Public Administration Review. 1974，34（3）：189-196

⑧ P. E. Peters. From Serial Publications to Document Delivery to Knowledge Management. Serials Librarian，1996，28（1/2）：37-55

表 0-1 国外知识管理和图书馆知识管理研究成果图注符号对照表

符号	类型	数据库	检索词
KM	论文、著作	EbscoHost、Google	knowledge management
KML	著作	Google	（knowledge management）AND library
KMLI（图情领域）	论文	EbscoHost（LISTA）	knowledge management
KM（D）	博士学位论文	PQDT	knowledge management
KM（M）	硕士学位论文	PQDT	knowledge management
KML（D）	博士学位论文	PQDT	（knowledge management）AND library
KML（M）	硕士学位论文	PQDT	（knowledge management）AND library
KM（D&M）	博硕士学位论文	OCLC	knowledge management
KML（D&M）	博硕士学位论文	OCLC	（knowledge management）AND library

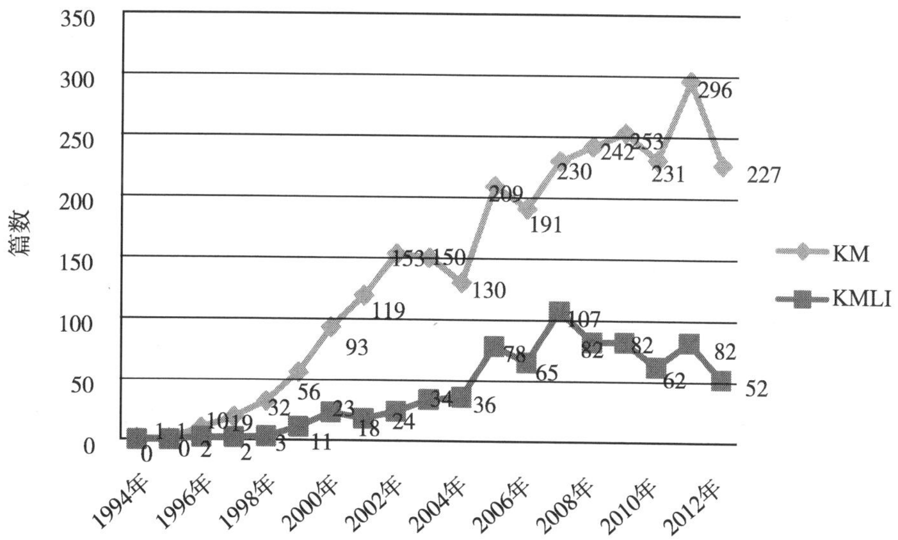

图 0-1 Ebsco1994-2012 年有关 KM 与 KMLI 的学术论文数

在欧美硕博论文文摘库（PQDT）的高级检索框中，我们选择“文档标题”字段并输入语词“knowledge management”或“（knowledge management）AND library”进行检索。1984 年北卡罗来纳州立大学的 S. Jayaraman 撰写了第一篇知识管理的博士学位论文，① 1989 年、1992 年又分别产生了知识管理博士学位论文 1 篇与 2 篇，但该领域连续性的博士学位论文和硕士学位论文分别始于 1998 年与 1999 年。检索结果表明，国外图书馆知识管理的博硕士学位论文均没有出现。我们以 1998 年为起点绘制的知识管理学术趋势如图 0-2 所示（符号含义见表 0-1），其中 KM（D）和 KM（M）分别代表有关“知识管理”的博士论文与硕士论文，KML（D）和 KML（M）分别代表有关“图书馆知识管理”的博士论文与硕士论文。

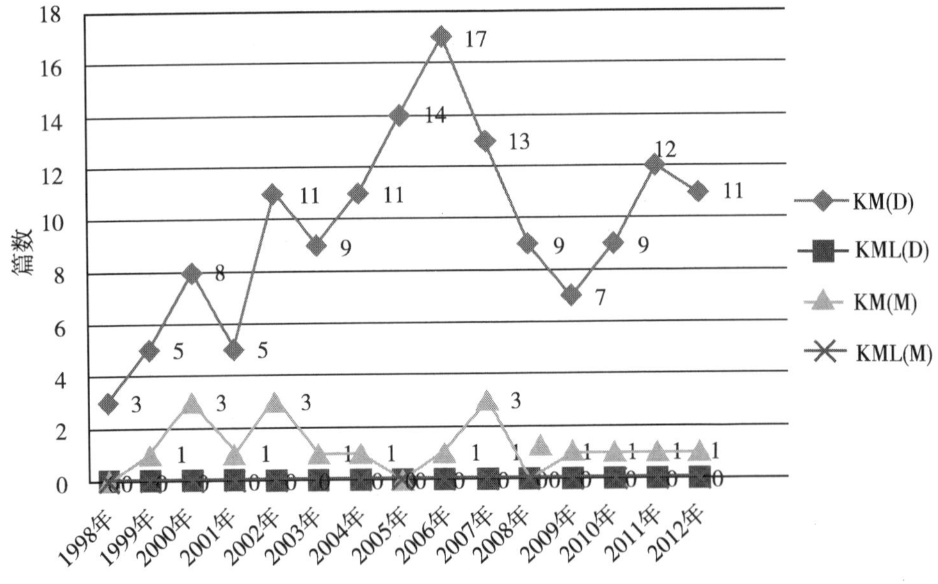

图 0-2 PQDT1998-2012 年有关 KM 与 KML 的学位论文数

OCLC（Online Computer Library Center, Inc.）是总部设在美国俄亥俄州的联机计算机图书馆中心，也是世界上规模最大的联机编目中心，其 WorldCat 数据库

① S. Jayaraman. Knowledge Management and Problem Solving in Textiles. North Carolina State University, 1984

是检索全球学术资料的首选。题名包括“知识管理”或“图书馆知识管理”的图书首次分别出现于1978年与1987年，而相应的博硕士论文第一次分别产生于1974年与1999年。我们以“知识管理”图书连续性出版的时间1982年为起点，用KM、KML、KM（D&M）、KML（D&M）分别表示题名含“knowledge management”的图书、题名含“（knowledge management）AND library”的图书、题名含“knowledge management”的博硕士学位论文、题名含“（knowledge management）AND library”的博硕士学位论文，获知全球图书与博硕士学位论文的发展趋势如图0-3所示（符号含义见表0-1）。

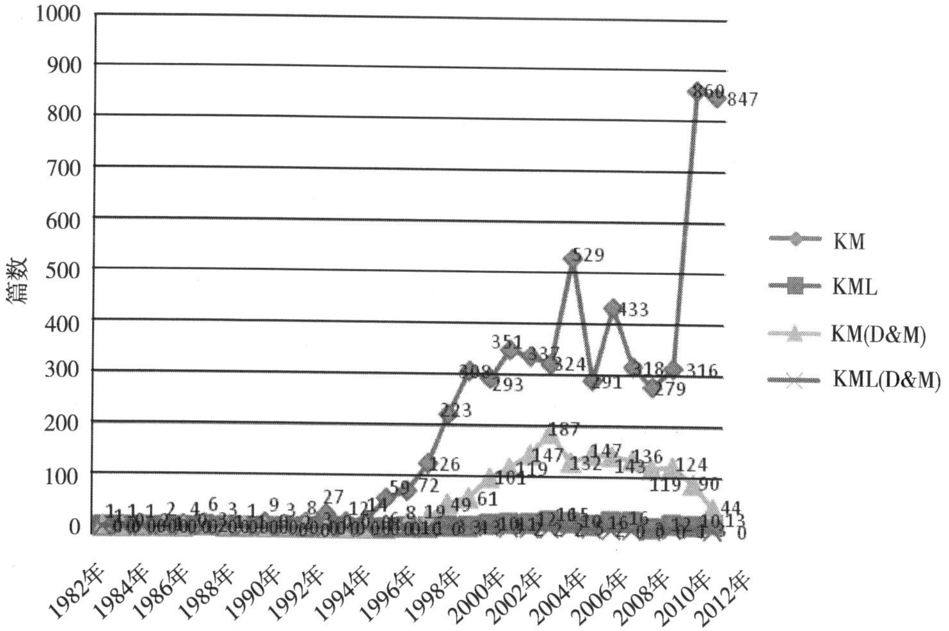

图0-3　OCLCWorldCat1982-2012年有关KM与KML的图书与博硕士论文数

Google通过实施“合作商计划”与“图书馆计划”，已经创建学术著作数量众多的“图书搜索”。第一部题名包括“知识管理”与“图书馆知识管理”的图书首次分别出现于1974年与1999年，1984年和1988年题名包括“知识管理”的图书又分别出现1部与2部。跟前述例子一样，我们以“知识管理”图书连续性出现的时间1991年为起点，用KM表示题名含“知识管理”的著作，用KML表示题名同时含“知识管理”和“图书馆”的著作，其学术趋势如图0-4所示（符号含义见表0-1）。

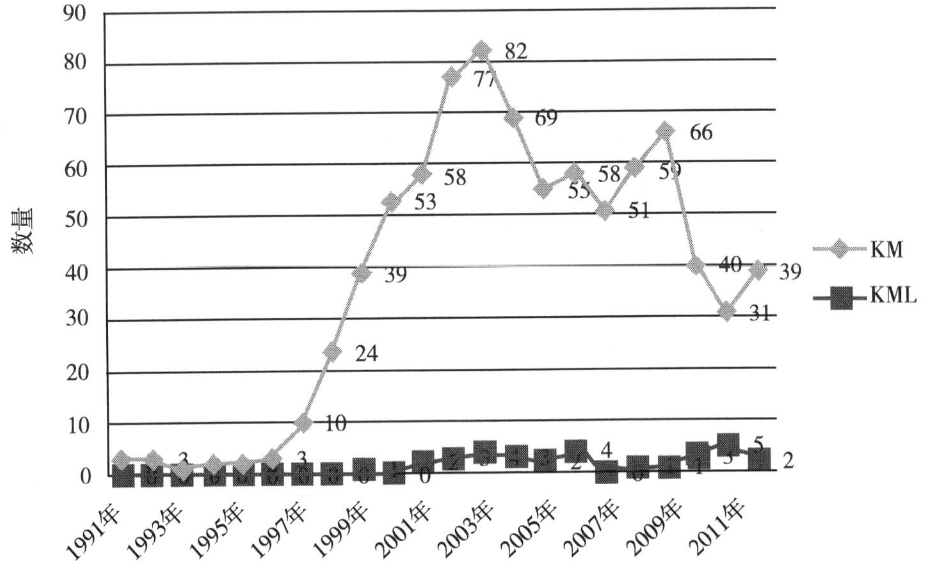

图0-4　Google1991–2012年题名包括KM与KML的图书数量

0.2.2　国内图书馆知识管理研究

20世纪80年代，在国外知识管理的推动下，我国图书馆知识管理逐步从幕后走到台前。1981年，我国学者彭修义指出“图书是知识的载体，图书馆学应当研究知识”①，并积极倡导人们研究“知识学”。1983年，宓浩已经认识到：知识的传承、利用和管理等活动“产生了图书馆这样一种负责文献典籍的收集、整理、保管、传播和利用的专职机构，假以进行人们之间的知识的有效交流”；“知识的组织和知识的传递，这就是图书情报工作的实质和基础内容”。② 1984年，宓浩和黄纯元提出：“图书馆活动的本质是社会知识交流”，“图书馆是社会知识交流的一种有效工具”，“应该把社会知识交流作为图书馆学基础理论的基

① 彭修义．关于开展“知识学”的研究的建议．图书馆学通讯，1981（3）：85–88

② 宓浩．良好的开端，更高的期望——评《图书馆学基础》．图书馆学研究，1983（1）：26–29

点”。① 知识交流论主张：“图书馆学对象应当是研究图书馆在知识交流中的地位、作用、任务以及图书馆实现知识交流的手段，是研究社会知识资源、利用人类精神财富的科学。”② 知识交流论借鉴了“情报交流”与“信息交流”的理论成果，阐释了图书馆与社会的关系，但忽略了图书馆的内部活动——文献加工与组织。在思想相对保守的改革开放之初，知识交流论的横空出世实属不易，我国第一个图书馆知识管理学派逐步形成。

近年来，国内无论是学术团体、教育机构、企业组织，还是政府有关管理和决策部门都高度重视知识管理。我国积极借鉴国外“知识管理”成果，在企业知识管理等领域取得了丰硕成果，这些成就促进了图书馆知识管理的争鸣与发展。1991 年，刘洪波先生提出：图书馆的文献组织实质上是一种知识组织，图书馆内部活动的实质是社会化的知识组织。③ 1999 年，蒋永福先生撰文指出：图书馆是对客观知识进行专门组织和控制的社会组织。④ 张晓林先生论述了图书情报领域的知识服务，并提出了 5 种知识服务的运营模式。⑤ 梁灿兴先生的“可获得性”论主张：图书馆的工作是保证文献群中知识单元对于服务对象的可获得性，图书馆学要研究解决的核心问题是如何保证文献群中知识单元的可获得性，图书馆学的研究对象是文献群中知识单元的可获得性。⑥ 王子舟先生的“知识集合”论认为：知识集合是把客观知识按一定原则有序组合起来的集成体，是人类获取知识的重要媒介；图书馆的实质就是知识集合，图书馆学研究对象应转向知识集合。⑦ 柯平先生指出：“广义的图书馆知识管理，则包含着两大范畴，一个是对图书馆馆藏知识资源的组织与管理，另一个是运用图书馆的集体智慧开展业务活动，提高图书馆创新能力和可持续发展能力的图书馆管理”；⑧ “图书馆学是

---

① 宓浩，黄纯元．知识交流和交流的科学——关于图书馆学基础理论的建设．见：中国图书馆学会基础理论研究组．图书馆学基础理论论文集．杭州：中国图书馆学会基础理论研究组，1985

② 张白影，荀昌荣，沈继武．中国图书馆事业十年．长沙：湖南大学出版社，1989：190

③ 刘洪波．知识组织论——关于图书馆内部活动的一种说明．图书馆，1991（2）：13–18，48

④ 蒋永福．图书馆与知识组织——从知识组织的角度理解图书馆学．中国图书馆学报，1999（5）：19–23

⑤ 张晓林．走向知识服务：寻找新世纪图书情报工作的生长点．中国图书馆学报，2000，26（5）：32–37

⑥ 梁灿兴．图书馆学的核心问题和研究对象新见．图书馆，1998（5）：10–11，18

⑦ 王子舟．知识集合初论——对图书馆学研究对象的探索．中国图书馆学报，2000（4）：7–12

⑧ 柯平．知识管理在图书馆中的应用研究．图书馆学研究，2003（9）：8–12

研究知识资源的收集、整理、组织和利用，知识资源系统的要素、运动规律及其与环境之间的关系的一门学科”。① 马恒通先生提出：“收集并传播知识是建设图书馆的初衷，是图书馆的历史使命”。② 公共知识管理论③·④·⑤认为：藏书楼、图书馆和网络知识中心（库）都是人类的公共知识中心，馆藏资源实际上就是社会大众公有共享的知识（公共知识），图书馆学是研究公共知识搜集、整序、存贮、获取与服务及其相关的保障体系的科学。经知识交流论发轫之后，图书馆界很快形成了知识交流、知识组织、知识服务、可获得性、知识集合、知识资源管理与公共知识管理等百家争鸣的局面。它们共同奏响了图书馆知识管理的乐章，迎来了图书馆知识管理范式的曙光。

图书馆“知识管理”研究是一个炙手可热的前沿议题，也是一个事关国家知识基础工程建设的重大问题。我国图书馆知识管理研究起步较晚，但是发展势头十分良好。中国图书馆学会一年一度的年会，使“知识管理”成为了常议常新的话题。2004 年《图书情报工作》杂志社举办“图书情报事业与学科的可持续发展”学术研讨会，其中就有“知识管理”和“知识服务”这两大重要议题，即倡导人们积极探讨“知识管理可否成为图书情报学的未来发展方向——一级学科”和“知识服务是否是图书情报机构的未来发展目标”。⑥ 不少图书情报学期刊，开辟了“知识管理”专栏，集中探讨图书馆知识管理。

国内知识管理与图书馆知识管理的研究成果仍然分为学术论文、学位论文和学术专著三类，这三类成果的统计数据分别来源于中国知网（CNKI）与中文科技期刊网（VIP）的“学术期刊”、中国知网（CNKI）与中国学位论文库（万方）、中国国家图书馆的 MARC 数据库。在具体查找时，检索字段限定在题名字

---

① 柯平，王平．基于知识资源论的图书馆学基础理论体系研究．中国图书馆学报，2006，32（2）：9-14

② 马恒通．图书馆知识传播论纲．中国图书馆学报，2007，33（6）：26-29

③ 龚蛟腾，侯经川，文庭孝．公共知识中心与公共知识管理——再论图书馆的本质和定义．中国图书馆学报，2003，29（6）：14-18

④ 龚蛟腾，侯经川，文庭孝．公共知识管理学——关于图书馆学的本质思考．大学图书馆学报，2003，21（6）：2-6

⑤ 龚蛟腾．知识管理学：图书馆学之上位学科．中国图书馆学报，2006，32（5）：80-83，87

⑥ “图书情报事业与学科的可持续发展”学术研讨会征文通知．图书情报工作，2004（3）：126/2004（6）：128/2004（7）：128

段，检索表达式为“知识管理”与“知识管理 AND 图书馆”。为了方便国内外文献调研的比较分析，我们继续用 KM 标示检索对象中题名含“知识管理”的数据，用 KML 标示检索对象中题名含“知识管理”和“图书馆”的数据，用 KMLI 标示图书情报学领域中题名含“知识管理”的数据（符号含义见表 0-2）。

表 0-2 国内知识管理和图书馆知识管理研究成果图注符号对照表

符号	类型	数据库	检索词
KM	论文、著作	CNKI、VIP、NLC	知识管理
KML	论文、著作	CNKI、VIP、NLC	知识管理、图书馆
KMLI（图情领域）	论文	CNKI、VIP	知识管理
KM（D）	博士学位论文	CNKI、万方数据库	知识管理
KM（M）	硕士学位论文	CNKI、万方数据库	知识管理
KML（D）	博士学位论文	CNKI、万方数据库	知识管理、图书馆
KML（M）	硕士学位论文	CNKI、万方数据库	知识管理、图书馆

在 CNKI 的“学术期刊”数据库中，我们用 KM、KML 分别表示有关题名含“知识管理”与“知识管理 AND 图书馆”的学术论文，并用 KMLI 表示该数据库图书情报领域期刊收录的知识管理论文。检索结果表明：我国题名包括“知识管理”的学术论文第一次出现于 1987 年①，图书馆知识管理或图书情报领域知识管理的学术论文首见于 1999 年；有关“知识管理”的学术论文在 1994 年以后连续不断地产生（1994 至 1997 年，每年均有一篇题名包含“知识管理”的论文见刊；1998 年，题名包含“知识管理”的论文剧增到 55 篇），其发展趋势如图 0-5 所示（符号含义见表 0-2）。

① 1987 年，《计算机科学》第 5 期率先刊载李北星的译文《从数据管理到知识管理》（译自《Computer》，Vol. 19，No. 1，1986，P75-84）；同年，C. Kellogg 的这篇论文又被曹德贤翻译后刊载于《计算机工程与应用》第 12 期。

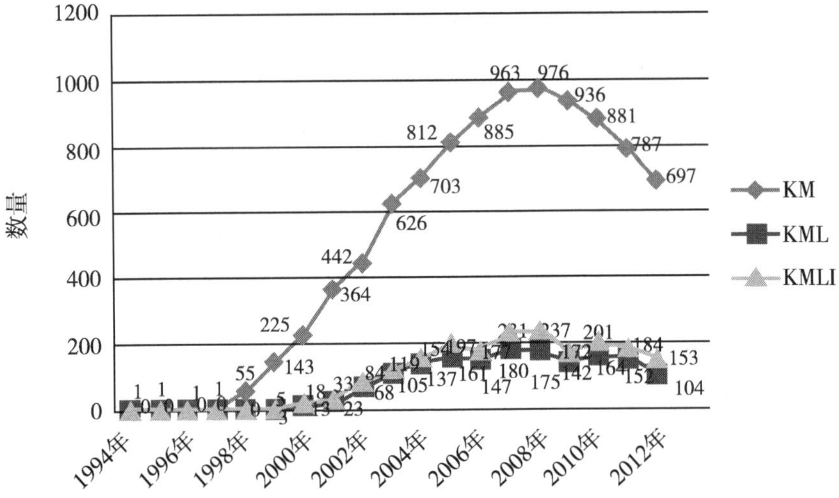

图 0-5 CNKI1994-2012 年有关 KM、KML 与 KMLI 的学术论文数

在 VIP 的“学术期刊”数据库中，我们用 KM、KML 分别表示有关题名含“知识管理”与“知识管理 AND 图书馆”的学术论文，并用 KMLI 表示该数据库图书情报领域期刊收录的知识管理论文。检索结果表明：我国知识管理或图书情报领域知识管理的学术论文第一次出现于 1989 年，图书馆知识管理的学术论文首见于 1999 年；有关“知识管理”的学术论文在 1997 年以后连续不断地产生，其发展趋势如图 0-6 所示（符号含义见表 0-2）。

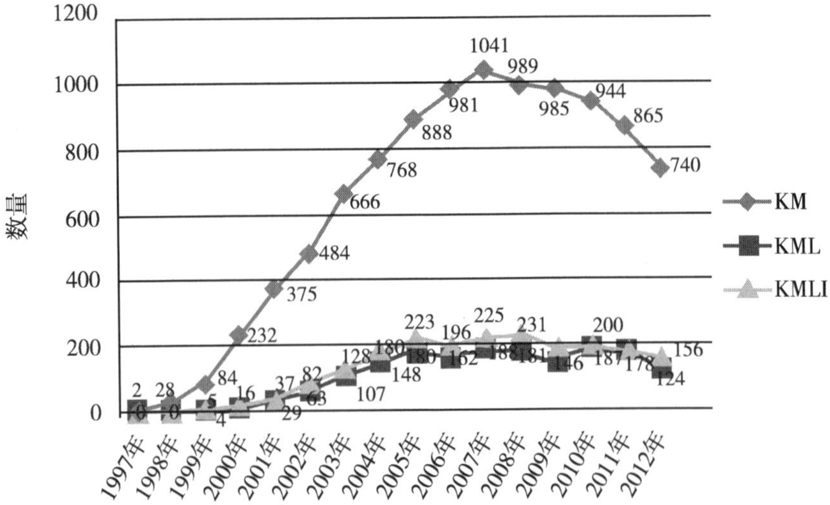

图 0-6 VIP1997-2012 年有关 KM、KML 与 KMLI 的学术论文数

在 CNKI 的博硕士学位论文数据库中，我们用 KM（D）、KM（M）、KML（D）与 KML（M）依次表示有关知识管理的博士学位论文、有关知识管理的硕士学位论文、有关图书馆知识管理的博士学位论文与有关图书馆知识管理的硕士学位论文。检索结果表明：第一篇题名包括“知识管理”的硕士学位论文与博士学位论文分别产生于 2000 年与 2002 年，而第一篇题名包括“图书馆知识管理”的硕士学位论文与博士学位论文分别产生于 2002 年与 2010 年；2000 年以后“知识管理”硕士学位论文连续不断地产生，以此为起点的博硕士学位论文发展趋势如图 0-7（符号含义见表 0-2）。

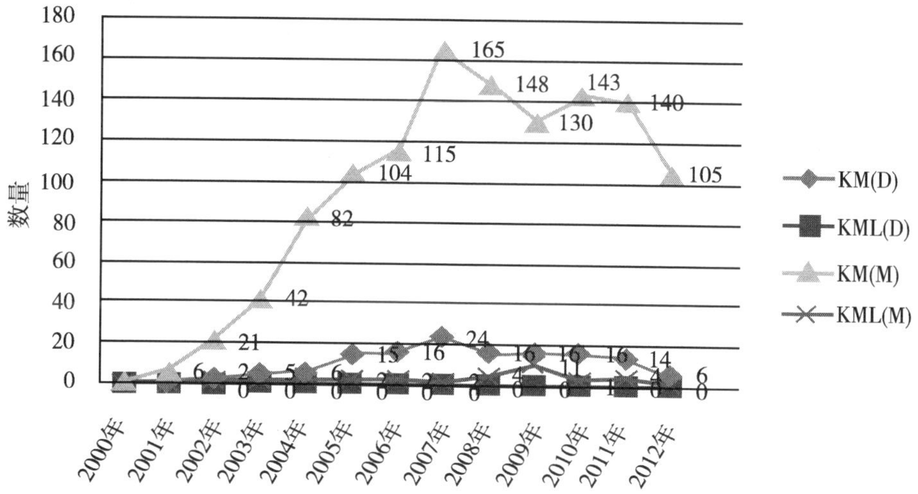

图 0-7　CNKI2000-2012 年有关 KM 与 KML 的学位论文数

在万方数据知识服务平台的学位论文数据库中，我们同样用 KM（D）、KM（M）、KML（D）与 KML（M）依次表示有关知识管理的博士学位论文、有关知识管理的硕士学位论文、有关图书馆知识管理的博士学位论文与有关图书馆知识管理的硕士学位论文。检索结果表明：第一篇题名包括“知识管理”的硕士学位论文与博士学位论文分别产生于 1988 年与 2001 年，而第一篇题名包括“图书馆知识管理”的硕士学位论文与博士学位论文分别产生于 2002 年与 2005 年；1999 年以后“知识管理”硕士学位论文连续不断地产生，以此为起点的博硕士学位论文发展趋势如图 0-8 所示（符号含义见表 0-2）。

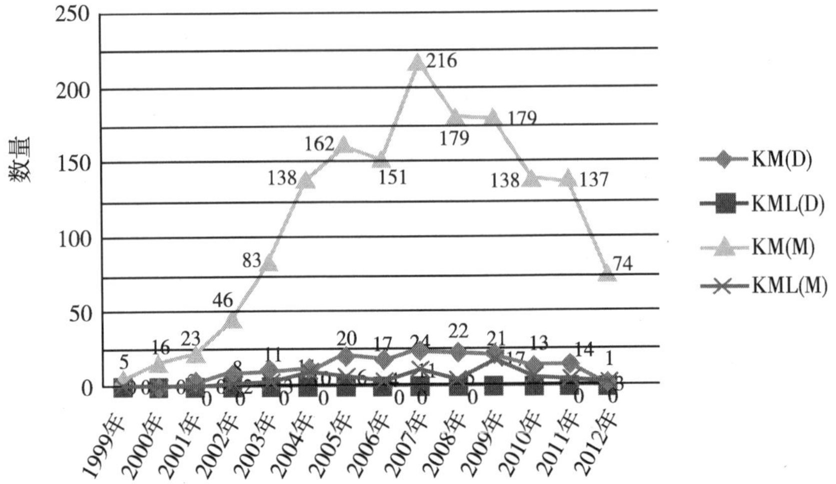

图 0-8 中国学位论文库（万方）1999–2012 年有关 KM 与 KML 的学位论文数

国家图书馆（National Library of China，简称 NLC）是国家的总书库，拥有最完备的中文图书 MARC 数据。我们用 KM 表示 NLC 中有关题名含“知识管理”的 MARC 记录，用 KML 表示 NLC 中题名含“知识管理 AND 图书馆”的学术著作。检索结果表明：我国知识管理与图书馆知识管理的学术著作第一次出版的时间分别为 1998 年与 2003 年，其整体发展趋势如图 0-9 所示（符号含义见表 0-2）。

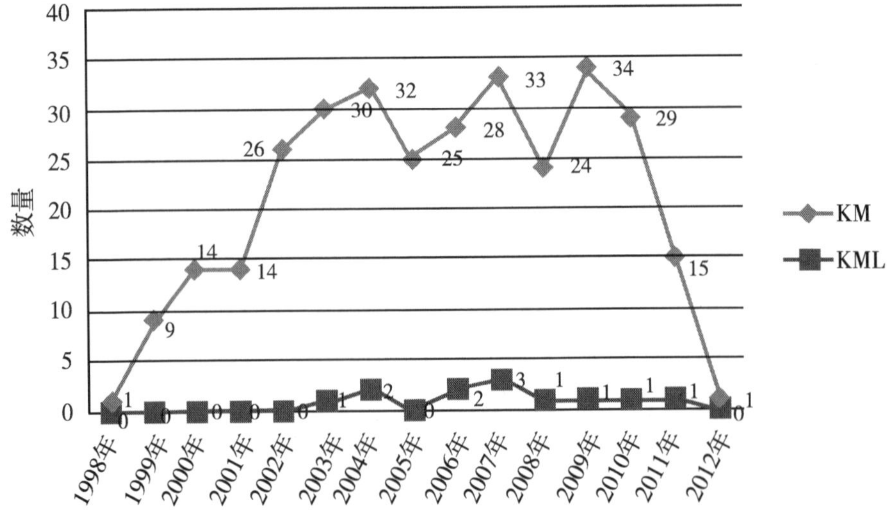

图 0-9 中国国家图书馆 1998–2012 年有关 KM 与 KML 的图书 MARC 记录数

0.2.3 中外图书馆知识管理比较

知识管理概念含义广泛，知识组织、知识交流、知识服务、知识传播与知识传递等都可囊括其中，它不仅包括对知识资源本身的管理，而且包括对知识人才、知识设施、知识技术和知识制度等多方面的管理。简单地列举知识管理的相关词是一种蹩脚的做法，它往往提高了检全率而降低了检准率；仅用“知识管理”进行检索，检索结果又必然有所遗漏。与其检全率和检准率二者难以兼顾，不如在权威数据库中检索题名字段，以准确的数据来一个“管中窥豹”。本次检索截止时间为2013年2月18日。受截止时间限制，2012年的各项数据明显地收录不全，甚至以前各年的数据因不可避免的时滞现象仍在陆续补充。因此，图0-1至图0-9中最近一年的数据量明显偏少，曲线末端的发展趋势本应是继续上扬而非下降。

从学术论文、学位论文和学术著作的研究成果看，国外知识管理研究起步相对较早。（1）Ebsco数据①显示：知识管理和图书馆知识管理的连续性学术论文分别出现在1994年和1996年，其研究拐点分别出现在1996年（10篇）和1999年（11篇）；CNKI和VIP数据②则显示：知识管理和图书馆知识管理（或图书情报领域知识管理）的连续性学术论文分别出现在1994年和1999年，其研究拐点分别出现在1998年（CNKI的KM55篇，VIP的KM28篇）和2000年（CNKI的KML13篇，KMLI18篇；VIP的KML11篇，KMLI16篇）。（2）国外早在1984年就有关于知识管理的博士论文，连续性的知识管理博士学位论文和连续性的硕士学位论文分别出现于1998年和1999年（该年也是国外第一篇知识管理硕士论文出现的时间），而图书馆知识管理的博硕士学位论文则一直没有产生。③ 我国

① Ebsco数据库检索结果显示：1974年、1975年、1976年、1987年、1990年、1992年，题名包括“知识管理”的学术论文分别有1篇、8篇、1篇、1篇、3篇、1篇。研究拐点的取值标准为：连续性的学术论文数量当年超过10篇。

② CNKI数据库检索结果显示：1987年有2篇知识管理方面的学术论文。VIP数据库检索结果显示：1989年、1994年、1995年，题名包括“知识管理”的学术论文分别有3篇、1篇、1篇，连续性的知识管理学位论文出现时间为1997年；1989年，图书情报领域出现1篇知识管理的学术论文。

③ PQDT数据库检索结果显示：1989年与1992年，题名包括知识管理的博士学位论文分别有1篇与2篇；至2012年底知识管理与图书馆知识管理的博硕士学位论文累积量分别为166种与0种。而OCLC的WorldCat数据库检索结果显示：国外第一部知识管理博硕士学位论文产生于1974年，1974年、1982年、1984年、1985年、1987年、1988年、1989年、1991年、1992年每年产生知识管理的博硕士学位论文依次为1种、1种、2种、1种、3种、1种、1种、2种和3种；连续性的知识管理博硕士学位论文和图书馆知识管理博硕士学位论文分别出现于1996年与1999年，至2012年底知识管理与图书馆知识管理的博硕士学位论文累积量分别为1647种与26种。

第一篇知识管理的硕士学位论文、博士学位论文分别产生于1988年与2001年（博士论文比国外晚17年，硕士论文反而比国外早11年），连续性的硕士、博士学位论文分别出现于1999年与2001年；第一篇图书馆知识管理的硕士学位论文、博士学位论文则分别产生于2002年与2005年，连续性的硕士学位论文出现于2002年，而连续性的博士论文则还没有出现。（3）OCLC的WorldCat数据①表明：知识管理方面的学术专著1978年与1979年各出版1本②，1982年以后每年都出版，1993年出版量剧增至27本，累积至2012年底共有6060种；NLC数据表明我国第一部知识管理专著出现在1998年，2002年出版量达到26本，累积至今才315种。图书馆知识管理专著国外最早出版于1987年，至今有155部；国内2003年出版第1部，至今共12部。

1998年是我国知识管理热形成的分水岭。此前知识管理研究很少，成果曲线呈水平状态且在接近0的位置徘徊；此后知识管理研究剧增，成果曲线遽然上升且幅度很大。图表揭示了我国知识管理研究的三个特征：（1）知识管理研究受国外影响很大。20世纪90年代国外知识管理发展较快，1990年联合国的研究机构首次正式使用“知识经济”概念，1996年OECD的年度报告The Knowledge-based Economy明确界定“知识经济”内涵并提出其指标体系与测度。③以前，在国外同行的影响下国内知识管理有些许零星的研究，但直至1998年我国学者才紧跟世界知识管理大潮。（2）知识管理为图书馆知识管理提供了良好的外部环境。知识管理曲线自1998年开始猛涨，曲线上升趋势明显、强劲；图书馆知识管理曲线从2000年开始上移，曲线上升趋势相对平缓、稳健。（3）图书馆知识管理研究有待加强。知识管理成果曲线好比“珠穆朗玛”，图书馆知识管理研究曲线更像“丘陵”。知识管理学位论文不少，初步形成了系统的研究成果。图书馆知识管理学位论文十分欠缺，特别是专门的博士学位论文极其稀少。图书馆知识管理研究泛而不精，往往只是简单地移植知识管理成果，缺乏具有创新价值的专业学术论文，尤其缺乏全面、系统、科学的图书馆知识管理专著。此外，我们通过对相关文献进行内容分析，发现国外重视图书馆知识管理的实践探索，而国内关注图书馆知识管理的理论研究。

---

① OCLC数据库1966年和1979年各有1部知识管理专著，因无连续性作图而忽略不计。

② Goolge“图书馆计划”收录的最早的知识管理著作出版于1974年。

③ 经济合作组织（OECD）. The Knowledge-based Economy. 北京：机械工业出版社，1996

0.3 图书馆知识管理的研究取向

0.3.1 图书馆知识管理的价值论

“知识”是一个古老的话题，也是现代竞争的制高点。关于知识的探讨和知识管理的实践，至少可以追溯到有文字可考的历史。知识管理作为新兴的潮流和学科只有区区几十年，尤其是现代学科意义上的图书馆知识管理更加年轻。图书馆作为社会知识交流的中介机构，它本身就是一种极其重要的知识管理系统，承担着社会知识集散——社会知识搜集、整合与扩散的重要职责。馆藏资源的实质从来都是知识资源，图书馆的内在价值其实就是进行知识管理。图书馆活动形成了完整的知识流程，知识的搜集、存储、检索、传播、利用等都是其重要环节。尽管图书馆与生俱来就从事以知识管理为内核的文献管理，但是图书馆知识管理真正受到人们关注也不过30年的历史。20世纪末，图书馆知识管理的价值发现取决于两大条件：一是知识经济的横空出世，二是图书馆知识资源的重新认识。

二战之后，信息技术取得了长足发展，信息经济亦成为了人们津津乐道的话题。20世纪90年代，“信息社会”之潮未退，“知识社会”之潮又起。1996年，世界经济合作与发展组织（OECD）正式发表《以知识为基础的经济》的报告。从此，人们纷纷从战略管理、人本管理和信息管理等角度研究知识管理，并把知识管理成果应用于实践。知识管理的兴起既为图书馆知识管理创造了良好的宏观环境，又为图书馆知识管理提供了宝贵的理论基础。早在2001年，王子舟先生就颇有远见地指出：“在知识社会中，与知识关联的命题将成为社会科学关心的主题”，“知识这一概念将成为图书馆学基本概念中的核心概念”，“当代图书馆学的核心概念应转向知识”。① 知识管理在发展过程中形成了两种最基本的模式，即组织（机构）知识管理和知识资源管理。前者主要指企业等组织的知识管理，后者包括知识资源的搜集、组织与服务等过程。图书馆知识管理以保障社会知识交流为职责，企业知识管理以提高企业经营效益为目的，这决定了图书馆知识管理必然不是企业知识管理的简单模拟，而是组织知识管理和知识资源管理的有机结合。

自1981年彭修义呼吁“图书馆学应当研究知识”② 以来，我国图书馆学界

---

① 王子舟．图书馆学的基本概念与核心概念．中国图书馆学报，2001（3）：7-11

② 彭修义．关于开展“知识学”的研究的建议．图书馆学通讯，1981（3）：85-88

先后涌现出知识交流论、知识组织论、知识集合论、知识服务论、可获得性论、公共知识管理论、知识资源论、知识传播论等理论创新。这些学说都闪烁着创建者思想的光芒，都认为知识管理是图书馆管理的内核或根本，它们共同吹响了新世纪图书馆知识管理研究的号角。然而，这些光辉成就只是初步揭示了图书馆知识管理的本质，还只是开启了图书馆知识管理大厦的大门。正如王子舟先生在《面向知识的图书馆学发展新趋势》一文中指出："知识经济与知识社会的兴起，众多人文学科向'知识'的聚集，对图书馆学研究重心向知识转移起到了推动作用。20 世纪 80 年代以来，我国图书馆学关于知识的研究不断增多，也取得了重要进展。图书馆学转向'知识域'将成为今后的发展趋势。这种趋势也会为图书馆学研究开辟出一系列具有潜在价值的学术富矿带。"① 此外，李明杰先生还认为：中国古代图书馆学"在阐释文献涵义、文献价值及具体的文献组织与整理活动中呈现出一定的知识论取向，与现代图书馆学的知识论多有契合。"② 毋庸讳言，世纪之交图书馆学专家学者从图书馆事业的困境、危机与隐忧出发，积极从事图书馆的知识管理实践与大力开展图书馆知识管理研究，图书馆知识管理的价值发现已经成为图书馆学界不容忽视的热点。

0.3.2 图书馆知识管理的技术论

图书馆是一个知识集合体，知识搜集、加工、整序、分类、标引与存储等是图书馆知识管理的重要内容，也是图书馆知识服务的前提与基础。知识服务是图书馆知识管理的终极目标，应当充分利用知识集成的理论、方法和技术，最大限度地支持社会组织或个人的知识活动，实现知识的价值。当前，复合型图书馆的知识搜集通常指对实体文献知识、本馆数字知识、网络虚拟知识和特色馆藏知识的搜集。知识组织包括显性知识资源组织和隐性知识资源组织。知识服务主要指知识资源共享服务、数字参考咨询服务、网络知识导航服务和知识资源特色服务等。图书馆知识管理业务流程重组，是指将传统图书馆的"文献流"业务转向数字图书馆的"知识流"业务。图书馆业务评估指标体系中的技术含量逐步提高，图书馆知识管理业务的绩效评估体系逐步成熟。

图书馆事业的发展史，亦是一部图书馆技术进步的历史。图书馆技术水平的高低，最终决定着图书馆事业和图书馆学的发展阶段。图书馆知识管理从某个角

---

① 王子舟．面向知识的图书馆学发展新趋势．中国图书馆学报，2007（1）：5-11

② 李明杰．中国古代图书馆学的知识论取向．中国图书馆学报，2010，36（1）：27-34

度来说亦是一个技术体系，涵盖了知识的生产、分享、应用以及创新的各个环节，承担了知识存储、知识组织、知识控制、知识检索、知识服务等功能。数字技术拓展了知识资源、书目技术优化了知识组织、网络技术推动了知识服务。知识结构化和知识文档管理是知识组织的重要方式，MARC 和 DC 是网络知识控制的基本格式，全文搜索和搜索引擎是知识检索的主要工具，网络化、智能化和个性化是知识服务的发展方向。

自 20 世纪 40-50 年代以来，信息革命以前所未有的速度持续发展，美国著名的未来学家阿尔文·托夫勒（A. Toffler）在《第三次浪潮》中描绘了信息社会的美好未来。随着信息存储与处理技术的变革，图书馆管理从手工操作逐步发展到计算机处理，从内部组织逐步拓展到外部服务，从实体环境逐步进化到虚拟网络。尤其是当前知识网格与云计算技术的发展，为图书馆知识资源共建共享提供了切实的保障。《现代图书馆技术》与《数字图书馆论坛》等专业杂志，也为图书馆知识管理技术的研究与交流构建了良好的平台。图书馆正在改变传统管理方式和服务手段，建立图书馆知识管理的可行模式，开展深入到知识单元的知识整序、知识组织、知识传播与知识服务。知识管理技术方法为图书馆活动提供技术支持，保障图书馆管理从传统的文献单元服务向网络化、虚拟化和数字化的知识单元服务转变，切实解决智能化、人性化与个性化知识服务的难题。

0.3.3 图书馆知识管理的人文论

信息技术的长足发展，极大地推动了图书馆事业，图书馆管理与服务跨入了一个新阶段。特别是 20 世纪 90 年代末以来，知识共享、知识服务和知识保障等登上了历史舞台，图书馆知识管理的人文思潮蓬勃兴起。近年来，图书馆界逐步形成了公开、共享、免费、平等、自由等图书馆理念，程焕文、范并思、蒋永福、王子舟、李国新、韩继章等诸多学者对图书馆精神、图书馆权利、图书馆人本主义、图书馆核心价值、弱势群体知识援助等进行了深入研究。图书馆知识管理的人文主义研究已经对图书馆实务产生了深刻的影响，无论是具体的图书馆工作还是宏观的图书馆知识管理制度，都呈现出良好的发展势头。

社会知识交流孕育了图书馆，也催生了图书馆的活动规范。图书馆知识管理制度是知识活动理性选择的产物和社会制度不可或缺的部分，因而它是一种社会安排。在图书馆知识活动的历史进程之中，图书馆知识管理制度不断地演化与完善。图书馆知识管理制度具有极其重要的社会功能，如构建公众的知识保障体系，履行知识的公共管理职责，规范图书馆知识管理活动，以及完善社会的知识产权制度。图书馆知识管理的法律制度、规章制度和运作制度是图书馆知识管理制度的三个层面，它们共同促进图书馆知识管理事业的发展。公民享有平等与自由地获取知识的权利，图书馆是一个惠及所有人的进行知识管理的社会制度安排。知识共享是现代图书馆的基本理念，也是图书馆知识用户的基本要求。图书馆是一个以知识共享为目标的社会知识保障体系，它体现了一种公益性的社会知识分配制度，为弱势群体提供知识援助的救济制度。图书馆通过建立有效、稳定的知识援助机制，切实提供个性化的知识服务，从而达到缩小知识差距并促进人类共同发展的目的。

0.3.4 图书馆知识管理的范式论

毋庸讳言，图书馆事业发展存在诸多误区，图书馆学学科发展亦存在种种危机：譬如业界不时冒出“图书馆消亡论”的伪命题，学界还有“前科学（潜科学）”、“不是科学”与“命名错误”的不和谐音，图书馆学教育机构却纷纷加注“信息”头衔①。我国图书馆事业的可持续性发展，呼唤正确的图书馆学理论指导。网络环境和信息潮流已把传统的图书馆学理论体系冲破，如何与时俱进地大胆进行图书馆学理论创新是我们图书馆人所必须正视的议题。因此，图书馆界知识管理先行者从微观角度研究图书馆现象，从宏观角度探讨图书馆事业，透过现象看本质，力图全面地把握图书馆学的真谛。科学的理论与实践总是处于“实践—理论—再实践”的循环往复和螺旋式上升的过程之中，这使科学理论研究与实践活动不断趋于成熟和完善。在图书馆事业发展的历史长河中，图书馆管理经历了文献管理范式、文献信息管理范式两个阶段，现在正处于科学革命时期，图书馆知识管理范式的雏形已现。只有完成从“文献信息管理”到“知识管理”的“格式塔”转换，图书馆管理才能真正步入“知识管理”范式时代。

知识管理是图书情报界炙手可热的议题，专业性和国际性的知识管理会议（或论坛）层出不穷。美国情报学会（ASIS）1999 年年会的主题是“知识的创新、组织和利用”，国际图联（IFLA）2001 年年会的主题为“图书馆和图书馆员：知识时代的变革”，联机信息和教育 2001 年会议的主题是“现代图书馆如何管理知识”。② 21 世纪以来，“知识管理国际会议”、“知识工程和知识管理国际

---

① 1992 年 10 月，北京大学“图书馆学与情报学系”更名为“信息管理系”。此后，我国图书情报学院（系），先后改名为信息（资源）管理学院（系）。见：柳晓春，涂启建. 21 世纪图书馆学与情报学的学科定位. 图书馆，2000（1）：9-10

② 赵蓉英，侯经川. 近十年来情报学的发展及其哲学思考. 图书情报知识，2003（6）：9-12，96

会议”、“亚太地区知识管理国际会议”、“信息和知识管理国际会议”、“知识生产、知识传播与知识管理国际会议”等诸多知识管理会议接连不断，图书馆界部分有识之士积极参与会议并交流知识管理经验。中国图书馆学会的年会或峰会议题也往往与知识管理有关，图书情报类期刊大多开设了“知识管理”专栏。在图书馆学专业教育中，有关知识组织、知识分类、知识检索、知识服务等知识管理类的课程逐年增多。一些图书馆学系还进行了挂牌“知识管理”的改革探索，譬如1998年湘潭大学图书馆学系就更名为“知识资源管理系”。图书馆学专业知识管理人才的培育，进一步促进了图书馆知识管理事业的发展。

图书馆学与知识管理的联系与整合由来已久，谢拉、布鲁克斯和波普尔等人为此奠定了坚实的基础。目前，由于知识管理活动出现了一些新的动向，知识管理理论研究也呈现出一些比较明显的新的发展趋势。在知识经济与知识管理的双重推动下，国外图书馆知识管理实践蓬勃发展，如美国俄亥俄州大学图书馆、加利福尼亚大学图书馆和麻省理工学院图书馆都实施了知识管理。国外图书馆知识管理研究成果叠出，在理论、人员、技术、制度和实践等方面取得了突出成绩。随着科教兴国战略的实施和全面小康学习型社会的建设，我国图书馆事业发展又迎来一个黄金时期。CALIS和中国数字图书馆工程，初步构建了我国网络环境下的公共知识资源共建共享保障体系。上海图书馆、国家科技图书馆文献中心和深圳南山图书馆等先后引进知识管理理念，切实提高了图书馆的管理水平与服务效益。各种图书馆知识管理学派相继诞生，极大地促进了我国图书馆事业的发展。图书馆是人类社会的知识管理部门，图书馆知识管理呈现了百花齐放的局面，图书馆学以知识管理为范式特征的理论体系正在形成之中。

1 图书馆知识管理范式的雏形初现

在日常活动中，主持或负责某项工作就可称之为管理。只要有人的存在，就必然有管理。管理是一门科学，必须遵循一定的科学规范；管理更是一门艺术，不能忽视人的个性化行为。泰罗认为：管理是“确切知道要别人干什么，并注意他们用最好最经济的方法去干”。[①] 法约尔指出：管理是所有的人类组织（不论是家庭、企业或政府）都有的一种活动，就是“实行计划、组织、指挥、协调和控制”。[②] 哈罗德·孔茨提出：“管理就是设计和保持一种良好环境，使人在群体里高效率地完成既定目标”。[③] 彼得·德鲁克认为：“管理是一种社会职能，隐藏在价值、习俗、信念的传统，以及政府的政治制度中，管理是——而且应该是——受文化制约——管理也是‘文化’。”[④] 一般而言，广义的管理（adminisitation 或 regulation）指对社会活动进行有序的安排组织，狭义的管理（management 或 run）指对组织活动进行科学的计划、组织、协调与控制。人类社会的经济形态从农业经济发展到工业经济再发展到知识经济，相应的管理活动也从经验管理发展到科学管理再发展到知识管理。

知识经济时代，知识已经取代土地、能源、货币等而成为最重要的资源，谁拥有知识谁就能创造与控制财富。2005 年，在北京举行的《财富》全球论坛上，成思危生动地引述曰：在知识时代中，有些国家将成为头脑国家，它们创造并出口知识；而另一些国家则会成为躯干国家，只能引进并使用知识。[⑤] 成思危赴美访问时，一名美国参议院官员问：为什么从中国来的船只都是满的，而驶往中国的船只总是空的？成先生说：因为中国出口的商品必须用船来运输，而美国卖给

---

① ［美］F. W. 泰罗著，胡隆昶等译．科学管理原理．北京：中国社会科学出版社，1984：33

② ［法］H. 法约尔著，周安华等译．工业管理与一般管理．北京：中国社会科学出版社，1982：5

③ ［美］哈罗德·孔茨，海因茨·韦里克．管理学．北京：经济科学出版社，1998：2

④ 史晓麟．论传统文化与现代企业管理．中外企业家，2006（11）：58-60

⑤ 朱灵主编，中国日报社编．财富·中国——北京《财富》全球论坛·思维的盛宴．北京：新世界出版社，2005：122

我们的多是知识或者服务，不用船运，而由飞机运或专业人士带到中国来。① 有形货物与无形知识的交易反映了我国和美国之间存在巨大的知识鸿沟，知识创新是缩小知识鸿沟的必由之路，知识管理则是知识创新的基本保障。

知识管理是知识资源管理和知识行为管理的总和，即包括知识的管理和知识地管理两个方面。图书馆作为社会的知识收藏与知识交流之机构，既要进行知识资源管理又要进行知识行为管理，图书馆知识管理无疑是知识管理极其重要的组成部分。如果说企业知识管理重点关注其管理方式——为了充分挖掘企业员工的隐性知识而进行“知识地管理”，那么图书馆知识管理更加关注其管理对象——充分运用“知识地管理”方法进行“知识的管理”。库恩的科学范式与科学革命理论，为我们考察图书馆学提供了依据。图书馆学早已不是稚嫩的前科学，而是成熟的常规科学。它经历了“文献管理范式”和“文献信息管理范式”两次变革，目前正朝着“知识管理范式”方向高歌猛进。业务、技术和制度是图书馆知识管理的三大要素，图书馆知识管理范式也是由业务、技术和制度有机整合的三维体系。

1.1 图书馆知识管理缘起的逻辑关系

1.1.1 知识活动的溯源及其演变

自从人猿相揖别，知识便源源不断地产生。语言、图画、符号和文字相继问世，知识交流与扩散的深度与广度不断拓展。哲学家认为：“知识决不是自然形成的”，历史学家认为：知识的积累从几千年前知识产生之时就是人类发展的基础。② 知识既是人们认知的结果，又是人们认知的原料。人们最初从哲学的认识领域考察知识，认为知识主要与道德问题相联系。知识常常与意识、认知、智慧等联系在一起，普罗泰戈拉、苏格拉底、柏拉图、亚里士多德、老子和孔子等名宿先贤都关注过知识。譬如，普罗泰戈拉提出“知识就是感觉”，苏格拉底宣称“美德就是知识”，柏拉图认为“知识是经过证实了的真的信念”，亚里士多德阐述“理性知识”，老子基于知识有害而号召“绝圣弃智”，孔子则主张“知之为知之，不知为不知，是知也”。

知识是一个十分复杂的历史性概念，它随着人们认识水平的提高不断发展。

① 鲍炎炎．头脑、躯干、骆驼吃草与竞争优势．中国知识产权报，2005-07-13

② ［德］K. Mertins，P. Heisig，J. Vorbeck 编著，赵海涛，彭瑞梅译．知识管理——原理及最佳实践（第2版）．北京：清华大学出版社，2004：1

近现代的科学知识论，主要从真理性和确定性两个方面来阐释知识，即认为知识是关于外部世界的正确观念或认识。然而，世界本源是五彩缤纷的，非线性、随机性和偶然性是其固有属性。爱因斯坦“上帝不会掷骰子”的经典名言和薛定谔“不死不活、又死又活的猫”的量子幽灵，使我们深刻地认识到：知识不仅包括规律性与必然性的知识，而且包括随机性与偶然性的知识。于是，人们开始修正知识的概念，例如有人主张知识是一切“能够交流和共享的经验和信息”①。一般来说，知识属于认识论的范畴，既是人们认知的成果又是人们进一步认知的材料。知识是指“人们在改造世界的实践中所获得的认识和经验的总和”②，或“在实践的基础上产生又经过实践检验的对客观实际的反映”③。现在，也有学者概括性地认为：知识是人类认识世界的成果或结晶，知识通常以概念、判断、推理、假说、预见、经验、价值、理论等思维形式和范畴体系的方式存在。④ 1998年3月，国家科技领导小组办公室在《关于知识经济与国家知识基础设施的研究报告》中，对知识做出了比较全面的界定：知识是“经过人的思维整理过的信息、数据、形象、意象、价值标准以及社会的其他符号化产物，不仅包括科学技术知识——知识中最重要的部分，还包括人文社会科学的知识，商业活动、日常生活和工作中的经验和知识，人们获取、运用和创造知识的知识，以及对面临问题作出判断和提出解决方法的知识。”⑤ 知识定义的多样性是人们从不同侧面考察的结果，这在很大程度上表明了知识的重要性：知识是人类进步的阶梯，人类历史实际上也是一个知识不断生产与积淀的过程。

知识不是一个孤立的术语，而是与数据、信息、情报与文献等密切相关的概念。一般来说，数据是原始的、不相关的事实描述，即没有指定背景和意义的数字、图像或声音。信息是关于客观事物的存在方式、运动状态、相互联系的揭示与表征，可视为将数据和数据有机地联系在一起而成为有意义的内容表达。知识是人的主观世界对客观世界反映与认识的结晶，即通过人脑思维重新组合的系统化的信息集合。情报是一种激化了、活化了的知识，专指为了解决一个特定问题

① 维娜·艾莉．知识的进化．珠海：珠海出版社，1998：83

② 中国社会科学院语言研究所词典编辑室编．现代汉语词典：2002年增补本．北京：商务印书馆，2002：1612

③ 中国大百科全书总编辑委员会《哲学》编辑委员会．中国大百科全书·哲学Ⅱ．北京：中国大百科全书出版社，1987：1169

④ 石向实，刘晨．图书馆知识管理．杭州：浙江大学出版社，2006：5

⑤ 国家科技领导小组办公室．关于知识经济与国家知识基础设施的研究报告．1998年3月

所需要的竞争知识。文献是记录有知识的一切载体，实际上是一种存储与传播知识的基本方式。总而言之，数据是信息最基本的构成要素，信息是数据的关联和知识的原料，知识是信息的系统化和智慧的基础，情报是知识的应用与增值，智能是知识的升华与行动，文献则是记录、存储与传播知识的工具（它们之间的区别与联系如图 1-1 所示）。

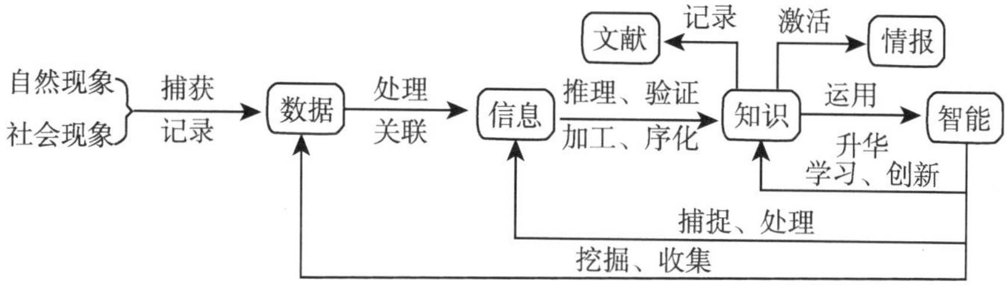

图 1-1　数据、信息、知识、情报、智能与文献的区别与联系

人类有了知识，就产生了知识交流，就需要不断地管理知识。这就是说，知识管理是不以人们意识为转移的永恒活动，只要有知识的存在就一定有知识的管理。人类的管理活动与她的历史一样长久，但是 100 余年前凭感觉摸着石头过河的“人治”管理的水平极其低下，管理科学长期处于经验管理阶段。直到 1911 年科学管理之父泰罗（F. W. Taylor）发表《科学管理原理》（The Principles of Scientific Management），才开始建立健全规章制度来实现“法治”管理，这宣告了科学管理（Scientific Management）阶段的诞生。尽管知识管理活动有史以来就一直存在，国外知识理论研究至少也可以上溯到 18 世纪费希特（J. G. Fichte）的知识学，但是直到 20 世纪后期知识管理才开始受到人们的莫大关注，并被认为将主导与决定人类社会的发展进程。正如管理大师彼得·德鲁克所说：“如果说工业经济之初诞生的科学管理是企业管理的第一次革命，那么在人类走向 21 世纪，知识经济来临之际，全球的企业管理将迎来第二次革命——知识管理。”①由于知识管理极其重视“以人为本”的管理理念，因此被称之为“文治”管理。随着知识经济的闪亮登场，知识资源首次成为人类社会的主导资源，知识管理迅速取代科学管理而风靡全球。

科学管理是一种严格的量化管理，泰罗精确地计算出每个工序动作所需的时

① 张亮．基于知识共享的人力资源管理策略．特区经济，2005（5）：259-260

间，根据员工最佳工作量制定合理的工资与奖励制度，并通过严格的检查、分析和奖惩管理来达到最高的工作效率。泰罗提出的一整套科学的管理方法和管理制度，其中主要包括工作定额原理、差别计件工资制、工人培训制、职能工长制、标准化原理和例外原理等，这些方法和制度概括起来就是一套“胡萝卜加大棒”的管理模式：利用物质刺激加上科学方法提高工人的生产积极性，进而提高管理效率，达到管理目的。① 20 世纪科学管理发展迅速，大致可以分为 4 个时间段：② 20 世纪初基于经济人假设的科学管理，注重实行物本管理，视人为机器附属物，对人进行物质与金钱激励；30 年代后基于社会人假设的行为管理，主张既满足生产的客观要求，又保障职工社会满足的主观要求；50 年代基于自我实现的人假设的人本管理，创造有利于实现自我需求的环境，促使职工自觉贡献力量；80 年代以来的文化管理，强调人是企业的主体，采取以人为本的企业文化方式。随着人类管理的进步，科学管理的“人本”理念逐渐显现。但是，科学管理的显著特征是实施“以物为本”的管理，重物（厂房、设备和物料）轻人（人是机器的一部分）。员工遵循“组织者想，被组织者干”的模式，只能在既定的程序内运转。其实，人是个性化的人，他能够在按既定程序运转的基础上进行知识创新，解决无数具有不确定性的问题。

知识管理是以知识（包括社会的客观知识和个体的主观知识）为主导的管理，它的“以人为本”代替了科学管理的“以物为本”。知识经济时代，知识成本在产品及服务成本中所占比重越来越大。例如，在中国生产的耐克鞋，其生产成本只占其售价的 20％左右；中国生产的 DVD 机每台批发价为 40 美元，其中专利费就占到了 21.3 美元；中国是计算机生产大国，但同时也在为英特尔及微软赚钱。③ 科学管理造就了钢铁大王、汽车大亨和石油骄子等，知识管理则产生了比尔·盖茨、杨致远等时代新秀。在 20 世纪初的世界 500 强企业中，至今仍位居其列的仅有 3％左右。④ 微软公司的产值早已超过美国三大汽车公司产值的总和，美国 5000 家软件公司对世界经济的贡献绝不亚于名列前茅的 500 家世界大公司。近年来苹果公司依托 iPod、iPhone 与 Pad 等移动终端开启了后 PC 时代，至 2010 年 2 月 10 日（美国当地时间为 9 日）苹果市值超过 4560 亿美元，超过

---

① 刘唐宇．中西义利观及其管理的比较研究．江西社会科学，2003（6）：107-110

② 张润彤，曹宗媛，朱晓敏．知识管理概论．北京：首都经济贸易大学出版社，2005：3-4

③ 朱灵主编，中国日报社编．财富·中国——北京《财富》全球论坛·思维的盛宴．北京：新世界出版社，2005：122

④ 王广宇．知识管理——冲击与改进战略研究．北京：清华大学出版社，2003：11

了竞争对手谷歌（市值约1989亿美元）和微软（市值约2567亿美元）的市值之和。① 传统劳动密集型企业纷纷拱手让位于知识密集型企业，这标志着科学管理的没落和知识管理的兴起。彼得·德鲁克说过："在新的经济体系内，知识并不是和人才、资本、土地相并列的社会生产资源之一，而是唯一有意义的资源，其独到之处，正在于知识是资源的本身，而非仅是资源的一种。"② 毋庸置疑，知识已取代土地与资本而成为第一生产要素，知识管理是当今社会发展的战略制高点。知识资源是个人、组织、国家与社会必不可少的战略资源，极大地影响了个人的生活方式、改变了组织的结构模式、决定了国家的综合国力、加快了社会的发展进程。知识管理旨在增强知识获取、组织、存储、传播、应用、开发与创新的能力，从而最终提升个体、组织、国家乃至社会的竞争力与发展力。

知识管理是一门渊源久远的新兴科学，最早可以追溯到人类之初的知识活动以及社会进化中层出不穷的有关知识的论述，而作为"科学"或"学科"的知识管理则是管理科学与知识经济持续发展的产物。20世纪30年代的哈耶克（Hayek）、50年代的波兰尼（Polanyi）、60年代的德鲁克（Drucher）、70年代的丘奇曼（Churchman）、80年代的野中郁次郎（Ikujiro Nonaka）和竹内广隆（Hirotaka Takeuchi）、90年代的达文波特（Davenport）等纷纷探索"知识"议题，③ 为知识管理从幕后走向前台创造了有利条件。有学者通过详细梳理之后，将现代知识管理的发展分为四个阶段：现代知识管理的初创阶段（1945－1985年），知识管理的推广应用阶段（1986－1994年），知识管理的全面快速发展阶段（1995－2001年），知识管理的深度稳步发展阶段。④ 20世纪80年代以前尤其是

---

① 苹果股价逼近500美元 市值已超谷歌微软之和. http://it. people. com. cn/GB/17074313. htm [201表0-2-10]

② 张润彤，曹宗媛，朱晓敏. 知识管理概论. 北京：首都经济贸易大学出版社，2005：1（序言）

③ 哈耶克在《个人主义与经济秩序》一书中论述了"知识在社会中的利用"问题：知识如何利用，知识垄断还是知识共享，实践知识的重要性。

波兰尼在《个人知识》一书中提出了显性知识和隐性知识的概念，强调隐性知识的个人性或隐秘性。

德鲁克在《后资本主义社会》一书中指出：知识社会最基本的经济资源是知识，知识工作者将发挥主要作用。

丘奇曼认为：知识只存在于使用者身上而不存在于信息集合中，使用者对信息集合的反映方式才是最重要的。

野中郁次郎和竹内广隆阐述了显性知识和隐性知识相互转换的SECI模型，即从隐性知识到隐性知识的群化（Socialization）、从隐性知识到显性知识的外化（Externalization）、从显性知识到显性知识的融合（Combination）与从显性知识到隐性知识的内化（Internalization）。

达文波特提出知识管理两阶段论：第一阶段是像管理有形资产一样来管理知识资产，第二阶段是充分考虑知识工作业务本身的改进与提高。

④ 靖继鹏，马费成，张向先. 情报科学理论. 北京：科学出版社，2009：303-304

70 年代，知识管理项目与知识管理研究已经零星出现；80 年代之后，知识管理遂以不可遏抑之势横空出世，有关知识管理的活动、项目、组织、研究、期刊、会议等等竞相发展。继 1986 年国际劳工组织主办的欧洲管理大会率先提出“知识管理”概念后，1989 年国际知识管理网络在欧洲创办，1996 年欧洲知识管理协会（European Knowledge Management Association）成立，1998 年国际首届知识管理大会（IKMS’98）召开（此后每年举办一届），2002 年赖瑞·普赛克（L. Prusak）提出“第二代知识管理”概念，同年美国知识管理国家标准 GKEC（Global Knowledge Economics Council）正式颁布。① 随着知识经济的快速发展，知识管理已经成为了全球最受关注的热门话题。

1.1.2　知识管理的概念及其范围

知识管理活动由来已久，其历程跟人类社会发展史相当。然而，知识管理的学科理论是如此之年轻，以至于人们很难找到一个比较权威的定义；知识管理的社会地位是如此之重要，以至于诸多有识之士不断加入其概念阐释的行列；知识管理的应用范围是如此之广泛，以至于各个领域的专家学者纷纷进入其术语界定的队伍。显然，置身不同的学科领域，知识管理就有不同的解释。即使是同一领域的学者，从不同的侧面、不同的角度探讨知识管理，其概念也会相差甚远。我们在此列举国内外比较有代表性的知识管理定义，然后分析讨论知识管理的概念含义与研究范畴。

（1）国外知识管理的概念

彼得·德鲁克认为知识管理包括两个方面的含义：一是对信息资源的管理，是资源管理的深化与发展；二是对人的管理，知识不只是编码化的知识，还有很重要的一部分存在于人脑，是未编码的知识。② 他不仅最早提出知识社会与知识管理，而且将知识管理范畴拓展到信息资源（编码化知识）管理和人力资源（未编码化知识）管理，因此被尊称为知识管理的开山鼻祖。

日本学者竹内弘高和野中郁次郎在《知识创造的螺旋》一书中，将知识管理定义为在组织内持续创造新知识，广泛地传播这种知识，并迅速地将其体现在新产品/服务、新技术和新系统上的过程。③ 他们分析了形式知识（explicit

---

① 靖继鹏，马费成，张向先．情报科学理论．北京：科学出版社，2009：304-305

② 刘传和，陈界．图书馆知识管理理论与实践．北京：海洋出版社，2007：33-34

③ ［日］竹内弘高，野中郁次郎著；李萌译．知识创造的螺旋——知识管理理论与案例研究．北京：知识产权出版社，2006：8（序）

knowledge，又称显性知识、外显知识或明示知识）与暗默知识（tacit knowledge，又称隐含知识、内隐知识或默然知识）的动态转化关系，强调组织通过将形式知识转换为暗默知识或将暗默知识转换为形式知识来实现知识创新。

J. Rowly 认为："知识管理是对一个有志于扩展其目标的组织在知识财产方面的开发和发展，需要管理的知识包括显性的记录知识和隐性的主观知识。管理是一个要经过所有与知识的识别、共享和创造的有关过程，这需要知识库的创立和维护系统，及知识共享和组织学习的培养和促进。那些知识管理很成功的组织通常把知识当作一种资产来发展该组织的模式和价值，这些模式和价值又反过来帮助知识的创造和共享。"① Rowly 认可知识包括显性知识与隐性知识，知识管理是一个涉及知识的识别、共享与创造的过程。

Y. Malhotra 是一位知名的知识管理资深专家，认为"知识管理是当企业面对日益增长着的非连续性的环境变化时，针对组织的适应性、组织的生存和竞争能力等重要方面的一种迎合措施。本质上，它包含了组织的发展进程，并寻求将信息技术所提供的对数据和信息的处理能力以及人的发明创造能力这两方面进行有机的结合。"② 这个定义不仅阐释了知识管理的必要性及其目的，而且概括了知识管理的内容、手段及其实质。

安达信咨询公司（Andersen Consulting）2001 年更名为埃森哲（Accenture），已成为全球最大的管理咨询公司和技术服务供应商，至 2010 年时已连续 13 年获得全球 MAKE 奖。该公司曾经提出了一个简洁明晰的知识管理公式：$KM=(P+M)^S$，其中 KM、P、M、+、S 分别指知识管理、人员、知识、技术与分享。这个公式强调知识管理必须将人与技术充分结合，并在共享的组织文化下达到最佳的效果。③ 知识管理涉及人员、知识、技术与共享等诸多因素，安达信咨询公司却通过一个简单的公式深刻地揭示了它们之间的相互关系。

美国生产力与质量中心（American Productivity and Quality Center，APQC）将知识管理定义为："知识管理应该是组织有意识采取的一种战略，它保证能够在最需要的时间将最需要的知识传送给最需要的人。这样可以帮助人们共享信息，并进而通过不同的方式付诸实践，最终达到提高组织业绩的目的。"④ 这就是说，

---

① 刘传和，陈界．图书馆知识管理理论与实践．北京：海洋出版社，2007：34
② 付立宏，袁琳．图书馆管理学．武汉：武汉大学出版社，2010：21
③ 梁林梅，孙俊华．知识管理．北京：北京大学出版社，2011：17-18
④ 邱均平．知识管理学概念．北京：高等教育出版社，2011：11

知识管理被视为“以增强竞争力为目标的识别、获取和利用知识的战略和过程”，“是一个包含三个阶段的动态过程：第一阶段主要是创造、发现企业内部的知识与技能；第二阶段是共享和理解收集来的知识与技能；第三阶段则是修正这些知识与技能并将其运用到新的环境中。”① 该定义明确指出知识管理的目的是增强组织竞争力与提升组织业绩，知识管理的实质是一个动态地识别、获取与利用知识的战略。

（2）国内知识管理的概念

乌家培是我国数量经济学、信息经济学的创始人，提出“知识管理是信息管理发展的新阶段，它同信息管理以往各阶段不一样，要求把信息与信息、信息与活动、信息与人联结起来，在人际交流的互动过程中通过信息与知识（除显性知识外还包括隐性知识）的共享，运用群体的智慧进行创新，以赢得竞争优势”。② 他还指出知识作为经济发展中一种重要的生产要素需要加以管理，“知识管理”最宽的理解“就是知识时代的管理”，最窄的理解“只是对知识资产（或智力资本）的管理”，介于两者之间则是“对知识的管理”或“用知识来管理”。

邱均平和段宇锋认为：狭义的知识管理，主要是对知识本身的管理，包括对知识的创造、获取、加工、存储和应用的管理；而广义的“知识管理”，不仅包括对知识进行管理，而且还包括对与知识有关的各种资源和无形资产的管理，涉及知识组织、知识设施、知识资产、知识活动、知识人员的全方位和全过程的管理③。显而易见，狭义的知识管理侧重于对知识流程进行管理，广义的知识管理则系统地探讨对知识资源及其相关要素进行管理。

董金祥在充分考察国外知识管理定义的基础上提出：“知识管理是在知识处理技术的支撑和现代管理技术的指导下，对组织内部各种形式的知识资源进行管理，目标是实现知识的有效表达、识别、提炼、获取、开发、储存和传递，在组织内部和组织之间建立一个沟通所有知识个体的知识网络，控制知识在这个网络中的有序流动，实现最佳的知识在最恰当的时间出现在最需要的地方，为实现组织的战略目标提供支持。”④ 董先生强调通过运用各种知识处理技术，构建促进知识识别、共享、创新与增值的知识网络，从而提高组织的竞争力与实现组织的

---

① 董金祥．基于语义面向服务的知识管理与处理．杭州：浙江大学出版社，2009：8

② 乌家培．乌家培文库 第8册 信息社会与网络经济（1999-2001）．北京：中国计划出版社，2010：302

③ 邱均平，段宇锋．论知识管理与竞争情报．图书情报工作，2000（4）：11-14

④ 董金祥．基于语义面向服务的知识管理与处理．杭州：浙江大学出版社，2009：8

战略目标。

储节旺等认为：知识管理就是获取、利用并创新知识，提高组织创新和创造价值的能力，保障组织生存发展的一种活动。它包括知识的获取、整理、保存、更新、应用、测评、传递、分享和创新等基础环节，并通过知识的生成、积累、交流和应用管理，复合作用于组织的多个领域，以实现知识的资本化和产品化。① 储氏指出知识管理实际上是对知识及其生产、创新、交流、共享、应用等过程的管理，即知识管理就是对知识及知识过程的管理。企业知识管理的原动力在于为企业创造最大化的经济效益，这就需要在恰当的时间、把恰当的知识传递给恰当的人员，并作出恰当的决策或采取恰当的行动。

樊斌、鞠晓峰与李翠霞三位学者，在充分吸收国外知识管理概念的基础上提出“知识管理是以知识为对象，对知识的获取、生产、分配和使用的全过程进行的管理，即通过具有知识库管理功能和协同能力的软件工具，运用集体的智慧，使企业系统开发和利用知识信息及专业技术，最终达到提高企业个体知识能力和整体协作能力、应变能力、创新能力的一整套管理策略”。② 这个定义说明了知识管理的对象与目标，侧重于运用现代信息技术对知识流程进行管理。

刘贵琴认为：知识管理就是如何更好地利用显性知识和隐性知识。显性知识易于整理和进行计算机存储；而隐性知识则难以掌握，它集中存储于员工的脑海里，是员工取得经验的体现。实施有效的知识管理所要求的远远不止仅仅拥有合适的软件系统和充分培训；它要求领导层把集体知识特别是隐性知识的共享和创新视为赢得竞争优势的支柱。③ 知识管理的终极目标是帮助人们更好地利用知识，最大限度地发挥知识价值，更有效地提高组织效率与提升组织竞争力。

刘冀生和吴金希认为：“对于知识管理，人们一般认为，它是一个组织作为一个整体在组织内外知识的海洋中，充分利用各种工具和手段，对知识的捕获、应用和创新的过程，目的是将最恰当的知识在最恰当的时间传递给最恰当的人，以便使组织中的个人能够做出最恰当的决策，而作为组织则提高了应变能力和创新能力。”④ 此外，他们还将国内外企业知识管理划分为 4 个学派：技术学派、行为学派、传播学派、综合学派。技术学派认为知识管理就是信息管理的高级阶

---

① 储节旺等．知识管理概论．北京：清华大学出版社，北京交通大学出版社，2006：38

② 樊斌，鞠晓峰，李翠霞．企业内部知识共享激励机制研究．北京：中国农业出版社，2010：46

③ 刘贵琴．图书馆知识管理．合肥：安徽大学出版，2007：4

④ 刘冀生，吴金希．论基于知识的企业核心竞争力与企业知识链管理．清华大学学报（哲学社会科学版），2002，17（1）：68-72

段，研究重点集中于技术层面，如计算机信息管理系统、人工智能、群件、知识库等软件的设计开发等；行为学派认为知识管理就是对人的管理，研究重点在于对个体行为过程的评估、测量、激励等；传播学派从知识编码、发送、传播、接收、解码的过程对知识传播的机理进行研究，可进一步分为技术学派或信息学派；综合学派则呈现大一统趋势，试图将各种学派兼收并蓄、融会贯通，用系统方法全面地研究知识管理。

（3）知识管理的研究范畴

知识管理是一个复杂的系统工程，也是一门内容宽泛的新兴学科。国内外专家学者从不同角度探讨了知识管理的概念与内涵，人们对它的认识与观点往往存在很大的差异，现在还没有一个通用的、令大多数人满意的定义。总而言之，尽管有关知识管理的研究成果琳琅满目，但人们一般从以下几个方面来研究知识管理。①知识管理的目标：通过知识管理来提高组织及其成员的创新能力与竞争能力，最终提升组织的管理绩效、经济利益或社会效益。②知识管理的对象：包括显性知识的管理也包括隐性知识的管理，包括知识资源本身的管理也包括知识相关要素的管理。③知识管理的功能：组建学习型的知识管理团队，充分实现个体知识与组织知识、隐性知识与显性知识的转换与共享，从而促进知识的创新与增值。④知识管理的技术：通过运用数字技术、网络技术等现代信息技术，支撑与实现知识的搜索、储存、组织与交流。⑤知识管理的过程：从某种意义上来说，知识管理就是一个组织获取、储存、整序、传播、共享、应用与创新知识的动态过程。⑥知识管理的体系：组织在实施知识管理的过程之中，必然涉及知识人员、知识资产、知识设施、知识技术、知识活动等一系列相互依存与相互影响的组成要素。

毋庸讳言，争鸣是学术繁荣与发展的前提条件。上述有关知识管理的研究都是先行者有益的探索，都对后来者进一步深入揭示知识管理本质发挥着积极的作用。正如牛顿所言："如果我比笛卡儿看得远些，那是因为我站在巨人们肩上的缘故。"① 概而言之，人、知识资源以及知识创新是知识管理概念必不可少的要件，知识管理就是以人为核心、以知识为基础、以知识创新为目标对知识过程与知识要素进行统筹管理。目前，继承"技术主义"衣钵的学者认为：知识管理是高级阶段的信息管理，既然信息管理是运用 IT 技术对信息资源进行标识与处

① 赵鑫珊．哲学与当代世界．北京：人民出版社，1986：208

理，那么知识管理就应该是对“知识资源”的管理。赞同“行为主义”的专家则主张知识运动是一个依赖于人的过程，知识管理应当是对“人”的管理。知识管理在学术争鸣中前行，越来越多的有识之士认为：知识管理既包括对“知识资源”（显性知识）的管理，又包括对“人”（隐性知识）的管理；知识管理不仅是对知识生产、整序、组织、传递、利用与创新等知识过程的管理，而且是对知识组织、设施、技术、制度等一切相关要素的管理。

从宏观层面来看，知识管理是知识经济时代管理方法与管理思想的总称，集方法、工具、技术等管理手段变革和管理科学革命于一体。梁林梅和孙俊华两位学者中肯地提出：知识管理是以人为中心、以信息技术为基础、以知识创新和组织核心竞争力的提高为最终目标的管理思想、过程与方法。① E. Safdia 和 R. Edward 指出：“知识管理是使人、过程以及技术完美地结合起来，以使组织机构的与信息相关的成分变成能为企业带来价值、优势和利益的直观动态的知识财富集合。知识管理是一种文化、生活的方式，或者说是一种做事的方式。”② 还有学者认为知识管理是组织为了达成自己的战略目标，运用先进的信息通信技术，组织内部和外部的知识进行识别和甄选，并加以整理、分享、创新和应用，以提高组织效能，形成竞争优势的一种连续的、动态的特殊管理活动。③ 综合国内外有关知识管理的概念与观点，我们不能得出：知识管理是指组织为了通过知识共享与运用集体智慧提高自身应变能力、创新能力、竞争能力与综合效益，构建集知识资产、知识人员、知识设施、知识技术及相关要素为一体的知识系统，对知识进行识别、获取、整序、共享、交流、利用与创新的动态过程。

1.1.3 知识管理的类型及其特质

知识是知识管理的前提，知识分类是知识管理类型划分的基础。正如见仁见智的知识概念一样，古往今来人们往往从不同角度对知识进行揭示和归类。柏拉图曾将知识划分为辩证法知识、物理知识和伦理学知识三种，亚里士多德曾把知识划分为纯粹理性、实践理性和技艺三种基本类别，④ 培根则将人类知识划分为诗歌（想象知识）、历史（记忆知识）和哲学（理性知识）三类。⑤ 随着人们认

---

① 梁林梅，孙俊华．知识管理．北京：北京大学出版社，2011：18

② 付立宏，袁琳．图书馆管理学．武汉：武汉大学出版社，2010：21

③ 靳玉乐．学校课程领导论：理论研究与实践探索．北京：人民教育出版社，2011：297

④ 韩德明．法律职业化的知识论基础与司法制度合理化．法学论坛，2005，20（2）：24-26

⑤ 许康，于衍平．科学技术体系的建构基础及演变方向探索．科学学研究，2006，24（2）：166-171

识水平的提高，知识本质的揭示逐渐深化，知识类型的划分不断发展。

波普尔（K. R. Popper）认为世界的构成分成三个层面，即客观物质世界 1、主观精神世界 2（主观知识世界）和客观精神世界 3（客观知识世界）。世界 2 是人的感知世界，包括意识、感受等心理状态和过程，这是哲学中所说的主观世界。世界 3 是思想的内容，思想的内容可以被物质化为人造产品和文化产品，如语言、艺术品、图书、机械设备、工具、房屋建筑等；也可以是用语言表达出来的人的意识的固定对象，如问题、猜测、理论、反驳、证据等①。显然，主观知识属于世界 2 的范畴，而客观知识属于世界 3 的范畴，它们共同组成了人类的知识大厦。波氏的“客观知识”在图书情报界引起了很大反响，许多学者认为“世界 3 理论”是图书情报的理论基础。

波兰尼（M. Polanyi）被誉为“当代认识论中的哥白尼”，提出了著名的意会认知论。1958 年，波兰尼在《个体知识》（Personal knowledge：towards a post-critical phylosophy）中首次提出“明晰知识（articulated knowledge）”和“隐性知识（tacit knowledge）”，认为“人类的知识有两种。通常称作知识的，即以书面文字、图表和数学公式加以表述的知识，只是知识的一种类型。而未被表述的知识是另一种知识，比如我们在做某件事的行动中所拥有的知识。”② 明晰知识，即言传知识，又称为言明知识（显性知识或明确知识）。这种知识已用言语或其他方式表达，容易保存和传播。隐性知识，即意会知识，又称为默会知识（缄默知识或内隐知识），是未被精确化的知识。③ 它存在于人的实践——认识活动中，是一种只可意会不可言传、经常使用却又不能通过语言文字符号予以清晰表达或直接传递的知识。

毛泽东在《整顿党的作风》这篇文献中指出：“自从有阶级的社会存在以来，世界上的知识只有两门，一门叫做生产斗争知识，一门叫做阶级斗争知识。自然科学、社会科学，就是这两门知识的结晶，哲学则是关于自然知识和社会知识的概括和总结……一切比较完全的知识都是由两个阶段构成的：第一阶段是感性知识，第二阶段是理性知识，理性知识是感性知识的高级发展阶段。”④ 这就是说，他从内容角度出发将知识分为自然科学知识、社会科学知识和哲学知识，

---

① 赵敦华. 现代西方哲学新编. 北京：北京大学出版社，2001：203

② 刘传和，陈界. 图书馆知识管理理论与实践. 北京：海洋出版社，2007：20

③ M. 波兰尼著，王靖华译. 科学、信仰与社会. 南京：南京大学出版社，2004

④ 毛泽东. 毛泽东选集 第 3 卷. 北京：人民出版社，1991：815-816

从发展阶段入手把知识分为感性知识和理性知识。

1996 年，世界经济合作与发展组织（OECD）在《以知识为基础的经济》报告中，把知识划分为四种类型（“4W”）：知道是什么的知识（Know-what）、知道为什么的知识（Know-why）、知道怎么做的知识（Know-how）和知识是谁的知识（Know-who）。① 这 4 种知识分别对应着事实知识、原理知识、技能知识和人力知识。我国学者吴季松主张用“6W”和“1Q”概括“知识”，即在“4W”之上，再加“知道什么时间（Know-when）”，“知道什么地点（Know-where）”和“知道是多少（Know-quantity）”。② 美国学者詹姆斯·奎恩、英国学者布鲁金、中国学者傅家骥与施培公等也提出了各自的知识分类体系，国内外典型的知识分类一览表如表 1-1 所示。此外，按学科分类是最普遍的知识分类，譬如圣西门的学科分类、恩格斯的学科分类、钱学森的学科分类、各国教育部的学科分类、高等院校的专业分类，甚至体现与深化学科分类的文献分类法等，说到底都是知识的分类。

表 1-1 知识的典型分类一览表

序号	分类主体	知识类型
1	柏拉图	辩证法知识/物理知识/伦理学知识
2	亚里士多德	纯粹理性/实践理性/技艺
3	培根	诗歌（想象知识）/历史（记忆知识）/哲学（理性知识）
4	毛泽东	自然科学/社会科学/哲学；感性知识/理性知识
5	波普尔	主观精神世界 2（主观知识世界）/客观精神世界 3（客观知识世界）
6	波兰尼	明晰知识/隐性知识
7	OECD	Know-what/Know-why/Know-how/Know-who③
8	詹姆斯·奎恩	认知知识（Know-what）/高级技能（Know-how）/系统理解（Know-why）/自我激励的创造力（Know-who）
9	布鲁金	默认知识/暗含知识/明确的知识④

① 经济合作与发展组织（OECD）编．杨宏进，薛澜译．以知识为基础的经济（修订版）．北京：机械工业出版社，1997：6

② 刘植惠．知识经济中知识的界定和分类及其对情报科学的影响．情报学报，2000，19（2）：104-109

③ Know-what 与 Know-why 为显性知识，Know-how 与 Know-who 为隐性知识。

④ 布鲁金将隐性知识细分为默认知识和暗含知识。

续表

序号	分类主体	知识类型
10	傅家骥、施培公	信息化知识/非信息化知识①
11	吴季松	Know-what/Know-why/Know-how/Know-who/know-when/know-where/know-quantity
12	柯平	企业知识管理/知识资源管理

在众多的知识分类大师中，同为“朝圣山三巨星”的波普尔和波兰尼做出了不可磨灭的贡献。波普尔认为主观知识和客观知识能够互相转化，客观知识被个人感知的过程往往是客观知识的主观化，而个人感知的表达与记录则是主观知识的客观化。知识资源管理通常是客观知识管理，因为主观知识转换为客观知识之前，他人无法知晓，根本就谈不上管理。波兰尼关于言传知识和意会知识的两分法引起了人们极大的关注，开启了隐性知识管理（产生、传递、组织、获取、利用与创新）的新时代。实际上，世界经济合作与发展组织的知识“4W”分类，也只是在明晰知识和隐性知识基础上的进一步细分。即 OECD 将“Know-what”和“Know-why”统称为编码知识（codified knowledge）——明晰知识，而把隐性知识划分为“Know-how”和“Know-who”。

不难发现，波普尔和波兰尼关于知识的分类惊人地相似，世界 2 的主观知识和意会知识相近，世界 3 的客观知识和言传知识相通。个人主观精神经过表达与记录而形成的客观知识，具备了从个人向社会扩散的条件。意会知识与个人的实践及认识等活动密切相关，它经过文字符号的表述而成为言传知识，言传知识同样可以从个人向社会扩散。知识的公共性是语言符号的功绩，语言符号使许多知识有可能在公众间流传和分享②。语言符号是知识具有公共性的必要条件，“公众的”、“公共的”知识是能够自由传播的言传知识。图书馆馆藏知识资源，属于早已不是个人的感知世界的客观知识，当然也是语言符号作用下的能够自由传播的言传知识。

知识管理是一种普遍存在的社会现象，知识管理类型的划分历来见仁见智。

① 信息化知识类似于显性知识，非信息化知识类似于隐性知识。

② 张民选．隐性知识与隐性知识的显现可能．全球教育展望，2003（8）：15-21

柯平先生认为狭义的知识管理是指组织中知识资本（intellectual capital）的管理，把知识作为战略资本来认识；广义的知识管理是通过知识的创造、组织、传播、分析、开发与利用等途径，使之发挥效用的一种理论与方法，把知识管理所作用的组织当作一个知识系统来研究。在此基础上，他把知识管理分为企业知识管理和知识资源管理两大类。① 企业知识管理一般以知识为核心来进行管理，是知识经济时代组织的“知识型管理”或“知识地管理”。知识资源管理通常将知识视为资产来管理，是人类历史上普遍存在的“知识被管理”或“知识的管理”。简言之，知识管理包括知识“管理”（方式方法）与管理“知识”（资源对象）两大类。前者以知识利用与知识创新为目的，充分发挥人力知识资源的作用，重视对隐性知识的挖掘与开发；后者以知识共享与知识服务为目的，主要依赖社会知识资源的管理，重视对显性知识的组织与整序。

当然，企业知识管理和知识资源管理的划分是相对存在的，因为所有组织的“知识型管理/知识地管理”都需要“知识资源”来支撑，任何“知识被管理/知识的管理”都需要“科学”管理来优化。知识管理的行为主体无所不在，个人、组织和国家在社会活动中都必须实施知识管理。图书馆是社会知识资源的集散地，是人类正式交流的重要中介。图书馆知识管理无疑是以知识资源管理为主导的知识管理，但是为了提高其管理效率图书馆必须引入企业（组织）知识管理的理念与方法。图书馆没有“知识地管理”，“知识的管理”就只能低层次低水平地进行。图书馆知识管理是一个系统工程，应该系统地借鉴企业知识管理方法，严格地遵循图书馆知识管理的发展规律，科学地组织图书馆的各种知识资源。

1.1.4 图书馆知识管理炙手可热

知识是属于人们的社会财富，理应为人类社会共同拥有。即使是远古时期亦官亦巫的文职人员，也在很大程度上承担了经验总结与知识管理的职责。当时的史官往往就是典籍整理与管理人员，即最原始的“图书馆员”。如果说古代只有朴素的知识管理者，那么近现代就涌现出许多的知识管理专家。波兰尼研究“隐性知识与显性知识”，波普尔探讨“主观知识（精神）世界 2 和客观知识（精神）世界 3”，谢拉（J. H. Shera）研究“社会认识论”与“书面记录知识交流”，卡尔斯泰特（P. Karstedt）专注“社会精神”，布鲁克斯（B. C. Brookes）

---

① 柯平等．图书馆知识管理研究．北京：北京图书馆出版社，2006：25

提出“知识地图”和“知识方程（K（S）+ΔI=K［S+ΔS］）”。这些著名学者从不同的侧面研究知识与知识管理，他们的累累硕果为图书馆知识管理奠定了坚实的基础。

图书馆界关注“知识”的历史由来已久，图书馆学先驱者就是看到了图书馆不容忽视的知识传播功能而积极地投身于图书馆事业建设。1928年，杜定友先生指出：“图书馆的功用就是代社会上一切人记忆一切的，实际上就是社会上一切人的公共脑子。”① 1933年，巴特勒（P. Butler）指出：“图书是保存人类记忆的社会机制，而图书馆则是将人类记忆移植于现在人们的意识中去的社会装置。”② 这里的“记忆”指的就是“知识”，杜氏、巴氏是两位较早关注图书馆保存“人类知识”的杰出学者。此后，芝加哥学派主要代表人物谢拉提出“社会认识论”，还认为“把知识用书面记录的形式积累起来，并通过个人把它传递给团体的所谓书面交流的机关就是图书馆”；德国图书馆学家卡尔斯泰特认为图书馆是维持和继承社会精神不可缺少的社会机构，它担负着把这种社会精神移入作为社会形象载体的社会成员的职能③。无疑，“书面记录”与“社会精神”的实质就是文献知识。文献分类组织以知识分类组织为基础，诸多学者从知识组织角度入手研究“图书馆管理”。1929年和1933年，美国图书馆学家布利斯（H. E. Bliss）分别撰写了《知识组织和科学系统》与《图书馆的知识组织》；1965年和1966年，美国图书馆学家谢拉先后出版了《图书馆与知识组织》和《文献与知识组织》；1989年国际知识组织协会（ISKO）成立，1993年著名学术刊物《国际分类法》更名为《知识组织》。④然而，尽管图书馆知识管理活动源远流长，但是知识管理的概念最早不是出现在图书馆界，而是在企业管理界。

馆藏文献的藏阅活动就是社会知识的集散过程，图书馆文献管理实际上就是知识管理。20世纪80年代，彭修义率先研究图书馆之“知识”，从“知识”视角探索图书馆学，开创了图书馆学研究知识管理的新气象。1981年，彭修义在《图书馆学通讯》发表《关于开展“知识学”研究的建议》，积极倡导图书馆学

① 杜定友讲，梁春华述．研究图书馆学之心得．“国立”中山大学图书馆周刊，1928，1（1）：1-6

② P. Butler. An Introduction to Library Science. Chicago：The university of Chicago Press，1933

③ 孟广均，徐引篪．国外图书馆学情报学研究进展．北京：北京图书馆出版社，1999：75

④ 李万健．知识与图书馆学和图书馆．四川图书馆学报，2003（6）：2-5

界重视“知识学”研究。彭先生大声呼吁：“图书是知识的载体，图书馆学应当研究知识。”① 此后，《图书馆工作与图书馆学理论的知识文化考察》②、《图书馆知识研究我见》③、《关于知识研究的哲学思想》④、《图书馆学理论研究的知识方向》⑤ 和《以文献知识为动力推进图书馆学理论研究与系科革命》⑥ 等学术檄文相继见刊，奠定了彭修义作为图书馆界“知识学”先驱者的地位。同一时代，刘迅、宓浩、黄纯元等学者也为图书馆知识管理做出了不可磨灭的贡献。1982年，刘迅在《论图书馆学情报学理论的共同基础——关于波普尔世界3理论的思考》⑦ 一文中，引入波普尔的“世界3理论”作为图书情报学的理论基础，并引起了图书馆学界的热烈讨论。

知识管理的概念十分宽泛，知识交流、知识组织、知识服务与知识集合等都可以囊括其中。然而，图书馆知识管理大量引进企业知识管理的成果，出现了水土不服的“南橘北枳”现象。柯平先生的《论知识管理》认为：知识管理以知识的发现、组织、传播和利用为基础，以科学技术和管理为核心，通过对知识和人的管理以实现知识价值的最大化为其基本内涵；知识管理可分为两个领域，即“企业知识管理”和“知识资源管理”。⑧ 知识管理领域的划分具有重大意义，它表明图书馆知识管理主要是指知识资源管理。柯先生在另一篇文献⑨中进一步指出：“广义的图书馆知识管理，则包含着两大范畴，一个是对图书馆馆藏知识资源的组织与管理，另一个是运用图书馆的集体智慧开展业务活动，提高图书馆创新能力和可持续发展能力的图书馆管理”。王均林认为图书馆知识管理，其实就是对图书馆显性知识和隐性知识的搜集、整理、存贮和使用，并使其充分发挥作用的过程；杨桂荣等则提出图书馆知识管理就是既重视对图书馆显性知识（如馆藏书刊资料、网络资源等）的管理，更重视隐性知识（员工头脑中存储的智慧）的转化与发挥，以达到知识创新、知识传播与利用的目标。⑩ 这些观点异曲同工

---

① 彭修义．关于开展“知识学”的研究的建议．图书馆学通讯，1981（3）：85-88

② 彭修义．图书馆工作与图书馆学理论的知识文化考察．黑龙江图书馆，1987（3）：1-6

③ 彭修义，熊奇永．图书馆知识研究我见．知识工程，1989（1）：27-29

④ 彭修义，熊奇永．关于知识研究的哲学思想．知识工程，1989（1）：44-46，8

⑤ 彭修义．图书馆学理论研究的知识方向．图书馆．1992（4）：37-40，33

⑥ 彭修义．以文献知识为动力推进图书馆学理论研究与系科革命．图书馆，1998（6）：7-12

⑦ 刘迅．论图书馆学情报学理论的共同基础——关于波普尔世界3理论的思考．情报科学，1982（1）：13-20

⑧ 柯平．论知识管理．郑州大学学报（哲学社会科学版），2001，34（6）：132-136

⑨ 柯平．知识管理在图书馆中的应用研究．图书馆学研究，2003（9）：8-12

⑩ 杨桂荣，毛赣鸣，宋敬林．关于图书馆知识管理的研究．图书馆论坛，2007，27（1）：1-5

地表明：图书馆知识管理绝不能仅仅限于显性知识的管理，而应当扩展到隐性知识的管理。

图书馆知识管理是知识管理的重要组成部分，前者是后者的理论源泉与实践场所，后者是前者的理论基础与指导思想。目前，图书馆知识管理主要体现在两个方面：一是运用企业知识管理理论，有效管理图书馆各项业务工作；二是利用图书馆独有的知识资源优势，构建知识资源管理体系。前者注重图书馆业务的知识化管理，后者注重图书馆知识资源的管理。知识化管理不是图书馆的特有现象，而是社会组织共同的“以人为本”的管理要求。知识资源管理是图书馆管理的具体对象与实质内容，反映了图书馆存在的“社会价值”。如果说企业知识管理侧重于隐性知识管理，通过促进个体隐性知识向组织显性知识转化来提高企业的劳动效率与经济效益，那么图书馆知识管理除了共享馆员知识外，更重要的是显性知识管理——知识资源的获取、整序、服务和利用，即为用户提供个性化的知识服务，切实保障用户获取知识的权利。因此，图书馆知识管理主要指知识资源的管理，即显性知识管理和隐性知识管理的综合体；知识化管理是知识资源管理的技术手段，即优化知识管理业务流程与提高知识管理效益的具体方法。

1.2 图书馆管理范式变革的理论分析

1.2.1 库恩科学革命的范式理论

英语“paradigm”直接源自于拉丁语“paradigma”，更早甚至可以追溯到希腊语“paradeigma”。它最初用于语言学中表示词形的变化规则，后来逐步衍生出模式、模型与范例等引申义。19世纪末或20世纪初，在科学哲学或科学社会学领域，“paradigm”及其同近义词逐步出现。据李醒民先生考证：马赫至少在1905年（很可能在1895年或1896年）使用了“paradigm”的同近义词“vorbild”，迪昂至少在1906年（或者在1893年）使用了“paradigm”的同近义词“type”，而威纳在1954年、默顿在1941年（或1945年）直接使用了术语“paradigm”。[①] 1959年，美国科学哲学家托马斯·库恩在《必要的张力：科学研究的传统和变革》中引入“paradigm”一词，1962年，他在《科学革命的结构》中把它作为科学哲学的中心概念。从此，关于“范式”（paradigm）的学术研究

① 李醒民．库恩在科学哲学中首次使用了“范式”（paradigm）术语吗？．自然辩证法通讯．2005，27（4）：105-107

持续增长，科学革命理论的影响范围不断扩展，库恩以其深邃思想与丰功伟绩一跃而成学术明星。

不过，库恩从来没有对“范式”术语下过定义，或者对“范式”概念作过明确的解释。1969 年，库恩在《科学革命的结构》（日文版）的“后记”中坦率地承认“范式”是“本书中遗留下的最不清晰也是最重要的问题”①，并肯定英国学者玛斯特曼（Masterman）女士对“范式”所作的不完全的分析索引——“这个词在本书中至少有二十二种用法”②，诸如范式是模型、模式、框架，事例或例证，题解，陈规，一致意见、专业判断一致，科学成就，方法或方法的来源，信念、预想，专业母体、科学或科学活动的基本部分，理论和观点、方法、标准、仪器设备、经典著作的“不可分的混合物”等。③ 于是，库恩建议用“学科基质”（disciplinary matrix）来代替“范式”，认为“所有或大部分我在原书中当作范式、范式的一部分或具有范式性的团体的承诺对象，都是学科基质的组成成分，并因而形成一个整体而共同起作用”。④ 但“学科基质”还是没有廓清“范式”的内在含义，它的影响也远远不如“范式”。库恩把“范式”和“科学共同体”紧密地联系在一起，正如后记所言：“一个范式就是一个科学共同体的成员所共有的东西，而反过来，一个科学共同体由共有一个范式的人组成。”⑤ 这里的“科学共同体”，是指在特定历史时期某个学科领域中持有共同的基本理论、观点和方法的科学家集团。夏基松先生通过对库恩“范式”考察，指出它主要包括两个方面：（1）从心理上说它是科学共同体所共有的信念；（2）从理论和方法上说它是科学共同体所共有的“模型”或“框架”。⑥ 这就是说，科学共同体共有的心理素质和共有的理论体系与思维方法，是库恩“范式”两种最主要的用法。总而言之，范式是某个学科或专业领域中的“科学共同体”所形成的认可同一理论、观点和方法的共同信念，或“一个时代提供给社会参与的、

---

① ［美］托马斯·库恩著．金吾伦，胡新和译．科学革命的结构．北京：北京大学出版社，2003：163-164

② ［美］托马斯·库恩著．金吾伦，胡新和译．科学革命的结构．北京：北京大学出版社，2003：163-164

③ 郑杭生，李霞．关于库恩的“范式”——一种科学哲学与社会学交叉的视角．广东社会科学，2004（2）：119-126

④ ［美］托马斯·库恩著．金吾伦，胡新和译．科学革命的结构．北京：北京大学出版社，2003：163-164

⑤ ［美］托马斯·库恩著．金吾伦，胡新和译．科学革命的结构．北京：北京大学出版社，2003：158

⑥ 夏基松．现代西方哲学教程新编．北京：高等教育出版社，1998：254

在典型问题及解决方法方面被普遍认识的科学成就”①。在学科发展中，范式主要表现为学科共同的传统、共同的理论模型、共同的方法体系和共同的发展方向。

在“范式”研究基础上，库恩创造性地提出了科学革命理论，深刻地揭示了科学发展的模式：前科学（没有范式）→常规科学（形成范式）→科学革命（反常与危机）→新常规科学（形成新范式）→新科学革命（新反常与危机）……在某一门学科正式诞生之前，人们总是力图解释业已存在的学科现象，于是产生了许多互不相关的理论假说或理论模型，各个学派互相争论或相互批判学科的基础理论，这就是库恩所说的“前科学”或“前范式”时期。在百家争鸣式的学术论战中，某种科学成就脱颖而出并逐渐牢牢地占据了理论体系的主导地位，形成了解决疑难的统一范式，学科发展便进入了“常规科学”时期。这种成熟的常规科学发展到一定阶段，非常事例不断冲击原有范式，导致学科产生“反常”或“危机”；原有范式不再充分地支持疑难解决，并受到人们的怀疑与批判，学科发展再次出现纷争的局面，此乃库恩所说的“科学革命”时期。科学革命发生后，经过激烈的竞争与选择，建立起新的被普遍接受的范式，学科发展就进入了“新的常规科学”时期。然后，学科开始了新一轮的轮回，在不断的“危机与革命”中上演新范式取代旧范式的“进化”。

毋庸讳言，库恩的科学革命理论为人们提供了全新的科学发展观，但是同时存在诸多令人困惑的解释，需要进一步发展与完善。首先，“范式”的概念过于模糊，这种科学共同体“普遍承认的科学成就”、“一个普遍的认识论观点”、“一种新的观察方式”等，既可以是他们共同的信念、价值、技术等构成的整体，又可以是模型、范例、解答等整体中某一具体的元素。其次，“范式”的理解过于晦涩，范式是被迷信的科学“神话”，“鸭”与“兔”选择全凭个人的主观臆断，认知主体心理变化决定范式结果。第三，新旧范式具有不可通约性，新范式和旧范式毫无关联、互不相通、不可比较，旧范式淘汰与证伪无关，新范式并不比旧范式更接近真理；不同范式的科学家就有不同的世界观，他们仿佛生活在不同的世界之中。第四，新旧范式转换方式没有客观标准，范式“格式塔”（Gestalt）是一种“鸭子”变“兔子”的主体认知图式的转换（如图 1-2）。库恩认为范式转换是“科学共同体”信仰的转换，是一代人的整体性转变，需要依靠宗教般的狂热宣传。第五，科学与否的界定标准不够明晰，库恩一方面否认

① 焦晓波．基于库恩科学哲学的关系营销范式的思考．经济问题探索，2005（8）：55-58

科学界定的确定性标准、证实标准和证伪标准，并提出“范式是学科成为科学的标志”的界定标准；另一方面坚持科学与非科学无需分界，认为：范式也是一种偏见，科学与占星术并没有本质的区别等。① 最后，科学革命是科学发展唯一方式，库恩批判科学是连续的、积累的进步过程，主张常规科学是范式指导下的“解谜”活动，科学发展是新旧范式的转换过程。

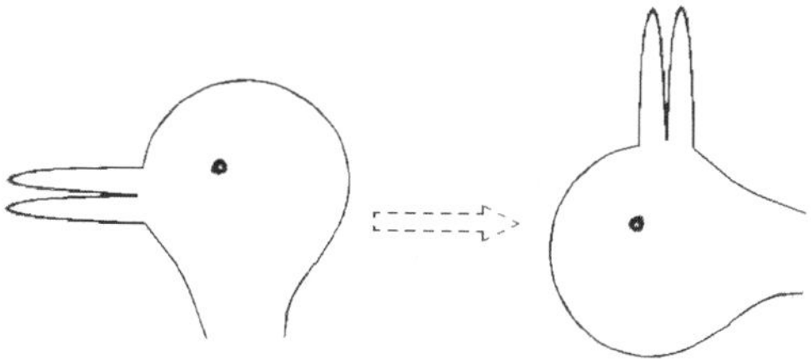

图 1-2 鸭兔图（duck-rabbit diagram）

长期以来，逻辑实证主义认为，科学的内容是那些经过证实，不可出错的事实、定律和理论的集合，因而科学的发展就是一点一滴的进步构成的、一个连续不断的累积过程。② 库恩批判了逻辑实证主义科学观的缺陷，从社会学、心理学和科学史的角度提出：危机是科学革命的先导，科学发展是新旧范式的格式塔（Gestalt）转换。库氏移植完形心理学或格式塔心理学关于“形”的构图方式，认为科学发展模式就是由科学革命引发的“范式”更替，即由常规科学传统不断向新常规科学转变。当然，自然科学追求理论的唯一与必然，更加符合库恩的科学发展模式；社会科学讲究理论的多维与可能，其范式变革往往不如自然科学那样彻底。我们研究社会科学，既要借鉴自然科学的范式变革理论，又要从众多的理论观点中提炼出主导的学科范式。总之，“范式”是包括规律、理论、标准、方法等在内的一整套信念，是某一学科领域的世界观，它决定着某一时期的科学家观察世界、研究世界的方式；范式为一个时期的科学家集团所共有，持同一范式的科学家因其有着共同的信念、价值标准、理论背景和研究方法技术而组成了一个“科学共同体”。③ 科学发展是新旧范式/科学共同体/专业母体/分类

① 郑杭生，李霞．关于库恩的“范式”——一种科学哲学与社会学交叉的视角．广东社会科学，2004（2）：119-126

② 林学俊．试论库恩的范式及其在科学认识中的作用．科学技术与辩证法，1997，14（1）：37-40

③ 张文显，于宁．当代中国法哲学研究范式的转换．中国法学，2001（1）：62-78

学/辞典的整体性转换过程，在此过程中既有累积性的量变阶段（常规科学），又有革命性的质变阶段（科学革命）。① 因此，我们可以简单地认为：学科范式是“科学共同体”普遍认可的共同理念或科学成就，范式变革则是某一学科随着“科学共同体”从无到有或新旧更替而产生的内容质变。

1.2.2 图书馆管理范式变迁过程

图书馆作为社会知识交流的中介组织，是保障知识发生“社会遗传”的重要场所，它对人类文明的传承与发展起着巨大的作用。只要人类知识交流一日不绝，“图书馆”就不可能凭空消失。图书馆的表现形态或许会发生很大的变化，但是这种机构/组织/机制一定会永恒存在。古代藏书楼、近现代图书馆、当前复合图书馆、未来数字图书馆相继而来，图书馆事业一路高歌猛进。自从 1807 年德国图书馆学家马丁·施莱廷格（Martin Schrettinger，1772—1851）首创“图书馆学”一词以来，图书馆学在世界学科体系中存在了 200 余年。尽管图书馆素有“知识的殿堂”之美誉，但也被当作“不过是借还书的地方”，图书馆学因而饱受种种非议与质疑。有专家断言图书馆学是“前科学”或“潜科学”，有学者认为图书馆学根本就不是一门“学科”，也有研究者叹惜图书馆学以社会机构命名——认为命名失误是图书馆学最大的悲哀与遗憾。“只有医学，没有医院学；只有法律学，没有法院学；只有情报学，没有情报所学”②；“从某种意义上说，‘图书馆学’一词的创造实属悲剧，因为一门学科只能以其研究内容命名而鲜有以机构命名的，……有烹调学而没有饭店学，有美学而没有美人学……”③。曾几何时，图书馆学的学科地位受到了严重的挑战。

那么，图书馆学究竟是不是一门成熟学科呢？知识经济时代图书馆学到底何去何从呢？库恩的科学革命理论指出：前科学和常规科学的区别是该学科是否形成了从事该门学科研究的科学家共同接受的“范式”。④ 范式和科学共同体互为条件，既没有无科学共同体的范式，也没有无范式的科学共同体。经过谨慎比对

---

① 郑杭生，李霞．关于库恩的“范式”——一种科学哲学与社会学交叉的视角．广东社会科学，2004（2）：119-126

② 张晓林．应转变图书馆学的研究方向．图书馆学通讯，1985，11（3）：57-64

③ 徐引篪，霍国庆．图书馆研究对象的认识过程：兼论资源说．中国图书馆学报，1998，24（3）：3-13

④ 张文显和于宁认为：“科学共同体”是指一门学科的从业者形成的一个封闭的专家集团，产生科学知识的单位，它类似于一个学派。张文显，于宁．当代中国法哲学研究范式的转换．中国法学，2001（1）：62-78

之后，我们发现图书馆学不仅是一门成熟科学，而且是一门经历了两代常规科学并正在进行“科学革命”的科学。试想图书馆学教育体系完备、专业学会成熟、研究机构众多、学术期刊丰富……，既有通用的指导图书馆实践的理论体系，又有接收同一“范式”的科学家集团，这样的“范式”与“科学共同体”同在的学科难道不是库恩所说的常规科学或成熟科学？1997 年我国教育部修订与颁布《授予博士、硕士学位和培养研究生的学科、专业目录》，二级学科（学科、专业）由原来的654 种调整为 382 种；1998 年我国教育部修订与颁布《普通高等学校本科专业目录》，二级类专业种数由 504 种压缩到 249 种。① 尽管二级学科或二级专业调减幅度很大（两者分别为41.6％和50.6％），但图书馆学因其“成熟”而在管理学中牢牢地占有一席之地。2012 年，教育部再次修订并颁布《普通高等学校本科专业目录（2012 年）》，② 新的本科目录分为基本专业（352 种）和特设专业（154 种），图书馆学作为“基本专业”仍然位居管理学门类“图书情报与档案管理类”之下。如果我们进一步考察图书馆事业与图书馆学的发展轨迹，那么不难得出图书馆学已经经历了两个常规科学的发展阶段。

（1）文献管理范式阶段

波普尔提出“三个世界”理论，难能可贵地把人类知识划分为主观知识和客观知识。这两种知识之间存在相互转化的动态关系，主观知识客观化（社会化）往往就是文献生产，客观知识主观化常常表现为文献利用。主观知识存在于人的头脑中，只有“外化”在载体上才能共享与传播。客观知识存在于人脑之外的体语（包括动作、手势、表情、姿态、舞蹈等）、实物（包括产品、模型、雕塑、文物、碑刻等）、口语（包括谈话、授课、讨论、唱歌等）和文献（包括图书、期刊、报纸、档案、标准、图谱、专利说明书、政府出版物等）中，它具有可编码性、可传播性、可共享性、可批判性和易于理解性等特征……客观知识的载体多种多样，文献是客观知识的主要载体。③ 语言出现在几百万年之前，它无疑比肢体语言或结绳记事更先进。但是，口耳相传的范围毕竟有限，这充其量

① 刘少雪．高等学校本科专业结构、设置及管理机制研究．北京：高等教育出版社，2009：10，43

② 教育部关于印发《普通高等学校本科专业目录（2012 年）》、《普通高等学校本科专业设置管理规定》等文件的通知．http：//www. moe. edu. cn/publicfiles/business/htmlfiles/moe/s3882/201210/143152. html.［2013-02-25］

③ 马恒通．图书馆与知识的进化．图书馆，2007（3）：1-5，10

只是知识共享与传播的低级方式。一切传播媒介都是语言的载体和奴仆，人类最早的文字产生于公元前 3200 年的美索不达尼亚。① 自从先人们找到了记录语言文字的奴仆——载体，记录着原始知识的文献便开始出现，文献就成为了人类知识传承的方舟。

在社会变迁中，人们建立了有效的知识扩散与交流的社会机制，而图书馆正是这种社会机制的产物。文献是记录有知识的载体，人类知识交流的历史主要表现为一部文献传播的历史。最初的档案管理和原始的图书馆工作密不可分，古代藏书楼书写了古代图书馆事业的辉煌。古代藏书楼收藏了大量文献，并在特定范围向特定人群开放，这与当时知识被特权阶级及其代理人所垄断相匹配。譬如，官府藏书、书院藏书、寺观藏书和私人藏书的服务对象无外乎是皇帝、朝臣、僧侣以及士大夫阶层，久负盛名的清朝“江南四阁”亦不过是驯化读书人的利器。欧洲资产阶级革命打破了贵族的知识特权，“向社会开放”和“藏用并举”是近现代图书馆最基本的理念与原则。平民化教育为资本主义培养了大批生力军，图书馆成为了社会教育的重要机构。20 世纪 80 年代以前，图书馆学深深地打上了“文献”烙印，无论是国外的整理说、管理说、社会说、技术说、交流说，还是我国的要素说、整体说、规律说、矛盾说、事业说、关系说、层次说、活动说、过程说，图书馆活动都紧紧围绕“文献管理”展开。这一时期，图书馆学研究的重心都是图书馆及其馆藏文献资源，只不过有的强调图书馆文献资料的整理，有的侧重图书馆文献管理的实用技术，有的探讨图书馆文献工作与社会的关系，有的研究图书馆文献管理的规律及过程等……但图书馆工作与图书馆学呈现出鲜明的“文献管理”特征，图书馆学整体处于“文献管理”范式时期。

（2）文献信息管理范式阶段

20 世纪中后期，信息革命席卷全球，信息存储、处理与传播等技术改变了人类生存的方式。信息是指物质的普遍属性，或者说是物质属性的一种表征。信息在信息论中指用符号传送的报道，报道的内容是接收符号者预先不知道的。②

---

① 朱光烈．媒体“大革命”．新闻大学，2000（4）：34-39

② 中国社会科学院语言研究所词典编辑室编．现代汉语词典：2002 年增补本．北京：商务印书馆，2002：1404

诸多专家学者跻身信息研究大潮，从不同的角度对信息的本质进行阐述，如："信息就是信息，不是物质，也不是能量①"（N·维纳），"信息是使不确定性消除的某种东西②"（C·E·香农），"信息是事物运动的状态和状态改变的方式，或是主体所感知的'事物运动状态和状态改变的方式'③"（钟义信），"信息是物质系统诸组成元素之间的排列关系，即物质系统的序④"（侯金川）。信息很快成为社会的时髦用语，人们认定文献所记载的内容就是信息。随着信息学说的发展，人们逐步认识到文献交流实际上是文献信息交流，文献信息交流是人类社会信息交流系统的重要组成部分。于是，在"文献交流"的基础上，图书馆学界的专家学者开始研究"文献信息交流"。

信息技术的发展一日千里，"信息管理"的热度一再提升。这迫切需要图书馆学界作出回答：在信息时代，图书馆对社会将产生怎样的影响，图书馆学如何构建自己的理论体系？无数专家学者苦苦思索，把图书馆活动与信息管理对比，将图书馆学与信息科学挂接。在欧美图书馆学界，"library and information"从此捆绑在一起。20 世纪后期，我国学者普遍认为信息是物质的属性，文献载体是信息的重要载体，文献信息是图书馆管理的基本对象。倪波先生和荀昌荣先生主编的《理论图书馆学教程》，阐述了颇具代表性的"文献信息交流"论。他们认为："文献信息交流，是图书馆工作的出发点与归宿"，"图书馆学的研究对象是文献信息交流"，"图书馆学是研究文献信息交流的理论和方法的学科"。⑤

如果说图书馆是一个文献信息交流系统，那么情报部门、档案馆、出版发行机构等同样是从事文献信息交流的组织。如此，文献信息交流就是图书馆学、情报学、档案学以及出版发行学的共性。20 世纪后期，文献信息管理说、文献资源说、知识信息资源说、信息系统管理说和信息交流说等甚嚣尘上，图书馆学上位学科的"信息因素"明显加强。情报学专家提出："情报学是信息科学群的一个分支学科⑥"，"情报科学是信息科学群中的一分子⑦"，"信息科学在广义上是一个学科群，包容范围很广，情报学可以认为是其下位类学科⑧"。于是，人们

---

① 钟义信等．信息科学教程．北京：北京邮电大学出版社，2004：14，24
② 严怡民．情报学概论（修订版）．武汉：武汉大学出版社，1994：5，10，14，47
③ 钟义信等．信息科学教程．北京：北京邮电大学出版社，2004：14，24
④ 侯金川．物质·能量·信息统一论．湘潭大学学报（哲学社会科学版），1997（5）：110-114
⑤ 倪波，荀昌荣．理论图书馆学教程．天津：南开大学出版社，1981：31，69
⑥ 梁战平．情报学若干问题辨析．情报理论与实践．2003，26（3）：193-198
⑦ 严怡民．走向 21 世纪的情报学研究．图书与情报，1999（1）：2-8
⑧ 马费成．情报学的进展与深化．情报学报，1996，15（5）：338-344

认为图书馆学、情报学、档案学、文献学等都是研究“文献信息”的学科，并积极思索如何构建一级学科——文献信息学。在关于图书馆学学科归属的探讨中，有专家提出把图书情报类学科整合为“信息系统管理学”、“知识信息资源学”、“文献资源学”或“文献信息管理学”等①，亦有学者类似地建议设置“大图书馆学”②。显然，20 世纪 80 至 90 年代，“文献信息”、“信息资源”、“信息交流”与“信息管理”是图书馆学界最火爆的关键词，图书馆学明显地留下了“文献信息管理”或“文献信息资源”的痕迹，这个时期可称为图书馆学的“文献信息管理”范式阶段。

1.2.3 图书馆知识管理范式特质

图书馆承担着文献收藏与借阅的重要职责，这种文献管理实际上就是对文献中的知识资源进行管理。它通过文献藏阅活动来实现知识的集中与扩散，因此是一种公益性的社会知识管理组织。知识交流和知识组织是知识管理的两个重要方面，它们为图书馆知识管理研究的兴起准备了条件。文献是知识和载体有机结合的产物，它既是知识组织的方式，又是知识组织的成果。在纸质文献时代，社会知识组织不可能脱离文献而单独存在，文献单元就是知识管理的基本单位。这一时期，图书馆工作表现为文献管理活动，图书馆学的范式当然就是“文献管理”。“信息高速公路”催生下的图书馆文献信息工作，把“文献”改为时髦的“文献信息”并没有实质性的意义，因而图书馆学的“文献信息管理”范式不过是昙花一现罢了。“文献管理”范式与“文献信息管理”范式都是以“图书馆”为核心，从一定角度探讨图书馆学研究对象，然而它们均没有揭示图书馆研究对象的本质——馆藏知识资源管理，因而有关馆藏知识及其积累、搜集、整序、存贮、获取与服务等业务活动被忽视，而图书馆建筑学等本不应当成“学”的低层次“分支学科”却挤进了图书馆学。

20 世纪 80 年代，宓浩和黄纯元两位学者开创了我国图书馆知识管理的第一个学派——知识交流学派。1983 年，宓浩先生指出：“知识的组织和知识的传递，这就是图书情报工作的实质和基础内容”③；“图书馆和情报中心不单是作为社会知识的搜集者而存在，更重要的是它们负有开发知识资源、促进知识交流的

---

① 柳晓春，涂启建. 21 世纪图书馆学与情报学的学科定位. 图书馆，2000（1）：9-10

② 王京山. 图书馆学新思维：试论“大学图书馆学”的建立. 图书情报工作，2002，46（1）：49-53

③ 文丰. 重读宓浩. 图书馆. 1997（5）：36-38

职责”①。1984 年 11 月，中国图书馆学会的图书馆学基础理论讨论会在杭州召开，宓浩和黄纯元提交的会议论文《知识交流和交流的科学——关于图书馆学基础理论的建设》认为：“图书馆活动的本质是社会知识交流”，“图书馆是社会知识交流的一种有效工具”，“应该把社会知识交流作为图书馆学基础理论的基点”。② “知识交流论”一经诞生就受到了广泛的关注，开创了我国图书馆知识管理的新局面。

我国学者刘迅吸收了国外图书馆界“知识组织”研究成果，早在 1985 年就认为图书馆学应当研究“知识的组织”。1991 年，刘洪波在《知识组织论——关于图书馆内部活动的一种说明》一文中指出：图书馆的文献组织实质上是一种知识组织，图书馆内部活动的实质是社会化的知识组织③。随后，刘先生又发表了《知识组织与知识社会化过程》④、《论“知识交流”》⑤、《经典知识组织理论》⑥、《探求知识组织的底层》⑦ 等论文，集中讨论图书馆的“知识组织”。蒋永福也是图书馆知识组织论研究者，他主张：图书馆是对客观知识进行专门组织和控制的社会组织，其客观知识组织功能主要表现在贮存性组织、整序性组织和开发性组织三方面；⑧ 图书情报工作和书目情报活动的实质是知识组织，知识组织理论是图书情报学的理论基础。⑨ 知识组织论深入分析了图书馆具体的工作流程，准确界定了文献组织的实质是知识组织，知识组织论与知识交流论是图书馆知识管理的内外两大组成部分。

张晓林先生是我国较早开展知识服务研究的学者之一，他在 2000 年发表的《走向知识服务：寻找新世纪图书情报工作的生长点》⑩ 一文中详细地论述了图书情报领域的知识服务，并提出了 5 种知识服务的运营模式。李桂华与党跃武等也积极研究知识服务，他们与张先生一起完善了知识服务的运营方式。⑪ 在众多

---

① 宓浩．知识、知识材料和知识交流——图书馆情报学引论（纲要）之一．图书馆学研究，1983（6）：28-35

② 宓浩，黄纯元．知识交流和交流的科学——关于图书馆学基础理论的建设．见：中国图书馆学会基础理论研究组．图书馆学基础理论论文集．杭州：中国图书馆学会基础理论研究组，1985

③ 刘洪波．知识组织论——关于图书馆内部活动的一种说明．图书馆，1991（2）：13-18，48

④ 刘洪波．知识组织与知识社会化过程．中国图书馆学报，1991（1）：24-29

⑤ 刘洪波．论“知识交流”．图书馆学研究，1992（1）：5-11

⑥ 刘洪波．经典知识组织理论：一块动摇的基石．北京图书馆馆刊，1992（2）：73-79，138

⑦ 刘洪波．探求知识组织的底层．图书馆，1992（5）：5-9，35

⑧ 蒋永福．图书馆与知识组织——从知识组织的角度理解图书馆学．中国图书馆学报，1999（5）：19-23

⑨ 蒋永福，付小红．知识组织论：图书情报学的理论基础．图书馆建设，2000（4）：14-17

⑩ 张晓林．走向知识服务：寻找新世纪图书情报工作的生长点．中国图书馆学报，2000，26（5）：32-37

⑪ 李桂华，张晓林，党跃武．知识服务之运营方式探索．图书馆，2001（1）：18-22

的知识服务论中，梁灿兴的“可获得性”论独树一帜且自成体系。1998 年，梁先生的《图书馆学的核心问题和研究对象新见》认为：图书馆的工作是保证文献群中知识单元对于服务对象的可获得性，图书馆学要研究解决的核心问题是如何保证文献群中知识单元的可获得性，图书馆学的研究对象是文献群中知识单元的可获得性。[①]“可获得性”论得到了《图书馆》杂志极其罕见的支持，短短几年接连刊出专题论文及其商榷论文 20 多篇。梁氏系列论文“可获得性论的图书馆原理（一）—（六）”[②,③,④,⑤,⑥,⑦]等初步完成了“可获得性”的理论构建，为图书馆知识管理研究提供了新的视角。

1998 年，叶鹰教授在《图书馆学基础理论的抽象建构》中论述了抽象图书馆学，并将图书馆定义为“有序化信息相对集中的时空”[⑧]。这种定义抽取了传统图书馆与虚拟图书馆的共同点，但是高度抽象的“信息时空”既过于空洞宽泛又难以实施操作。4 年之后，叶先生通过“对抽象图书馆学进行分析精化和扩充拓展”而“衍生出分析图书馆学”，认为“图书馆是具有服务功能和效用价值的大量有序信息的集合”。[⑨] 图书馆的抽象定义隐含“信息集合”之意，而图书馆的分析定义明确指向“信息集合”。然而，“信息集合”概念模糊了图书馆与其他信息机构的界线。世纪之交，王子舟先生认真思索图书馆学发展的危机，提出了比“信息集合”专指度更高的“知识集合”论。《知识集合初论》认为：知识集合是把客观知识按一定原则有序组合起来的集成体，是人类获取知识的重要媒介；图书馆的实质就是知识集合，图书馆学研究对象应转向知识集合。[⑩]《知识集合再论》通过对知识集合的概念、知识集合的组织、知识集合的功能和知识集合的环境进行分析，详细地阐释了图书馆学的研究对象——知识集合。[⑪] 此后，王先生的论文[⑫,⑬,⑭]等进一步完善了“知识集合”

① 梁灿兴．图书馆学的核心问题和研究对象新见．图书馆，1998（5）：10-11，18
② 梁灿兴．可获得性论的图书馆原理（一）．图书馆，2003（4）：10-13
③ 梁灿兴．可获得性论的图书馆原理（二）．图书馆，2003（5）：15-18
④ 梁灿兴．可获得性论的图书馆原理（三）．图书馆，2004（1）：12-16
⑤ 梁灿兴．可获得性论的图书馆原理（四）．图书馆，2004（2）：16-21
⑥ 梁灿兴．可获得性论的图书馆原理（五）．图书馆，2004（3）：15-20，25
⑦ 梁灿兴．可获得性论的图书馆原理（六）．图书馆，2004（4）：22-25
⑧ 叶鹰．图书馆学基础理论的抽象建构．中国图书馆学报，1998，24（3）：86-88
⑨ 叶鹰．抽象图书馆学的分析化．中国图书馆学报，2002（6）：71-73
⑩ 王子舟．知识集合初论——对图书馆学研究对象的探索．中国图书馆学报，2000（4）：7-12
⑪ 王子舟．知识集合再论——对图书馆学研究对象的阐释．图书情报工作，2000（8）：5-11
⑫ 王子舟，张洲英．客观知识的基本性质．中国图书馆学报，2002，28（5）：9-12
⑬ 王子舟，王碧滢．知识的基本组分——文献单元和知识单元．中国图书馆学报，2003（1）：5-11
⑭ 王子舟．论知识受众及其合法权益．图书情报知识，2003（3）：2-6

论，他的专著《图书馆学基础教程》① 全面系统地阐述了知识集合论，并把客观知识、知识集合、知识受众及其相互关系作为图书馆学的研究客体。知识集合论借鉴了知识交流、知识组织与知识服务的理论成果，是一种正在生长着的图书馆知识管理学说。

柯平先生指出："图书馆学的研究对象是知识资源，图书馆学是关于知识资源的收集、组织、管理与利用，研究与文献和图书馆相关的知识资源活动的规律，以及研究知识资源系统的要素与环境的一门科学。"② 同时，他还规划了当代图书馆学围绕知识资源研究的四个方向：图书馆的知识资源研究、文献的知识资源化和读者获取知识资源的智能化研究、知识资源系统与服务的研究、网络知识资源管理的研究。柯先生还主张："学科基点即学科的研究对象"，"图书馆学的学科基点是知识资源"；"图书馆学是研究知识资源的收集、整理、组织和利用，知识资源系统的要素、运动规律及其与环境之间的关系的一门学科"。③ 李大玲和柯平合著的《论图书馆学的知识资源传承原理》④ 提出："图书馆学的独特性在于知识资源传承，汇集并传播知识资源是人类社会赋予图书馆与图书馆学的历史使命，开发和利用知识资源是现实和发展对于图书馆和图书馆学的根本要求。"图书馆知识管理流派众多，柯平先生等试图博采众长并建构统一的基于"知识资源管理"的图书馆学理论体系。

此外，马恒通先生提出了"馆藏知识传播论"，我们也探讨过"公共知识管理论"。至于知识描述、知识搜索、知识挖掘、知识推送等技术方法研究，在图书馆学界更是数不胜数。在知识经济与知识管理的双重推动下，图书馆知识管理的实践蓬勃发展、理论成果叠出。关于图书馆知识管理的理论、人员、技术、制度和实践等方面的研究卓有成效，初步形成了知识交流论、知识组织论、知识服务论、知识集合论、知识资源管理论、馆藏知识传播论和公共知识管理论等学说。图书馆管理已经走过了"文献管理"和"文献信息管理"阶段，开始稳健地向"知识管理"迈进。自 20 世纪 90 年代后期起，图书馆学研究逐步进入了"知识管理"范式时期。

---

① 王子舟．图书馆学基础教程．武汉：武汉大学出版社，2003

② 柯平．知识资源论——关于知识资源管理与图书馆学的研究对象．图书馆论坛，2004，24（6）：58-63，113

③ 柯平，王平．基于知识资源论的图书馆学基础理论体系研究．中国图书馆学报，2006，32（2）：9-14

④ 李大玲，柯平．论图书馆学的知识资源传承原理．图书馆工作与研究，2006（2）：21-23

1.3 图书馆知识管理范式的社会基础

1.3.1 网络文化环境的迅速兴起

狭义的文化特指社会意识形态及其对应的制度和设施，广义的文化则包括人类创造的一切物质财富和精神财富。冯天瑜等认为文化包括四个层次：物态文化（物质设施和技术装备等）、制度文化（政策法规、规章制度等）、行为文化（民俗、风俗、礼俗与习俗等）和心态文化（价值观念、思维模式和社会心理等）①。文化是“人化”与“社会化”的一切成果，是在人类意识支配下的社会活动的产物，即使是物态文化也是人类意识的物化结果。因此，一块石头不是文化，而一块石头磨过便是文化。一切人类活动既是社会文化的组成部分，又是社会文化母体的哺育对象。

1946 年，世界上第一台计算机 ENIANC 在美国问世。此后，计算机技术迅速发展并基本遵循摩尔定律（Moore Rules）：20 世纪 60 年代以后，半导体的集成速度每 18 个月翻一番，而半导体的价格却以 6 次级数的速度在下降。② 1969 年，美国国防部高级研究计划署（ARPA）资助建立了世界上第一个分组交换试验网 ARPAnet，将四个大学和研究所的 4 台计算机的接口消息处理器（IMP）连接起来；1994 年，中国支持建设 CERNET 示范网工程，成为了第一个全国性 TCP/IP 互联网。③ 网络价值增长符合梅特卡夫法则（Metcalfe’ s Law），该法则可以表述为：“网络的价值等于网络节点数的平方，即网络价值以用户数量的平方的速度增长”。④ 梅特卡夫解释道：当只有一部电话时，并没有什么价值；当有两部电话时，一个人可以打给另一个人，其价值为 1……当有 100 部电话时，每一部电话可以打给其余 99 部电话，其总价值则是 100×99。这就是说，网络的效益随着网络用户的增加而呈指数增长，网络对每个人的价值与网络中其他人的数量成正比。假设网络中有 n 个人，则网络对所有人的总价值与 $n(n-1)=n^2-n$ 成正比。如果一个网络对其中每个人的价值为 1 美元，那么规模为 10 倍的网络的总价值约为 100 美元，规模为 100 倍的网络总价值约为 10000 美元；网络规模增长 10

---

① 冯天瑜，何晓明，周积明．中华文化史．上海：上海人民出版社，1990

② 王广宇．知识管理——冲击与改进战略研究．北京：清华大学出版社，2003：3

③ 孙姜燕，樊同科．计算机应用基础教程．北京：北京交通大学出版社，2010：288

④ 刘培刚，郑亚琴．网络经济学．上海：华东理工大学出版社，2007：51

倍，其价值就增长100倍。① Internet网络以超乎寻常的指数形式增长，并向社会各个领域广泛地渗透与扩张，开启了网络文化时代的新纪元。

现代网络突破了时空限制，电子政务、电子商务、远程教育、虚拟学习、在线工作和数字娱乐等疯狂扩张，神话般的网络文化迅速崛起。美国未来学家泰普斯科指出："今日的网络，不仅结合了科技，更连接了人类组织及社会。"② 互联网络作为信息存贮与信息传播的重要平台，已经成为现代社会不可或缺的交流方式。当前，欧美发达国家网络用户普及率一般在70％以上，中国、印度和巴西等发展中国家网络用户普及率也在持续增长，其宽带用户年增幅均达到了两位数。国际组织宽带论坛（Broadband Forum）发布数据称，全球宽带用户数已经突破6亿户，中国以1.64亿的庞大宽带用户基数位居全球第一。③ 截至2012年12月底，中国网民规模达到5.64亿，互联网普及率为42.1％；我国手机网民数量为4.2亿，年增长率达18.1％；网民中使用手机上网的比例也继续提升，由69.3％上升至74.5％，其第一大上网终端的地位更加稳固；在家中接入互联网的比例继续走高，有91.7％的网民在家中上网，增幅达到3.4％。④ 数字技术与网络环境造就了"数字地球村"，知识海量存储和即时传播并非神话。在信息技术迅猛发展的今天，人类的知识信息总量呈几何级数激增。联合国教科文组织的统计数据表明：人类近30年所积累的知识占有史以来人类积累的知识总量的90％，而在此之前的几千年中所积累知识只占10％；英国技术预测专家詹姆斯·马丁的测算结果也证实了同样的趋势：人类的知识在19世纪是每50年翻一番，20世纪初是10年翻一番，20世纪70年代是每5年翻一番，而近10年大约每3年翻一番。⑤ 据统计，一个现代人一年的信息接收量相当于17世纪英国一个农场主17年阅读量的总和；还有专家预测，2020年的知识总量将是现在的3–4倍，而到2050年，目前的知识总量只占届时知识总量的1％。⑥ 弹指之间，网络遍布了人类活动的各个场所，人们面临铺天盖地的网络知识资源。

---

① 张铭洪，杜云．网络经济学教程．北京：科学出版社，2010：39–40

② ［美］泰普斯科特．数字化成长：网络时代的崛起．大连：东北财经大学出版社，1999

③ 全球宽带用户突破6亿 中国1.64亿户位居第一．中国日报网 http：//www.chinadaily.com.cn/hqcj/zxqxb/2012-06-27/content_ 6290718.html［2013-01-02］

④ CNNIC. 第31次中国互联网络发展状况统计报告．http：//www.cnnic.net.cn/hlwfzyj/hlwxzbg/hlwtjbg/201301/t20130115_ 38508.htm［2013-01-15］

⑤ 刘慧．图书馆岗位设置与图书馆内部业务操作指南（下）．北京：中国教育出版社，2010：1216

⑥ 张立．论新世纪图书馆员的继续教育与终身学习．图书与情报，2004（4）：81–82

世界上第一家网络报纸是1982年创立于美国德克萨斯州的《沃斯堡明星电讯报》，第一份联网杂志是1991年由美国科学促进会（AAAS）和俄亥俄大学图书馆中心（OCLO）共同开发的《最新临床实践联机杂志》。[①] 从此非纸质资源以不可遏抑之势迅速增长，在某些领域甚至开始取代纸质出版物。馆藏建设已经摆脱了文献载体的束缚，一切公有共享的知识资源都是图书馆搜集的对象，电子文本、数字资源、网络知识在馆藏资源中的比例逐年上升。知识组织的技术与方法不断改进，MARC和DC等元数据作为知识资源的书目控制手段得到了广泛的应用。OCLC先后于1998年和2002年实施CORC和Connexion计划，采用MARC和DC格式对网络资源进行编目，是网络时代知识组织与揭示的典型。集知识搜索、组织与服务等功能于一体的搜索引擎，为图书馆知识管理提供了良好的契机。

未来学家托夫勒曾经指出："电脑网络的建立与普及将彻底地改变人类生存及生活的模式，而控制与掌握网络的人就是人类未来命运的主宰。谁掌握了信息，控制了网络，谁就将拥有整个世界。"[②] 网络潜移默化地改变着人们的行为方式，影响着整个社会结构及其运作方式。自由、开放、多元的网络，为知识交流与知识传播提供了重要条件。然而，网络是一个巨大的知识聚宝盆，亦是一个混乱的信息大杂烩。大量无序的信息不是财富而是灾难，信息过载与信息噪音提高了知识获取的门槛。我们生活在信息的海洋中，却严重缺乏知识。网络知识"爆炸式"增长，知识供给陷入了整体"太多"与有用"太少"的二律背反，知识用户面临着全面保障与个性需求的历史难题。在网络文化环境下，知识管理既遭遇千载难逢的机遇，又碰到前所未有的挑战。

1.3.2 学习社会发展的欣欣向荣

终身学习/终身教育与学习型社会/学习型组织的兴起，为图书馆知识管理提供了巨大的动力。"终身学习"的理念古已有之，"活到老，学到老"、"学而时习之"就是这种理念的直白。不过，终身教育作为一种教育思潮而引起世人普遍关注，则是20世纪60年代的事情。1965年，联合国教科文组织在巴黎召开第三届国际成人教育促进会议，讨论了该组织成人教育计划处处长保罗·朗格郎（P. Lengrand）正式向大会提交的"关于终身教育"的提案，[③] 从此终身教育理念开

---

① 温树田．医学文献检索．西安：第四军医大学出版社，2006：48

② 刘彤．网络并不必然会带来民主．新闻窗，2007（1）：96-97

③ 陈乃林等．建设区域性学习型社会的实证研究报告——以江苏为个案．北京：高等教育出版社，2010：18

始在全世界广泛传播。1968 年，美国芝加哥大学校长赫钦斯（R. M. Hutchins）出版 The Learning Society，最早提出“学习化社会”概念。① 1972 年联合国教科文组织国际教育委员会发表的 Learning to Be：The World of Education Today and Tomrrow 提出：“那种想在早年时期一劳永逸地获得一套终身有用的知识或技术的想法已经过时了”，“教育正在日益向着包括整个社会和个人终身的方向发展”。② 1996 年联合国教科文组织发表的 Learning：The Treasure Within 强调：“终生学习是打开 21 世纪光明之门的钥匙”，应当“把终身教育放在社会的中心位置上”。③ 1994 年，在罗马召开的首届全球终身学习大会提出：终身学习是 21 世纪的“生存观念”与“生产方式和手段”；1997 年，联合国教科文组织在汉堡举行的第五届世界成人教育大会强调“构筑一个面向 21 世纪的学习化社会，就必须建立终身学习体系”，④ 并呼吁每个成人每天争取做到学习一个小时。终身学习既是个体获得生存能力与提高生活质量的基本保障，又是国家促进经济增长和推动社会发展的重要因素。随着社会知识化进程的加快，经济增长主要依靠劳动力质量而非劳动力数量，人才的标准和要求不断提高。有数据显示，每五年知识的失效率（陈旧率）为：20 世纪 50 年代 25％，60 年代 30％，70 年代 48％；美国工程学会的调查表明，大学毕业生在校学习的知识仅占工作后所用知识的 12％，其余 88％的知识要在工作中不断获取。⑤ 另据国外统计，一个大学生在校所学的知识，5 年后失效 40％，10 年后失效 68％，20 年后失效 85％，25 年后失效达 90％。于是，西方白领阶层流行这样一条“知识折旧律”：“一年不学习，你所拥有的全部知识就会折旧 80％。”⑥ 美国新管理大师彼得 · 圣吉明确指出：“一个人学习过的知识，如果每年不能更新 7％的话，那么这个人将无法适应社会的变化”；⑦ “在未来你所拥有的唯一持久的竞争优势，就是有能力比你的竞争对手学习得更快”⑧。知识增长与老化的周期明显缩短，要求我们实施“终身学习、

---

① R. M. Hutchins. The Learning Society. New York：F. A. Praeger，1968

② 联合国教科文组织国际教育发展委员会编著．华东师范大学比较教育研究所译．北京：职工教育出版社，1989：108，218

③ 国际 21 世纪教育委员会报告．联合国教科文组织总部中文科译．教育——财富蕴藏其中．北京：教育科学出版社，1996：3（前言），8

④ 张圆．学习型社会与图书馆．科技咨询导报，2007（4）：254

⑤ 董多杰．高校图书馆现代化功能新论．青海师范大学学报（哲学社会科学版），2005（1）：147-148

⑥ 段存升．现代大学制度下“学习型”大学建设的诉求与要点分析．教育探索，2012（6）：5-7

⑦ 郭秋萍等．信息管理学．北京：化学工业出版社，2011：226

⑧ 任勇．任勇：走向管理的文治境界．北京：首都师范大学出版社，2011：314

全民学习”教育模式，促进学习者自主地开展 Anywhere、Anytime、Anything、Anyone、Ability 的“五 A 学习”。

科技是第一生产力，是推动经济和社会发展的引擎。比尔·盖茨的名言“微软离破产永远只有 18 个月”,① 很好地诠释了持续学习与不断创新的重要意义。教育决定国民素质，并从根本上制约科技创新。长期以来，我国教育经费投入严重不足，尤其是公共财政教育经费支出占 GDP 比重在世界上一直居于较低水平，这是制约教育事业健康发展的主要瓶颈。据瑞士洛桑国际管理发展学院（IMD）2002 年世界竞争力年鉴评价，中国公共教育支出占 GDP 的比例很低，在 49 个参评国家和地区中处于第 47 位。我国 2001 年财政性教育投入占 GDP 的 3.19%，低于美国 1997 年的 2.2 个百分点，由于中国 GDP 总量与美国差距悬殊，人口又大约是美国的 5 倍，所以人均教育经费的差距就更为明显。② 2008 年我国财政性教育支出占 GDP 的比例增长至 3.48%,③ 在 182 个国家和地区中排名第 135 位。如果从教育总经费占 GDP 的相对值来看，2008 年我国全社会教育总投入相当于 GDP 的 4.62%，2009 年为 4.84%，不仅分别低于 2003 年经合组织国家和世界中等偏上收入国家 5.9%和 5.7%的平均水平，更远低于重视人力资源开发的美国（7.5%）、韩国（7.5%）、以色列（8.5%）等先进国家，以及马来西亚（8.1%）、泰国（6.8%）等新兴发展中国家的水平。④ 除学校教育相对滞后之外，我国社会教育的理念与实施也远远不如国外。目前，在美国排名前 25 位的企业中，有 80%的企业建立了“学习型组织”；在世界排名前 100 位的企业中，也有 40%的企业按“学习型组织”的模式来进行人事管理。⑤ 然而在我国，“学习型组织”仍是书斋里的空中楼阁。

美国未来学家阿尔文·屠夫洛预言“未来的文盲，不是不识字的人，而是没有机会学习的人。”⑥ 2001 年联合国界定了新世纪“功能性文盲”的标准：拥有较高文化却不能利用计算机进行学习、交流和管理的人即为功能性文盲。截至

① 张俊英．微软创始人比尔·盖茨生意经．北京：中国画报出版社，2010：59

② 于伟．现代性与教育——后现代语境中教育观的现代性研究（第 2 版）．北京：北京师范大学出版社，2008：387-388

③ 2011 年国家财政性教育经费占国内生产总值的比例增长至 3.93%。

④ 童旭光，鄢一龙，胡鞍钢．“十二五”时期必须加快转变教育发展方式．清华大学教育研究，2012，33（2）：25-30

⑤ 单渭菊，赵娜．浅谈企业人力资源管理新模式——建立“学习型组织”．山东纺织经济，2010（8）：35-37

⑥ 常文菊．试论在大型综合型医院如何建立学习型图书馆．医学信息，2007，20（4）：591-593

2010年11月1日，中国现有人口（不含港、澳、台）共1339724852人。① 《第31次中国互联网络发展状况统计报告》表明：至2012年12月底中国网民数量达到5.64亿，互联网普及率为42.1%，非网民不上网的首要原因是“不懂电脑和网络”。② 如果忽略手机网民中“功能性文盲”人数，那么中国内地大约有4.25亿人是“功能性文盲”（54.8%的非网民“不懂电脑和网络”③），占全国总人口的31.7%。欧美发达国家“功能性文盲”所占比例为20%④，即使是教育水平很高的美国，也有10%-15%的人是“功能性文盲”。⑤ 知识陈旧的“功能性文盲”必然影响社会的可持续发展，科教兴国战略是造就高素质创新人才和提高全民族科学文化素质的法宝。知识经济时代，世界上大多数国家，特别是发达国家，把创建学习型社会视为本国可持续发展的基础战略。学习型企业、学习型政府、学习型城市等学习型组织，是学习型社会的基层单位。美国学者彼得·圣吉在《第五项修炼：学习型组织的艺术与实务》中提出建立学习型组织的理论与方法，强调“自我超越”、“改善心智模式”、“建立共同愿景”、“团体学习”与“系统思考”等五项修炼，倡导终生学习、全员学习、全过程学习、团体学习等学习理念⑥。终生学习，指学习活动是人一生中持续不断的过程。全员学习，是指每一位学习型组织成员都参与学习。全过程学习，即学习工作化，工作学习化，学习、工作和生产和谐统一。团体学习，即组织成员相互学习、合作学习，使团体能力和个人能力同步提高。备受世人关注的学习型组织风靡全球，学习型政府、学习型城市、学习型企业、学习型社区、学习型乡村、学习型机关、学习型家庭等普遍兴起。譬如，微软、苹果、英特尔、海尔、宝钢等全力打造“学习型企业”，美国、日本、新加坡等致力组建“学习型政府”，大阪、上海、南京、大连、青岛等大力创建“学习型城市”。图书馆被称为“知识的宝库”、“知识的喷泉”或“没有围墙的大学”，终身学习与学习型社会离不开图书馆的知识管理。学习型图书馆是最有效的学习型组织，是国民进行学习、

---

① 中华人民共和国国家统计局．2010年第六次全国人口普查主要数据公报（第1号）．http：//www. stats. gov. cn/tjgb/rkpcgb/qgrkpcgb/t20110428_ 402722232. htm［2012-12-28］

② CNNIC. 第31次中国互联网络发展状况统计报告．http：//www. cnnic. net. cn/hlwfzyj/hlwxzbg/hlwtjbg/201301/t20130115_ 38508. htm［2013-01-15］

③ 中国互联网络信息中心（CNNIC）．第30次中国互联网络发展状况统计报告．http：//www. cnnic. net. cn/hlwfzyj/hlwxzbg/hlwtjbg/201207/t20120723_ 32497. htm［2012-12-28］

④ 王燕鸣．行业教育的探索与思考．北京：中国人口出版社，2008：15

⑤ 李怀斌．市场营销学．北京：清华大学出版社，2007：120

⑥ 王惠琴，丁勇．管理原理．南京：河海大学出版社，2008：52-53

获取知识的主要基地与保障体系，也是全民学习、终身学习的学习型社会的根基与支柱。

学习型社会是人的全面发展与自由发展的基本保障，知识和技能对社会、个人和国家的命运具有前所未有的重要决定力量。在学习型社会，学习是一种社会实践行为，是人们的生活与生产方式。知识经济时代，学习已成为所有人终身的行为习惯和自觉行动，这实际上就是要求人们改变学习观念：变“维持性学习/适应性学习”为“创新性学习”（即从获得已有知识与经验的“学会”发展到通过学习提高知识创新与新问题解决等能力的“会学”），变“高效的学习”为“研究性学习”，变“封闭的学习”为“开放的学习”，变“学习不是工作”为“学习就是工作”。① 学习型社会的发展得益于全球化的数字网络，学习型组织也是网络上开放的知识管理组织。学习型图书馆肩负历史赋予的神圣使命——社会教育职能，担负着实施普及教育、独立教育和专业教育的社会教育重任，是人民群众读书、学习的重要场所，是真正的无形大学和闲暇文化中心，它为公民终身学习提供全方位、深层次的学习服务。

人力资源，是自然、物质和人力三大资源中最具有优势的资源，是经济社会长期稳定和持续发展的第一资源。如表 1-2 所示，2006 年我国 25—64 岁在业人员：高中及以上文化程度者 20.0%，不到 1999 年美国 87%的 1/4；大学文化程度者 7%，只有 1999 年美国 35%的 1/5；平均受教育年限 8.26 年，远远低于美、日、英、德等国（1999 年已达 12 年以上）；初中及以下文化程度者 80%（其中还包括将几千万从未上过学的文盲，至 2010 年大陆仍有 15 岁及以上不识字者共 54656573 人），其占总人口的比例远远高于美、日、英、德等国（1999 年均为 20%以下）。② 据 2010 年我国第六次人口普查数据推算：高中以上文化程度者与大学文化程度者占总人口的比例分别上升到 22.96%、8.93%，初中及以下文化程度者占总人口的比例下降到 77.04%。尽管十年来我国教育发展较快，但和上述发达国家相比差距仍然很大。曾有学者指出：我国城镇化水平将从 2000 年的 36.2%提升到 2020 年的 55%左右，这必然导致人类历史上最大规模的人口转移——约 2.2 亿~2.3 亿人口（日本人口的 1.7 倍）从农村转移到城镇。有效开

---

① 钟雁．管理信息系统开发案例分析．北京：清华大学出版社，北京交通大学出版社，2006：239-240

② 中共中央党校教务部，国家人口和计划生育委员会宣教司．人口理论概要（修订本）．北京：中共中央党校出版社，2009：145-146

发人力资源则其数量可增长一倍，等于在人力资源上再造一个中国①。如此数目的劳动力，是人口包袱和人口炸弹，既形成了巨大的就业压力，也是潜在人力资源优势。在从教育大国到教育强国、从人口大国到人力资源强国的根本性转变中，学习型图书馆具有极其重要的作用。

表 1-2 中国及 OECD 部分国家 25—64 岁人口受教育状况

国家	初中及以下（%）	高中（%）	高等教育（%）	人均受教育年限（年）
美国（1999 年）	13	52	35	12.74
日本（1999 年）	19	50	31	12.55
英国（1999 年）	18	57	25	12.46
德国（1999 年）	19	58	23	12.34
韩国（1999 年）	34	43	23	11.48
中国（2000 年）	82	13	5	7.97
中国（2006 年）	80	13	7	8.26

在社会生产力要素中，人是最关键的要素。知识创新的比拼，说到底是掌握知识的创新人才的较量。高级人才严重短缺，基础研究投入严重不足，科研人员结构极不合理，这些都是制约我国知识创新的瓶颈。根据联合国发展计划署（UNDP）《2001 年人类发展报告》中的数据推算，美国从事研究与开发的科学家和工程师占总人口的百分比为 3.68%，日本为 4.91%，新加坡为 2.32%，韩国为 2.19%，而中国仅为 0.45%。② 有统计数据表明，我国每百万人拥有科学家和工程师人数，只相当于日本的 9.3%、美国的 11.2%、法国的 17.1%、德国的 16%、英国的 17.1%；③ 我国高层次人才流失现象相当突出，从 1978 年恢复派遣留学人员至 2008 年，中国先后向美、日、英、德、法等 100 多个国家和地区派出各类留学人员 162 万人，但学成回国的留学人员只有近 40 万人。④ 康奈尔大学吴瑞教授说，虽然中国和美国的生物学家人数大体相当，但中国只有 500 名有

① 中国教育与人力资源问题报告．http：//www.china.com.cn/zhuanti2005/node_5279743.htm [2008-04-10]

② 张润彤等．知识管理概论．北京：首都经济贸易大学出版社，2005：365

③ 杨水旸．自然辩证法概论．北京：国防工业出版社，2009：222

④ 赵曙明．国际企业：人力资源管理（第四版）．南京：南京大学出版社，2010：58

研究成果的生物学家，而美国有 4 万多名，其中 3000 人是华裔。① 坚持尊重知识、尊重人才与科教兴国的政策，努力培养高素质创新人才，是社会知识保障体系可持续发展的原动力。

难能可贵的是，21 世纪以来我国的高等教育和中等教育均取得了巨大的成就。胡鞍钢先生组建的课题组长期从事国情研究，在《从“六普”看中国人力资源变化：从人口红利到人力资源红利》② 一文中明确列出教育事业发展与人力资源变化的基本数据。从 2000 年到 2010 年，中国受大学（大专以上）教育程度人口从 4563 万人增加至 11964 万人（世界第十大人口国家日本的总人口 12648 万人），年均增长率达 10.12%；具有高中（含中专）文化程度人口由 14068 万人增加至 18799 万人，年均增长率达到 2.94%；二者合计人数从 18631 万人提高至 30763 万人，已与世界第三大人口国家美国的总人口（为 31323 万人）相当接近（见表 1–3）。他们还预计到 2020 年，中国大学文化程度人口将突破 2 亿人，高中与大学文化程度人口将接近 4 亿人，大大超过美国总人口（约 3.4 亿人），相当于美国劳动力总量（1.7 亿人）的两倍。2020 年全国 15 岁以上人口平均受教育年限将达到 10.0 年，极大地缩小与美国 12.3 年的差距；而到 2030 年平均受教育年限将达到 12.0 年，与美国 12.5 年基本相当（见表 1–4）。近年来，我国已经制定并开始实施《国家中长期教育改革和发展规划纲要（2010 年–2020 年）》和《国家中长期人才发展规划纲要（2010 年–2020 年），力图早日实现从教育大国向教育强国、从人力资源大国向人力资源强国的转变。

表 1–3 全国高中、大学文化程度人口迅速增长（2000 年–2010 年）

	2000 年	2010 年	年均增长率（%）
大学（大专以上）文化程度人口（万）	4563	11964	10.12
占总人口比例（%）	3.60	8.73	–
高中（含中专）文化程度人口（万）	14068	18799	2.94
占总人口比例（%）	11.11	13.72	–
合计（万）	18631	30763	5.14
占总人口比例（%）	14.72	22.45	–

① 杨晓海．创造力管理．北京：国防工业出版社，2006：18

② 胡鞍钢，才利民．从“六普”看中国人力资源变化：从人口红利到人力资源红利．清华大学教育研究，2011，32（4）：1–8

表 1-4 中美两国 15 岁以上人口平均受教育年限（1950 年-2030 年）

年份	1950	1960	1970	1980	1990	2000	2010	2020	2030
中国	1.0	2.0	3.2	5.3	6.4	7.9	9.0	10.0	12.0
美国	8.4	9.2	10.8	12.0	12.1	12.7	12.2	12.3	12.5

无论是在科班教育的学校体系中，还是在终身教育的学习型社会里，图书馆都是一个必不可少的知识保障组织。因此，“十一五规划”、“十二五规划”、“十七大报告”、“十八大报告”以及近几年的政府工作报告，都反反复复地强调完善公共文化服务体系，这必然促进图书馆事业大发展与国民文化素质大提升。学习型图书馆是实施全民终身开放式公共教育的“学习中心”，是一种多层次、多功能的集成学习环境，是获取科学文化知识的理想场所，是进行精神文明建设的重要阵地。它通过技术、家政、考试等培训和基础、职业、职后等教育以及展览、讲座、学习沙龙、文娱沙龙、专题报告会等读者活动，全面提升国民学习、就业、转岗和创新能力。在学习型图书馆这所“社会全能大学”里，读者自主决定学习时间、内容、地点、形式和目标，不受学制、专业、教材、课程等限制，以“学习—工作—再学习—再工作”回归模式学会学习和学会生存，充分享受自主选择、自主规划、自主学习和自我完善的终身学习乐趣。学习型图书馆是公众的知识资源交流中心，它为每一位学习者在任何需要的时刻，以最佳方式提供知识信息交流机会。人民群众可以获得随时随地的知识服务，享受高水平的物质、闲暇和文化生活。学习型图书馆是社区知识信息设施、精神文化中心和教育职能的集散地，提供有关的知识服务，指导居民正确分析与决策，提高他们的生活质量和发展能力。

1.3.3 知识管理事业的蓬勃发展

20 世纪 70 年代以后，后工业经济、信息经济和高技术经济等概念相继出现，知识经济开始萌芽并迅速发展，“知识管理”逐步受到世人的重视。从经济史角度看，人类社会可分为原始经济、农业经济、工业经济和知识经济四个阶段。1990 年美国对信息产业的投资第一次超过对其他产业的投资，这标志着美国进入了知识经济时代；1996 年，OECD 主要成员国国内生产总值（GDP）的 50％以上是以知识为基础的，表明这些国家已逐步步入了以知识为基础的经济时代。[①] 从产业角度来看，21 世纪初全球大多数国家都将完成从工业经济到知识经济的转型。知识经济是一种崭新的经济形态，“知识”首次取代“土地”与“资本”成为了社会发展的第一生产要素。曾几何时，“钢铁大王”卡内基、“石油大王”洛克菲勒与“汽车大王”福特等创造的工业神话，现在不得不让位于“微软”、“谷歌”与“苹果”等高新企业。传统的有形资产主导模式逐渐被新兴的知识管理主导模式所取代，其中智力资源的开发与利用起到了决定性的作用。知识经济是一种创造、获取、改造、传播并有效应用知识以提高经济效益和社会效益的经济形态。知识经济时代，知识资源占据首要地位，知识创新形成核心竞争力。在知识经济中，传统的生产力三要素具有了新的涵义：劳动者的知识水平、劳动资料的知识含量以及劳动对象的有效获取，三者都直接决定着生产力的水平，也直接影响到劳动产品的国际竞争力[②]。现在知识比资本更加重要，知识资源是当今社会最重要的战略资源，是推动经济持续增长和社会可持续发展的引擎。知识管理迅速融入到人类活动的各个领域，已经引起人们的普遍重视和高度关注。当前，知识管理是取代或提升全面质量管理和企业流程重组活动的理想选择，并已成为世界上大多数国际咨询公司（如安永、阿瑟·安德森和 Booz-Allen & Hamilton）的主要业务。[③] 知识管理是知识经济的基本要求，它不仅包括对知识资源本身的管理，而且包括对知识人才、知识设施、知识技术和知识制度等等的管理。

美国《财富》杂志每年都公布全球 500 强企业，这些企业无疑是在竞争中获胜的佼佼者。为了在激烈的商战中占据有利位置，广大企业十分重视知识创新与技术开发，纷纷建立或完善自己的学习型体系，切实实施知识管理。据统计，在全球财富 500 强企业中，有一半以上的企业是学习型企业；在美国排名前 25 位的企业中，有 80％是学习型企业；在全球排名前 10 位的企业中，100％是学习型企业。[④] 我国经济可持续发展的关键在于促使经济增长模式由依赖劳动力数量转向依靠劳动力质量，提高知识型产业在经济结构中的比例，提高科技含量。1997 年，我国以知识为基础的产业增加值仅有 29.7％，远低于 OECD 国家 1993 年 49.9％的平均水平，与美国 56.1％的水平相差更大[⑤]。美国通用汽车公司年销售额 1549 亿美元，超过中国 500 家最强的工业企业 1995 年销售额之总和（仅 1527

---

① 张赤东．自主创新与研发资源配置——以中国工业企业为例．北京：知识产权出版社，2010：4

② 曹存根．国家知识基础设施的意义．中国科学院院刊，2001（4）：255-259

③ 刘福潮，解建仓，罗军刚．电力企业安全管理技术与实践．西安：陕西科学技术出版社，2009：190

④ 王惠琴，丁勇．管理原理．南京：河海大学出版社，2008：52

⑤ 中国教育与人力资源问题报告．http：//www.china.com.cn/zhuanti2005/node_5279743.htm［2008-04-10］

亿美元)①。知识经济是一种通过创造、获取、组织、传播与利用知识来提高经济效益和社会效益的经济形态，创新能力是经济发展的首要推动力和衡量经济发展的重要指标。创新是一个民族发展的动力和灵魂，完善以知识创新、科技创新、制度创新和方法创新为核心的国家创新体系必须切实加强知识管理。

知识管理包括显性知识管理和隐性知识管理两个部分。显性知识是指记录在各种介质上的知识，如图书、档案、数据库、报表等；隐性知识是指存在于头脑中的未编码的经验性知识，如个人的技术诀窍、直觉、想象与创意等。知识管理，就是以人为中心，以信息为基础，以技术为手段，以知识创新为目的，把知识当作一种资源、资本、生产要素加以管理，通过知识的共享，运用集体的知识、技能、智慧来提高企业应变和创新能力。② 知识共享是知识管理的核心，然而实现隐性知识共享却并不容易。一方面，隐性知识通常依附个人，往往只可意会而难以言传。另一方面，人们倾向于获取知识，而不愿意提供知识。因此，隐性知识管理常常表现为人力资源管理。从古至今，人始终是生产力中最活跃的因素，其实这是因为人力资源的核心价值——隐性知识起了决定性的作用。

知识既是人类进步的产物，又是人类进步的动力。无论是波兰尼的“隐性知识与显性知识”，还是波普尔的“主观知识（精神）世界 2 和客观知识（精神）世界 3”，都说明了个体知识和社会知识相互转化的动态关系。知识交流依赖一种集中与扩散的社会机制，图书馆就是这样一种社会机制。自 1996 年 OECD 在正式场合使用“知识经济”术语以来，知识管理很快成为社会的研究焦点，企业知识管理、图书情报知识管理和政府知识管理相继兴起。知识经济呼唤知识管理，知识管理离不开知识机构。图书馆作为社会知识交流组织，积极参与知识管理理所当然。继知识管理热之后图书馆知识管理研究迅速升温，英国伦敦举办了“2000 年知识管理学术研讨会”③，国际图书馆界把 2000 年作为知识管理年。④ 知识管理是图书馆知识管理的理论基础与指导思想，图书馆知识管理是知识管理的组成部分与理论来源。知识管理与图书馆知识管理是一般与个别的关系，是指导与被指导的关系。1998 年，我国知识管理研究热初步形成；2000 年，我国图书馆知识管理研究潮流滚滚而来。

---

① 齐建国等著．知识经济与管理．北京：社会科学文献出版社，2001

② 刘贵琴．图书馆知识管理．合肥：安徽大学出版，2007：7

③ 宝鹿．2000 年知识管理学术研讨会在伦敦举行．质量译丛，2000（2）：39

④ 柯平．图书馆知识管理与知识服务的若干问题．http：//gthy. com/CN/News/2006-04/EnableSite_ReadNews111365541146153600. html［2007-09-21］

1.4 图书馆知识管理范式的内容体系

1.4.1 图书馆知识管理三大要素

自20世纪20年代起，我国图书馆学学者从不同角度揭示图书馆的各个组成要素及其相互关系，图书馆学界遂逐步形成了较有影响的“要素说”。早在1921年刘国钧就认为“一个完善的儿童图书馆必定要有三种要素：合法的设备、适宜的管理员和正当的书籍”，[①] 1923年杨昭悊主张“经费，建筑，设备，是经营图书馆的要素。”[②] 随后，有关图书馆或图书馆事业的“要素说”还有：“读者、读物”两要素[③]（1925年，梁启超），“积极的保存、科学的方法与活用图书馆”三要素[④]（1927年，杜定友），“书籍、馆员与读者”三要素[⑤]（1929年，陶述先），“馆舍、馆员和书籍”三要素[⑥]（1929年，陈颂），“书、人和法”三要素[⑦]（1932年，杜定友）。尤其值得关注的是：刘国钧在1934年提出图书馆成立的“四要素”——图书、人员、设备和方法[⑧]，又在1957年将其修订为“读者、图书、领导和干部、工作方法、建筑与设备”五要素，并认为图书馆学所研究的对象就是图书馆事业及其各个组成要素[⑨]。无论在二要素、三要素、四要素还是在五要素中，馆藏资源（书或图书）都是最重要的要素之一。关于馆藏资源本质的认识不一而足，是文献？是信息？是知识？还是情报？文献是记录有知识的一切载体，知识是通过人脑思维重新组合的序列化、系统化的信息集合，情报是浓缩的竞争所需要的知识。或者说，信息是自然现象和社会现象的表征与反映，知识是信息加工与序化的产物，而情报则是知识被激活与吸收的结果，[⑩] 即竞争所需要的浓缩的知识。简言之，信息是物质的表征，知识是人脑

---

① 刘国钧．儿童图书馆和儿童文学．见：史永元，张树华编辑．刘国钧图书馆学论文选集．北京：书目文献出版社，1983：4-10

② 杨昭悊．图书馆学（上）．上海：商务印书馆，1923：1（凡例）

③ ［清］梁启超．中华图书馆协会成立会演说辞．中华图书馆协会会报，1925，1（1）：11-15

④ 杜定友．图书馆学概论．上海：商务印书馆，1927：1-2

⑤ 陶述先．图书馆广告学．武昌文华图书科季刊，1929，1（3）：241-249

⑥ 陈颂．图书馆之书籍选择法．武昌文华图书科季刊，1929，1（2）：117-126

⑦ 杜定友．图书馆管理法上之新观点．浙江图书馆月刊，1932，1（9）：23-28

⑧ 刘国钧．图书馆要旨．上海：中华书局，1934：16

⑨ 刘国钧．什么是图书馆学．中国科学院图书馆通讯，1957（1）：1-5

⑩ 王知津，栗莉．信息、知识、情报——再认识．情报科学，2001，19（7）：673-676

对信息的序化，情报则是有竞争任务的知识，其社会层次、动态关系如图 1–3、图 1–4 所示①；信息包含知识，知识包含情报，其静态逻辑关系则如图 1–5 所示②

图 1–3　信息、知识、情报的社会层次

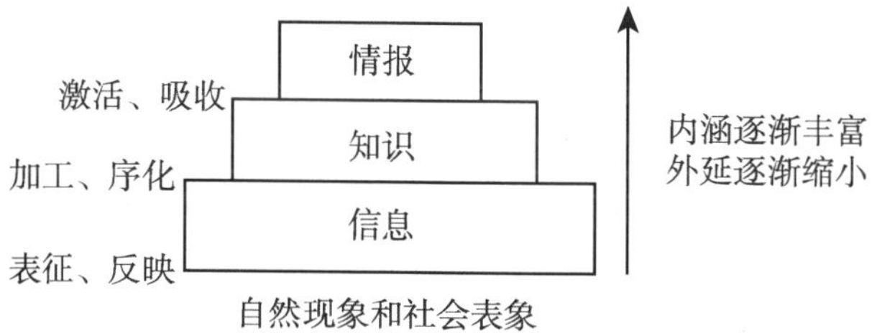

图 1–4　信息、知识、情报的动态关系

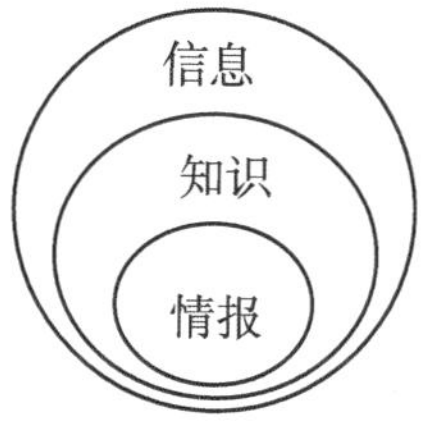

图 1–5　信息、知识、情报的逻辑关系

我们知道，信息本身存在“序”，知识又是“序化”产物。那么，信息和知识的本质区别在哪里呢？知识是人的知识，是“人类劳动创造出来的‘二级产品’……打下了人类意志烙印的被创造物③”。显然，“人脑序化”是信息和知识的分水岭！即信息只有经过“人脑序化”才能成为“知识”。知识是人的主观世

① 王知津，栗莉．信息、知识、情报——再认识．情报科学，2001，19（7）：673–676

② 严怡民主编．情报学概论．武汉：武汉大学出版社，1983：6

③ 彭继红．知识史观：一种新的社会历史方法论．湖南师范大学社会科学学报，2000，29（4）：28–33

界对客观世界反映与认识的结晶，是通过人脑思维重新组合的系统化的信息集合。馆藏资源的本质反映了图书馆固有的、决定性的根本属性，是图书馆区别于其他事物的特有的属性。宽泛的信息概念使图书馆与其他信息机构混为一谈，图书馆实在无法包容“信息”，也不可能更没必要办成“信息大杂烩”；狭窄的情报概念，是情报所的工作对象，不能反映全部馆藏；文献概念是载体形式和知识内容的统一，未能更加突出地反映馆藏的知识资源本质。无疑，馆藏资源实质内容不是宽泛的信息、狭窄的情报和形式化的文献，而是作为文献内核的知识。

数字技术和网络空间的诞生具有划时代的意义，开创了人类知识存储、组织与传播的新纪元。从此，知识载体向看不见摸不着的数字信号转化，社会知识组织开始由文献单元深入到知识单元。知识交流、知识组织、知识服务、知识集合、知识资源管理，不仅能够以文献形式来组分，而且可以用知识单元（知识因子、知识元）来表示。柯平先生认为研究对社会具有普遍意义的“知识资源管理”，不仅要注意知识本身（包括其内容与形式），而且更应该重视对知识的创造、认识和开发、利用过程；知识资源是与知识有关的所有资源，包括知识、知识人（知识的生产者和利用者）、知识工具（生产和利用知识的设备、设施、知识库等）、知识活动（知识生产、流通、分配和使用的过程、方法、成本、条件等）4个要素。在此基础上，他还建立了图书馆“知识管理的三维模型”，即包括管理观念、管理制度、管理操作与管理工具的人文层次维，包括计划、组织、领导与控制的管理逻辑维，包括知识生成、知识存储、知识扩散、知识共享与知识创新的知识过程维①。

图书馆知识管理纷繁芜杂，关于知识管理的资源、设备、方法、技术、制度、规范等不一而足，涉及知识搜集、组织、服务、共享、利用等各个环节。其实，图书馆知识管理构成要素从静态角度看有知识资源、知识设施和知识管理员，即知识管理对象——显性知识资源和人脑中隐性知识资源，知识管理工具——馆舍、计算机等知识管理设施，知识管理主体——实施知识管理的人。如从动态的视角出发，图书馆知识管理构成要素则可概括为知识管理业务、知识管理技术和知识管理制度。知识搜集、知识组织、知识服务等工作属于知识管理业务，支撑知识管理业务的技术标准和物质设备归属知识管理技术，协调与维持图

① 柯平等．图书馆知识管理研究．北京：北京图书馆出版社，2006：25，86

书馆知识管理的规范则可囊括在知识管理制度范围之内。

1.4.2 图书馆知识管理三维范式

图书馆是社会知识交流的中介组织、基础设施与保障体系，图书馆管理从文献管理经文献信息管理发展到知识管理。业务、技术和制度是图书馆事业可持续发展的三个维度，图书馆知识管理范式研究应当包括这三个方面的内容。

（1）图书馆知识管理范式的业务维度

图书馆活动是图书馆事业的基石，图书馆事业的发展离不开一代又一代图书馆工作者的辛勤耕耘。无论是文献的采购、分类、编目、典藏与借阅，文献信息的收集、加工、存储与扩散，还是知识的搜集、挖掘、整序与服务，它们都是图书馆业务具体的表现形态。传统图书馆主要承担文献收藏与借阅的任务。以前，读者在图书馆基本上只能获取整本的文献，图书馆难以提供针对性很强的知识服务，即使是咨询服务也没有打破文献框架。现在，图书馆业务管理具有鲜明的知识管理特征，图书馆工作已经开始从文献单元深入到知识单元。重新整合、开发与利用知识资源，是图书馆知识管理的基本任务。知识搜集扩展到虚拟的数字知识资源，知识组织发展到知识资源中的知识元，知识检索进化到提供任意知识点。知识服务人性化，知识的推送服务、反馈服务、平等服务与个性服务等业务蓬勃发展。学科馆员保障了专题知识的服务质量，知识导航丰富了知识用户的查找途径。我国台湾知名图书馆学家顾敏认为："知识领航也将成为图书馆学从业人员的专业指标——必须能够担任某一个知识领域内的知识领航工作……知识领航出自于知识管理，而只有透过优良的知识领航，才能体现出知识管理的成效。换言之，知识领航是知识管理的一个重要组成部分。"① 图书馆纷纷设立学科馆员或知识咨询岗位，深入开展基于知识单元的图书馆知识管理。图书馆知识管理不仅应当做好自身的知识管理，而且必须承担社会知识管理的重要职责。网络时代，图书馆联盟、知识共建共享、社会知识保障体系等，这些都是极其重要的宏观层面的图书馆知识管理业务工作。

Fuchs 等认为图书馆自始至终承担着知识传递功能，学习行为进一步完善了知识供给链——从作者知识转化成读者认知的过程，数字图书馆和电子学习系统支撑着数字时代的知识供给链；数字图书馆知识管理保障了电子化学习，它不仅提供用户注册、预约登记、目录管理等服务，而且拥有全面的内容管理、合作机

---

① 顾敏．知识管理与知识领航：新世纪图书馆学门的战略使命．图书情报工作，2001（5）：7-12，16

制、检索支持、数据分析等功能。① 参考咨询服务是图书馆工作的重要组成部分，运用知识管理提升服务效果的实践逐渐增多。Gandhi 研究了知识管理在图书馆参考咨询服务中的应用，认为单个图书馆的参考咨询服务难以满足用户需求，图书馆界应当建立共同的参考咨询知识管理系统。② Borgman 通过对 ADEPT（the Alexandria Digital Earth Prototype Project）和 CENS（the Center for Embedded Networked Sensing）这两个大型数字图书馆合作项目的考察，探讨了影响电子合作研究的学科因素、技术动机、用户角色、信息共享和技术条件等 5 个方面。③ Kalogeropoulos 等主张建立开展在线卫生保健的电子图书馆，设置临床实践的知识管理系统，为临床诊断提供决策支持与实验平台。④ Clarke 在文献⑤中介绍了西印度大学图书馆知识管理的实施、工具与成果，Branin 则在文献⑥中介绍了俄亥俄州大学图书馆知识管理的运作情况。现在，图书馆纷纷设立学科馆员或知识主管（CKO），开展高深层次的知识咨询或知识服务。

（2）图书馆知识管理范式的技术维度

技术与制度是图书馆业务阔步前进的两个轮子，图书馆知识管理范式研究决不能忽视知识管理技术。古典目录编制符合“类例既分，学术自明”的要求，卡片目录管理适应印刷型文献管理的需要。铅与火的文献生产技术，决定了传统图书馆只能以文献为单元进行知识管理。数字技术造就了前所未有的知识载体革命，人类知识首次由 0 和 1 这两位数码进行存储与传播。从此，知识管理既可以文献单元来管理，又能以知识单元来组织。于是，书目管理进入了网络目录控制时期，MARC、DC、VRA、CDWA、EAD、FDA/ADAG、REACH、GILS、TEI 等元数据横空出世；文献数字化管理日新月异，超星数字图书馆、国家知识基础设施、中文科技期刊网、中国学位论文库等各类书刊数据库接连问世；图书馆形态

---

① M. Fuchs, C. Muscogiuri, C. Niederée, M. Hemmje. Digital Libraries in Knowledge Management: An E-learning Case Study. International Journal on Digital Libraries, 2004, 4 (1): 31-35

② S. Gandhi. Knowledge Management and Reference Services. The Journal of Academic Librarianship, 2004, 30 (5): 368-381

③ C. L. Borgman. What can Studies of E-Learning Teach us about Collaboration in E-Research? Some Findings from Digital Library Studies. Computer Supported Cooperative Work, 2006, 15 (4): 359-383

④ D. A. Kalogeropoulos, E. R. Carson and P. O. Collinson. Towards Knowledge-based Systems in Clinical Practice: Development of an Integrated Clinical Information and Knowledge Management Support System. Computer Methods and Programs in Biomedicine, 2003, 72 (1): 65-80

⑤ R. Clarke. Knowledge Management in the Main Library, the University of the West Indies, Trinidad. Information Development, 2004, 20 (1): 30-35

⑥ J. J. Branin. Knowledge Management in Academic Libraries: Building the Knowledge Bank at the Ohio State University. Journal of Library Administration, 2003, 39 (4): 41-56

必将面临重大改变，复合图书馆、电子图书馆、虚拟图书馆、网络图书馆与数字图书馆的实践正有条不紊地展开。随着数字处理技术的日臻完善，自动标引、知识聚类、知识挖掘、知识推送等知识的智能组织、整序与服务技术日益成熟，图书馆知识管理范式水到渠成。数字处理技术支撑了图书馆内部的知识管理活动，而网络技术则拓展了图书馆外部的社会知识交流。1993 年以后，发达国家纷纷描绘宏伟的“信息高速公路”蓝图，构建连接政府、图书馆、学校、医院等各个社会组织的网络体系。自此，数字地球村初现端倪，Internet 把人类紧密地联系在一起。知识交流突破了时空限制，可以每秒 30 万千米的速度即时传播。由此可见，数字技术和网络技术是知识管理顺利进行的技术基础，它们为图书馆知识管理提供了前所未有的机遇。

传统图书馆以文献为基本单元进行管理，组织与服务工作只能依托于具体文献。譬如，文献分类是将其主要内容与现成分类法类目对应，往往“合理”地忽略了它的次要内容。这样，类与类各自独立，即使通过“参见”关联也只是枝节的修补。数字技术支撑知识的任意存取，图书馆知识管理完全可以深入到文献中的知识单元。Murty 和 Jain 依据 ACM CR（Association for Computing Machinery Computing Reviews）分类树思想，制订在图书馆实施基于知识聚类的图书管理计划。① 在这个计划中，代表知识单元的关键词组成了动态的 ACM CR 分类表，它克服了传统馆藏管理和文献检索的分类过粗的弊端。他们利用数百本图书进行知识聚类实验，并取得了令人满意的结果。MARC 彻底取代了手工编目，产生了联机编目、编目外包和 OPAC 服务等业务工作。1995 年第一届元数据研讨会制定了都柏林核心元素集，DC 标准得到了国际社会的广泛认同。1967 年创建的 OCLC（Online Computer Library Center）是世界上最大的旨在促进信息资源共建共享的非盈利性联机服务中心，涵盖了全球 170 多个国家或地区 72000 多所图书馆，仅其 WorldCat 数据库现有书目记录就超过 287000000 条。② OCLC 先后于 1998 年和 2002 年实施 CORC 和 Connexion 计划，采用 MARC 和 DC 元数据格式对网络资源进行编目。Shimazu 等将企业知识管理中的情境推理（CBR，Case-based reasoning）移植到图书馆知识管理，通过交互式情境推理发展知识专家系统，为

---

① M. N. Murty, A. K. Jain. Knowledge-based Clustering Scheme for Collection Management and Retrieval of Library Books. Pattern Recognition, 1995, 28 (7): 949-963

② News and Events. http://www.oclc.org/news/default.htm [2013-01-02]

用户提供面向网络的知识导航工具。① 有文献②指出：公共部门缺乏有效的对政府信息进行管理、传递和交换的工具和标准，数字图书馆基于知识管理的公共服务确保了高质量的信息管理、搜集与检索；国际标准与格式消除了法律、行政和地理上的信息障碍，是信息交换与信息共享的基础。此外，搜索引擎、知识组织、知识挖掘、知识推送、智能服务等数字处理技术日新月异，为图书馆知识管理提供了坚实的技术力量。

(3) 图书馆知识管理范式的制度维度

知识管理制度是一切保障图书馆事业正常运转的社会规范的总和。在图书馆学发展史上，虽然科学主义和人文主义的论争源远流长，但是总的来说前者的风头盖过了后者。对此，巴特勒曾经批评“科学得真是太过头了”③。其实，过分强调“科学”或“人文”都不可取，它们本身就是一个相得益彰的统一体。一方面，图书馆事业发展离不开技术进步，技术是图书馆科学管理的重要工具；另一方面，图书馆服务应当以人为本，促进人与社会的全面发展。图书馆“人文主义”思想薪火相继，爱德华兹促使公共图书馆运动走上法制轨道，巴特勒和谢拉高度重视“人文精神”，阮冈纳赞积极倡导“图书馆五原则”，范并思和程焕文两先生大声疾呼“图书馆精神”。如果说科学主义体现为技术，那么人文主义就表现为制度。蒋永福先生通过对知识自由与知识权利的研究，明确提出“制度图书馆学（institutional librarianship）”概念。文献④主张：“知识自由权利是民主社会公民的一项基本权利……图书馆是保障人类的知识自由权利的一种制度产品。”文献⑤指出：“制度公正是社会公正的基础……设立图书馆制度来保障公民的知识自由权利、知识平等权利和知识共享权利，体现了民主国家或政府的制度安排的公正性。”文献⑥进一步提出：“图书馆制度保障的公民知识权利，主要有知识自由、平等、共享的权利，以及知识休闲权利。机构范式和制度范式是图书馆学的两大范式。以制度范式为核心的图书馆学研究就是制度图书馆学研究。”2005

① H. Shimazu, A. Shibata, K. Nihei. ExpertGuide: A Conversational Case-Based Reasoning Tool for Developing Mentors in Knowledge Spaces. Applied Intelligence, 2001, 14 (1): 33-48

② G. Prokopiadou, C. Papatheodorou and D. Moschopoulos. Integrating Knowledge Management Tools for Government Information. Government Information Quarterly, 2004, 21 (2): 170-198

③ J. H. 谢拉著．张沙丽译．图书馆学引论．兰州：兰州大学出版社，1986：II

④ 蒋永福，李集．知识自由与图书馆制度——关于图书馆的制度视角研究．图书馆建设，2004 (1)：10-12

⑤ 蒋永福．图书馆与制度公正——制度图书馆学研究．图书情报工作，2005，49 (1)：14-18

⑥ 蒋永福．知识权利与图书馆制度——制度图书馆学研究．中国图书馆学报，2005，31 (1)：10-14

年，中国大学图书馆馆长论坛发布《图书馆合作与信息资源共享武汉宣言》，强调“图书馆是国家和政府为保障公民自由、平等地获取信息和知识而进行的制度安排”，“最大限度地满足每一位公民（读者）对信息和知识的需求，是图书馆义不容辞的责任”。① 图书馆是“为了实现人类知识共享与社会知识保障而做出的一项社会制度安排……它构成了社会最基础的知识共享与保障体系（制度）”②，图书馆实际上代表着集“法律”、“规章”和“运作”于一体的公共的知识管理制度体系。③ 由此可见，继承与发扬“人文主义”优良传统的图书馆知识管理制度，是图书馆知识管理范式研究的重要内容。

广义的制度泛指一切社会规范，法律制度是社会制度的浓缩与核心。图书馆知识管理制度是一个复杂的系统，知识产权制度是它的研究重点之一。知识这种劳动产品既能交换又可共享，因而是一种特殊的商品。知识产权是指知识的私有权，它同私有财产一样受到法律保护。图书馆是知识传播、交流与共享的社会装置，更是公益性的知识组织。从某种意义上说，图书馆本身就体现了一种知识管理制度，是社会知识公平分配与自由获取的制度安排，为社会公众提供了知识保障，为弱势群体提供了知识救济。显然，知识产权保护和知识自由获取之间存在利益冲突，知识产权制度就是协调与平衡各方利益的产物。Du Plessis 和 Du Toit 认为：印刷型信息环境中形成的知识产权制度，受到了电子或数字型信息环境的严重挑战，数字知识信息的传播、交流与共享问题值得重视。④ 他们还考察了南非法律制度下知识管理系统，分析了数字环境下知识管理的领域与障碍。1998 年 10 月 28 日，美国颁布了《数字千年版权法案》（Digital Millennium Copyright Act，DMCA），该法案认同向公众传输作品属于发行（publication），允许图书馆制作三份数字复制件而不能向图书馆建筑物以外的公众传播。⑤ 尽管这是美国的国内法案，但是由于美国的知识产权保护走在世界前列，这个法案在世界各国引

---

① 中国大学图书馆馆长论坛．图书馆合作与信息资源共享武汉宣言．大学图书馆学报，2005（6）：2-4

② 龚蛟腾，侯经川，文庭孝．公共知识中心与公共知识管理——再论图书馆的本质和定义．中国图书馆学报，2003，29（6）：14-18

③ 龚蛟腾，侯经川．构建以图书馆法为核心的公共知识管理制度．图书情报工作，2004，48（7）：58-61，81

④ T. du Plessis and A. S. A. du Toit. Knowledge Management and Legal Practice. International Journal of Information Management，2006，26（5）：360-371

⑤ The Digital Millennium Copyright Act of 1998. http：//www. copyright. gov/legislation/dmca. pdf［2007-10-06］

起了热烈反响。知识产权制度专门为公益组织设置的豁免权或特别条例，是图书馆知识管理顺利进行的法律依据。

1.4.3 图书馆知识管理三维关系

早在古希腊时期，就有自然真理（truth by nature）和规范真理（truth by convention）的区分。① 前者是普遍成立的事物本身固有的自然规律，物理学就是典型的自然真理；后者是因文化而异的人为约定的社会规范，譬如语法与拼写规则互异的各种民族语言就属于规范真理。人类在改造自然与征服自然的活动中，必须遵循相应的自然真理和规范真理，即需要一定技术条件和社会制度的支撑。例如，驱车兜风是一件令人惬意的事情，不过这既离不开物化的技术力量（自然真理）——汽车、公路、油料等，又离不开社会的交通规则（规范真理）——中国行车靠右，英国行车靠左。技术主要表现为器物（生产工具、生产资料和劳动者），属于生产力的范畴。制度用于调整人与人之间的关系，属于生产关系的范畴。技术与制度的相互作用过程，则表现为一种生产力与生产关系的互动关系。技术发展经常导致制度变迁的完善，制度进步影响技术发展的水平与进程。

自图书馆诞生之日起，直到20世纪20年代，图书馆就有重视技术的传统，图书馆学就研究基于技术的图书馆整理与图书馆管理等。20世纪30年代崛起的芝加哥学派倡导科学的研究方法和社会、历史、文化的研究视角，改变了图书馆学的发展方向；但芝加哥学派对人文的关注以忽略信息技术为前提，其结果是使人文精神走样，最终伤害到图书馆活动。② 芝加哥学派背弃了美国早期图书馆学的技术传统，人为地割裂人文研究与技术研究，造成了图书馆学的内部分裂。图书馆技术学派不满芝加哥学派粗暴地抛弃“技术”，另立门户而催生了情报学。自二战后至20世纪70年代，图书馆学与情报学之争连绵不绝。随着计算机技术与MARC编目技术的发展，图书馆学重回关注技术与应用的路线，图情之争才逐渐和解，甚至出现了所谓的图书情报一体化。伯克兰德（M. Buckland）指出：在19世纪后期与20世纪后期，科技创新都是图书馆学专家的生命力所在；而在这两个时期之间，情况却并非如此（Technical and technological innovation was a vital force in librarianship in the late nineteenth century and again in the late twentieth

---

① 王巍．科学说明和历史解释——论自然科学与人文学科的方法论统一性．中国社会科学，2002（5）：29-40

② 范并思，兰小媛．信息技术冲击下的图书馆人文思潮．高校图书馆工作，2005，25（5）：1-6

century, but not, it seems, in between. ①)。忽视图书馆技术，图书馆学不得不承受走夜路的代价。图书馆知识管理活动的每一个过程，从知识搜集到知识组织再到知识服务，都离不开技术的支撑。20 世纪 90 年代后，数字技术和网络技术改变了人们社会生活，也改变了知识生产、组织、交流、传递与获取方式。这从根本上变更了图书馆知识搜集、知识组织和知识服务的模式，技术促使图书馆知识管理面临一个崭新的发展时期。知识定位、知识发现、知识挖掘、知识分享、知识检索、知识传递等，无不是图书馆知识管理的技术开发的构成因素。当前，资源描述框架、Z39.50 协议、Web2.0 以及知识网络等技术前景较好。

毋庸置疑，图书馆技术是图书馆事业发展的物质基础。但是，我们千万不能低估图书馆制度的功能与作用，芝加哥学派的兴起本身就是人们对"技术图书馆"片面性进行反思的产物。不过，芝加哥学派过分强调图书馆事业的人文情怀，极力排斥图书馆事业的技术因素，从一个极端走向另一个极端，因而伤害图书馆学的正常发展。技术从来都是物质手段和管理工具，只能加快前进的速度，而不能解决"从哪里来到哪里去"的问题。培根说：跛足而不迷路的人，能超过虽健步如飞但却误入歧途的人。无论传播技术如何发达，传播范围多么广阔，科技传播归根结底还只是传播的形式和方法，并不是传播的知识本身，科技传播生命力的源泉在于知识。② 图书馆技术不能从根本上解决图书馆的制度性缺陷，而合理的图书馆制度往往可以弥补图书馆技术的差距。譬如，图书馆不平等服务的现象、馆藏资源经费投入的问题等，不可能随着技术的发展而消亡，却可以随制度的完善逐步得到解决。于是，各国政府及图书馆组织纷纷加强制度建设，关于图书馆管理制度的议题也不断成为人们关注的焦点。程焕文与范并思研究"图书馆精神"或"公共图书馆精神"，陈传夫和李国新探索公共获取或图书馆权利（图书馆自由），这在很大程度上表现为一个图书馆制度建设的问题。

图书馆事业就是由图书馆业务、图书馆技术和图书馆制度组成的三维综合体，三者缺一不可而又相得益彰。图书馆业务就是图书馆技术和图书馆制度共同约束下的图书馆活动，图书馆业务发展又促进图书馆技术与图书馆制度的进步。有学者指出："图书馆从产生那天起就与知识有着本质的内在联系，没有知识便没有图书馆的产生，没有知识的增长便没有图书馆的发展"；③ "知识的存在以及

---

① M. Buckland. Documentation, information science, and library science in the U. S. A. Information Processing & Management, 1996, 32 (1): 63-76

② 何郁冰．从知识创新的角度论现代科技传播．未来与发展，2003 (3): 26-29

③ 储流杰．图书馆发展散论．图书馆，2000 (4): 17-20

人类对知识的社会需求，是图书馆产生发展的内在依据和根本动力”。① 知识管理是图书馆知识管理的理论基础，知识共享、知识服务和知识保障成为了图书馆界最基本的共识。邱均平先生认为：“图书情报学是以知识为研究对象，以知识的运动规律和应用方法为主要研究内容，以增强知识生产能力和提高知识应用效能为目标的一门学科。”② 图书馆是社会知识交流的中介组织、基础设施与保障体系，图书馆管理经历了从文献管理到文献信息管理的过程，现在开始跨入了知识管理阶段并取得了长足进展。知识管理、学习社会和数字网络的蓬勃发展为图书馆知识管理奠定了坚实的基础，图书馆“知识”管理的整合与发展必然形成图书馆知识管理范式。图书馆知识管理是社会知识管理的重要组成部分，系统的知识管理理论体系还处于孕育之中。图书馆知识管理理论研究与实践探索如火如荼，标志着图书馆知识管理范式初现雏形。业务、技术和制度是图书馆事业可持续发展的三大支柱，是图书馆知识管理范式体系的三个维度（如图 1-6 所示）。业务促进技术进步与制度建设，技术推动业务发展与制度演变，制度保障业务开展与技术创新，三者协同发展所形成的“长方体（立方体）”就代表着不断壮大的图书馆事业。图书馆知识管理的业务、技术与制度共同构成了互相依存的三维范式体系，我们在图书馆知识管理研究中切不可偏废。

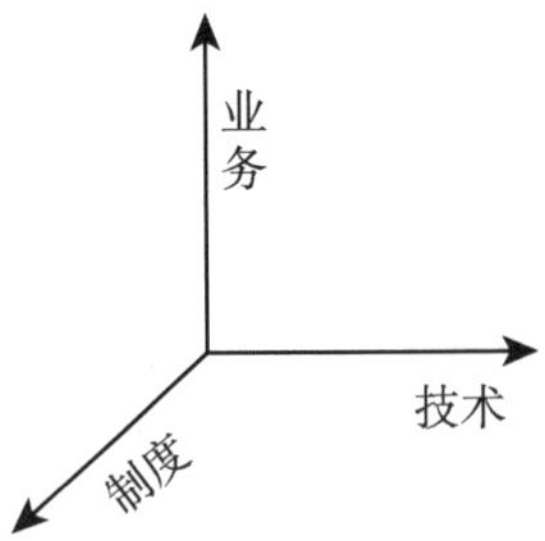

图 1-6　图书馆知识管理的三维体系

① 丁炜．论知识经济时代的知识信息服务．图书馆学研究，2000（4）：79-81

② 邱均平，段宇峰．论知识管理与图书情报学的变革．中国图书馆学报，2003（2）：5-9

2 图书馆知识管理范式的业务维度

业务是指“个人的或某个机构的专业工作”①，通俗地说就是个人或机构为了达到某种目的而进行的活动。劳动创造了人，劳动也是社会进步与发展的根源。没有人类活动，任何美妙的设想都是空中楼阁。“一屋不扫，何以扫天下”的故事，生动地说明了行动的重要性。我国部分贫困地区长期陷入了“物质贫困—精神贫困—物质贫困”的恶性循环，甚至还形成了“抱着膀子晒太阳，坐等上面救济粮”的顺口溜。世界著名反贫困理论专家、诺贝尔经济奖获得者缪尔达尔认为：“不发达国家民众巨大的贫困至少部分是由于他们的宿命论、他们的麻木和他们对于改变观念和制度、维护现代技术、改善卫生条件等努力的冷漠。”② 显然，贫困地区在获得物质救济的同时，更应该摆脱精神贫困的枷锁，彻底改变得过且过、不务正业与坐等援助的思想观念！各行各业都有相应的业务工作，每一个人或机构都有自己的业务活动。农民种地、工人做工、教师讲课、馆员从事图书馆工作……这些都是社会分工之后各种行为主体必须承担的业务。

图书馆业务是图书馆事业的基础，是馆员从事图书馆管理活动的具体过程。图书馆工作的实质就在于对各种知识材料进行有序组合和传递服务，这两者具体规定了图书馆的各个工作环节，并由此派生出各项工作内容，实现图书馆的社会职责。③ 现在，人们已经充分地认识到：隐藏在图书馆文献管理或文献信息管理背后的真谛是知识管理。尽管图书馆知识管理活动早就存在，但是关于图书馆知识管理的系统探讨却不足 30 年。“知识交流论”提出“把图书馆活动放在知识

---

① 中国社会科学院语言研究所词典编辑室编．现代汉语词典：2002 年增补本．北京：商务印书馆，2002：1469

② ［瑞典］冈纳·缪尔达尔（G. Myrdal），顾朝阳等译．世界贫困的挑战——世界反贫困大纲．北京：北京经济学院出版社，1991：130

③ 宓浩．也谈图书馆学基础理论研究的方向问题．图书馆学研究，1983（3）：19-20

交流的框架中运转”,[1] 开创了我国从知识管理角度研究图书馆活动的先河。显而易见，图书馆业务工作实际上就是图书馆知识管理活动，主要包括知识搜集、知识组织与知识服务等等。

2.1 图书馆知识管理业务概述

2.1.1 图书馆知识管理历程

知识管理伴随人类始终，“不为尧存，不因桀亡”。知识管理是人类前行的基石，其发展历程主要表现为一部文献生产、组织、传播与利用的历史。文献是记录有知识的一切载体，载体始终是文献的外表形式，知识则是文献的实质内容。知识交流不能凭空产生，必须依靠一定的媒介才能完成。人类之初，语言作为知识交流的第一载体功莫大焉。然而，语言载体的稳定性能差、传播时间短、传播范围小，这是语言载体与生俱来的天然缺陷。“口说无凭，立字为据”，就生动地说明了语言载体难以承担知识长期存储与稳定传播的大任。文字产生为知识的持续交流创造了条件，石头、兽皮、泥块、龟甲、绢帛、竹简、木牍等先后成为知识的载体。不过，古代生产力极其低下，文献的批量生产与复制极其困难。因而在文献匮乏的古代，作为文献收藏机构的图书馆十分稀少。现有不少学者以“西汉纸”比“蔡侯纸”早 200 甚至 300 年来否认蔡伦为“造纸第一人”，因为考古学家不断发现西汉初期到晚期的纸张，他们通过考古发掘和古纸化验将造纸起源时间由公元 2 世纪初的东汉上溯到公元前 2 世纪的西汉。[2] 显然，纸张一经产生就迅速成为了知识的主要载体，手抄文献和雕版印刷文献明显增加。古代藏书楼重藏轻用，文献极其珍贵，图书为私有财产，这个时期图书馆知识活动表现为初级的“文献管理”。

北宋仁宗庆历年间（1041–1048 年），浙江杭州一位刻字工人毕昇发明了活字印刷术；1456 年，德国人谷腾堡（J. Gutenberg）用活字印成《圣经》，是欧洲使用活字印刷的第一人。[3] 谷腾堡创造了实用的活字印刷术，比毕昇发明活字印刷术晚了 400 余年。从此，书籍、期刊和报纸等印刷品源源不断地产生，人类知识传播与知识交流进入了一个崭新的时代。文献以指数形式剧增，图书馆终于

---

① 文丰．重读宓浩．图书馆，1997（5）：36–38

② 潘吉星．中国古代四大发明——源流、外传及世界影响．合肥：中国科学技术大学出版社，2002：43

③ 毕军．充满智慧的中华科技事典．长春：时代文艺出版社，2010：53，55

从古代藏书楼逐渐发展成近现代图书馆。藏用并举和向社会开放，是近现代图书馆的显著特征。图书馆作为人类知识集散的社会机构，其馆藏资源长期表现为印刷型文献资源。文献采访是知识聚集，文献整理是知识组织，文献排列是知识分类，文献传播是知识交流，文献服务是知识传播。因此，图书馆文献采购、分类、编目、典藏及其服务，其实质并非纸张等载体的简单搜集、加工与流通，而是文献所包含的“知识”的采集、整理、创新与服务！无疑，印刷型文献造就了近现代图书馆的辉煌，这个阶段图书馆知识活动表现为发展中的“文献管理”。

继1835年电报发明之后，电话、电影、广播、电视、录音、录像等电子传播技术相继问世，以电、磁介质为载体和以声音、图像传播为主体的电子出版物不断涌现，标志着人类跨入了模拟式电子传播阶段。音像制品和缩微文献等实体文献逐渐增多，但它们丝毫没有影响印刷型纸质文献的一统天下，对近现代图书馆的冲击微乎其微。20世纪中叶，图书馆知识活动达到了“文献管理”的顶峰；此后随着信息潮流的出现，图书馆知识活动步入了昙花一现的“文献信息管理”时期。

20世纪80年代后尤其是90年代以后，人类进入了数字化、网络化的传播时代。它融合了印刷媒体和模拟电子媒体的所有优点，克服了它们的不足，使文字、声音、图像、动画等方式通过计算机技术得到大融合。① 数字文献横空出世，以“0”和“1”组成的虚拟“比特流”，对抗自人类有文字记录以来的实体文献。显而易见，数字文献集图文声像于一体，具有强大的震撼力，同时借助光电信号30万千米/秒的速度，即使是天涯海角也能即时传播。难怪乎，兰开斯特和盖茨兴奋地期待着“无纸社会”早日到来。当前，“无纸”还只是一种美好的憧憬，但是数字文献已经导致图书馆发生了惊人的变革。曾几何时，电子图书馆、无纸图书馆、无墙图书馆、虚拟图书馆、网络图书馆、远程图书馆、数字图书馆等满天飞，虚拟的数字资源已经牢牢占据了馆藏资源的半边天。毫无疑问，数字图书馆居主导地位之时，便是真正的图书馆知识管理时代。

现在，图书馆知识管理还处于变革时期，实体馆舍和虚拟界面同时并存，实体馆藏和数字馆藏共处一室，传统服务和网络服务交替进行……这种“虚”“实”并存的图书馆，常常被人们称为“复合型图书馆”。图书馆知识管理活动不能停留在纸质文献时代，没有创新就没有发展，墨守成规必然会被时代淘汰。

---

① 周蔚华. 网络出版的兴起与出版的范式转换. 中国人民大学学报，2002（5）：112-118

同时，图书馆知识管理也不要超越“复合型图书馆”阶段，过于超前不符合图书馆事业的发展规律，拔苗助长不利于图书馆事业的稳步前进。因此，图书馆知识管理应该基于“复合型图书馆”的现实平台，继承图书馆文献管理的优良传统，发挥各种馆藏资源的整体优势，借助网络信息管理的技术条件，确保图书馆知识管理有条不紊地进行。

2.1.2 图书馆知识管理系统

图书馆是一个发展着的有机体①，必然经历产生、发展和消亡的过程。当然，这里所说的图书馆消亡，是指图书馆发展到一个难以用“传统图书馆”概念来包容的更高阶段。原始的文字和文献产生之后，就会出现文献收藏场所/机构与文献管理官员，就会产生原始意义上的图书馆。河南安阳出土的甲骨排列整齐有序，殷墟窑穴应当是我国商朝的“国家图书馆”。《史记》记载老子曾任周“守藏室之史”，我国有关文献管理的机构和官员的记录至少可以上溯到周朝。春秋战国时期，校勘训诂皆已出现，古书始有注解。② 孔子整理、编订六经，聚徒授讲，弟子有3000人，其中贤人72人，官学开始下移民间，形成了影响很大的儒家学派。③ 孔子及其门人在文献组织、编修与整理的过程中，形成了“广征”、“择别”、“校雠”、“编排”、“简释”与“编目”的文献管理方法。殷墟窑穴、周藏室、盟府、明堂、石室、金匮、石渠、天禄、麒麟、兰台等，都是我国古代的官府藏书机构。这些统称为古代藏书楼的文献收藏机构，与现代图书馆概念相差甚远。网络数字图书馆的出现，亦与现代图书馆有极大的差别。无论何种阶段何种形态的图书馆，它们都是知识管理系统（机构、场所、组织），都履行知识管理的职能。

为了准确把握图书馆知识管理的实质，我们不妨对图书馆作一个准确的界定。权威工具书关于图书馆的定义是：“收集、整理和保存文献资料并向读者提供利用的科学、文化、教育机构”；④ 或“为满足社会情报需求，对信息、知识及其物质载体进行收集、加工、整理、存贮、浓缩、传递和开发利用的社会信息系统”。⑤ 大多数教科书或专家学者所下的图书馆定义也大同小异，这些定义强

---

① 滕立新．图书馆建设与管理研究．北京：军事谊文出版社，2010：48

② 洪湛侯．中国文献学新编．杭州：杭州大学出版社，1994：242

③ 陈奇．吴雁南评传．贵阳：贵州人民出版社，2010：317

④ 中国大百科全书出版社．中国大百科全书（图书馆学 情报学 档案学）．北京：中国大百科全书出版社，1993：420

⑤ 武汉大学图书情报学院编．中国图书情报工作实用大全．科学技术文献出版社，1990：17

调了三点：搜集、整理、存贮文献（知识），传播文献（知识），是科学、文化、教育机构（组织或场所）或社会信息（知识）系统。拨开笼罩的面纱，图书馆其实就是一个社会知识管理组织。

图书馆是 library 的英译，其含义主要有两点：①收藏文献资料的场所（a place in which literary, musical, artistic, or reference materials, such as books, periodicals, newspapers, pamphlets, prints, records, and tapes, are kept for reading, reference, or lending.），即图书馆，书库，藏书楼等。②文献资料及信息等的集合（a collection of such materials, a collection of publication on the same subjects, a collection of recorded data or tapes arranged for ease of use, or a collection of standard programs, routines, or subroutines.），即文库，丛书，藏书；收藏的作品，计算机程序库等。显然，"Library"是"a place"（实体场所）和"a collection"（虚拟集合）的和谐统一。图书馆作为"收藏文献资料的场所"或"文献资料及信息等的集合"，其实质是"收藏知识的场所"或"知识集合"。

当前，图书馆界仍然存在两种错误的"图书馆"观念：一是把图书馆局限于实体机构的"保守"思想，排斥数字图书馆、虚拟图书馆、网络图书馆等新生事物，甚至认为无纸社会必然埋葬图书馆；二是把图书馆等同信息机构或信息系统的"激进"理念，抹杀了图书馆与诸多信息机构（电台、网吧、报社、情报所、档案馆、通信部门、咨询公司、信息中心等）的区别。信息普遍存在于自然界、人类社会以及人类思维活动之中，范围极其广泛，无所不在，又无始无终。图书馆实在无法包容"信息"，不可能也没必要办成"信息大杂烩"，否则，图书馆将失去专指性而被虚化，最终与其他信息机构混为一谈而导致"馆将不馆"。显然，这两种错误的观念最后殊路同归，都将妨碍图书馆的发展乃至导致图书馆的"消亡"。

为了准确区分图书馆与信息机构，我们不妨考察一下图书馆文献管理的本质。文献的内在实质是知识，文献采购、分类、编目、整理、组织、典藏与服务，说到底是知识的采集、整理、组织与服务。文献管理实际上是管理文献包含的"知识"，图书馆活动主要是文献知识管理！文献揭示涉及知识生产，文献组织实际为知识组织，文献服务实质是知识服务。图书馆工作的表象是文献载体的收藏与利用，实质是文献中知识资源的管理活动，即为社会公众进行知识搜集、整序、存储，提供服务。图书馆馆藏资源是社会公众共有共享的文献资源，其形式是纸张、磁带、光盘、存储器等各种载体，其内容是包括纸质文献知识、电子文献知识、网络知识等在内的人类公共知识资源。显然，图书馆的内部活动主要是知识组织，图书馆的社会职能主要是知识交流。

图书馆是一个社会知识交流的中介机构，馆藏资源建设的目的是供给知识，图书馆活动的价值是组织与传递知识，用户（读者）利用图书馆的原因是获取知识。克劳福德和戈曼指出：图书馆是保存、传播、利用记录在各种媒体上的知识的场所，是为人们获取广而深的知识服务的①。图书馆是一个运输知识的通道，供应知识的单位，分享知识的场所②。图书馆是资讯集合场，是知力（即知识力）供应站，是知识贮存库③。图书馆概念应当突破实体机构的限制，囊括一切保障人们自由获取知识的公益性机构、场所与组织。因此，图书馆知识管理系统包括各种形态图书馆，它实现了实体图书馆（馆所）和虚拟知识集合的有机结合。现阶段，实体图书馆主要指传统图书馆以及复合型图书馆；而作为虚拟知识集合（知识库或知识中心），则主要是网络知识库（图书馆）、数字知识库（图书馆）、虚拟知识库（图书馆）、电子知识库（图书馆）等。如图 2-1 所示。

图书馆知识管理系统	
实体图书馆	虚拟知识集合（库、中心）
（古代藏书楼） 传统图书馆 复合型图书馆	网络知识库（图书馆） 数字知识库（图书馆） 虚拟知识库（图书馆） 电子知识库（图书馆）

图 2-1　图书馆知识管理系统的有机构成

图书馆馆藏资源是社会公共的知识资源，图书馆的功能、职责与价值就是管理人类公有共享的知识资源，虚拟图书馆、数字图书馆、网络图书馆等除了“知识资源”一无所有。图书馆是专门从事知识管理（为社会公众进行知识搜集、整序、存储，提供服务）的社会公益组织，它构成了社会最基础的知识共享与保障体系。古代藏书楼，近现代图书馆，当前复合型图书馆，未来数字化、虚拟化、网络化的知识中心（库），实质上都是人类公共的图书馆知识管理系统。

---

① ［韩］李炳穆．迎接新千年到来的图书馆．图书情报工作，2001（1）：12-17

② 顾敏．图书馆学探讨．新竹：枫城出版社，1981：277

③ 于鸣镝．重新认识图书馆．图书与情报，2001（3）：6-8

2.1.3 图书馆知识管理范畴

知识管理不仅包括对知识本身的管理，而且包括对与知识有关的各种资源和无形资产的管理。图书馆是一种从事知识资源管理的组织，也是一种组织知识管理的形态。组织知识（Organization Knowledge）是社会知识的一种形态，企业知识和图书馆知识是两类最为重要的组织知识。企业是一个以获取最大利润为导向的组织，企业知识往往是竞争与决策过程中极其稀缺的战略资源。图书馆是一个以维护公众知识获取权益为目标的组织，馆藏资源一般是公有共享的知识资源。图书馆知识管理的资源不应该局限在知识资源和人力资源这两个方面，而应该扩大到图书馆事业所涉及的一切有形或无形资源。图书馆知识管理的资源可以分为硬件资源和软件资源两大类，硬件资源包括图书馆建筑、图书馆设备、馆藏资源、图书馆馆员等，软件资源则包括管理技术、管理方法、管理标准、管理环境、管理工具等。

图书馆是促进社会知识交流利用的公共设施与保障体系，是为了实现人类知识共享与社会知识保障而作出的一项社会制度安排，其职能是从事公共知识管理，即承担知识的搜集、加工、整序、存贮、服务、交流与利用等任务。图书馆是一个学习的场所，是用户认知发生变化的地方。① 作为广大公民读书、学习、开发智力资源的场所，图书馆是传播知识、推进文明、弘扬科学、培育人才和提高国民素质的圣地。知识经济、知识创新和科教兴国，离不开公共知识的土壤，离不开图书馆的知识服务。图书馆是一个面向公众提供知识服务的社会知识基础工程，具有进行社会教育、开展科技创新、丰富群众文化生活、保存文化遗产等功能。

知识是图书馆学研究和图书馆工作的主要对象，图书馆学是研究知识、知识组织管理及知识服务的学科，图书馆工作的各个阶段都与知识密不可分。② 知识搜集、知识组织和知识服务是知识管理必不可少的组成部分，共同形成了图书馆知识管理完整的工作流程。知识搜集是知识组织与知识服务的前提条件，知识组织是知识搜集与知识服务的中间环节，知识服务是知识搜集与知识组织的最终目的。图书馆在全社会范围内进行的知识（包括与知识有关的各种资源和无形资产）搜集、组织和服务，是人类不可或缺的社会性群众性科学、文化、教育系

---

① ［韩］李炳穆．迎接新千年到来的图书馆．图书情报工作，2001（1）：12-17

② 李万健．知识与图书馆学和图书馆．四川图书馆学报，2003（6）：2-5

统。图书馆知识管理包括对内职能和对外职能两个方面，对内职能是知识生产与知识组织，对外职能则是知识交流和知识服务。

知识流程是指知识的生产、组织、传播、服务、交流、利用和再生产等一系列周而复始的知识运动过程，其基本要件表现为“知识创新——→知识组织——→知识扩散——→知识利用——→知识再创新”。知识创新是知识流程的起点和终点，也是知识流程的环节与目标。张凤与何传启认为：知识创新是为了经济和社会利益获取或创造新知识的过程，知识创新出现在知识的生产、传播和应用的全过程中；知识创新是在世界上首次发现、发明、创造或应用某种新知识，首次引入知识要素和知识载体的一种新组合以及新组合的首次应用；它包括科学发现、技术发明、知识创造和新知识首次应用等 4 种表现形态①。知识流程从创新到利用到再创新，是一个生生不息的循环往复过程。因此，这些互相关联的知识活动，形成了螺旋式上升的环状“知识链（knowledge chain）”。储节旺等人从业务流程的角度出发，将知识管理划分为紧密联系的 10 项活动（称为“K10 知识链”，见图 2-2），即知识采集、知识组织、知识存储、知识更新、知识检索、知识传递、知识分享、知识测评、知识应用和知识创新；从管理执行的角度出发，又将知识管理划分为知识生成（Produce）管理、知识积累（Stock Pile）管理、知识交流（Communicate）管理和知识应用（Application）管理 4 个独立的首尾闭合的环节（称为“PSCA 闭环”，见图 2-3）。② 无论是“K10 知识链”，还是“PSCA 闭环”，都说明知识管理存在一个生成、组织、存储、交流、利用与创新的业务流程。

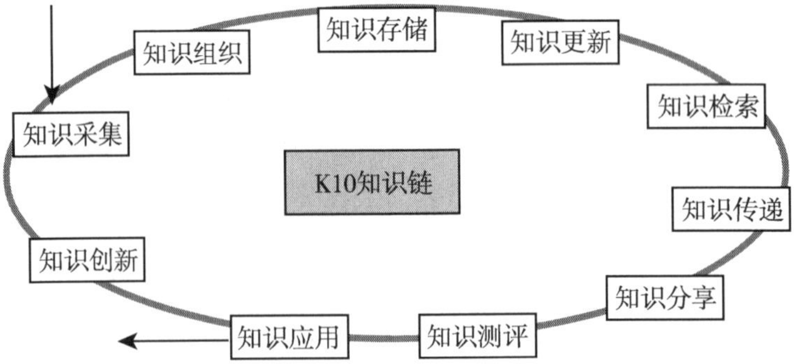

图 2-2　知识的基础管理：“K10 知识链”

① 张凤，何传启．知识创新的原理和路径．中国科学院院刊，2005，20（5）：389-394

② 储节旺等．知识管理概论．北京：清华大学出版社，北京交通大学出版社，2006：76-77

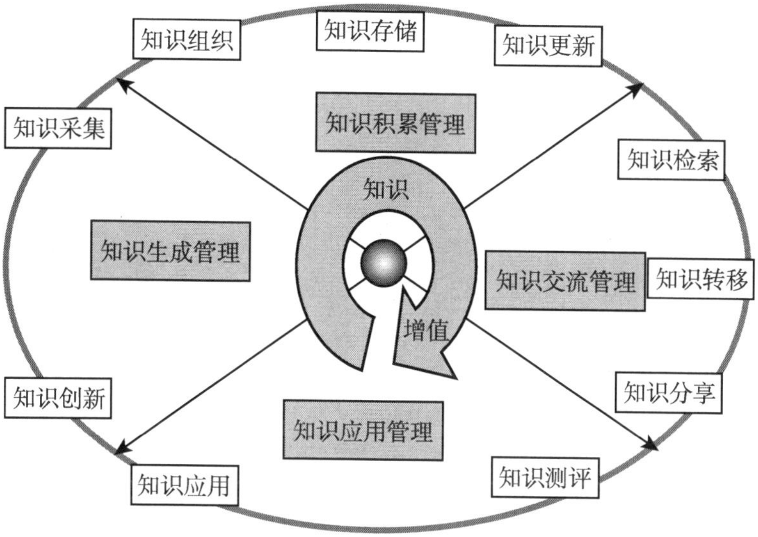

图 2-3　知识管理的执行："PSCA 闭环"

文献是知识与载体相结合的产物，知识是文献的实质内容。图书馆的"文献"管理，实际上是管理文献中所包含的知识。图书馆文献资源的采购、分类、编目、典藏、报导及其借阅等工作，实际上是文献知识的搜集、组织与服务。读者、文献、馆员、技术设备、工作方法等，都紧紧围绕"知识"这个核心进行整合。知识流程是知识生产、交流和利用的过程，也是一个主观知识客观化和客观知识主观化的过程。知识运动的各个环节以及各环节之间的衔接与转换，都必须用一定的方法加以组织，才能顺利进行。由此产生了人类的知识组织活动①。图书馆的作用是确保知识从生产到交流再到利用这个流程的通畅，它是连接信息（待加工与序化）、知识（含情报）和公众（用户或读者）的桥梁，如图 2-4。当今社会，信息严重过剩，出现了信息爆炸、信息泛滥和信息污染等，但是知识并不过剩，核心知识增长不大②。大量无序而失控的信息"用不完又不够用"，消除这种现象的关键就在于进行知识生产与知识组织。知识生产就是广泛搜集信息并序化成知识，知识组织就是对知识有目的地进行系统与科学的存储。图书馆不仅要广泛地搜集知识资源，而且还要有目的地搜集信息并加工、序化成知识，

① 蒋永福，付小红．知识组织论：图书情报学的理论基础．图书馆建设，2000（4）：14-17

② 王知津．知识组织的目标与任务．情报理论与实践，1999（2）：65-68

即既进行知识搜集又进行知识生产。图书馆既是社会的知识生产设施，又是公共的知识组织机构，还是大众的知识服务组织。

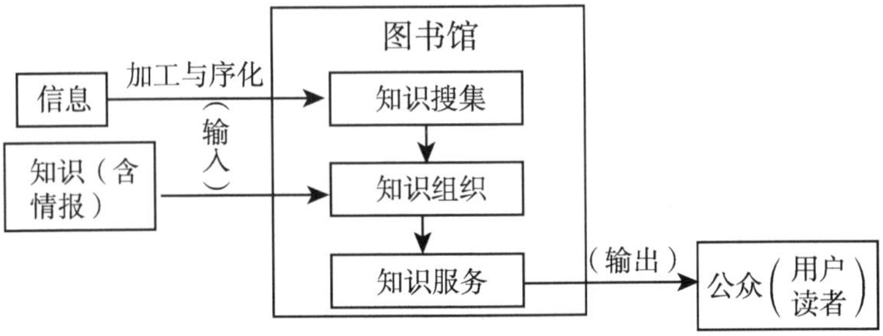

图 2-4　图书馆的“知识流程”

图书馆知识管理活动的全部过程，就是广泛搜集知识与信息，并进行知识组织和提供知识服务，其内部活动的实质是知识生产与知识组织，其外部活动的实质是知识服务与知识交流。公众利用图书馆是为了获得知识，图书馆服务于公众的实质是提供知识服务。在图书馆知识管理过程中，把广泛搜集的知识和信息加工序化为新知识，譬如书目编制、索引制作、课题服务、专题参考等，这无疑是知识生产。图书馆的主要职能是知识生产、搜集、整序、积累、存贮与服务，知识搜集、知识组织与知识服务是图书馆知识管理的三大组成部分。其中，知识搜集和知识服务承担着社会知识交流或社会知识集散的重要职能，而知识组织则肩负着连接知识搜集与知识服务的重大职责。从知识管理的整体流程看，知识搜集与组织是知识管理的基石和起点，知识传播与服务是知识管理的目的和归宿。

2.2　图书馆知识管理业务的流程

2.2.1　图书馆知识资源的搜集

知识资源是图书馆知识管理的基本对象，知识搜集是知识资源积累的手段。知识搜集是图书馆知识管理流程的起点，也是图书馆知识管理极其重要的组成部分。知识搜集与生产，就是要有目的地广泛搜集信息和知识，并加工、序化成知识，它是知识组织与服务的前提条件，也是知识管理过程各个因素与环节的基础。图书馆是知识资源的集散地，馆藏知识资源是指图书馆拥有所有权或完整使用权（一般是通过购买而获得）的知识资源的总和。文献是记录有知识的一切载体①，所有的文献都包含一定的知识。从文献载体形式来看，纸质文献、数字文献和其他类型文献（磁带、录像带、缩微胶片、唱片等）等一切文献知识都是馆藏知识资源的组成部分。当前，传统图书馆已经完成了向自动化图书馆的转变：自动化集成管理系统迅速推广，电子知识资源急剧增长，网络化数字化建设快速铺开，向数字图书馆迈进的步伐明显加快。纸质文献知识和数字文献知识此消彼长的态势日渐强劲，其他类型文献知识数量较少并呈逐年萎缩之势。显然，在图书馆馆藏资源建设中，数字馆藏、虚拟馆藏已经和实体馆藏（主要是印刷型文献）一样重要，并且它们还具有某些实体馆藏不可比拟的优势。数字馆藏是指本馆收藏的数字资源，如光盘数据库资源、镜像服务器资源、自建数据库资源等；虚拟馆藏则是图书馆通过付费获得完整使用权或图书馆参与共建共享的知识资源，即用户使用时必须通过图书馆（包括虚拟图书馆）才能获得的知识资源。具体来说，复合型图书馆的馆藏知识资源搜集主要包括以下几种类型。

（1）实体文献知识资源

实体文献资源主要指印刷型文献，其次还有唱片、磁带、录像、缩微胶片等。传统图书馆时代，印刷型纸质文献一统天下，馆藏资源基本上是印刷型文献的集合。此时，知识资源严重依赖文献载体，知识搜集就是人们常说的图书采访、文献采访或馆藏建设。图书、期刊和报纸，是印刷型文献的三大类型。文献采访是根据馆藏资源建设的需要，合理配置中外文图书、期刊、报纸及其他文献资源的过程。采购是文献采访最主要的方式，接受赠送、复本交换等只是馆藏建设的辅助手段。一般来说，图书采访通过各种书目订购或现场选购，而报刊则通过邮局或图书公司征订。不同类型或不同专业的图书馆有不同的馆藏资源建设目标，文献采访必须符合本馆的发展规划。文献知识经过出版等部门多次筛选与整序，图书馆在采购文献时进一步进行筛选与控制，形成了比较系统又相对稳定的藏书体系，即使是公共图书馆，也有其重点馆藏文献与特色馆藏文献。

（2）本馆数字知识资源

信息技术革命以“电信号”颠覆了“铅活字”，知识存储及其传递方式发生了翻天覆地的变化。在全球范围内，数字化文献正呈现出逐步取代纸质文献之势。据统计，1995 年美国数字化文献出版量首次超过传统印刷型文献。② 美国加

① 中华人民共和国国家标准：文献著录总则（GB3792.1-83）. 图书馆学通讯，1983（4）：52-60

② 丁海滨，赵淑梅. 电子文件管理基础. 北京：中国档案出版社，2007：62

州大学伯克利分校 Lyman 和 Varian 早在 2001 年的一项报告中就表明：每年世界生产的信息量在千兆兆（10^{15}）位以上，即世界上平均每人约 250 MB。这些信息多数为图像、声音和数字数据，印刷型资料只占总量的 0.003％。① 人们所生产的海量信息，超过 90％的以数字形式存储。随着数字出版物的急剧增长，图书馆数字知识资源建设的比重逐年升高。现在，图书馆普遍购买了光盘塔、光盘库、磁盘阵列、高容量存贮器和光盘镜像服务器，建立了电子图书、电子期刊、多媒体文献等电子文献资源数据库。光盘存储密度高，价格低廉，检索点多，使用方便。据新闻出版总署统计：2009 年全国共出版电子出版物 10708 种、2.29 亿张，与上年相比，品种增长了 10.76％，数量增长了 45.30％。其中，只读光盘（CD-ROM）7862 种、19830.71 万张，与上年相比，品种增长了 0.43％，数量增长了 45.4％；高密度只读光盘（DVD-ROM）2224 种、2484.96 万张，与上年相比，品种增长了 73.07％，数量增长了 54.27％；交互式光盘（CD-I）及其他 622 种、598.37 万张，与上年相比，品种增长了 12.07％，数量增长了 14.87％。② 随着电子文献种类的增多、数据容量的增加、检索技术的进步，数字文献资源在图书馆的入藏量直线上升。

（3）网络虚拟知识资源

网络数据库是图书馆虚拟资源建设的重点之一。绝大部分网络数据库由商业公司、联机检索系统或相关职能部门提供，一般都有版权限制，图书馆必须购买才能获得完整的使用权。网络出版门槛非常低，个人和组织都可自由地传播知识。DIALOG、OCLC、ORBIT、MEDLINE、ESA/IRS 等都是世界著名的联机数据库检索中心。Dialog 联机检索系统有 600 多个数据库，文献量达 3 亿多篇，内容涉及综合性学科、自然科学、应用科学和工艺学、社会科学和人文科学、商业经济和时事报道等。③ 国内规模较大的联机服务中心有北京文献服务处的 BDSIRS、中国科技信息所的 CD/ISIS 与 TRIP、信息产业部的 MEIRS。目前国际联机检索终端基本上都更新成微机终端，由 CHINAPAC 提供访问出口，联机检索效率大大提高。随着光盘网络系统的建立和计算机分时技术的进步，不受时空限制、检索速度快、检索功能强大、满足异地多用户同时检索的网上数据库取得了长足的

① 杨仲山，屈超．信息经济测度方法的系统分析．北京：科学出版社，2009：96-97

② 2009 年全国新闻出版业基本情况．http：//www.gapp.gov.cn/cms/html/21/493/201009/702538.html［2010-12-02］

③ 黄霏嫣．网络环境下的个性化文献服务．中国信息导报，2007（8）：2 表 0-23

发展。当前，图书数据库、期刊数据库、报纸数据库、特种文献数据库等疯狂扩张，特别是期刊数据库在竞争中独占鳌头。SpringerLink、ScienceDirect、Elsever、Ebsco 等外文数据库，就是典型的网络数据库。高校图书馆往往以团体用户的身份购买网上数据库的使用权，这样，网上数据库自然也就成了图书馆的虚拟馆藏。

网络出版物也是图书馆虚拟资源建设的重点之一。Internet 集知识存储与知识传递于一体，成为人类有史以来最大的知识宝库。网上报纸、网上期刊、网上图书等网络电子出版物方兴未艾，它们发行时间短，使用方便，深受信息用户好评，是图书馆购买使用权虚拟入藏的重点对象。我国新闻出版总署公布的《新闻出版业“十一五”发展规划》表明：“十五”末期，我国电子出版物增长到6152种，数量由0.4亿张增长到1.4亿张；包括互联网、通讯网、电视网在内的网络出版从无到有，数字出版产业初步形成。全国已有手机报刊300余种，网络报纸1000余种，网络期刊超过2万种，网络数据库经营企业近10家。①《新闻出版业“十二五”时期发展规划》指出：我国日报出版规模、图书出版品种与出版总量居世界第一，电子出版、网络学术出版总量居世界第二，印刷业总产值居世界第三；我国还将积极发展以内容生产数字化、管理过程数字化、产品形态数字化、传播渠道网络化为主要特征和以网络出版、手机出版为主要代表的数字出版等新兴业态，推动数字内容加工、存储、传输、阅读等技术和装备的研发与制造，发展电子阅读及有声阅读。② 据近期的 CNKI 导报报道：《中国学术期刊网络出版总库》收录我国学术期刊6642种，占我国同类期刊的93%。其中，4600种重要学术期刊从创刊起完整收录至今；总库总文献量达2100多万篇，文献收全率达到99.9%。③ 网上电子图书同样被图书馆和读者看好。网络出版主要有三种方式：①数字化的印刷型出版物，即有印刷型出版物配套的数字化出版物；②纯粹的数字化出版物，即没有印刷型出版物配套的数字化出版物；③在线动态交流，通过博客、论坛、电邮、公告板等形式传播知识与信息。跟印刷型出版物相比，数字出版物还具有两大显著的优势：一是数字出版物图文声并茂，往往集评审、编

---

① 新闻出版业“十一五”发展规划．http://www.gapp.gov.cn/cms/cms/website/zhrmghgxwcbzsww/layout3/indexd.jsp?channelId=436&infoId=451671 [2008-04-12]

② 新闻出版业“十二五”时期发展规划．http://www.gapp.gov.cn/cms/html/21/508/201104/715451.html [2012-12-31]

③ 国家网络出版工程建设获突破性进展《中国学术期刊网络出版总库》通过验收．http://www.cnki.net/gycnki/daobao/cnkidaobao32/daobao32_1.htm [2008-04-12]

辑、出版和传播于一体；二是数字出版物查检十分方便，既可以多途径地检索，又能够对文献内容进行准确定位。

此外，网络免费知识资源也应当是图书馆虚拟资源建设关注的对象。网络上存在许多已经让渡了版权的知识资源，这些知识资源就是知识用户“免费的午餐”。图书馆应当建立健全网络知识导航功能，将它们纳入本馆的虚拟馆藏知识资源建设之中。国内外某些知名学者或组织反对出版集团的利益垄断，纷纷建立了开放存储资源或公共存储资源。这种开放存取仓储（Open Access Repositories）和开放存取期刊（Open Access Journals）的知识资源向社会免费开放，供知识用户自由浏览、检索与下载。譬如，DOAR（Directory of Open Access Repositories）、DOAJ（Directory of Open Access Journals）、CORE（China Open Resources for Education）、OA学术仓储、预印本服务系统、中国科技论文在线等就是颇有影响力的开放存储知识资源。某些专业论坛、学者网站、个人博客等，往往也能提供不少针对性较强的知识或信息，图书馆知识资源搜集应当加以重视。

（4）特色馆藏知识资源

特色馆藏知识资源并非简单地对应于实体文献知识、本馆数字知识或网络虚拟知识的资源，而是指全面、系统地收藏某一学科（主题、领域）的知识资源及相关的实物。特色馆藏是特色服务的基础，其建设的要求是“人无我有、人有我全、人全我新”，即“专、全、新”。① 以图书馆五级藏书指标体系来衡量，特色图书馆的特色馆藏资源建设目标是“A级——全面入藏”，至少也要达到“B级——研究级”标准。“馆中馆”、“馆中部”、“专藏室”、“特色服务部”、“特色数据库”等就是常见特色馆藏资源，它们是图书馆追求可持续发展的新举措。据统计，全国80％的县级以上公共图书馆建设具有某方面的特色，上海市的公共图书馆100％具有一定的特色。②“千馆一面”的图书馆难以适应社会大众的需求，其整体资源仍是“1+1+…+1＝1”，而且造成人力、物力和财力资源的巨大浪费。图书馆特色馆藏知识资源建设，是解决重复建设“顽疾”的良方。即使是号称国家总书库的中国国家图书馆，也具有鲜明的特色——全面而系统地收藏古典文献。特色数据库是图书馆在特色馆藏基础上，充分利用自身优势开发的具有独立知识产权的数据库，诸如金陵图书馆的太平天国史料数据库、湖南图书馆的湖湘文化数据库、甘肃图书馆的敦煌文献数据库、湘潭大学图书馆的毛泽东文

---

① 李青丽．建立健全西北贫困地区文献信息保障机制．乌鲁木齐：新疆科学技术出版社，2007：146

② 张枫霞．图书馆读者服务．北京：海洋出版社，2009：65

献数据库等。

在网络环境下，图书馆不再是孤立的个体，知识资源共建共享乃大势所趋。忽视馆藏知识的采购、加工、组织，图书馆服务就是“无本之木”。衡量图书馆馆藏资源质量的一个重要指标是文献知识保障率，确保“读者有其书”和“书有其读者”。美国大学图书馆根据读者的借阅记录来确定文献采购计划，如果某种期刊或某方面的文献没有借阅记录，那么就把它从采购计划中删除。图书馆应从文献知识保障率出发，确定各种知识资源的采购比例，如纸质文献与数字文献的比例、图书与报刊的比例、各个学科文献的比例等，力求使各个学科专业的核心知识保障率达到80%。图书馆知识资源建设不仅要考虑本馆的实际状况，而且要积极参与部门或地区的联合采购计划。任何图书馆都无法收藏、加工与组织所有的知识资源，只有通过构建图书馆联盟来实现知识资源的共建共享，才能更好地满足知识用户的需要。

图书馆“资源共享”决非一个新生事物，其概念大约起源于18世纪末期。最早的共享形式是图书馆之间的馆际合作，包括馆际互借和藏书的分工协调。美国开展了一系列大型的文献资源建设协作计划，包括“法明顿”计划、公共法案480号、拉丁美洲合作采购计划和美国国家采购与编目计划等，国际上比较典型的是瑞典、丹麦、挪威、芬兰4国实施的斯堪的纳维亚计划。① 这些“计划”通过合作来加强图书馆馆藏建设，有利于充分地实现图书馆知识资源共享。总之，馆藏知识资源是实体文献知识、数字媒介知识和网络虚拟知识的总和，图书馆知识资源搜集既要以用户需求为中心均衡配置知识资源，又要加强本馆的特色馆藏知识资源建设。

2.2.2　图书馆知识资源的组织

图书馆界在从事文献分类工作的过程中，较早地提出了“知识组织”的思想。1929年，布利斯（H. E. Bliss）在《知识组织和科学系统》一书中，明确使用了“知识组织（Knowledge Organization）”一词。1933年，其专门论述图书馆知识组织的专著《图书馆的知识组织》（The organization of knowledge in libraries and the subject-approach to books）付梓，并于1939年发行第2版。这两部专著，最早阐述了以文献分类为基础的知识组织理论与图书馆工作的关系。②

① 金中仁，成建权，陈振宇，张杰．图书馆信息共享与信息集群服务．北京：人民邮电出版社，2009：9

② 陈雅．知识图书馆：理论与模式．南京：南京大学出版社，2008：105

美国图书馆学家谢拉（J. H. Shera）于1965年和1966年分别先后出版了《图书馆与知识组织》、《文献与知识组织》等两部专著，对图书馆的知识组织表现与作用进行了研究。① 1989年，国际性学术机构“国际知识组织学会”（ISKO）在德国法兰克福成立，并开展了一系列有关知识组织的研究活动；1992年第二届国际ISKO大会建议将国际性学术刊物《国际分类法》（IC）改名，次年ISKO执委会将其更名为《知识组织》，同年还将《分类与标引人名录》（1983年出版）改名为《知识组织人名录》并重新出版。② 至此，国内外逐渐掀起了图书馆“知识组织”的研究热潮。袁翰青是国内最早使用知识组织一词的学者，在1964年撰文指出文献工作实际上包括两个方面：知识组织工作和情报检索工作。③ 20世纪80年代之后，刘洪波、王知津、蒋永福、马费成等知名学者先后探索知识组织或知识图谱。

长期以来，图书馆知识组织的具体对象表现为记录有知识的载体——文献，即图书、期刊、胶片、唱片、光盘和磁带等物理实体。文献无序生产、无序分布和无序流动所造成的文献无序性和不确定性，与人们利用文献的有序性和确定性要求之间存在巨大的矛盾。于是，图书馆必须对文献进行整理、加工和控制等一系列活动，这种文献组织工作实际上组织了文献所载的知识。因此，图书馆文献组织的实质是知识组织，文献分类、标引、著录、排序等工作实际上是知识组织的具体过程。

知识组织就是对知识有目的地进行系统的科学的整理与存贮，不仅从语法功能上揭示文献的知识单元，而且在宏观知识网络体系中对知识进行序化整理。图书馆是社会公共的知识管理设施，其内部活动主要是知识生产与知识组织。知识组织论认为：图书馆内部活动的实质是知识组织，即通过“知识标记”体系（分类表、主题词表等）实现文献知识单元处理中的存取随机性和存储组织化功能，为用户提供一个有序化的知识体系④；客观知识是图书馆学本体论对象，客观知识主观化是图书馆学认识论对象，客观知识组织是图书馆学方法论对象⑤。

从图书馆萌芽开始，它就不仅是社会知识交流的中介机构，而且是从事信息

① 傅荣校，叶鹰．公共信息资源管理．北京：科学出版社，2010：129-130

② 陈雅．知识图书馆：理论与模式．南京：南京大学出版社，2008：105-106

③ 李朝明．信息管理学教程．北京：清华大学出版社，2011：316-317

④ 刘洪波．知识组织论——关于图书馆内部活动的一种说明．图书馆，1991（2）：13-18，48

⑤ 蒋永福．客观知识与图书馆——从客观知识角度理解的图书馆学．中国图书馆学报，2000（5）：46-51

整序的知识加工厂，即广泛收集信息并整序成知识。目录、索引、提要、文摘、综述等书目情报都属于二次文献或三次文献，是关于一次文献的知识和效用信息的集合。书目情报既揭示文献的形式特征，又揭示文献的知识内容，而揭示文献的形式特征是为了把读者引向文献的知识内容，因此，书目情报工作本身就是一种知识组织工作。二次文献、三次文献、专题资料、定题报告等无不是信息整序和知识组织的结果。验收登记、文献标引、分类排架、别裁互著、文献著录、组织典藏、序化存储、索引文摘、专题汇编等文献整序工作，都是图书馆知识组织的具体形式。网络信息纷繁芜杂、良莠不齐，只有剔除垃圾信息并整序成知识，其价值才能得以体现。网络知识资源的整序、浏览、导航、索引、序化排列、超级链接以及附加评论等，同样属于知识组织范畴。

网络知识的载体是以 0 和 1 为代码的一系列电信号，它无疑是客观存在的物质，但其表现则是虚拟的、动态的、看不见摸不着的。同时，网络知识与大量的有序或无序、系统或零散、理性或感性、有用或无用、静态或动态的信息混杂在一起，良莠难辨；网络知识必须经过整序才能为人们所用，因而网络知识组织比实体文献组织更复杂、更迫切。在网络环境下，知识组织不仅是知识的系统分类和从语法功能上揭示文献知识单元，而且要在全社会的宏观知识网络体系中，研究知识管理中的多样性知识组织方式，构建超媒体、超文本的智能化知识组织专家系统。

图书情报工作和书目情报活动的实质是知识组织，分类法和主题法是知识组织的工具，知识组织理论是最具本质意义的图书情报学的理论基础。① 分类法与主题法不仅是印刷型文献知识书目控制的基本方式，而且是网络知识书目控制的基本方法。分类体系中的“参见、参照”思想，在网络环境中摇身一变而成随处可见的超级链接。网络分类目录继承与发展了传统分类法，各种分类目录和导航网站已成为网络知识书目控制的重要工具。基于主题法的搜索引擎，在知识组织过程中借鉴了分类法的优势，也是网络知识书目控制不可或缺的工具。分类目录和搜索引擎这两大网络信息检索工具，是分类法和主题法在网络知识组织中的具体应用。蒋永福先生还提出了知识表示、知识重组、知识聚类、知识存检、知识编辑、知识布局和知识监控等 7 种具体的知识组织方法。②

图书馆知识组织是一个知识系统工程，既要重视显性知识组织，又要重视

---

① 蒋永福，付小红．知识组织论：图书情报学的理论基础．图书馆建设，2000（4）：14-17

② 蒋永福，李景正．论知识组织方法．中国图书馆学报，2001，27（1）：3-7

隐性知识组织。显性知识，又称编码知识、明晰知识、明确知识，是以语言、文字、声音、图像、图表、数学公式等规范化和系统化的符号存储在书本、档案、文件等纸质载体以及磁盘、光盘、数据库等新型载体中的知识，是编码化知识。① 文献是记录有知识的一切载体，而显性知识主要是指被载体所记录的知识。因此，文献知识属于显性知识的范畴，文献管理实质是显性知识管理的主要形式。显性知识是一种客观知识，它依托文献载体来实现存储、传递与共享。图书馆的知识资源主要是显性知识，人们通常研究的科学交流也是显性知识的交流。从古代藏书楼到现代图书馆，馆藏资源组织实际上都是显性知识组织。

隐性知识，又称意会知识、默会知识、隐含知识，是指难以用语言、文字、声音、图像、图表、数学公式等规范化和系统化的符号表达的知识。② 隐性知识不能脱离人体单独存在，否则就意味着隐性知识转化为显性知识了。波兰尼曾对隐性知识作了一个生动形象的说明："我们能够从成千上万，甚至上百万张脸中认出某个人的脸，但是在通常情况下，我们说不出是怎样认识这张脸的。"③ 隐性知识管理需要借助于人力资源管理，从这个意义上说"知识管理是一门艺术"。图书馆隐性知识组织司空见惯，以至于人们往往忽略它们的存在。随着学习型社会与学习型组织的兴起，图书馆隐性知识组织的意义更加突出。彼得·圣吉认为学习型组织必须经由"五项修炼"：系统思考、超越自我、改善心智模式、建立共同愿景及团体学习④。同样，学习型图书馆也必须"修炼"：确定馆员与读者的共同愿景与发展目标，营造团队学习、全员学习和终身学习氛围，保障馆员与读者的权力并促进他们系统思考与超越自我，开展良好的馆际合作。只有馆员与读者的全员参与，图书馆隐性知识组织才能得到充分的挖掘。

2.2.3 图书馆知识资源的服务

知识管理的目的是有利于知识生产、传播和应用，从而提高知识主体的整体素质和竞争能力，最终促进经济和社会的发展⑤。图书馆是社会公共的知识服务

---

① 刘传和，陈界．图书馆知识管理理论与实践．北京：海洋出版社，2007：20，22

② 刘传和，陈界．图书馆知识管理理论与实践．北京：海洋出版社，2007：20，22

③ 刘传和，陈界．图书馆知识管理理论与实践．北京：海洋出版社，2007：20，22

④ 杨勇．试论学习型组织理论在图书馆管理中的应用——构建学习型图书馆初探．图书馆论坛，2002，22（2）：37-39

⑤ 邱均平，段宇锋．论知识管理与竞争情报．图书情报工作，2000（4）：11-14

部门。知识服务是图书馆知识管理的重要组成部分，也是图书馆知识管理的最终归宿。面向社会大众提供知识服务，是图书馆的永恒天职；一切为了用户、为了一切用户和为了用户的一切，是图书馆知识服务的原则与宗旨。图书馆为读者（用户）而存在，因读者而辉煌，读者始终是图书馆的上帝。读者利用图书馆实现文献需求，其实是为了获得文献记载的知识。图书馆知识管理以读者（用户）的知识需求为中心，提供书刊借阅、知识检索、信息咨询、用户培训、专题讲座、学术报告和网络导航等多种知识服务。

(1) 图书馆知识资源共享服务

知识具有高度的共享性和传递性，因共享而扩大传播范围，因传播而提升共享程度。科学家没有知识交流就如浩瀚海洋中的孤岛，任何伟大的见解都不过是自生自灭的个体意识，不可能产生社会效益。只有通过知识交流达到知识共享，他们才能“站在巨人的肩膀上”进行知识创新。英国文学家箫伯纳生动地阐述过思想交流的作用与意义：“倘若你有一个苹果，我也有一个苹果，而我们彼此交换这些苹果，那么，你和我仍然是各有一个苹果；但是，倘若你有一种思想，我也有一种思想，而我们彼此交流这些思想，那么，我们每个人将各有两种思想。①”能源和材料在使用中不断消耗，其使用权具有排他性；知识可以反复利用，其使用权扩散并不消耗知识，即知识具有高度的共享性。

随着通信技术、计算机技术和数字化技术的发展，图书馆已成为“在线运作、数字化生存、低投入高产出”的终身学习网络系统，是大众化开放性、共享性、公益性的“没有围墙的学校”和“终身进修学校”。数字信息拥有大容量、远距离、即时传送等独特优势，为图书馆开展虚拟化、远程化、国际化、多媒体化的教育服务提供了有利条件。图书馆应当建立“专、精、深”知识服务网站，为各类社会成员提供知识服务。知识经济时代，最重要的基础设施是高质量的教育体系。图书馆网络是课堂、职业、在岗、远程和跨国联合教育等多种方式相互渗透的教育体系，产生了巨大的规模效应，实现了有限资源的合理配置与使用效益以及社会公平最大化。我们应当创建全民参与的学习型图书馆，充分实现其得天独厚的社会教育优势，诸如开展远程多媒体教育、实施网上登记注册学习、提供网络虚拟知识服务等。

市场经济能够优化知识资源配置，最大限度地避免重复建设。任何图书馆收

---

① А·И·米哈依洛夫等著．科学交流与情报学．北京：科学技术文献出版社，1980：47，49-52

藏的知识资源都只是沧海之一粟，大多数图书馆都有自己的特色资源优势。我国图书馆信息资源利用率不足30%，70%的信息资源被闲置①；同时，渴求信息的用户因难以获得有效、及时、准确的信息而遭受损失或陷入困境。美国耶鲁大学图书馆调查研究表明，250万册藏书，读者需要的90%集中在5%的藏书之中；马萨诸塞大学工程系统计表明，99%的使用记录集中于40%的藏书之中。② 显然，过分地追求馆藏保障率，必然导致经济效益的低下。知识资源共建共享是图书馆协作的目标，也是图书馆形成规模效益的需要。全球一体化、村落化与网络化，使人类知识资源共建共享为大势所趋。Internet为图书馆发展提供了巨大的契机，全球图书馆拥有不可估量的知识资源。图书馆本身就是一个知识共享组织，但是任何图书馆的知识资源都极其有限，因此开展馆际知识资源共建共享是一种理性的选择。19世纪中叶，德国图书馆学家默尔（R. von Mohl）首次提出了图书馆之间藏书建设分工协调的思想，到1893年德国就制定了馆际互借条例；1901年，美国国会图书馆开展了馆际互借服务，对大约400多家图书馆提供馆藏印刷目录卡片；1917年，美国图书馆协会制定了世界上第一个馆际互借规则《美国图书馆互借实施规则》；20世纪30年代，英国几乎全部公共图书馆、主要的专业图书馆和许多大学图书馆都参加了馆际互借；1938年，国际图联制定了馆际互借规则。③ 自此以后，图书馆馆际互借活动就成为了常态性服务，在数字化条件下又衍生出“文献传递”与“共建共享”等新型服务。CADLIS（中国高等教育数字化图书馆）、CASHL（中国高校人文社会科学文献中心）和CDLP（中国数字图书馆工程）等，就是我国实施的卓有成效的图书馆知识资源共建共享项目。

(2) 图书馆数字参考咨询服务

图书馆根据特定用户需求开展专题咨询服务，收集、筛选、加工某类信息形成专题与专论资料，或者为管理决策活动提供材料、数据、分析、预测、建议等相关信息和调查报告，进行必要性与可行性论证，为优化决策和获取最佳效益提供保障。美国国会图书馆是议员和议会的智囊团，中国国家图书馆也是人大代表和会议决策的咨询机构。图书馆是社会公众的文献信息中心，是社会信息化的重

① 薛小棉. 高校文献信息资源的开发与利用研究. 高校图书馆工作，2001，81（1）：19-22
② 李祁连. 运用控制论的观点来研究藏书建设. 广东图书馆学刊，1989（4）：73-77
③ 涂湘波，陈有志. 文献传递理论与实务. 北京：知识产权出版社，2009：10

要基地。图书馆应尽可能向社会读者和社区读者开放，面向社会提供文献信息和技术咨询服务①。在市场经济发达的国家，科技信息有70％是由图书馆提供的。② 传统图书馆的咨询服务深度与广度不够，只是提供简单的文献服务，往往只能满足读者的一般需求。数字参考咨询借助于网络服务平台，积极参与用户的知识获取乃至学术研究过程，提供专业化的知识服务。图书馆纷纷设立学科馆员或专门设立知识咨询岗位，切实开展深入到知识单元的参考咨询服务。

网络环境下，图书馆知识咨询服务的内容、方式、方法与对象发生了深刻的变化，西方发达国家在虚拟咨询服务方面成效显著。③，④，⑤，⑥，⑦，⑧，⑨知识咨询服务的内容包括实体馆藏知识、数字媒介知识和网络虚拟知识以及馆员头脑中的隐性知识；服务方法不再是被动站台服务，而是交互式的网络在线虚拟服务；服务对象既有传统的实实在在的知识用户，又有身披马甲的网络虚拟用户。图书馆应当转变观念，通过Internet、电话、信件、广播、电视等传播媒介，积极开展全方位多角度的知识咨询服务。例如，南京金陵图书馆与寻呼台联姻，提供高质量的知识咨询活动。网络提供了即时、交互、有序与共享的知识交流环境，Email、BBS、QQ等交互式工具保证了交流的及时性、会话性。在线数字参考咨询服务不再受时间限制，可以一年365天、一天24小时地进行。一般来说，虚拟参考咨询服务（Virtual Reference Service，VRS）包括以下几个功能模块：读者提问、

---

① 教高〔2002〕3号．教育部关于印发《普通高等学校图书馆规程（修订）》的通知（2002年2月21日）．http：//www. edu. cn/20020610/3058180. shtml［2008-03-23］

② 孙凤云．图书馆信息服务的新亮点——兼议为中小企业提供信息服务．图书馆工作与研究，2010（2）：91-93

③ R. A. Paton and S. McLaughlin. Services innovation：Knowledge transfer and the supply chain. European Management Journal，2008，26（2）：77-83

④ H. Zhuge and W. Guo. Virtual knowledge service market—For effective knowledge flow within knowledge grid. Journal of Systems and Software，2007，80（11）：1833-1842

⑤ P. Criscuolo，A. Salter and T. Sheehan. Making knowledge visible：Using expert yellow pages to map capabilities in professional services firms. Research Policy，2007，36（10）：1603-1619

⑥ W. Y. Tam，K. S. Lui，S. Uludag and K. Nahrstedt. Quality-of-Service routing with path information aggregation. Computer Networks，2007，51（12）：3574-3594

⑦ J. C. R. Tseng and C. H. Wu. An expert system approach to improving stability and reliability of web service. Expert Syste ms with Applications，2007，33（2）：379-388

⑧ D. R. Liu，C. K. Ke，J. Y. Lee and C. F. Lee. Knowledge maps for composite e-services：A mining-based system platform coupling with recommendations. Expert Systems with Applications，2008，34（1）：700-716

⑨ P. Shachaf and S. Horowitz. Are virtual reference services color blind? Library & Information Science Research，2006，28（4）：501-520

提问管理器、问答知识库、有无对应答案、问答文档库、馆藏资源、咨询馆员、成员馆数据库。① VRS 系统的工作原理是：首先通过电子方式接收用户问题；其次查询知识库，有答案就直接发送答案给用户，无答案则按类分发给最合适的专家；然后专家将答案提交系统并自动转发给用户；最后问题和答案均存档，丰富系统知识库。VRS 系统的工作流程如图 2-5 所示。

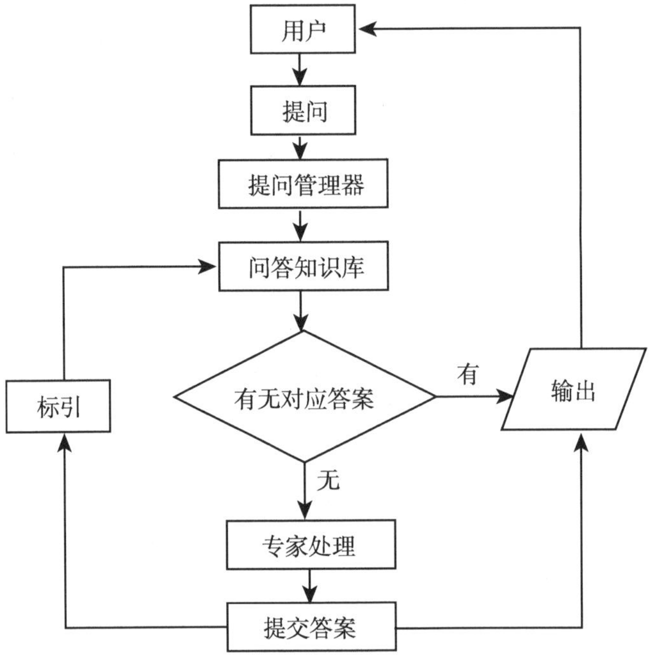

图 2-5　数字参考咨询服务工作流程

（3）图书馆网络知识导航服务

数字地球村时代，衡量一个图书馆的功能和标准将不再以藏书量为主，而侧重于其电子文献信息的拥有量和用户能否在终端上用最短的时间获得本馆、本地区、本国乃至世界的有用信息。② 但是，知识爆炸与比特横流，导致用户既因知识过剩而深陷认知过载的困境，又因知识无序而面临知识无法获取的难题。图书馆最终的社会意义不是馆藏知识资源如何丰富，而是通过知识整序为用户提供获

① 刘贵琴．图书馆知识管理．合肥：安徽大学出版，2007：221

② 王运堂等．图书馆信息资源建设与利用．北京：中国文联出版社，2005：269

取知识的途径。正如美国佛罗里达州立大学原图书馆（Dodd Hall）大门上的雕刻词所言：“知识的一半就是知道在哪里去寻求它”①。德国柏林图书馆大门也有一句类似而广为流传的警语：“这里是人类知识的宝库，如果你掌握了它的钥匙的话，那么全部知识就都是你的。”② 馆员既是知识资源的搜集者、组织者和传播者，又是知识用户的供给者、导航员和咨询专家，成为了知识资源与知识用户的中介、纽带与桥梁。我国台湾图书馆学家顾敏指出：“知识管理与知识领航：新世纪图书馆学门的战略使命。”③ 图书馆应当充分利用馆藏资源的优势，将一切有用的知识及时地揭示与推送给用户。

图书馆不仅是物理意义上的知识宝库，而且更应当是 Internet 上的知识门户（Knowledge Portal）。门户网站是一种 Web 站点或 Web 服务，它提供一系列丰富的资源和服务，如电子邮件、论坛、搜索引擎、在线购物等。④ 现在，大多数搜索引擎为了吸引用户，已经逐步转变为门户网站。Yahoo、搜狐等就是大型的综合性信息门户，政府部门网站是政府信息门户。图书馆网站则是公众的知识门户，既提供本馆的知识资源，又指向 Internet 上的知识资源。现在，高校图书馆建设的学科导航，或参与 CADLIS 体系的重点学科导航，就发挥了卓有成效的图书馆知识门户功能。图书馆应当彻底转变观念，传统柜台式的被动服务只是提供了一个琳琅满目的免费“书店”，积极采取交互式的主动服务才能真正满足用户的知识需求。图书馆员利用数据仓库、超级链接、知识推送、人工智能等技术，搜集、整理、筛选与过滤知识资源，主动提供个性化的知识服务。

（4）图书馆知识资源特色服务

图书馆知识资源特色服务包括两层含义，一是指特色服务方式，二是指特色服务内容。在图书馆事业发展史上，某些图书馆曾经以非常规的特殊方式为读者服务。譬如，1921 年和 1927 年在上海出现的由社团组建的通信图书馆和蚂蚁图书馆，是以通信为唯一手段来为读者服务的公共图书馆，读者不来馆、不需付租书费、不需保证金、只需付邮费⑤；还有专门以语音或声像或资讯等为工作方式

---

① 英文原文为：“The half of knowledge is to know where to find knowledge” Legacy Walk. http://www.fsu.edu/~legacy/ [2010-12-05]

② 刘湘生．主题法是一种重要的检索方法．云南图书馆，1981（1）：22-29

③ 顾敏．知识管理与知识领航：新世纪图书馆学门的战略使命．图书情报工作，2001（5）：7-12，16

④ 英文原话为：Web portal Commonly referred to as simply a portal, a Web site or service that offers a broad array of resources and services, such as e-mail, forums, search engines, and on-line shopping malls. Web portal. http://webopedia.com/TERM/W/Web_ portal.html [2008-03-29]

⑤ 文化部图书馆司等编著．特色图书馆论．北京：北京图书馆出版社，1998：18

的特色服务。现在，这样的特色服务方式注入了更多的人文关怀，并逐步推广到特殊地区与特殊人群的知识服务。譬如，法国专为乡村服务的“流动图书馆”，利用汽车等交通工具给乡村民众——特别是老年人——送去知识福音；新加坡开设的“商场图书馆”，集娱乐休闲与图书馆服务于一体；我国公共图书馆除普通服务之外，还要求开展送书下乡、服务宣传周以及为弱势人群服务等活动。当然，针对盲人、弱视等特色人群的服务，以及专为少年儿童开展的服务，也是图书馆特色服务方式的组成部分。

其实，特色服务方式只是图书馆特色服务的一个方面，特色服务内容更是图书馆特色服务的重中之重。图书馆知识资源特色服务主要是指图书馆在搞好现有基本工作的前提下，以本馆重点（特色）知识资源为特定用户力所能及地提供特定知识内容的服务。特色馆藏资源是特色服务的基础，没有特色馆藏资源，就不可能为特定对象进行有效的服务。山东淄博齐鲁文化书库的“文化”馆藏，山东曲埠孔子图书馆的“历史”馆藏、江西庐山旅游图书馆的“旅游”馆藏，这些“垄断性”镇馆之宝——特色馆藏，是图书馆开展特色服务的前提条件。医药图书馆创办的医疗门诊、医疗咨询点、气功讲座班、健身房，柑桔图书馆与柑农联办的科技示范户①等就属于特色服务。图书馆以特定馆藏为用户提供特殊的“专深”服务，其服务方式主要有定题服务、专题服务、跟踪服务等。基于特色馆藏的图书馆特色服务，是知识资源共建共享的要求，有利于开展分工协作、提高工作效率和保证服务质量。

2.3 图书馆知识管理业务的重组

2.3.1 图书馆业务重组的意义

业务流程重组（Business Process Reengineering，简称 BPR）最早产生在企业界，其核心内容是：注重流程、彻底变革、打破常规和创造性地运用信息技术，并以超越部门或功能的作业流程为着眼点从深层次开始进行的全新的再设计。②20 世纪 90 年代以来，西方企业界尤其是一些跨国公司面对日趋激烈的竞争，通过业务流程重组获得了骄人的业绩。这种业务流程重组理念不仅在企业管理中引起了轰动，而且在图书馆管理中亦受到了关注。

---

① 李波．对特色图书馆的再认识——简析特色图书馆的特征．图书情报知识，1998（1）：24-25

② 董焱，邢素丽．数字时代的图书馆与图书馆员．北京：北京图书馆出版社，2006：94

随着数字技术与Internet网络的发展，知识存储、组织与传播发生了前所未有的变化，图书馆管理与图书馆事业同样面临暴风骤雨的变革。（1）图书馆数字馆藏急剧增长。自古以来，知识与载体形影不离，知识管理和文献管理密不可分，然而数字媒介横空出现之后，知识随电信号在网络上疯狂游荡，知识管理就必须兼顾虚拟的“比特”。2010年5月10日，“书·报刊数字化发展高峰论坛”在北京召开，会前有业界人士预测：到2020年，90％的图书品种将同时采用数字和纸张方式发行；而到2030年，将有90％的图书采取网络版本，传统的纸质读物将只占10％。① 图书馆馆藏资源不再局限于印刷型出版物等实体文献，数字出版物也将成为图书馆的馆藏资源，即实体文献知识、本馆数字知识和网络虚拟知识共同构成了图书馆的馆藏知识资源。馆藏资源数字化和网络资源馆藏化，图书馆知识管理的范畴不断扩展。（2）图书馆自动化管理日臻成熟。传统的文献手工管理业务，已被图书馆自动化集成管理系统淘汰。譬如，MARC取代了卡片目录，书目数据库替换了目录柜，联机编目数据代替了统一卡片。管理系统通常由采访子系统、编目子系统、流通子系统、检索子系统等模块组成，运用数据库技术管理文献资源的采购、加工、典藏、查询、借阅。标准化、规范化、自动化与网络化逐渐加强，协调采购、联合编目、网络存取以及业务外包等发展迅速，图书馆业务工作的效率明显提高。（3）图书馆业务流程根本改变。传统图书馆业务流程实际上是一种“文献流”，即表现为文献的采访、分编、典藏、流通、阅览等管理工序。网络时代，图文声像等多媒体数字馆藏资源的比例逐年增加，它们往往依靠看不见摸不着的数字信号承载。图书馆业务不再是以“文献流”为核心的流水作业，而是知识的获取、存储、处理、传输、控制等业务活动。图书馆既从Internet网络汲取知识养料，又向Internet网络贡献知识资源。网络知识的搜集、整合、存取、导航、开发与利用是图书馆的新业务，利用网络更好地提供知识服务是图书馆的新任务。

传统图书馆馆藏资源主要指印刷型文献资源，其业务工作是管理“文献流”的每一道工序，其管理部门按照“文献流”业务工作来设置。具体来说，图书馆通常根据文献工序、类型及语种，设置采访、编目、流通、阅览、期刊、咨询等部门。“文献流”业务模式是传统图书馆管理的基石，曾经为图书馆事业的发展做出了卓越的贡献。但是，随着复合型图书馆和数字图书馆的兴起，这种“文

① 蔡震．“纸书”将成为艺术收藏品？．扬子晚报，2010-5-8（A29）

献流”业务模式显现出越来越严重的弊端。（1）数字资源难以对号入座。数字馆藏资源通常没有实体文献的业务工序，譬如，图书数据库、期刊数据库、学位论文数据库等即购即用。图书馆编目业务、报刊管理等工作逐渐边缘化，由于联采统编与业务外包的开展，即使是传统实体文献资源，其“文献流”也开始“打折”。基于“文献流”的业务部门不适合复合型图书馆，特别是不适合数字资源的管理。（2）图书馆系统管理效益低下。文献资源首先按类型强行分割，图书进流通部，报纸进阅览部，期刊进期刊部，工具书进咨询部……然后再按语种分配到各个厅室。同一学科专业的文献分散管理，馆员缺乏沟通联系，工作效率不高；读者需要多次往返各个部室，获取文献不便。（3）图书馆服务不甚理想。低层次“守摊子”式的柜台服务，不能满足用户的多样化、个性化需求；主动服务意识欠缺，不会利用虚拟网络提供快捷的服务；馆员积极性和创造性不够，不能为用户提供高质量的知识服务。（4）图书馆知识用户参与不够。在“文献流”业务管理模式中，缺乏把读者培育成知识用户的教育与培训机制，读者不是图书馆的主人而是被管理的对象。这既造成了图书馆口碑不佳的现实，又背离了图书馆知识服务的理念。

“文献流”业务流程及其业务部门，是传统图书馆业务管理的要求与产物。当印刷型纸质文献资源让位于数字知识资源时，图书馆“文献流”业务模式的根基已经动摇，因此应该而且必须通过业务流程重组来提高图书馆的管理水平。（1）统筹安排馆藏建设。根据图书馆的任务与职责，开展知识资源共建共享，协调各种类型知识资源的搜集，注重特色馆藏资源的建设。（2）专业知识集成服务。突破“文献流”型业务流程，按学科专业组织馆藏资源，实行专业知识藏、借、阅、检、咨一体化，提高服务意识和服务效率。（3）网络虚拟实时服务。图书馆实施24小时的不间断网络在线服务，极大地方便读者，节省读者的时间。（4）知识资源互动服务。馆员主动服务和用户个性化要求相结合，力所能及地提供用户所需的知识资源，并通过网络平台提供交互式的跟踪服务。

图书馆活动已经从文献管理转变为知识管理，它包括知识搜集、知识加工、知识组织、知识服务等一系列过程。图书馆开展扁平化的业务流程重组，实际上就是通过对图书馆知识流程进行深层次的再设计，促进知识元组织、任意知识点检索、个性化知识服务、专题知识服务、知识推送服务等业务发展。新加坡国家图书馆理事会（NLB）是图书馆界实施知识管理的先行者和成功者，在满足用户需求、推出新服务吸引用户、促进知识共享和推动馆员角色转换等方面取得了突出成绩。① 为了推动与优化图书馆知识管理的业务工作，该理事会非常重视知识型馆员的知识更新和技能提高，每年花费相当于员工工资预算的4％用于各类员工培训。② 显然，传统图书馆的“文献流”业务正在迈向数字图书馆的“知识流”业务，而转型期的复合型图书馆则必然承担“文献流”加“知识流”的混合式业务。图书馆的部门设置直接关系到业务工作的实施与管理，其业务流程重组必然导致业务部门的变革。

2.3.2 图书馆业务重组的原则

传统图书馆形成了文献采购、文献加工、文献典藏和文献借阅的工作流程，读者只不过是图书馆文献工作的最后一个环节。图书馆实施以文献或馆员为中心的管理模式，被动地坐等读者上门借阅实体文献。数字馆藏资源的急剧增长、网络虚拟交流的服务方式和用户知识需求的不断扩张，迫切需要图书馆进行业务流程重组。从传统的“文献流”转向现代的“文献流+知识流”，图书馆业务流程重组必须遵循以下原则。

（1）坚持服务至上的原则。业务流程重组必须以知识用户为中心，切实开展图书馆知识管理，做到为用户搜集知识资源、组织知识资源和提供知识服务。图书馆服务正在发生实质性的变革，这主要体现在：服务内容不仅要从印刷型文献转变为各种类型文献，而且要从文献单元转变为知识单元；服务对象既包括到馆的传统读者，又包括所有的网络虚拟用户；服务方式从被动的柜台借阅发展到馆员主动为用户服务，甚至开展全程跟踪与事实反馈服务；服务时间从8小时/天扩展到24小时/天、365天/年，服务空间从图书馆辐射到全球网络；服务手段从手工向自动化、智能化转变，为读者“一站式”知识集成服务；服务效果是为读者快速提供所需要的知识资源，切实满足用户的知识需求。

（2）坚持资源共享的原则。图书馆是公益性的知识管理组织，馆藏资源是社会公共的知识资源，图书馆活动经费是政府税收的公共支出。图书馆个体影响十分有限，联合才能形成规模效益，达到多头受益的目的。这些因素决定了图书馆应当走资源共建共享的康庄大道，在不违反知识产权的前提下尽可能地向社会

① 付立宏，纪真．新加坡国家图书馆理事会（NLB）知识管理实践探微．图书馆杂志，2005，24（10）：57-61

② 生修雯．图书馆知识管理实现的促成因素及实践经验借鉴．大学图书情报学刊，2010，28（1）：6-9

开放。世界联机编目中心 OCLC 提供了可靠的书目数据资源，为图书馆知识资源共建共享树立了一面光辉的旗帜。由 CALIS（中国高等教育文献保障系统）与 CADAL（中英文图书数字化国际合作计划）两个专题项目组合而成的 CADLIS（中国高等教育数字化图书馆），在联机编目数据库建设和重点学科资源共建共享方面做出了卓越的贡献。传统的馆际互借活动逐步发展到当前的原文传递服务，为知识资源共享与保障提供了有效渠道。集体采购、联采统编和图书馆联盟等，也是图书馆知识资源共建共享的表现形式。显然，图书馆业务流程重组绝不能只盯着本馆有限的馆藏资源，而应当积极地投身到图书馆界知识资源共建共享的潮流之中去。

（3）坚持效益优先的原则。在印刷型文献时代，按文献载体形式和文献加工过程对图书馆业务工作进行分类组织，无疑是一种比较科学的切实可行的管理模式。报刊一般按年度一次订购，按年度下架装订后入过刊库，并且报刊往往只供阅览而不能借出。鉴于这种情况，图书馆通常设置了“报刊部”，采取相对独立的“一条龙”的管理模式。图书的采购、分编、典藏与借阅过程源源不断，因而图书馆常常设置采访部、编目部、流通部、咨询部等。数字馆藏的即采即用、借阅不分与在线服务，彻底改变了传统的图书馆业务流程。同时，用户的知识需求已经深入到知识单元，专业性或专题性知识需求因素显著加强。馆藏资源按学科（专业）进行科学布局，有利于馆员深入开展服务工作，更有利于读者使用。图书馆业务流程重组提上了议事日程，图书馆业务部门的改革势在必行，但是必须坚持效益优先的原则。

（4）坚持人文理念的原则。图书馆活动的最终目的是提供对口的知识服务，满足用户的知识需求。图书馆馆员要切实转变观念，从文献与用户的管理者变为知识的服务员。事实上，任何馆员都有自己的知识缺陷，不可能是各个领域的“全能”馆员，但是成为某个学科、专业或主题的“全能”馆员，则是可能的而且也是必须的。学科馆员直接面对用户，胜任某个学科各环节的工作，能够为用户提供高水平的知识服务。改革传统的图书馆业务部门，将实体文献资源和虚拟数字资源整合在一起，集“采”、“藏”、“借”、“阅”、“咨”于一体。这样，读者能够真正获得“一站式”的专业集成化服务，馆员能够方便地开展全方位、深层次和个性化的知识服务。

（5）坚持全员参与的原则。“文献流”亦即“物质流”，物质流工序造成部门之间和服务空间的各自封闭甚至断裂，导致许多弊病应运而生。① 部门垂直管理而缺乏横向联系，馆员只需对主管部门主任负责，部门主任只需对馆领导负责。图书馆内部条块分割，涉及利益分配互不相让，碰到业务工作互踢皮球。这种只顾自己一亩三分地的承包管理方式，不能适应知识资源共建共享的要求，不能发挥图书馆知识服务的整体效益，更不能胜任网络时代知识资源保障体系构建与知识资源网络实时服务的任务。图书馆的业务工作体系，实质上已经从传统的“物质流”型模式转化到以“信息”为支节点的网络型模式。② 图书馆通过业务流程重组，构建扁平化的学习型图书馆，充分调动馆员和用户的积极性，充分挖掘馆员和用户头脑中的隐性知识，最终切实履行知识管理的职责，并使知识服务更上一个层次。

复合型图书馆时代，数字馆藏资源急剧增长，网络虚拟服务迅速兴起。当前，图书馆业务流程中“文献流”一枝独秀的局面早已打破，“知识流”随着数字馆藏的增加开始大行其道。图书馆管理广泛应用企业流程重组的经验，积极开拓图书馆业务流程重构的新途径，譬如业务外包、联采统编、共建共享等。传统服务工作是以文献资料为基础的图书借阅、书目报道、文献检索、参考咨询、课题服务等。李家清先生从构建新的组织架构、利用信息技术加强知识交流与共享、设立知识主管（CKO）、加强人员培训、营造学习型组织、将知识管理贯彻于服务工作等方面，详细地阐述了图书馆实施知识管理的具体措施。③ 图书馆业务流程从“文献流”到“知识流”的转变，实际上也体现了“以图书馆为中心”向“以用户为中心”管理方式的变革，即从用户被动接受文献服务发展到用户主动参与知识管理。

2.3.3 图书馆业务重组的模式

图书馆业务流程重组不可能凭空产生，它必须由业务部门来承担与完成。因此，图书馆业务流程重组模式，实际上就表现为图书馆业务部门的设置模式。复合型图书馆业务流程重组，要以“知识流”和“文献流”相结合为基础，合理设置“专业部（馆）+职能部（科）”的集成管理模式，最大限度地发挥图书馆业务流程重组和业务部门整合的优势。图书馆业务部门设置应充分运用管理学和运筹学理念，形成最优规模效益的知识资源管理系统。馆藏资源建设是图书馆业

---

① 黄丽娟．基于数字图书馆的图书馆业务重组探讨．科技情报开发与经济，2010，20（24）：68-69

② 董焱，邢素丽．数字时代的图书馆与图书馆员．北京：北京图书馆出版社，2006：95

③ 李家清．图书馆知识管理的特征及其实施策略．图书情报知识．2003（1）：11-13

务活动的重点之一，数字知识资源建设则是重中之重。知识组织既要从文献单元深入到知识单元，注重知识资源的深层次开发、利用与创新，又要搜集、汇总、筛选与整合各种数字资源，尤其是探索网络知识资源开发与利用的新路子。知识服务是图书馆业务流程重组的关键业务，传统印刷型实体文献的借、阅、检、咨不能疏忽，数字知识的网络传递与服务应当加强，诸如切实开展网上借阅、知识检索、电子论坛、知识导航、知识咨询等网络服务。图书馆树立知识服务意识，做好参考咨询、定题检索、课题查新、课题研究、技术开发、教育培训、最新文献知识通报、知识编译与分析等业务工作。

业务流程重组必须实现两大转变：一是从以图书馆为中心转变为以用户为中心，二是从文献资源管理转变为知识资源管理。图书馆业务部门改组是业务流程重组的必然选择，也是新型的知识管理业务活动的实施主体。理想状态下的图书馆知识管理，是按学科专业形成开放的知识流管理，即实现学科专业知识资源的搜集、组织与服务。不过，在复合型图书馆时代，印刷型出版物等实体文献还将长期存在，知识流有时候还会表现为文献流。目前图书馆业务部门改组的主要方式是：优化整合原有业务部门，逐渐增加学科馆员并向专业部（室）发展。因此，对大多数图书馆来说，废除“文献流”的主导模式，打通以文献流程与类型为依据的流通部、期刊部、阅览部等，集成管理实体文献资源和数字知识资源，是图书馆业务部门改组的着力点。

（1）馆藏建设部。把传统图书馆的采访部、编目部、典藏部以及报刊部中的订购业务合并，大力开展数字知识资源的搜集工作，打造实体馆藏与数字馆藏共存、本馆馆藏与网络馆藏并重的馆藏知识资源建设子系统。网络环境下，图书馆业务日益社会化，联采统编、协调采购以及采编业务外包发展迅速。图书馆应当以用户需求为目标，根据馆藏基础及地区或系统文献资源布局的统筹规划，共同构建知识资源共建共享体系。譬如，OCLC 是世界上最大的文献联机书目服务系统；1999 年 1 月 15 日，我国 124 家图书情报单位在京签署了《全国文献信息资源共建共享倡议书》①。图书馆知识资源共建共享，既有利于通过知识资源的标准化与规范化整序来提高工作效益，又有利于通过合理配置各类知识资源来提高馆藏质量。

（2）技术发展部。计算机技术是自动化管理的基础，采访、加工、检索、

① 朱常红．谈谈新世纪的大学图书馆机构改革．四川图书馆学报，2002，125（1）：17–20

流通、服务等每一个工作环节都离不开计算机集成管理。数据库技术是图书馆知识组织的利器，它支撑着数字知识资源管理业务，诸如网络资源的搜集与整合、特色数据库的建设与管理、书目数据库的维护与运作等。网络技术则是图书馆虚拟服务的保障，用户通过网络获取图书馆知识资源，图书馆通过网络提供各种知识服务。图书馆自动化、网络化、数字化是图书馆事业的发展方向，也是图书馆业务流程重组的技术条件。技术发展部是现代图书馆的神经中枢，它负责图书馆集成管理系统运转，进行计算机软硬件维护，承担局域网络管理职责，肩负数字图书馆建设重任等。

（3）知识服务部。知识服务部主要整合传统图书馆流通部、阅览部、期刊部和咨询（检索）部的功能，采取藏、借、阅、检、咨等一体化知识服务模式，切实向知识用户提供所需的各种类型的知识资源。当然，大中型图书馆馆藏资源博大精深，知识服务部就必须按学科专业（主题）进行细分，划分成若干的学科或专业知识服务部（组）。基于学科专业的知识服务集成部（组），实际上是实体文献资源、本馆数字馆藏和网络虚拟资源的集成管理平台。显然，知识服务部促进了馆员与用户的零距离互动，方便了读者的检索与利用，节省了读者的时间与精力，提高了各种知识资源的利用率。

（4）用户培训部。知识爆炸式增长，知识生命周期越来越短。任何组织和个人都不可能一劳永逸地拥有知识，知识积累能力早已让位于知识获取能力。信息素质是高素质人才的必要条件，也是人力资源开发的有效途径。授之以鱼，不如授之以渔！图书馆设置用户培训部，努力培养用户的知识意识与知识获取能力，尤其应当加强网络环境下数字知识资源的获取、筛选和整合的技能培训。通过用户培训把图书馆、馆员和读者有机地整合在一起，从而建立真正意义上的学习型图书馆。

（5）课题研究部。图书馆是一种知识性服务机构，其工作往往就是科学研究工作的重要组成部分。课题研究部应当积极开展学术交流，开展课题研究和进行课题服务。课题研究部下设课题研究组、课题服务组和特色馆藏开发组。课题研究组，积极探讨图书馆知识资源建设、服务及技术等方面的问题，充当图书馆及其事业发展的参谋与“智囊团”。课题服务组，主要是针对特定课题为科研人员提供定题服务，即提供层次高、综合强、专业深的专题跟踪服务。特色馆藏开发组，就是以本馆特色馆藏资源为依托开发特色数据库，为知识资源共建共享贡献力量。

业务部门设置直接关系到图书馆的工作效率、服务质量和服务水平，图书馆必须因馆制宜、理顺关系、剔除冗余业务，并以“知识流”+“文献流”的业务流程重组为契机改组业务部门。馆藏建设部、技术发展部、用户培训部和课题研究部，是大多数图书馆都设置了的“功能部”。专业部（馆）或专业组的设置，是图书馆业务流程重组的核心与重点。大型图书馆或地理位置分散的图书馆，可以把知识服务部分成若干个专业部（馆），然后再设立借阅、检索、咨询等若干职能科室（组）。譬如，中国科学院在国内各地设置了数量众多的分院或研究所，其图书馆相应地在很多省市都设有专业分馆（部）；美国大学图书馆一般都设有依托院系的专业分馆（部），哈佛大学图书馆系统由分布在校园不同区域的90多个图书馆组成，斯坦福大学图书馆系统由24个图书馆组成，华盛顿大学图书馆系统由17个图书馆组成，匹兹堡大学图书馆系统由20个图书馆组成。[①] 中小型或专业图书馆则可以在知识服务部直接划分专业服务组（室），或者下辖借阅、检索、咨询等若干职能科室（组）。例如，高校图书馆下辖的专业资料室（组）通常相当于专业服务组（室），而专业图书馆则可在知识服务部下设借阅、检索、咨询等若干职能科室（组）。总而言之，图书馆业务流程重组应从“文献流”转向“知识流”，业务部门设置应从“功能部”偏向“专业部”。

2.4 图书馆知识管理业务的评估

2.4.1 图书馆业务评估的概述

1849年，美国学者朱危特（Jewett）最早开展藏书评价活动；20世纪30年代，美国芝加哥大学图书馆开创了有组织、有目的地评价图书馆藏书的先例。1933年，美国学者莱内（M. L. Raney）邀请300名芝加哥大学各领域、各专业的专家教授，凭借他们对图书馆的印象和经验对该大学图书馆内各自专业领域的藏书应用数目核对法进行评价。[②] 1929年，欧美主要资本主义国家爆发了空前的经济危机，并由此引发了第二次世界大战。美国政府采用经济学家凯恩斯的主张，即加强政府干预与刺激消费。这一政策极大地促进美国经济的发展，消除了经济危机所造成的消极影响，也医治了战争浩劫所带来的创伤。经济大发展为美国公用事业和学校教育提供了良好的环境，公共图书馆和学科图书馆迎来了前所未有

---

① 李东林．大学图书馆建设与利用．郑州：河南人民出版社，2007：71

② 瞿书铭，林端宜．传统藏书评价研究概况．中华医学图书情报杂志，2003，12（3）：29-31

的发展机遇。1956 年，美国国会通过了《图书馆服务法》（Library Services Act），该法是一个国家级的图书馆法，涵盖了公共图书馆、中小学图书馆、大学图书馆、研究图书馆、专业图书馆。① 图书馆建设财政预算逐渐增高，图书馆事业欣欣向荣。因此，20 世纪 50 年代，美国图书馆评估逐步系统化、科学化。

1964 年，美国颁布了《图书馆技术和服务法》（原为《图书馆服务与建筑法》），该法案向各州提供图书馆基金，资助图书馆项目研究，同时提出图书馆服务的要求。② 1966 年，美国国会又修改了该法案。从 1967 年开始，美国连续 5 年分别为没有图书馆或图书馆服务不当的地方提供服务费 3500 万、4500 万、5500 万、6500 万和 7500 万美元，提供建筑费用 4000 万、5000 万、6000 万、7000 万和 8000 万美元。20 世纪 60 年代，美国的图书馆，特别是公共图书馆发展达到了相当的水平。这个时期，美国图书馆评价内容侧重于文献保障能力、文献提供能力等，藏书建设评价在整个评价体系中独占鳌头，其评价方法从定性评价向定量评价发展，开始用计算机进行数据收集与分析。藏书总量（馆藏量）是图书馆规模的标志性指标，国外学者研究了大学图书馆最小藏书量及其计算方法。他们提出了著名的藏书规模 C-J 公式：③ $V=50750+100F+12E+12H+335U+3050M+24500D$，其中 V 是总册数，50750 是基数，F 为教师人数，E 为在校学生人数，H 为本科优等生人数，U 为本科专业数，M 为硕士学位专业数，D 为博士学位专业数。该公式在国外高校图书馆作为衡量规模的参考公式，馆藏规模一旦达到 V 值，藏书量即维持在 4%-5% 的增长率，以调整和优化馆藏结构。1966 年，利麦克希尔（Leimkuhler）的研究表明：一种书的两个复本永远不可能使流通率增加一倍。④ 如果某种单本书离架半年，其获得率为 0.5；增加一个复本后，其获得率为 0.8，流通量将只增加 60%。这样，平均流通率反而下降了 20%。1968 年，戈尔对美国 92 所医学图书馆调查，同 137 个读者交谈，以此作为获得图书馆评价的原始数据。

20 世纪 70 年代以后，美国图书馆事业开始进入一个相对稳定的发展时期。1974 年，美国人口 2.0810 亿，公共图书馆 8347 所，平均每 2.5 万人就有一所公共图书馆，而且 40% 以上的公共图书馆人均经费达到 3 美元，年均增长费用

---

① 刘洪辉．美国公共图书馆管理模式及启示．图书馆论坛，2005，25（4）：21 表 0-211，196

② 刘洪辉．美国公共图书馆管理模式及启示．图书馆论坛，2005，25（4）：21 表 0-211，196

③ 瞿书铭，林端宜．传统藏书评价研究概况．中华医学图书情报杂志，2003，12（3）：29-31

④ 瞿书铭，林端宜．传统藏书评价研究概况．中华医学图书情报杂志，2003，12（3）：29-31

9.5%。此时，图书馆文献资源建设评估进一步完善，用户情报需求、图书馆模型、信息技术利用和知识产权保护等逐步纳入了图书馆评价范围。1972 年，美国普渡大学的克莱尔把运筹学应用到流动管理，分析了“图书馆的密集藏书”、外借期限、复本费用效益等。兰开斯特在用户评价中提出了效果评价、效益评价、成本-效果评价和成本-效益评价 4 种模式，其成本主要是购书费、人员工资、设备购置和管理费之和，效果主要指服务数量与服务质量。1978 年，兰开斯特的《图书馆服务的测量与评价》论述了图书馆评估内容，如参考服务、馆际互借、馆藏发展、技术服务、文献传递等，并指出：效果指标可测量，效益指标不可测量。阿姆斯特朗在考察图书馆效益时，甚至把用户的劳动产出也作为图书馆的效益。社会对图书馆的反应体现了图书馆的价值与作用，这也成为了图书馆用户研究的重要内容之一。在图书馆流通管理评价中，还产生了“公共图书馆流通模型”、“大学图书馆流通模型”和“本科生图书馆流通模型”等。信息技术利用集中于计算机技术，知识产权保护则表现在文献复制和合理利用等方面。

20 世纪 80-90 年代，国外图书馆评估进一步向图书馆服务和图书馆绩效倾斜。1984 年，Kantor 强调图书馆评估必须以图书馆服务的理念、目的和目标为依据，应从质和量两个方面进行绩效评估；1996 年，Hernon 和 Altman 阐述了一般图书馆评估的效率、效能、成本效率等，特别提出了以读者需求为最终依据；1998 年，国际标准化组织颁布了一项国际标准“ISO11620 Information and Documentation Library Performance Indicators，1998”，就图书馆服务的满意度、读者服务、技术服务、推广服务、人力资源利用等分列为五大类 29 项指标，以便对图书馆进行绩效评估。① 这个时期，图书馆评估标准更加科学与准确。1989 年，北美高校图书馆出台过《大学图书馆标准：成绩评估》，对高校图书馆的经费、建筑、人员、设施、馆藏等提出了具体的量化指标。2000 年，《北美高校图书馆标准》克服了 1989 年标准的不足，普遍用 3 个指标对图书馆绩效衡量，一是输入：评估图书馆的基本办馆条件——经费、空间、藏书、器材与员工；二是输出：评估图书馆完成工作的数量——书籍的借阅量、参考问题的回答次数等；三是成效：读者因使用图书馆的资源和课程而有所改变的情况。② 同年，《高等教育图书馆新标准》颁布，其内容和《北美高校图书馆标准》类似。至此，美

① 柯平等. 图书馆知识管理研究. 北京：北京图书馆出版社，2006：271-272
② 柯平等. 图书馆知识管理研究. 北京：北京图书馆出版社，2006：271-272

国图书馆从20世纪60年代以前重视馆舍、馆藏和人员的规模评估，逐步发展到重视以服务效果和满足读者需求为导向的绩效评估。

20世纪上叶，受到战争与动荡的干扰，我国图书馆事业尽管有了长足的进步，但是还没有经过充分的发展。建国后，图书馆事业呈现繁荣的景象，但长期局限于“阶级性”而缺乏科学评价的氛围。20世纪80年代，我国图书馆事业进入了一个新的发展时期，图书馆界也掀起了图书馆评估的热潮。高校图书馆、公共图书馆和科学与专业图书馆是我国图书馆的三大支柱，于是教育部高校图书情报工作委员会、文化部图书馆司和中国科学院文献情报中心作为它们的主管部门，分别肩负着开展本部门图书馆评价的职责。

1987年7月25日，国家教育委员会发布《普通高等学校图书馆规程》；1991年，国家教委下发了《普通高等学校图书馆评估指标体系大纲》及附件；1992年，教育部修订了《普通高等学校规划面积定额》；1998年，建设部修订了《图书馆建筑设计规范》；2002年，《普通高等学校图书馆规程（修订）》和《普通高等学校图书馆评估指标》（征求意见稿）已经出炉。在这些评估标准的规范下，我国高校图书馆评估步入了正轨；特别是2002年新规程和评估指标的颁布，拉开了新一轮高校图书馆评估的序幕。

2002年12月，文化部印发了《文化部关于开展2003年县以上公共图书馆评估定级工作的通知》、各级公共图书馆和少年儿童图书馆的《评估标准》和各级图书馆《定级必备条件》等文件。2003年6月，文化部再次印发《文化部办公厅关于县以上公共图书馆评估定级工作的补充通知》，认为部分地区受到SARS影响致使一些图书馆不能正常开放，决定将在全国开展的第三次公共图书馆评估定级工作推迟到2004年进行。① 为了增强评估工作的可操作性，保证评估工作的全面性，中国图书馆学会依据《评估标准》，针对省、地、县公共图书馆和少儿馆制定了六种《细则》，并详细设计了相关的调查表或考核表等。

图书馆评估标准按手段分有定性标准和定量标准，前者用评语或字符作为标度，后者用分数作为标度。图书馆评估标准按属性分有主观标准和客观标准，或绝对标准和相对标准。主观标准以个人认识为主对图书馆进行评价，客观标准以客观描述和观察为标度对图书馆进行评价；绝对标准对所有评估对象采取一视同

---

① 中国图书馆学会制定公共图书馆评估标准《细则》. http://gthy.com/CN/News/2006-04/EnableSite_ReadNews13512611143993600.html [2008-02-05]

仁的评价标准，相对标准则根据不同对象、不同条件、不同评价目的采用不同的评价标准。每一种标准都有其长处与适用范围，目前通常采取多种标准相结合、取长补短的评估方法；不过定量标准、客观标准和相对标准因其可操作性与科学性优势明显，在评估指标体系中逐渐受到重视。

图书馆事业是一种社会的公共事务管理事业，既要注重社会的公共效益，又要保证自身的管理效率。图书馆评价是衡量图书馆事业发展的重要举措，因此体现图书馆系统实际状况的条件指标与体现图书馆活动效果与效益的绩效指标不可偏废，反映图书馆整体办馆水平的综合指标与反映图书馆某个方面成就的局部指标互相补充。图书馆评价是实施科学管理的基础，应该在动态的评估活动中准确反映管理效果与投资效益。总之，图书馆评价的目的是通过“以评促改、以评促建、评建结合、重在建设”的方式，切实提高图书馆的办馆效益。

2.4.2 图书馆业务评估的指标

公共图书馆按级别、规模与类型主要分为6种，即省、地、县公共图书馆和少儿馆。因此，现行公共图书馆评估体系对应有6种《细则》，它们是：省图书馆评估标准暨得分表、省少儿馆评估标准细则、地图书馆评估标准暨得分表、地少儿馆评估标准细则、县图书馆评估标准暨得分表、县少儿馆评估标准细则。公共图书馆评估是一项复杂的系统工程，为了客观、准确地测评所有参评对象，《细则》附设了《图书馆领导班子考评表》、《图书馆读者调查表》、《读者满意率调查汇总表》、《图书馆消防工作考核表》、《图书馆保卫工作考核表》和《公共图书馆评估结果汇总表》。① 公共图书馆评估主要采取定量评估方法，设计总分值为1000分，其一级指标分为6大类：办馆条件，基础业务建设，读者服务工作，业务研究、辅导、协作协调，管理，表彰、奖励。6种《细则》的评估指标体系基本相同，但具体要求和分数有一定的区别。为了便于与普通高等学校图书馆评估指标比较，我们以《省图书馆评估标准暨得分表》为例，进行了一、二、三级指标的表格转换。办馆条件下设设施、现代化技术装备、经费、人员、藏书量5个二级指标，基础业务建设下设文献入藏、藏书质量、文献标引与著录、藏书组织管理、数据库建设、自动化与网络化建设6个二级指标，读者服务工作下设读者满意率、普通服务、检索与咨询服务、信息服务、读者活动、社会教育与

① 中国图书馆学会制定公共图书馆评估标准《细则》. http://gthy.com/CN/News/2006-04/EnableSite_ReadNews13512611143993600.html [2008-02-05]

用户培训6个二级指标，业务研究、辅导、协作协调下设业务研究、辅导、协作与协调、图书馆学会工作4个二级指标，管理下设人事管理、财务管理、设备与物资管理、档案管理、统计工作、环境管理、消防与保卫7个二级指标，表彰与奖励则直接按级别给予分数。二级指标下再分三级指标，甚至四级指标，整个评估细则涉及了图书馆工作的方方面面。

表2-1　省图书馆评估标准暨得分表（为方便比较，采用高校图书馆评估表格式）

一级指标	分值	二级指标	分值	三级指标	分值
1办馆条件	210	11设施	30	111馆舍建筑面积（万平方米）	4-20
				112阅览室面积（万平方米）	2-5
				113阅览坐席（个）	2-5
		12现代化技术装备	60	121计算机数量（台）	4-20
				122电子阅览室计算机数量（台）	2-10
				123OPAC专用计算机数量（台）	4-10
				124计算机信息节点（个）	4-10
				125宽带接入（Mbps）	4-10
		13经费	55	131补助经费（万元/年）	9-35
				132年新增藏量购置费（万元/年）	4-20
		14人员	50	141学历	2-15
				142职称	2-10
				143领导班子状况	0-15
				144业务人员岗位培训、继续教育（人均学时/年）	4-10
		15总藏量（万册、件）	15	300↑	15
				250↑	12
				200↑	9
				150↑	6
				100↑	3

续表

一级指标	分值	二级指标	分值	三级指标	分值
2 基础业务建设	260	21 文献入藏	75	211 图书年入藏数量（万种）	4–20
				212 报刊年入藏数量（种）	4–15
				213 电子文献年入藏数量（件）	4–10
				214 视听文献年入藏数量（件）	4–10
				215 外文文献入藏	0–10
				216 网上资源收集、加工和利用	0–10
		22 藏书质量	50	221 文献采选方针与执行情况	0–20
				222 呈缴制度与执行情况	0–8
				223 地方出版物入藏种数/地方出版物种数（%）	4–9
				224 建有地方文献专藏体系	0–4
				225 多卷书、连续出版物入藏完整率（%）	4–10
		23 文献标引与著录	35	231 汉文普通图书分编误差率（%）	4–10
				232 古籍分编误差率（%）	4–10
				233 从编目中心下载、上传书目/分编总数（%）	3–15
		24 藏书组织管理	25	241 开架图书排架误差率（%）	4–10
				242 文献保护	0–15
		25 数据库建设	45	251 馆藏书目数字化（%）	3–15
				252 自建数据库	4–30
		26 自动化、网络化建设	30	261 馆内局域网	0–20
				262 图书馆网站	0–10

续表

一级指标	分值	二级指标	分值	三级指标	分值
3 读者服务工作	280	31 读者满意率	20	据《图书馆读者调查表》确定	0-20
		32 普通服务	120	321 年外借册次（万册）	10-30
				322 年流通总人次（万人次）	4-20
				323 开架书刊册数/总藏量（%）	5-20
				324 书刊宣传（种）	4-10
				325 每周开馆时间	5-15
				326 服务点、分馆（个）	2-10
				327 为弱势人群服务	0-10
				328 送书上门、送书下乡服务	0-5
		33 检索、咨询服务	30	331 年代检索课题数量（项）	4-15
				332 年解答咨询数量（万条）	4-15
		34 信息服务	45	341 为领导机关决策提供信息服务	0-10
				342 为科研与经济建设提供信息服务	0-8
				343 为其他事业发展提供信息服务	0-7
				344 年编制二、三次文献	0-10
				345 图书馆网站利用状况（读者点击数）（万次）	4-10
		35 读者活动	55	351 年读者活动次数（次）	8-40
				352 年读者活动人次（万人次）	4-10
				353 图书馆服务宣传周	0-5
		36 社会教育与用户培训	10		0-10

续表

一级指标	分值	二级指标	分值	三级指标	分值
4 业务研究、辅导、协作协调	135	41 业务研究	40	411 在省以上刊物或国际会议上发表论文篇数	4–15
				412 图书馆学、情报学专著（种）	4–10
				413 科研立项	0–8
				414 科研项目获奖	0–7
		42 辅导	40	421 基层辅导工作效果及业绩	0–10
				422 社区、乡镇图书馆（室）建设	0–5
				423 “共享工程”基层中心建设	0–5
				424 调查研究报告	0–10
				425 基层业务培训工作	0–10
		43 协作、协调	45	431 编制联合目录	0–10
				432 网上联合目录参加单位数（个）	4–10
				433 网上联合目录条数（万条）	4–10
				434 开展文献采购协调	0–10
				435 开展文献馆际互借	0–5
		44 图书馆学会工作	10		0–10
5 管理	95	51 人事管理	22	511 实行聘用制；实行岗位管理和工作目标管理责任制	0–12
				512 建立内部收入分配激励机制	0–10
		52 财务管理	8		0–8
		53 设备、物资管理	8		0–8
		54 档案管理	12		0–12
		55 统计工作	15		0–15
		56 环境管理	14		0–14
		57 消防、保卫	16		0–16
6 表彰、奖励	20	中央、省级业务主管部门表彰、奖励每次分别计 5、3 分，省级党委、政府表彰、奖励每次分别计 5 分			

普通高等学校图书馆评估（征求意见稿）是教育部高等学校图书情报工作指导委员会制定的评估标准，规定由各省、自治区、直辖市教育厅或教育委员会组织实施，教育部在适当时机组织专家组进行检查指导，并建议按“985 高校”、“211 高校”、本科院校、专科院校分为四类，采取不同的权重或记分标准，或在总评时对不同类型的学校划分不同的分数段。① 因此，二级指标未给出权重，各地区可以根据实际情况及其评估侧重点自行设置。一级指标采用 100 分为满分分值，各级指标的分值均是其下级指标分值乘以权重系数所得分值相加之和。该指标体系分设办馆条件，文献资源建设，自动化网络化数字化建设，读者服务和科学管理 5 个一级指标。其中，办馆条件含体制、队伍建设、经费、馆舍 4 个二级指标，文献资源建设含馆藏、加工与整序、保存维护、资源共建 4 个二级指标，自动化网络化数字化建设含硬件、系统软件、应用软件 3 个二级指标，读者服务含基本服务、信息咨询服务、信息素质教育、读者评价 4 个二级指标，科学管理含规章制度、民主管理、业务统计、学术研究 4 个二级指标。

表 2-2　普通高等学校图书馆评估指标（征求意见稿）（原表中“具体项目及评分标准”略）

一级指标	指标值	二级指标	权重	三级指标	权重
A. 办馆条件	100	A1 体制		A11 领导体制	0.40
				A12 组织机构	0.40
				A13 图书情报工作整体化	0.20
		A2 队伍建设		A21 队伍建设规划及落实	0.40
				A22 人员数量	0.20
				A23 人员素质	0.40
		A3 经费		A31 校拨正常经费	0.60
				A32 其他来源经费	0.20
				A33 经费使用情况	0.20
		A4 馆舍		A41 独立馆舍	0.30
				A42 阅览座位	0.30
				A43 设施与环境	0.40

① 关于《普通高等学校图书馆评估指标（征求意见稿）》及评估办法的说明．http：//202.119.47.5/jalis/2003-scal-pg.htm［2008-03-23］

续表

一级指标	指标值	二级指标	权重	三级指标	权重
B. 文献资源建设	100	B1 馆藏		B11 馆藏情况	0.30
				B12 平均文献量	0.50
				B13 文献资源特色	0.20
		B2 加工、整序		B21 加工周期	0.20
				B22 标准化程度	0.20
				B23 质量	0.10
				B24 揭示报道	0.30
				B25 数据库建设	0.20
		B3 保存维护		B31 纸质文献典藏管理	0.30
				B32 其他载体文献管理	0.30
				B33 数据库维护与更新	0.40
		B4 资源共建		B41 文献购置协调	0.40
				B42 文献加工合作	0.60
C. 自动化、网络化、数字化建设	100	C1 硬件		C11 服务器	0.25
				C12 工作站	0.25
				C13 网络设备	0.25
				C14 其他设备	0.25
		C2 系统软件		C21 服务器操作系统	0.30
				C22 网络管理系统	0.35
				C23 数据库管理系统	0.35
		C3 应用软件		C31 集成管理系统	0.30
				C32 WEB 应用	0.50
				C33 数字图书馆应用	0.20

续表

一级指标	指标值	二级指标	权重	三级指标	权重
D. 读者服务	100	D1 基本服务		D11 开馆时间	0.30
				D12 开架率	0.10
				D13 平均外借/下载量	0.20
				D14 网上服务	0.40
		D2 信息咨询服务		D21 信息咨询	0.40
				D22 馆际互借和文献传递	0.35
				D23 信息编译报道或推送	0.25
		D3 信息素质教育		D31 读者入门教育	0.20
				D32 文检课教育	0.40
				D33 校园文化建设	0.20
				D34 学生参与服务	0.20
		D4 读者评价		D41 读者问卷调查	0.30
				D42 读者座谈会调查	0.30
				D43 读者意见箱	0.40
E. 科学管理	100	E1 规章制度		E11 业务规章制度	0.35
				E12 服务规章制度	0.35
				E13 管理规章制度	0.30
		E2 民主管理		E21 馆员参与决策	0.50
				E22 馆员参与管理	0.50
		E3 业务统计		E31 统计数据	0.50
				E32 档案资料	0.50
		E4 学术研究		E41 学术成果	0.40
				E42 学术会议	0.20
				E43 科研课题	0.20
				E44 学术组织成员	0.20

通过对比分析，我们发现这两大图书馆评估体系的指标设置基本一致，都有办馆条件、读者服务和（科学）管理 3 个一级指标，公共馆的“基础业务建设”与高校馆的“文献资源建设”大同小异，公共馆的“业务研究、辅导、协作协

调”与高校馆的“自动化、网络化、数字化建设”也有一定的联系，公共馆的“表彰、奖励”在高校馆的“科学管理”中体现。公共馆和高校馆毕竟是两类不同的图书馆，它们的馆藏资源、服务对象和社会要求相差甚远，因而其评估体系也表现出较强的差异性。整体来说，公共馆的评估指标更加翔实，有的还设有四级指标，有的附有相关调查表格，图书馆建设与服务的普及性要求高；高校馆的评估指标相对精简，图书馆建设与服务的学术性氛围浓。譬如，公共馆“基础业务建设”强调基础性的图书馆业务，高校馆“文献资源建设”突出馆藏保障与资源共享；公共馆“业务研究、辅导、协作协调”仍然是一些基础性的业务工作，高校馆“自动化、网络化、数字化建设”体现了网络环境下图书馆管理系统的建设水平。当然，不少指标归类往往也不尽一致，如自动化、网络化在公共馆中隶属于“基础业务建设”，在高校馆中则单独立类；“业务研究、辅导、协作协调”在公共馆中单独列类，而在高校馆中“业务研究”主要表现在“科学管理”的“学术研究”，“业务辅导”已经淡化，“业务协作协调”在“文献资源建设”的“资源共建”和“读者服务”的“信息咨询服务”中体现。

在具体的评估过程中，指标体系的可比性和可操作性是影响图书馆评估科学性的关键因素之一。在此，我们以馆藏资源评估为例，对评估指标的可比性和可操作性原则进行透析。传统实体馆藏资源（纸质文献和磁带、录像带、缩微胶片、唱片等），可用种、册、件为基本单位计量，其中期刊、报纸可用合订本为单位计算。但是，数字馆藏用种和册来统计，则是如此的格格不入。一张光盘，信息容量少则只有几分之一册（种）期刊或图书，多则包含几千种期刊或图书。据估计，100 张光盘的信息量相当于美国国会图书馆的馆藏量。中国图书馆学会“关于评估问题的答复（第二部分）”提出：电子图书以物理单位计“件”（一盘算一件），硬盘存储和大型数据库（如 CNKI）按 GB 折成光盘计件。① 但是，一张大型数据库的光盘和一张普通的光盘无论是信息的含金量还是购买价格都相差甚远，通过购买而获得完整使用权的虚拟电子资源甚至无法以张来计算。显然，简单地以件（张）计量也不可取。于是，我们认为不能以种（册）或件（张）计量的数字资源，可以参照纸质文献的计量，利用对比折算法和系数折算法来折算馆藏。

（1）对比折算法。对比折算法是以采购经费为桥梁，把数字文献跟纸质文献对比折算的一种计量方法。在一个时期内（通常以年计算），我们可以用与数

---

① 关于评估问题的答复（第二部分）. http://gthy.com/Attachment/Doc/1144055050.doc［2008-02-05］

字文献采购经费等价的纸质文献种（册）数来计算数字文献的馆藏，即：数字文献采购量=数字文献采购经费/（纸质文献采购经费/纸质文献册数）。还可以根据数字文献类型特征做进一步细分，如：数字图书采购量=数字图书采购经费/（纸质图书采购经费/纸质图书册数），数字期刊采购量=数字期刊采购经费/（纸质期刊采购经费/纸质期刊册数）。采用对比折算法计量数字馆藏简单、明确，可操作性强。

（2）系数折算法。系数折算法，就是以数字文献的知识容量（收录文献的种数）为基数，充分考虑数据类型（检索型、全文型和参考工具型）、服务模式（单机版、网络版和联机数据库）和服务设施（利用条件）等，用系数形式加以控制合理地折算成数字馆藏。即：数字馆藏量=知识容量（种数）×数据类型系数×用户模式系数×服务设施系数。数据类型系数确定的依据是：用户点击（查寻）次数会随着数据类型不同而相应地变化。网络版和联机数据库的利用率无疑会比单机版高，服务模式系数也应当有所体现。影响服务设施系数的因素是：用户数/终端、开通时间（8 小时、12 小时、24 小时）、联网条件（拨号、ISDN、DDN、光缆）、收费情况、用户限制等。① 选取有代表性的图书馆，对数字馆藏进行科学的统计、分析与预测，准确地确定待定系数，是用系数折算法统计电子馆藏的前提与关键。这种统计方法，充分地反映了数字馆藏的知识量、利用率和配套服务设施情况，系数的确定往往比较困难。

馆藏资源质量受到很多因素的影响，譬如文献采购质量、文献加工速度、文献标引质量、文献排架差错率、馆藏剔旧等等。它们不仅影响图书馆文献资源的保障率，而且影响读者利用图书馆的便利性。馆藏建设必须坚持量与质的辩证统一，馆藏评估应该避免只重数量而轻质量。图书馆评估必须严格坚持评估指标的可比性、可操作性和可行性原则，只有这样评估结果才能令人信服，才能真正对图书馆事业发展起到导向作用。

2.4.3 图书馆业务的绩效评估

我国图书馆界通常采用目标评估模式，不可避免地存在较大的局限性，尽管评估指标及其权值分配一再改进，但还是存在很大的漏洞。（1）重投入轻效益。目标评估指标体系第一大类是办馆条件（办馆投入），自动化、网络化、数字化建设等也是变相的办馆投入。办馆投入评估指标所占比例非常大，而效益评估指

---

① 李青华．高校图书馆电子文献与虚拟文献评估方法探讨．大学图书馆学报，2000（2）：10-14

标数量和权重分配都大打折扣。投入大效益差往往得分高，投入小效益好反而得分低。忽视效益来比投资、比规模，实质上是不平等的评比。（2）重数量轻质量。在目标评估中，馆藏重纸质文献轻电子文献（包括虚拟馆藏）；文献记册不记种，文献学科、类型、时间、文种结构不分；馆藏只计数量，忽视质量。低质量馆藏不仅增加了管理成本，造成人力、财力和物力的巨大浪费，而且减少了利用率，增加了拒借率。难怪乎，拥有380万册馆藏的南京大学图书馆，占馆藏总量6.58％的25万册常用图书占据了外借总量的90％，占馆藏总量11％的41.8万册常用书刊满足了全校流通量的80％①。重数量轻质量，最终将会导致馆藏量与利用率成反比。（3）重采购轻剔旧。“老龄化”、“垃圾化”的馆藏给广大读者带来极大的不便，在海量信息中查找有效知识犹如在沙粒中寻觅珠宝。馆藏量的大小，与利用率的高低没有必然关系。科技发展日新月异，文献信息呈指数关系增长，一般文献10年增长一倍，科技文献平均7年增长一倍，原子能等尖端科技文献2—3年增长一倍②。一般来说，馆藏资源利用率同文献出版年限密切相关，文献越新利用率越高，文献愈旧利用率愈低。（4）重收藏轻利用。《普通高等学校图书馆评估指标体系大纲》规定持证读者人均年外借书刊达到30册，外借书刊量指标可得满分③。国家教委（教育部）规定的本科院校藏书量C级标准（达标指数）为100册/人，B级标准为150册/人，A级标准为180册/人④。从中可以得出C、B、A三个级别的图书馆得满分的馆藏流通率分别为30％、20％、17％，馆藏的利用率就更低了。（5）缺乏客观性。定量指标存在缺陷，譬如在高校图书馆评估指标体系中，年使用学生工数以及收集读者意见数等。打扫卫生之类的学生工数对评估有何意义？收集的读者意见数究竟是多好还是少好？定性指标过多，人为因素影响较大。高达50％左右的定性指标、评估专家的主观随意性以及为评估造假等因素严重地影响着评估结果⑤。这些都是现有图书馆评估指标体系的顽疾。（6）缺乏科学性。各地经济水平发展程度大不相同，各校类型和专业设置迥异，各馆的情况也千差万别，这些因素造成了目标评估的标准难以确定，若统一标准，则不能因地制宜，评估误差较大，若不统一标准，又失去了

---

① 丁有骏等．核心竞争力与图书馆 第八届北京高校图书馆信息服务学术年会．北京：机械工业出版社，2006：160

② 陈光祚等．科技文献检索．武汉：武汉大学出版社，1987

③ 国家教委．普通高等学校图书馆评估指标体系大纲．国家教委教备［1991］79号

④ 孔稳舒．新建本科院校图书馆建设探索．昆明：云南科技出版社，2009：134

⑤ 关于《普通高等学校图书馆评估指标》及评估办法说明（征求意见稿），2002.6.20

可比性原则，很难对图书馆进行纵向和横向比较。毋庸讳言，目标评估指标体系的局限性对图书馆的负面作用实在不容低估。

近年来，针对图书馆目标评估的局限，绩效评估逐渐提上了议事日程。绩效评估，就是从文献保障率、馆藏利用度和文献服务效率等方面对图书馆进行评估，实质就是全面地评价图书馆的办馆效益。绩效评估坚持以读者需求为导向，突出图书馆与读者的互动关系，具有非常明显的优势。（1）办馆效益为先。绩效评估中的馆藏文献保障率、馆藏文献利用度（包括利用率和流通率）和图书馆服务效率等评估指标，自始至终都坚持“效益”这个中心，充分地体现了图书馆绩效评估的本质——办馆效益。以办馆效益为标准评估图书馆，体现了公平的原则。(2）数量质量并举。绩效评估中馆藏以种为主要计量单位，纸质文献、电子文献和虚拟馆藏并重，强调馆藏文献知识的保障率。以质量来衡量馆藏，无疑使馆藏评估跳出了重数量轻质量的误区。（3）收藏利用齐重。绩效评估不仅强调馆藏资源的保障率，而且突出了馆藏资源的利用程度（利用率和流通率）和图书馆的服务效率。图书馆应当为读者提供恰当而高效的服务。（4）客观性强。绩效评估指标基本上都是定量指标，避免了定性评估的模糊性以及人为因素的干扰。评估指标严谨、规范，即使是服务效率分析，也可以通过实地考察、抽样调查等方式确保数据的可靠性。同时，绩效评估不纠缠于图书馆的具体工作，而把它们抽象为以效益为中心的馆藏保障率、利用程度和服务效率等指标，从而使复杂问题简单化。（5）科学性强。绩效评估以办馆效益为桥梁，各地域、各类型、各层次图书馆之间有了可比性，避免了以往评估指标体系分开不规范，统一不科学的尴尬。评估操作简易，设计一套程序，在评估前确立统一标准，把采集的数据输入计算机，图书馆办馆效益、服务水平、优势、劣势及需要改进的方面一览无遗。

图书馆工作千头万绪，无论是文献知识资源的共建共享，自动化、数字化、网络化的建设，馆员素质的提高，还是运筹理论、系统方法和目标管理等科学管理方法的应用，其最终目的都是提高馆藏文献知识保障率、馆藏文献知识读者利用度（利用率与流通率）和图书馆知识服务效率，归根结底是为了提高办馆效益。因此，图书馆绩效评估应该包括如下几个方面。

（1）馆藏文献知识资源保障率评估

在目标评估指标体系中，通常以人均馆藏数量（“馆藏/读者数”）作为评价馆藏的标准。这种馆藏资源的相对指标看似合理，实际上是变相的馆藏规模——馆藏数量评估，它不能体现文献知识资源的保障率——馆藏质量。引文较好地反映了读者所需要的文献知识，可以利用引文分析法来计量图书馆文献知识的保障率。

假定馆藏由 n 个学科的文献组成，首先计算每个学科的文献保障率，然后对 n 个学科的文献保障率进行算术平均就可以得到馆藏文献知识的整体保障率。

某个学科 i 的文献知识的保障率 X_i 为：

$$X_i=\frac{C_i}{Z_i}\times 100\%$$

其中，Z_i 为评估中随机抽取一定数量的该学科博士、硕士、学士、科研人员等正式发表论文所引用的文献数（依据图书馆读者层次确定抽取对象），C_i 为图书馆所能提供的文献数。

一个图书馆要想满足本馆读者的全部文献需求，它的藏书量要比满足需求的75%–80%时的藏书量要多5–15倍。实际上图书馆只要能满足读者需求的75%–80%就可以①。还有专家认为馆藏文献满足率在80%左右，流通率在60%–100%之间比较合理。② CALIS作为我国高校重点建设的文献资源保障系统，其中外文文献保障率的整体目标恰好也是80%。因此，我们可以认为最佳效益的文献知识资源保障率为80%。

设计函数 $Y_i=aX_i+b$（Y_i 表示分值，X_i 表示文献保障率），文献保障率为80%记100分，为0时记0分，不足80%按比例减分，超过80%按比例加分（见图2–6）。文献保障率为80%时办馆效益最佳，超过了80%效益必然减小，而在函数中却表现为继续增加，这如何解释呢？其实，保障率超过80%时，文献知识资源利用率、流通率和服务效率必然下降，最终图书馆的整体效益也无法提高。

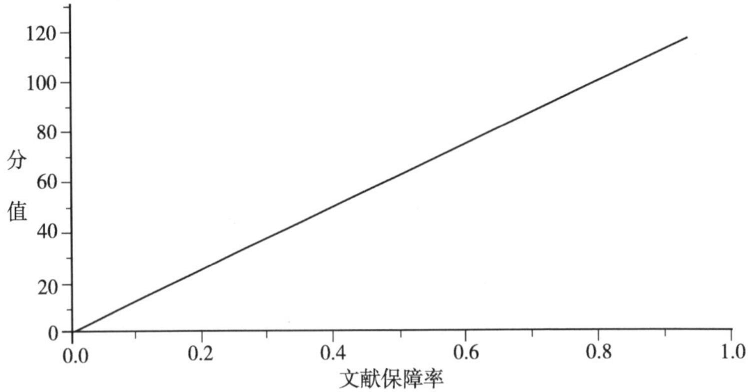

图 2–6　学科文献保障率与分值关系

---

① 赵玉兰．高校图书馆藏书目标体系的评估．西北高校图书馆，1997（1）：37–38

② 丁有骏等．核心竞争力与图书馆 第八届北京高校图书馆信息服务学术年会．北京：机械工业出版社，2006：160

图书馆文献知识资源保障率得分 F_1 为 n 个学科得分的平均数：

$$F_1 = \frac{1}{n}\sum_{i=1}^{n} Y_i$$

（2）文献知识资源读者利用度评估

馆藏文献利用率和流通率是两个不同的概念，它们之间又存在一定的交叉关系，因此馆藏文献读者利用度评估包括利用率评估和流通率评估两个方面。

A 文献知识资源利用率评估

馆藏文献利用率是指在一定时期内（通常为一年）被利用文献的种数与馆藏（包括虚拟馆藏）总种数的比值。馆藏量大，生均占有量多，但并不说明利用率就高。高校图书馆应当保持馆藏零增长，即年剔旧量和年采购量基本相当。1976 年 4 月，英国大学拨款委员会公布了阿金森（Atkinson）的报告，提出“一个有一定规模的图书馆，在藏书发展到一定数量时，其资料应当相应于采购的速度减少。”① 这就是著名的实体馆藏零增长理论，其目的是保持图书馆藏书的稳定状态。当然，某些专题馆藏（如古籍）、特色馆藏（如太平天国史料，敦煌文献等），因其价值特殊而不该在剔旧之列。

我国高校图书馆藏书在 7 亿册以上，但大多数高校图书馆藏书利用率却不到 40％，有的还不足 20％。② 实际上，最佳办馆效益的文献知识资源利用率应当为 60％。设计函数 $Y_i = aX_i + b$（Y_i 表示分值，X_i 表示文献利用率），馆藏中学科 i 的文献利用率为 60％时记 100 分，为 0 时记 0 分，反映该学科文献利用率和分值关系的函数图像如图 2-7。

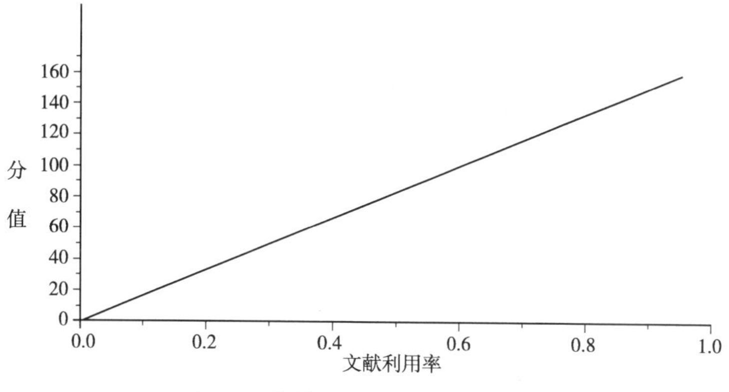

图 2-7 学科文献利用率与分值关系

① 李祁连．运用控制论的观点来研究藏书建设．广东图书馆学刊，1989（4）：73-77

② 赵颖梅．大学图书馆发展与和谐社会构建．成都：西南交通大学出版社，2007：31

图书馆 n 个学科的总的文献利用率得分 F_{2a} 为：

$$F_{2a} = \frac{1}{n}\sum_{i=1}^{n} Y_i$$

B　**文献知识资源流通率评估**

流通率是指在一定时间内，馆藏被利用次数（电子文献以点击或下载次数统计）与馆藏总册数之比。一般来说，在一年内，图书馆应当保证馆藏流通率达到100%。设计函数 $Y_i = aX_i + b$（Y_i 表示分值，X_i 表示文献流通率），馆藏中学科 i 的文献流通率为100%时记100分，为0时记0分，反映该学科文献流通率和分值关系的函数图像如图2–8。

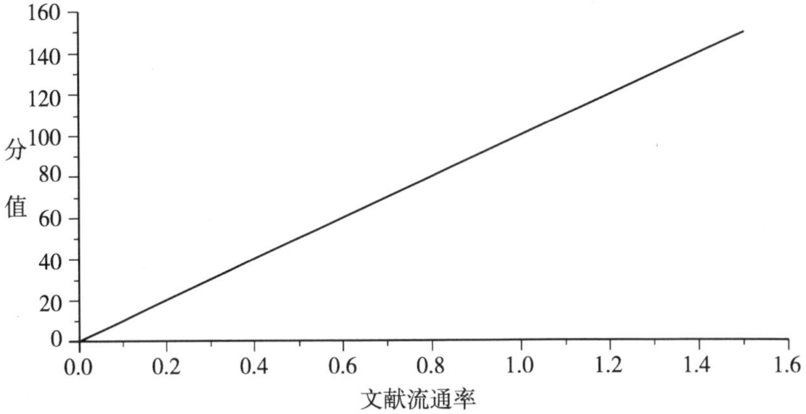

图2–8　学科文献流通率与分值关系

图书馆 n 个学科的总的文献流通率得分 F_{2b} 为：

$$F_{2b} = \frac{1}{n}\sum_{i=1}^{n} Y_i$$

馆藏文献读者利用度评估最终得分 F_2 为文献利用率分值和流通率分值的平均数：

$$F_2 = (F_{2a} + F_{2b})/2$$

（3）图书馆文献知识服务效率评估

1960年，莫斯（Moors）提出了著名的莫斯定律（Moors Law）：“当读者在使用某信息检索系统时，若取得信息时手续的麻烦和不便程度大于其得到该信息时，该检索系统就会趋向于无人使用”①。图书馆文献知识服务效率体现在读者获得文献所需的时间，节省读者的时间是图书馆评估的一个重要方面。一般来说，本馆文献知识资源查找时间不能超过半天，即4个小时（240分钟）；个性化服务不能超过7天；馆际互借不能超过10天。分别设立学科 i 的线性函数 $Y_{i1}=a_1X_{i1}+b_1$、$Y_{i2}=a_2X_{i2}+b_2$、$Y_{i3}=a_3X_{i3}+b_3$（Y_{ij}表示分值，X_{ij}表示时间，$j=1$，2，3），服务时间趋近于0时，分值也趋近于100，服务时间分别达到或超过240分钟、7天、10天时，分数为0。函数图像分别如图2-9、图2-10和图2-11。

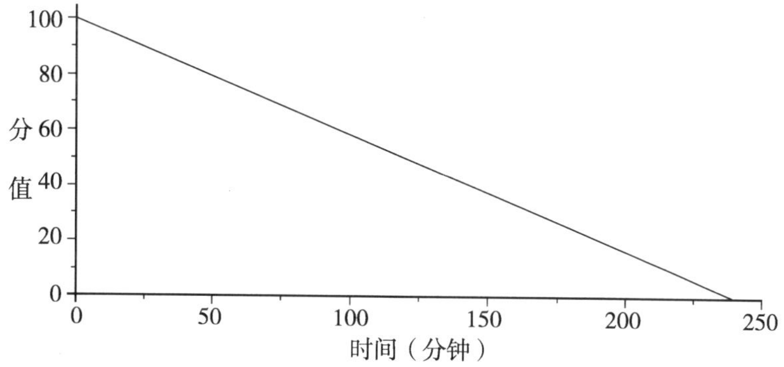

图2-9 本馆文献知识服务与分值关系图

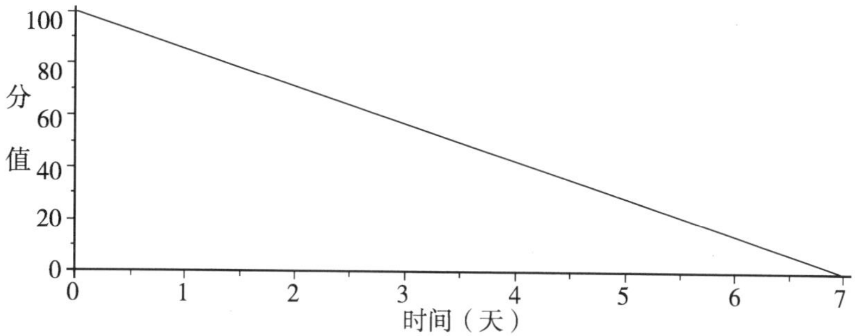

图2-10 个性化服务与分值关系图

① 王兰成．知识集成方法与技术：知识的组织与检索．北京：国防工业出版社，2010：264

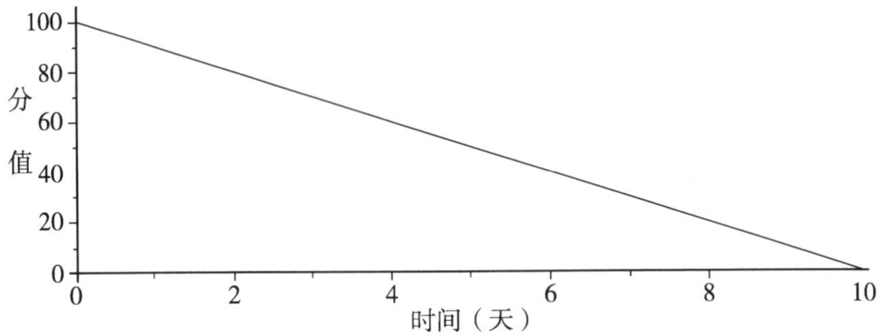

图 2-11　馆际互借服务与分值关系图

学科 i 文献的服务效率得分为 Y_i：

$Y_i = (Y_{i1} + Y_{i2} + Y_{i3})/3$

图书馆 n 个学科的馆藏文献服务效率得分为 F_3：

$$F_3 = \frac{1}{n}\sum_{i=1}^{n} Y_i$$

（4）图书馆最终的评估得分

馆藏文献的保障率分值、读者利用度分值和服务效率分值全面地体现了图书馆的整体办馆水平，由此可得，图书馆最终的评估得分 E 为以上三者的平均数，即：

$E = (F_1 + F_2 + F_3)/3$

在本评估方案中，各项指标的优异值标准是 100 分，因此图书馆最终评估得分一般很难超过 100 分。我们在进行分值评估的同时，还可以进行“五级制”等级评估：不合格（60 分以下），合格（60–75 分），良好（75–85 分），优秀（85–100 分），特别优秀（100 分以上）。

（5）图书馆最终的办馆效益

图书馆最终办馆效益 P 表现为评估效益（E/M）与理想效益（$100/M$）的比值：

$$P = \frac{E}{M}/\frac{100}{M} = E/100$$

其中，M 为图书馆的办馆资金，两式相除后约去，对效益值没有影响，因为 E 值本身就是效益的化身，$E/100$ 就是办馆效益。当效益小于 100％时，图书馆投资效果还有较大的开发余地；等于 100％时，投资得到了充分的发挥；大于

100％时，投资得到了超值效果。

目前，尽管图书馆知识管理的发展极其强劲，但它毕竟还没有摆脱“文献管理”范式与“文献信息管理”范式的影响，而且图书馆知识管理范式的定形亦需时日。图书馆管理如何从文献单元深入到知识单元，这是当今图书馆界的研究热点、难点与焦点。因此，图书馆知识管理业务评价，在很大程度上仍然表现为传统的图书馆业务评估。毋庸讳言，它必然随着图书馆知识管理活动的发展不断完善，并逐步形成相对科学的图书馆知识管理评价体系——尤其是图书馆知识管理绩效评价体系。

3 图书馆知识管理范式的技术维度

技术作为一个历史而非永恒的范畴，在不同的历史条件下有不同的含义。正如西方技术思想家拉普所说："倘若要给技术概念下一个明确的定义，人们马上就会陷入困境。"① 在现代汉语中，技术指"人类在利用自然和改造自然的过程中积累起来并在生产劳动中体现出来的经验和知识，也泛指其他操作方面的技巧"，或指"技术装备"。② 在技术经济学领域，不同时期产生的技术概念不尽相同。20 世纪 80 年代以前产生的技术概念，指劳动工具、劳动对象和劳动者的劳动方法技能等内容的总称，即技术就是生产力；20 世纪 80 年代后期产生的技术概念有硬技术和软技术之分，前者体现为机器、设备、基础设施等生产条件和工作条件的物质技术，后者体现为工艺、方法、程序、信息、经验、技巧和管理能力的非物质技术；20 世纪 90 年代产生的技术概念，泛指人类在科学实验和生产过程中认识和改造自然所积累起来的知识、经验和技能的总和。③ 在通常的语境之中，技术往往与方法、手段、工具等联系在一起，被当作一个完成某项任务或达到某个目标所需要的基础性条件。

显然，技术不仅是科学知识、技术能力和实践经验的统称，而且是基础设施、物质工具和技术装备的集合。生产力决定生产关系，技术在人类社会的生产和生活中发挥着举足轻重的作用。1532 年 11 月 16 日，西班牙殖民者弗朗西斯科·皮萨罗率领仅 169 名成员的军队，在卡哈马卡一战中打败了印加帝国 8 万名精兵，杀死了印加士兵约 7000 人，活捉了印加皇帝阿塔瓦尔帕，一举征服了庞

---

① 徐斌，喻德华．技术经济学范式与技术经济学发展的历史分期问题研究．数量经济技术经济研究，2007（3）：13-23

② 中国社会科学院语言研究所词典编辑室编．现代汉语词典：2002 年增补本．北京：商务印书馆，2002：598

③ 徐斌，喻德华．技术经济学范式与技术经济学发展的历史分期问题研究．数量经济技术经济研究，2007（3）：13-23

大的印加帝国。① 这是一场枪炮刀剑与拳头棍棒的经典对决，印第安人因为技术落后而惨遭屠杀。类似的事情总是不断地重演，19 世纪中国大门也被西方列强用枪炮敲开。技术往往是影响事物进程及其结局的关键因素，难怪乎在炮火中惊醒的国人睁眼看世界时大声疾呼“师夷长技以制夷”。

图书馆活动不能凭空产生，它必须以一定技术条件为依托。图书馆知识管理工作流程的每一个环节，诸如知识的生产、搜集、加工、组织、存储、传递、服务与利用等等，都离不开方法、标准、技能、装备等技术的支撑。图书馆事业的发展史，亦是一部图书馆技术进步的历史。图书馆技术水平的高低，最终决定着图书馆知识管理、图书馆事业和图书馆学的发展。

3.1 图书馆知识管理技术概述

3.1.1 图书馆知识管理技术回顾

图书馆知识管理技术是一个十分宽泛的概念，既包括图书馆知识管理活动赖以存在的物资设备，又包括图书馆知识管理活动顺利开展的技能、方法及经验。文献生产是把知识记录在一定的载体之上，文字记录本身就是一种技术，甚至文字创造、载体选取也属于技术范畴。殷墟出土大量整齐有序的甲骨文献，是古代文献管理技术的活化石。春秋之前文献生产技术极度低下，珍贵的图书往往只能由亦神亦巫的史官掌管，形成了以甲骨管理为代表的“学统王宫”的藏书局面。造纸术的发明与应用导致纸质文献一统天下，文献生产、收藏、整理与利用的技术与方法得到了长足的发展。传统图书馆工作主要就是从事实体文献管理，因此传统图书馆技术蕴含在文献收集、登录、分类、编目、加工、排架、流通、报导、宣传、检索等工作过程之中。譬如，在古代藏书楼时期，校雠法是文献整理重要的技术方法，四部法是文献分类重要的技术标准，纸张、笔墨则是文献加工重要的技术工具。

古代图书馆的业务活动尽管简单，但仍然形成了一系列的文献管理技术。孔子删诗书、定礼仪、作春秋，创立了文献管理的书目揭示方法。在司马谈“六家要旨”的基础上，刘向、刘歆首创文献“六分”法。后来，四部书目分类体系经由郑默发轫、荀勖初创、李充确定次序，到《隋书·经籍志》而基本确定了

① 169 个西班牙人征服印加帝国：势如破竹 . http://www.1history.cn/viewthread.php?tid=162528 [2008-01-20]

类名和相关细目[①]。至此，我国古代书目分类体系完成了从“七略”经“甲、乙、丙、丁”到“经、史、子、集”的演化，文献分类整理技术达到了一个新阶段。明清时期，尽管我国四部分类法达到了巅峰状态，编制了旷世巨著《四库全书》，但是我国藏书楼却在风雨中飘摇。直至19世纪末20世纪初，在西学东渐和中西交流的社会潮流中，我国藏书楼迅速跨入到图书馆的行列，跟着世界图书馆事业发展的节拍一起前进。

14–16世纪欧洲文艺复兴运动兴起之后，图书馆事业随着科学进步迅速发展。特别是资本主义发展需要大批有知识的劳动者，这促使古代藏书楼逐步演变为向社会开放的图书馆。在图书馆工作实践中，西方逐渐形成了讲究科学实用的技术传统，诸如关注图书馆的藏书整理、技术应用等实际工作。19世纪图书馆学家着重研究图书馆的具体工作技术，图书馆学研究对象主要有“整理说”、“技术说”和“管理说”等三大流派。[②] 1808年，图书馆学鼻祖施莱廷格提出了“图书馆整理”说，主张“图书馆学是符合图书馆目的的整理方面所必要的一切命题的总和”，其主体内容是图书的配备和目录的编制。1820年代，德国人费里德里布·阿道夫·艾伯特（F. A. Ebert）认为图书馆学是图书整理与图书馆管理之和，即图书馆学“应研究图书馆工作中的实际技术”，是“图书馆员执行图书馆工作任务所需要的一切知识和技巧的总和”。丹麦人莫尔贝希（C. Moltbetch）继续发展了艾伯特的学说，形成了“技术说”——艾伯特–莫尔贝希图书馆学体系。“管理说”代表人物是英国的帕尼兹（A. Panizzi）和爱德华兹（E. Edwards），帕尼兹重视图书的系统整理、妥善保管和充分利用，爱德华兹积极组织开展采编、阅览和流通等各项业务工作。直至1890年，德国人格雷塞尔（A. Graesel）的《图书馆学纲要》出版，图书馆学才突破了以技术方法为中心的体系框架，形成了包括图书整理学、图书馆管理学、图书分类学、图书馆史新体系。图书馆学体系，从19世纪以单一的技术方法为中心的形成时期，已过渡到20世纪的以理论与技术，或原理与应用，或抽象与具体相结合的发展时期。[③]

西方图书馆界早期形成的技术学派，十分重视具体的图书馆技术、操作方法

---

① 彭斐章，乔好勤，陈传夫. 目录学（修订版）. 武汉：武汉大学出版社，2003：64

② 吴慰慈，董焱. 图书馆学概论（修订2版）. 北京：北京图书馆出版社，2008：4–5

③ 黄宗忠. 图书馆学体系的沿革与重构. 图书与情报，2003（3）：2–9，54

和工作内容；现在又发展成新技术学派，极其注重引进和发展新的信息技术。①1876 年，美国图书馆学大师杜威（M. Dewey）在《十进分类法》（Dewey Decimal Classification，DDC）第一版②导言中宣称：不是追求什么理论上完整的体系，而只是从实用的观点来设法解决一个实际问题。③ 他还指出最“关键”的是“实际的效用和经济”，“最重要”的是“能以轻而易举的分类、排列并指出架上的图书、小册子、目录里的卡片、剪贴的零星资料和札记，以及对这些文献的标引”；“在图书馆学研究领域内，无论在任何问题上，哲学上理论的正确性都让位给实际的应用。”④ 技术学派极其关注图书馆的实践和最新技术在图书馆的应用，他们探索图书馆活动技术方法的历史功绩不容抹杀。无论是过去、现在还是将来，技术方法始终是图书馆事业不可或缺的核心要素之一。图书馆技术是图书馆活动顺利开展的手段与工具，传统技术支撑起从馆藏建设、文献分类、文献编目到文献服务一系列图书馆工作。20 世纪末信息技术与网络技术等疯狂扩张，推动了图书馆向自动化、数字化、网络化迈进的步伐。

图书馆目录是揭示、识别和检索馆藏文献的工具，即为书目检索、文献采购、参考咨询、保管典藏等必不可少的工具；它揭示文献特征，提供识别文献的依据，从文献的题名、责任者（著者）、主题、分类等方面指引检索文献的途径，并标识文献在书架上的排列位置。⑤ 图书馆技术进步推动着图书馆事业不断发展，图书馆目录也经历了从书本式目录到卡片式目录再到机读目录的技术革命。书本式目录是古代最常见的藏书目录，符合古代藏书楼书籍管理的要求。书本式目录难以动态更新，补充新款目和删除旧款目都耗时费力，这跟不上近现代图书馆藏用并重的理念。于是，可随编、随排、随时利用且可依照读者需要灵活组织的卡片式目录应运而生。这是将文献的各种特征记录在卡片上（目录卡片的国际标准规格为 7.5 厘米×12.5 厘米），再将它们按照一定规则组织而成的目录。1861 年美国哈佛大学图书馆卡片式目录正式向读者开放，20 世纪初卡片

---

① 徐引篪，霍国庆著．现代图书馆学理论．北京：北京图书馆出版社，1999：52，65

② 1873 年，麦维尔·杜威（1851－1931）设计用阿拉伯数字十进制号码作标记符号的《杜威十进分类法》；1876 年，首次出版时名称为《图书馆图书、小册子排架及编目适用的分类法和主题索引》；1885 年，出版第 2 版时改名为《十进分类法及相关索引》；1951 年，出版第 15 版时又改名为《杜威十进分类法》。

③ 崔红娟，周理盛，刘振西．高校图书馆与隐性文化．北京：化学工业出版社，2007：250

④ 黄宗忠．图书馆学体系的沿革与重构．图书与情报，2003（3）：2－9，54

⑤ 刘秉文，王志国，李志勇．现代文献信息资源建设．呼和浩特：内蒙古人民出版社，2008：171

式目录已成为图书馆主要的目录形式。① 20 世纪 60 年代至 70 年代，文献剧增导致馆藏目录管理面临困境，缩微技术和计算机技术成功地应用到馆藏目录组织，分别产生了缩微目录和机读目录。前者指用照相的方法，将图书馆目录的内容缩小拍摄在缩微胶卷或缩微平片上，利用阅读机阅读的目录；随后出现的计算机输出缩微胶片目录（COM 目录）是一种新式的缩微目录，其规格是 105×148 毫米。后者是以编码形式和特定的结构记录在计算机存贮载体上，可以由计算机自动控制、处理和编辑输出的目录，简称 MARC。20 世纪 80 年代以后，缩微目录、机读目录及书本式目录开始逐步取代了卡片式目录，例如美国国会图书馆从 1982 年起已经“冻结”卡片式目录（新书不再制作卡片目录)。② 缩微目录节省空间、保存期长、复制方便，但是跟书本式目录一样难以动态更新，阅读还必须借助于机器。机读目录集诸多目录的优势于一身，是当前图书馆书目数据处理自动化的条件，也是网络环境下图书馆知识资源共建共享的基础。

知识经济时代，图书馆管理自动化、标准化和现代化技术日新月异，馆藏资源从传统文献资源发展到网络虚拟知识资源，馆藏编目从 MARC 编目发展到 DC 元数据编目，知识组织从文献单元发展到知识单元，知识服务正从到馆阵地服务发展到远程网络服务。现代图书馆广泛地采用自动化集成管理系统，集文献采访子系统、文献编目子系统、流通管理子系统、期刊管理子系统、公共检索子系统、网络服务子系统、办公自动化子系统等于一体，对内实现知识序化组织与存储，对外实现知识搜集与服务。

3.1.2 图书馆知识管理技术体系

从广义上讲，技术既包括“基础设施”、“技术装备”等物质性的硬技术，又包括“管理经验”、“操作方法”、“工作技能”等非物质性的软技术。计算机、光盘塔、磁盘阵列、交换机、局域网络乃至 Internet 网络等可归于硬技术之列，知识管理集成系统、搜集软件、整理工具和服务方法等则属于软技术的范畴。因此，广义的知识管理技术是指为了实现知识管理目标所采用的各种技术，如知识管理信息技术、知识管理工具、知识管理软件甚至知识管理硬件设

---

① 王鹤群，马家伟，李华．现代文献信息资源编目．呼和浩特：内蒙古人民出版社，2008：49

② 刘秉文，王志国，李志勇．现代文献信息资源建设．呼和浩特：内蒙古人民出版社，2008：175-176

施等等。[①,②,③,④,⑤]对于知识管理系统来说，软技术比硬技术更加重要，因而通常所说的知识管理技术主要是指知识管理的软技术。这时，有关知识发现、知识组织、知识地图、知识服务、知识挖掘、知识传递和专家咨询等技术、方法、工具与手段，都是知识管理软技术的范畴。

知识管理包括知识生产、知识搜集、知识存储、知识分享、知识服务、知识获取和知识利用等过程，在知识管理的每一个过程中都需要相关的知识管理技术支撑。因此，知识管理技术是一个有机的体系，其终极目标是更好地实现知识管理。有学者指出：图书馆知识管理技术并不是一项技术，而是一个技术体系，它包括的技术内容异常繁多，覆盖了知识的生产、分享、应用以及创新的各个环节，它同时又是多种现代信息技术的集成，这些技术结合起来形成了整体的图书馆知识管理系统，能够协助人们生产、存储、提炼和传递知识，为图书馆提供知识管理服务。[⑥] 亦有学者类似地认为：知识管理技术并不仅仅局限于以计算机技术为核心的相关信息技术，只要是能够对知识的生成、编码和传送有用的技术和方法都可以称为知识管理技术，即知识管理技术指能够协助人们生产、分享、应用以及创新知识的基于计算机的现代信息技术，是一个覆盖了知识生产、分享、应用及创新的各个环节的技术体系。[⑦] 张福学将知识管理系统的实现技术/工具归结为三大类型：知识生产工具、知识编码工具和知识转移工具。[⑧] 这种知识管理技术/工具的划分，实际上涵盖了知识管理流程的每一个环节。

图书馆活动离不开科学技术的支持，图书馆技术变革不断提高图书馆业务工作的水平。图书馆知识管理技术是图书馆知识管理事业发展的物质保障，也是数字图书馆建设的前提条件。传统图书馆的业务工作，如目录、文摘、索引、卡片

---

① R. Bose. Knowledge management metrics. Industrial Management & Data Systems, 2004, 104 (6): 457-468

② A. R. Gagliardi, N. Fraser, F. C. Wright, L. L. Charles and D. Davis. Fostering knowledge exchange between researchers and decision-makers: Exploring the effectiveness of a mixed-methods approach. Health Policy, 2008, 86 (1): 53-63

③ C. Zhang and L. Li. Digital teaching reference book service: A case study on knowledge-object-based microstructure of digital resources. The International Information & Library Review, 2006, 38 (3): 110-116

④ L. M. Given and H. A. Olson. Knowledge organization in research: A conceptual model for organizing data. Library & Information Science Research, 2003, 25 (2): 157-176

⑤ C. Ebert and J. D. Man. Effectively utilizing project, product and process knowledge. Information and Software Technology, 2008, 50 (6): 579-594

⑥ 石向实，刘晨．图书馆知识管理．杭州：浙江大学出版社，2006：209-212

⑦ 刘传和，陈界．图书馆知识管理理论与实践．北京：海洋出版社，2007：47

⑧ 张福学．知识管理系统的设计思路与实现工具．情报杂志，2002 (3)：53-54，57

的管理，通常依靠手工操作来完成。随着计算机技术、网络通讯技术等现代技术的发展，图书馆自动化集成管理系统取代了人工操作模式，机读目录替换了卡片目录，计算机管理取代了手工操作，孤立的图书馆组建成知识资源共享的图书馆联盟。2006 年 10 月 19–20 日，中国科学院国家科学图书馆联合中国图书馆学会数字图书馆研究与建设专业委员会在北京成功举办了 2006 “数字图书馆与开放源码软件（OSS）”学术研讨会。① 在存储检索、收割聚合、开放链接、集成门户、知识技术、可视化、单点登录、内容管理、机构仓储、学术交流等领域，开放源码软件发挥着重要的作用。在数字图书馆研究与建设的实践中，开发、共享和利用 OSS 有利于避免低水平重复建设，提高数字图书馆系统建设的层次和水平。数字技术和网络技术改变了人类社会的运作方式，是推动传统图书馆向数字图书馆迈进的关键技术。2009 年 3 月第 2 届“数字图书馆与开放源码软件”学术研讨会（DLIB & OSS 2009）在北京隆重登场，围绕“数字图书馆开源策略和模式”、“开源数字仓储和内容管理”、“开源搜索引擎、Web Archive、数字保存系统”、“数字图书馆新方案”、“数字图书馆开源工具系统”、“知识服务中的技术应用与实践”等专题进行了讨论交流，并围绕针对数字图书馆发展环境的变化、利用开源软件设计开发数字图书馆服务系统进行了研讨。② 2011 年 5 月，第 3 届“数字图书馆与开放源码软件（DLIB & OSS 2011）学术研讨会”在宁夏银川召开，进一步探讨了我国数字图书馆的开源软件、开放技术和开放系统等重要议题。

数字技术用 0 和 1 两位数码支撑着知识资源的自由存取，促进了图书馆管理从文献单元深入到知识单元。网络技术已实现人类知识跨越时空的传播，构建了立体化的知识网络体系。由于网络的交互性，数字技术把延续了几千年的单向传播变为双向传播，实现了传播者与接受者之间的互动，把传播者和接受者的地位相对化，使得原来的大众传播理论需要重新进行建构，③ 这为图书馆知识管理变革提供了契机。只有充分地依靠现代技术，一座大厦的传统图书馆才能转换成一个界面的数字图书馆。Web 2.0 是一种以用户为中心的网络技术与服务，基于

① 2006“数字图书馆与开放源码软件（OSS）”学术研讨会. http://oss2006.las.ac.cn/infoglueDeliverWorking/ViewPage.action?siteNodeId=43&languageId=1&contentId=-1［2008-03-23］

② 第二届数字图书馆与开放源码软件学术研讨会召开. http://www.cas.cn/hy/xshd/200903/t20090320_2048657.shtml［2009-03-20］

③ 周蔚华. 网络出版的兴起与出版的范式转换. 中国人民大学学报，2002（5）：112-118

Web 2.0 的图书馆 2.0 迅速采用了维基、博客、RSS、开源软件、应用集成和用户参与资源建设等技术手段。① 图书馆利用网格技术打造知识网格（Knowledge Grid），构建知识管理平台。欧美发达国家利用先进的信息管理技术，积极从事图书馆知识管理实践，在诸多领域都取得了突破性的进展。②·③·④·⑤·⑥·⑦知识聚类、知识归类、知识发现、知识挖掘、知识搜索、知识共享、知识推送、知识仓库、知识导航、知识地图、知识门户、知识网格、知识群件、搜索引擎、智能代理、中间件、元数据、人工智能和专家系统等知识管理技术，都是当前图书情报学界关注的焦点。在图书馆知识管理技术体系（如图 3-1 所示）中，诸多技术不断产生、发展与创新，共同推进图书馆事业前进。

图 3-1　图书馆知识管理技术体系

3.1.3　图书馆知识管理技术功能

图书馆知识管理的每一项工作，诸如知识资源搜集、存储、组织、控制、检

① 范并思，胡小菁．图书馆 2.0：构建新的图书馆服务．大学图书馆学报，2006（1）：2-7

② J. Wang. A Knowledge Network Constructed by Integrating Classification, Thesaurus, and Metadata in Digital Library. The International Information & Library Review, 2003, 35（2-4）：383-397

③ A. O. Idowu. Relationships Between Training/Experience, Knowledge of Computer Usage and Attitudes of Nigerian Librarians Towards Computers. The International Information & Library Review, 1998, 30（4）：303-309

④ P. Zager and O. Smadi. A knowledge-based expert systems application in library acquisitions: Monographs. Library Acquisitions: Practice & Theory, 1992, 16（2）：145-154

⑤ P. N. Bless, D. Klabjan and S. Y. Chang. Heuristics for automated knowledge source integration and service composition. Computers & Operations Research, 2008, 35（4）：1292-1314

⑥ W. Youngdahl, K. Ramaswamy and R. Verma. Exploring new research frontiers in offshoring knowledge and service processes. Journal of Operations Management, 2008, 26（2）：135-140

⑦ R. Metters and R. Verma. History of offshoring knowledge services. Journal of Operations Management, 2008, 26（2）：141-147

索、共享与传递，都需要一定的知识管理技术来支撑。在图书馆知识管理业务流程中，往往一个工序包含多种技术，而一种技术也可以支持多个工序。知识管理工序和知识管理技术之间并非一一对应的关系，因而按知识管理过程明确区分知识管理技术是一件十分困难的事情。图书馆知识管理繁杂的技术体系，共同支撑着图书馆的知识管理业务，它们主要承担了以下 4 种知识管理功能。

（1）知识组织。图书馆知识管理技术最基本的功能是进行知识组织。知识资源是图书馆的立馆之本，没有知识资源就谈不上知识组织。知识搜集是知识组织的前期工作，知识加工、标引与存储等是知识组织的具体环节。因此，从知识组织的过程来看，有关知识搜集、知识整序的技术和知识组织技术密切相关。例如，网络知识自动编目工具 MARCit，可以自动从浏览器“抓取”站点资源进行标引；利用全文数据采集技术“蜘蛛（Spider、Robot、Worm、Ants、Crawler 和 Index）”，可以沿着 HTML 文档链接自动漫游并搜集与标引网页内容；知识挖掘技术运用选定的知识算法，从大量的网络信息中提取特定类型的知识资源；还有知识资源的自动标引技术、自动文摘技术、自动聚类技术等，也是常见的知识组织技术。

知识包括显性知识和隐性知识两大类，图书馆知识组织既要对显性知识进行搜集与整序，又要对隐藏在馆员和用户头脑中的隐性知识进行组织。前者往往体现为知识仓库的组织，如各种数据库开发及其数据添加；后者通常表现为人力资源组织，如人工智能和专家系统的运作。隐性知识数量庞大，当前我们能够及时获知的隐性知识犹如冰山之一角。正如 Allee 指出：显性知识和隐性知识的关系类似于大海中的岛屿，显性知识只是露出海面的一个小岛，而隐性知识是隐藏在海面之下的庞大的部分。① 知识交流与知识传播过程，常常涉及主观知识和客观知识的相互转化。通过建立虚拟交流社区，利用人工智能与专家系统等技术手段，不仅能够把大量的隐性知识显性化，而且有利于构建在线动态的扁平化知识型组织。

（2）知识控制。万事万物本来是非线性的，但是它们只有线性化之后才能为人们所利用。这种线性化的活动，实际上就是人们附加控制的过程。尽管知识是人脑序化的产物，然而从总体上看知识资源却处于非线性（非结构化）状态。如何对知识资源进行控制，达到尽可能的线性化目的，是图书馆知识管理的重要

---

① 李亮．知识地图——知识管理的有效工具．情报理论与实践，2005，28（3）：233-237

任务。书目、文摘、索引和综述是揭示知识资源的基本方法，也是对图书馆知识资源进行控制的主要工具。MARC 编目把非结构化的文献资源结构化，以固定格式将文献的题名、著者等信息组合成记录，再将记录集合成书目数据库。DC 等元数据是网络知识编目的标准化格式，亦是网络知识资源书目控制的重要手段。索引是对数据库的知识资源按某种特征进行倒排文档组织，已成为数据库组织与检索最有效的方式之一。此外，文摘和综述等也是揭示原始知识资源的利器，是图书馆知识控制强有力的工具。

（3）知识检索。知识检索技术是保障知识用户及其代理人（如馆员）从各种知识源中快速、准确地查找所需知识的工具、方法与技能。无论是结构化数据，还是非结构化数据，经过图书馆的知识组织与知识控制之后，都能提供查找功能。诸多数据库利用倒排文档建立了索引数据库，为用户提供了多途径的检索入口。文档数据库管理技术支持文档的发布、浏览、检索，促进了图书馆的知识共享与知识检索。分类目录和搜索引擎，是网络知识检索的常用工具。尤其是搜索引擎，已成为人们网络冲浪不可或缺的利器，目前 85％的用户通过使用搜索引擎来寻找需要的信息①。根据发展历程搜索引擎可以分为三代：第一代以 Yahoo 为代表，以关键字、短语搜索为特征，包括计数、匹配、单词和短语接近关系等；第二代以 Google 为代表，增加了对被搜索页的操作，用页面之间的关联等参数来评定页面被搜索的准确度；第三代以 Lotus 知识发现服务器为代表，将“人”的表现加入进来，搜索不再局限于对固定资料的计数，而是更全面地分析，记录企业中所有人写作、编辑、查询、关联文档的活动，以此来评价“人”所创造的文档的价值，进而也可以了解企业中“人”的价值。② 第三代搜索引擎把“人”纳入了检索范围，这对隐性知识管理具有很强的现实意义。图书馆通常利用人性化的接口程序，接收、分析与提交用户提问，在后台进行高速的匹配查找运算。用户借助于友好的检索界面，获取一站式的知识检索服务。譬如，高校图书馆所建立的外文期刊检索导航，就是一种人性化的傻瓜式接口程序。

（4）知识服务。图书馆知识管理的最终目的是知识服务，为公众提供知识共享与知识获取的平台。知识服务既有无差别的平等服务，又有个性化的特色服务；既有用户自助式的知识检索服务，又有馆员主动式的知识推送服务；既有显

① 刘绍翰等．基于词条权值的相关反馈算法在 Web 信息检索中的应用．情报学报，2002，21（6）：668-673

② 奉继承．知识管理：理论、技术与运营．北京：中国经济出版社，2006：191-192

性知识的自由传播，又有隐性知识的相互交流。Push 技术促进了知识的主动供给，RSS 技术提供了知识的个性化服务，群件技术推动了知识的动态共享，知识挖掘技术开发了知识的隐含价值，虚拟社区保障了知识的在线交流。在众多的知识服务技术体系中，知识网格和专家系统是极具发展潜力的知识管理技术。知识网格试图整合网络知识资源，把网络变成一个超级虚拟知识库，用户可以随时随地上传个体知识与获取公共知识。专家系统是图书馆咨询服务的重大变革，也是图书馆隐性知识管理的重要举措。传统的图书馆咨询效果有限，一方面咨询馆员必须独当一面，难以及时解答各种各样的问题；另一方面用户咨询的课题对口性强，咨询结果难以令用户满意。专家系统的介入，能较好地解决图书馆参考咨询服务的难题。如果用户提问在专家系统知识库中找不到答案，那么该系统就会自动进行主题分析，把问题提交给对口的在线专家。专家答案在返回用户的同时，经过标引之后添加到知识库供用户查找。此外，系统往往还设置了在线交流社区，这样馆员、专家和用户的隐性知识就能得到很好的交流与管理。

3.2 图书馆知识组织的技术方法

3.2.1 图书馆知识存储技术

知识存储是知识广泛传播的前提条件，是知识共享的实现手段。如果说知识传递是一种跨越空间的知识传播，那么知识存储就是一种超越时间的知识传播。知识传播必须以一定的传播媒体（媒介）为载体，实际上也是一个知识存取的过程。在蒙昧初开的年代，先人依靠口耳相传、结绳记事、刻画图案表达思想，知识载体主要是口语和实物。最初，知识存储技术是极其简陋的“结绳记事”，此乃《九家易》所曰“古者无文字，其有约誓之事，事大，大其绳，事小，小其绳，结之多少，随物众寡，各执以相考，亦足以相治也。”① 后来，在契刻图画的基础上产生了文字，相传文字乃黄帝史官仓颉所造。甲骨作为记录知识的载体，其书写技术却是占卜之后按纹路刻画而成。竹简、木简、绢帛乃至纸张的出现，知识记录才进入书写时代。印刷术的发明，使文献批量生产成为可能。数字技术的问世，彻底改变了知识存储方式。在“原子”载体文献时代，知识的存储、加工、传播与利用，都必须以文献为单元进行。数字“比特”履行印刷文字的职责之后，知识摆脱了实物载体的束缚，知识管理可以深入到知识单元之

① 黄懿陆．商族源流史．昆明：云南美术出版社，2010：79-80

中。知识资源的数字化存储简单、快捷，有利于作者、馆员与用户方便地进行知识处理。随着知识存储技术的进步，知识载体经历了漫长的演变过程：口语、兽皮、泥块、甲骨、简牍、丝帛、纸张、胶片、磁带、光盘、磁盘等。Internet 开创了人类知识存储的新纪元，集文本、图像、音频、视频等多媒体知识于一体的“比特”时代已经来临。

从传播发展史来看，语言、纸和电脑网络构成了人类文明史上三座最伟大的丰碑。① 有学者认为：“科技传播经历了口语传播、文字传播、印刷传播及电子传播四个漫长的发展过程……以往的方法和手段并未为新的方法和手段所取代，而只是为新的方法和手段所补充……科技传播的历史进程并非传播媒介依次取代的表现，而是一个依次叠加的过程。一部科技传播史，就是人类在科技发展进程中不断创造和使用新的传播媒介，使科技信息系统不断走向发达和完善的历史。”② 尼葛罗庞帝称纸张等实物媒体为“原子”，而称用于网络传播的二进制数字流为“比特”。虚拟的数字“比特”取代笨拙的实物“原子”，是一场意义深远的知识传播技术与手段的变革。广播电视集“原子”和“比特”的特征于一体，是一种从“原子”通向“比特”的过渡媒体。朱光烈认为20世纪初广播电视的出现，实际上宣布了纸媒体的趋向消亡；20 世纪纸媒体得到了空前的大发展，这只不过是行将就木的纸媒体的回光返照而已。③ 知识创新、知识交流和知识再创新，是一个永无止境的循环往复过程。知识交流是知识创新和知识再创新的桥梁和纽带，知识存储则是知识交流顺利进行的基本保障。

知识存储的最终目的是更好地获取与利用，因而绝不可能是无序的任意堆积。任何知识单元都不是孤立的知识点，而是和其他知识单元有着或亲或疏、或近或远的关系。这样，相邻知识单元之间如何排列，就成了知识存储的关键。一般来说，无论是实体文献知识的排序，还是数字虚拟知识的组织，知识资源的存储结构主要有线性结构、树状结构、网状结构和复合结构等 4 种形态。知识存储的线性结构是把知识单元按某种属性作线性排列，如知识单元 A、B、C、D、E、F、G 等可以排列成“A ⟶B ⟶C ⟶D ⟶E ⟶F ⟶G……”；其树状结构是将知识单元按大类、小类层层划分，组成类似树形或金字塔式的知识体系；

① 李四达. 数字媒体艺术史. 北京：清华大学出版社，2008：9

② 何郁冰. 科学社会学视野中的科技传播和知识创新. 自然辩证法研究，2003，19（7）：61-64，79

③ 朱光烈. 媒体“大革命”. 新闻大学，2000（4）：34-39

其网状结构是根据知识单元之间的多元关系，构建网络般的知识存储形式。然而，知识单元之间的关系错综复杂，往往很难用一种存储结构来揭示与组织，于是综合应用上述存储结构就产生了知识资源的复合存储结构。

曾几何时，知识与载体形影不离，知识传播依赖于文献流传。计算机技术和网络通信技术，无疑引发了人类知识存储与知识传播的革命，知识资源的数字存储和即时传播时代已经来临。知识海量存储并非浮夸，只读型 CD/VCD/DVD、单写多读型 CD/VCD/DVD、可擦型光盘 CD/VCD/DVD 等光盘载体相继问世，硬盘、优盘、网盘、云盘等载体容量不断增加。一张普通 CD 的存储容量一般为 650～700 MB，可存储 74 卷的《中国大百科全书》（约 1.2 亿个汉字，10 万幅图片），或宏大的《大英百科全书》，或《人民日报》10 年的全部内容，或 1000 册 30 万字的图书。① 单面单层 DVD 的存储容量一般是 4.7 GB，而双面双层 DVD 可达 9.4 GB。继 DVD 之后的下一代蓝光光碟（Blue-ray Disc，简称 BD），其容量普通的 25 GB、双层的 50 GB、4 层的 100 GB、8 层的 200 GB。如果说一张 CD 可以装下一个小型图书馆的馆藏知识，那么一张 BD 无疑就相当于一个大型图书馆了。据报道，上海开发的一款电子阅读器，能将《辞海》和 101 卷的《中华文化通志》等鸿篇巨制纳入其中，盛大文学推出“一人一书计划”，目标是让每个人都拥有一部电子书，汉王“电纸书”以“一‘书’在手，悦读天下”掀起了颠覆传统纸书的阅读革命，因而有业界人士预测：继 2010 年电子阅读年之后，10 年内一部电子书装下整个图书馆不是危言耸听。② 假如把一个人的一生全部记录下来，以图像方式存储需要 1 P（1000 T）③，以非图像方式（除视频以外的形式）存储只要 1 T（1000 G）④，而把世界上发生的每一件事，2005 年全世界的出版物，全世界所有的电影，所有人说的话都存储起来，只有八点几个 E（1 E=1000 P）⑤。网络时代信息能够以每秒 30 万千米（相当于绕地球 7 圈半）⑥ 的速度传播，“用时间消灭空间”的预言已成为不争的现实。马可·波罗往返中国，

---

① 柯平．信息素养与信息检索概论．天津：南开大学出版社，2005：14

② 蔡震．“纸书”将成为艺术收藏品？．扬子晚报，2010-5-8（A29）

③ 陈波．搜索引擎在 Web2.0 中的崛起．http：//news.ccidnet.com/art/1032/20051227/401229_1.html［2009-06-28］

④ 渡渡．拥有“完美记忆”的人：1000G 就能记录人的一生．http：//news.xinhuanet.com/st/2005-12/29/content_3984576_1.htm［2012-5-18］

⑤ 陈波．搜索引擎在 Web2.0 中的崛起．http：//news.ccidnet.com/art/1032/20051227/401229_1.html［2009-06-28］

⑥ 杜士英．视觉传达设计原理．上海：上海人民美术出版社，2009：14

花了 17 年时间；英国王室知晓哥伦布发现新大陆，已经时隔半年；林肯被刺的消息传到边远村落，用了 12 天时间；春节联欢晚会的镜头和互联网络的网上直播，就在同一个时间。① “数字地球村” 初现端倪，数字社会已启帷幕。图书馆知识管理借助于 Internet 网络，一切都是那么触手可及。

数字存储技术，促进了图书馆知识管理的变革与发展。现代数字技术实现了知识资源的网络存储，支撑着知识资源的快速检索，降低了知识资源平等获取的门槛。首先，知识获取突破了时空的限制，远距离的即时传输技术保障了知识用户方便地获取所需的知识资源。随着图书馆知识资源共建共享、图书馆联盟和国家知识基础工程的发展，一个在 Internet 网上蔓延的知识资源保障体系逐步形成。在理想状态下，人们可以随时随地地获取全球任一图书馆的知识资源。其次，知识获取突破了检索的瓶颈，随心所欲地查找知识资源已经从美妙的设想变为实际的行动。书目控制技术深入到知识单元，人们可以方便使用题名、作者、分类、主题等字段进行检索，甚至还可以检索全文的任一字符。最后，知识获取支持人性化的服务，知识上门服务的理念与方式正在蓬勃发展。知识用户可以自由 “订购” 所需知识，当然也能够随时更改或终止知识 “订购”。图书馆通过分析知识用户的检索记录，获得他们感兴趣的知识领域，主动向知识用户进行知识推送或跟踪服务。无需多言，图书馆知识资源的搜集、组织与服务等业务活动，都建立在知识存储的基础之上。数字化网络化的知识存取技术，冲涤着人们固有的图书馆管理观念，带来了图书馆知识管理发展千载难逢的绝佳机遇。

3.2.2 图书馆知识的结构化

知识存储是知识整序的后继工作，知识整序是知识存储的前期步骤。无序的知识集合不是知识财富，而是知识垃圾场——毫无价值的信息乱码。只有经过加工整序变成有序的知识存储，零散知识才能成为图书馆的馆藏知识，馆员才能为用户提供知识服务，用户才能从图书馆获取所需知识。知识结构化是知识序化最重要的方式，分类法、主题法和语义网络是知识内容结构化的基本方法。无论是实体文献知识的组织，还是网络数字知识的组织，分类法和主题法都是人们在长期实践中创建的最基本的知识组织方法。分类法是一种按照事先规定好的学科或体系范畴，依据类别特征组织排列信息的方法，它以分类号作为检索标识，按学科性质进行系统排列，具有很好的层次性和系统性；主题法是根据文献论及的事

---

① 仇诗权．全球革命．北京：中国文联出版社，2008：30

物或概念为标引对象，直接用语词作这种对象的标志，按字顺排列，并用参照系统显示概念之间相互关系的一种索引方法或文献处理方法。① 语义网络是通过概念联系表示知识，在人工智能领域颇受重视。知识记录在载体之上形成文献，文献一旦产生就具有相对稳定的外表特征。作者、题名、出版社、出版时间等显著特征也可作为知识结构化的依据，它们是知识形式结构化的重要方法。因此，图书馆知识整序的技术方法通常有以下 4 种。

（1）分类组织。分类法是人们以学科分类为基础认识与区分文献的重要方法，孔子六艺已具备了古代文献分类的雏形。西汉末年，我国第一部分类目录《七略》问世，开创了文献“六分”的先河。古代文献数量较少，分类体系相对比较简单，六分法、七分法、十二分法以及四分法等均有类名而无类号。1876 年，杜威十进制分类法为每一类目配备了严格的标记符号，适应了印刷型文献以普赖斯曲线增长的现状。文献分类体系是以文献内容学科属性为基础，兼顾文献显著形式特征来组织的线性体系。类目等级隶属关系分明，并通过设置参照类目、交替类目来揭示其相互关系，强调整体的逻辑性、科学性、规律性。类名力求科学、准确、规范和稳定，学术性和专业性较强。说明与注释随处可见，有利于标引人员标引文献和读者使用分类目录。尽管分类表利用参照类目、交替类目、说明与注释等充分揭示了类目之间的联系与区别，但是具体的文献组织是严密的线性等级体系，每一个文献单元都有唯一的排架位置。分类组织的基本功能是揭示、组织与利用（检索）馆藏知识资源。传统文献组织以一定的分类法为依据，馆员对馆藏文献进行分类标引与编目，充分地揭示馆藏文献并组织分类排架，以供读者检索与借阅。

分类法按学科专业或范畴领域组织与揭示信息资源，不仅适用于文本信息，而且适合于非文本信息、超文本信息等，因此更符合知识管理系统对知识多种方式组织与表现的需要。② 网络知识组织，就是对网络知识进行分类标引，创建知识分类组织数据库，建立知识分类导航系统，提供分类浏览与分类查询手段。但是，反映传统文献分类线性等级层次的标记符号，很难与相互链接的网络知识形成线性的一一映射关系。因此，网络知识分类组织继承了现代文献分类法的合理内核，抛弃了其光彩夺目的外表——标记符号，又返璞归真重新用类目名称进行网络知识分类标引。网络知识分类组织是符合人类认识的立体化知识组织，因不

---

① 邱均平，沙勇忠．信息资源管理学．北京：科学出版社，2011：25 表 0-251

② 邱均平．知识管理学概论．北京：高等教育出版社，2011：145

涉及排架问题而不受文献分类线性知识组织的束缚。网络知识分类组织以知识分类为基础，把相关知识进行族性聚类，具有高度的灵活性与动态性。它可以按照学科之间的交叉与渗透的多元关系，采用多视角、多途径揭示，充分反映学科发展的多维构架，用多元划分的方式，构建多维的分类体系。其分类体系可以多个并列，或以主分类体系配置多个从分类体系。类目设置不受等级隶属关系约束，既可把不同等级的类目并列，又能交叉列类，还可突出重点类目。一个母类可采用多种划分标准，一个子类可以隶属于多个母类，一个类目可以重复列举在多个所属学科体系中，并通过超文本链接，实现类与类、类与信息之间有效地跳转，使整个类目体系形成一个多角度、多重入口的网状结构。① 由于网络知识分类组织直接面向用户，类目通俗、易懂、实用、简练，一般不设参考与注释，也可与后台类目不一致。

（2）主题组织。主题法作为揭示文献的方法很早就受到人们的重视，我国古代“用韵以统字，用字以系事”的类书是主题法发展的最初形式。1876 年，杜威创制的十进制分类法，专门设置了主题索引。传统文献主题组织，主要是从文献学科特性来聚类文献，把属于同一主题而分属于不同学科的文献集中。主题法打破学科界限，建立了文献知识内容之间的内在关联，虽然不能用于排架文献，但是在揭示与检索文献方面拥有不可替代的优势。主题组织，把同一主题的相关文献集中，用户查找快捷方便，而且文献信息的对口性更强，查准率更高。目前，以自然语言为处理对象的人工智能技术取得了重大进展，文献的主题标引与主题检索已成为图书馆文献组织的主要方法之一，主题法揭示文献、检索文献的功能与作用越来越重要。

网络知识脱离了物理形态——文献载体的束缚，不存在实体文献分类排架的问题。人脑中知识是网状、动态、立体化的脑电波，网络知识是网状、动态、立体化的电信号，两者的表现形态十分类似。因此，网络知识主题组织与人脑中的自然形态的知识组织相吻合。任何事物、任一概念，都有一个客观的名称，直呼其名，以名立类，按名组织，依名检索，这是网络知识主题组织的优势。主题组织能够充分地反映新学科、新概念、新事物，这比较适合网络知识灵活性高、动态性强的特点。网络知识通过主题组织，有利于用户准确、方便地查找所需知识。

---

① 孙建军．信息资源管理概论（第 2 版）．南京：东南大学出版社，2008：141

（3）语义网络。语言是知识的天然载体，文字其实是符号化的语言。语义学研究的是符号与被表示物（符号所指对象或情况）之间的关系，即符号的意义。① 根据人类记忆结构模式建立的语义网络，已被广泛地应用到信息科学、人工智能等领域。在语义网络中，概念通过“联系”连接在一起而形成关系网络，概念被称为结（knots），联系被称为缘（edge）。概念和关联关系是知识的基本结构要素，概念之间的典型联系是：“是”、“属于”和“联系”。《现代汉语词典》对概念的解释是：思维的基本形式之一，反映客观事物的一般的、本质的特征。人类在认识过程中，把所感觉到的事物的共同特点抽出来，加以概括，就成为概念。比如从白雪、白马、白纸等事物里抽出它们的共同特点，就得出“白”的概念。② 因此，概念是事物本质属性的概括，是人们思维的细胞。

在自然语言体系中，往往一个概念可用多个语词表示，或者一个语词可表示多个概念。知识组织的理想状态是建立概念的一一对应关系，同义词、近义词与多义词不利于知识组织与知识检索。于是，人们通过提炼与规范自然语言，建立标准的受控词表，改进知识标引与知识检索。这样，致力于概念及其标记符号有序化的索引词典就产生了，被选作概念代表的标记符号称为描述符，同义词等概念的其他标记符号都是非描述符。知识标引与知识检索中的概念，以往需要经过人脑思维来控制；现在通过计算机系统的后台运算，概念选词相对放宽，自然语言的标引与检索就依赖于这种原理。有学者认为，汉语比英语具有更强的语义网络性能，更适合于用计算机来对知识进行结构化处理。譬如，假设 AB 两个概念之间可用“是”关联，在英语中涉及概念的单复数、动词时态等，而在汉语中则没有此类麻烦。语义网络描述了表示知识的概念之间的关系，是知识组织结构化的重要手段，也是其他知识组织结构化方法的基础。

（4）显著特征。题名、著者、出版社、出版日期等文献外表特征，往往是文献检索的重要途径。因此根据显著特征组织文献，也是文献资源组织的方法之一，有时候在图书馆知识组织中起着极其重要的作用。譬如，依据出版物类型，馆藏资源可以按图书、期刊、科技报告、专利说明书、学位论文、技术标准等分门别类地组织；根据读者需求类型，馆藏资源能够以读者群互不相同的文献需求

---

① K. Mertins, P. Heisig, J. Vorbeck. 知识管理——原理及最佳实践（第 2 版）. 北京：清华大学出版社，2004：110

② 中国社会科学院语言研究所词典编辑室编. 现代汉语词典：2002 年增补本. 北京：商务印书馆，2002：404

进行分类组织。数据库标准化、规范化，是知识资源共建共享的前提和基础。依据《中国分类主题词表》、《中国机读目录通讯格式》及《中国文献编目规划》等信息处理标准，开发界面友好、功能强大、检索方便的数据库，提供主题、分类、作者、关键词等多种检索途径。建立数据库倒排索引文档，充分揭示文献资源的显著属性，有利于提供多种检索途径，有利于提高检索效率。

当然，这几种知识组织的方法互有优劣，它们处于平等的发展状态，谁也无法完全取代另一方。譬如，分类法可以反映知识资源的族性特征，主题法可以体现知识资源的特性特征。我国著名的图书馆学前辈刘国钧先生指出："分类法和标题法各有所长，各有所短，合则双美，离则两伤"①。分类主题一体化，即把分类与主题有机地结合起来，扬长避短，相得益彰，这是人们梦寐以求的美妙设想。在网络信息组织中，分类法与主题法互相利用对方的原理与技术，促进了分类主题一体化的发展。基于分类目录的搜索引擎和基于全文索引的搜索引擎有相互融合的趋势，前者在一定程度上提供网络信息"语词"匹配搜索框，后者则正向分类浏览方向突破。元搜索引擎（Meta search engine 或 Multiple Search Engine，亦称集合型搜索引擎或集成搜索引擎），既支持以分类目录为基础的搜索引擎，又支持以主题（关键词）索引为核心的搜索引擎，分类主题一体化得到了较好的应用。网络信息组织分类主题相结合，知识族性聚类与特性聚类协调作用，符合网络信息"网状"序列结构形态，有利于从根本上解决网络信息组织集中与分散的矛盾。同样地，语义网络和显著特征也不是孤立的知识组织方法，它们和分类法与主题法密切关联，共同揭示与组织知识资源。

3.2.3 图书馆文档管理技术

数据有结构化数据和非结构化数据两大类。结构化数据具有相同的层次或统一的结构，经历了层次数据库、网状数据库和关系数据库等发展阶段。非结构化数据无法用数字或统一的结构存储，通常以文件形式保存与管理。在图书馆乃至整个数字世界，大量的知识资源都是非结构化数据，如 office 文档、图片文件、web 网页、多媒体资料等。非结构化数据的存储、识别、检索与利用，仅仅以网络共享文件系统管理不能满足用户需求。1989 年，Lotus 通过其群件产品 Notes 提出了数据库技术的全新概念——用于管理文档的"文档数据库"；在传统数据

① 刘国钧著．刘国钧图书馆学论文选集．北京：书目文献出版社，1983：306

库中信息被分割成离散的数据段，而在文档数据库中文档是处理信息的基本单位，文档可以很长、很复杂、无结构，与字处理文档类似。① 关系数据库是一张由若干记录（record）组成的二维表结构，每一条记录分成若干字段（field），每一列称为一个属性（attribute）。文档数据库的文档结构由一组字段域构成的表单（form）来确定，作为文档数据库的基本元素——文档相当于关系数据库的记录，作为表单上存储数据的单个元素——字段域（domain）类似于关系数据库的字段，作为存储于文档中的任意数据部分——条目（item）与关系数据库的属性相近。文档与表单的关系类似于关系数据库中的行与表的关系，但文档数据库既可以在文档中添加一个已创建表单并不存在的域，又可以使用不同的表单去显示同一个给定的文档。② 文档数据库的视图好像打开的资源管理器目录，显示文档的信息与状态，可供浏览、分类、排序与检索。

文档数据库管理技术是图书馆知识组织的核心技术之一，通过文档的创建、存储、分类、发布、浏览、检索，不仅完成了知识搜集与知识组织的过程，而且还提供了方便的知识共享与知识服务的途径。在图书馆自动化集成管理系统中，通常对不同的文档用户设置不同的权限，譬如系统管理员掌握文档管理的全部权限，馆员拥有浏览、修改、添加文档等权限，校园网读者被赋予自由浏览、使用或下载等权限，而对非校园网读者往往仅赋予部分浏览的权限。文档数据库并非数据孤岛，它通过文档访问接口 ODMA（Open Document Mangement API）或 WebDAV（Web Distributed Authoring and Versioning）和外部环境发生密切联系。ODMA 支持客户端对 DMS（Document Management System）的自由访问，即支持 office 等桌面文档处理程序对文档管理服务器的文档进行存取操作。WebDAV 指基于 Web 分布式内容创作与版本管理，允许网络发布、文档共享、工作协同等。WebDAV 是对 HTTP 协议的一个扩展，其访问控制表提供了对每个文件的读、写和共享的控制。这样，DMS 和 WebDAV 有机地结合在一起，是图书馆在网络环境下开展知识搜集、组织乃至服务的技术基础。

文档数据库管理同样涉及文献标引问题，分类法和主题法仍然是两种最基本的文献标引方法。文档标引，就是根据文档的特征，赋予文档检索标识的过程，标引词是文档检索的入口。在文档标引工作中，主题分析的准确性、标引词的一致性、标引词的网罗度、标引词的专指度等总会因人而异、因文而异，整体标

① 奉继承．知识管理：理论、技术与运营．北京：中国经济出版社，2006：145
② 奉继承．知识管理：理论、技术与运营．北京：中国经济出版社，2006：146

引、全面标引、对口标引、综合标引及分析标引等方式的不同也会造成标引结果有所差别。统一文档标引尺度，提高文档标引质量，使标引结果既不遗漏又准确恰当，这将直接关系文档数据库的管理效果。当前，基于人工智能的知识分类技术和自动标引技术，能够把自然语言转化为规范的标引语言，保障了知识标引和知识检索的全面性与准确性。

图书馆知识组织技术远远不止上述所说的那几种，譬如知识发现、知识挖掘、知识聚类、知识归类、知识仓库、知识地图等技术都或多或少地与知识组织联系在一起。同时，诸多技术往往是一个多功能的知识管理工具，既有知识组织的功能，又有知识搜集的作用，甚至还有知识服务的用途。结构化知识资源和非结构化知识资源也是一个集合体，它们通过图书馆现代化管理系统提供服务，并借助于 Internet 网络实现在线虚拟运作。因此，在图书馆知识资源序化组织中，我们应当充分发挥单个知识管理工具的作用，更应该注重知识管理技术的整体性能。

3.3 图书馆知识控制的技术方法

3.3.1 知识资源揭示的方法

书目控制技术源远流长，我国古代早有《尚书》之青丝目录与《诗》《书》之序、“九流以别”之分类目录体系、“小序、篇目、叙录”之书目著录方法和“校勘、考证”之学术探源手段。长期以来，知识资源揭示主要表现为文献资源的揭示。我国文献揭示偏重于分类组织，形成了强调指导读书治学的“类目既分，学术自明”的理念，即“周知一代之学术，及一家一书之宗趣，事乃与史相纬”①。向歆父子著《别录》与《七略》，始创文献六分的书目分类方法；六分法经过发展，至隋唐正式演化为四部分类法。此后，文献四分法一直居于主导地位，直到清朝才逐步退居二线，现在不少图书馆的古籍分类仍然采用四分法。西方书目工作在文艺复兴后取得了长足进展，编目体系讲究技术规范，遵循“图书描述”与“方便检索”的原则，侧重实用的列举式著者目录和书目著录技术。西方文献组织以方便检索为目的，注重对著者、题名、出版社等文献显著特征进行描述，书目、文摘、索引、综述等文献揭示方法比较成熟。20 世纪初，随着西方图书馆学思想的涌进和我国图书馆事业的发展，索引、文摘、综述、评论等

① 张舜徽选编．文献学论著辑要．北京：中国人民大学出版社，2011：17

书目工具落地生根，分类、著者、书次、互见、参见、卡片等著录方法研究日盛。20 世纪 20-30 年代，我国图书馆界文献分类法掀起了“仿杜”“补杜”“改杜”的高潮，馆藏目录体系普遍建立，索引、文摘、综述等书目控制方法开始流行。

谢拉主张有关知识通讯的理论是目录学的本质，布鲁克斯认为知识是书目的本质①。20 世纪中叶，信息技术革命在西方催生了“bibliographic information”。20 世纪 80 年代，彭斐章教授站在目录学界的理论前沿，高瞻远瞩地引进“书目情报”，提出“书目情报是关于文献的知识和效用信息的集合”②。从实体的“书目文献”表象深入到抽象的“书目情报”内核的跨越，是目录学变革与发展史上的里程碑。书目情报是原始文献信息的一种情报模型，它对原始文献信息模拟的主要形式有：书目、文摘、提要、综述和索引。书目情报是一种描述原始文献的特定知识，即高度浓缩地揭示与报道一次文献知识的效用知识。知识生产、分布和流动过程中的无序性和不确定性，与人们利用知识的有序性和确定性要求之间存在巨大的矛盾。书目工作就是这种知识供需矛盾发展的产物，书目控制就是要调和知识资源的供需矛盾。

书目是人们特定的文献知识需求与大量的文献知识供给之间矛盾运动的必然结果。书目情报揭示报道的对象与其说是文献，不如说是文献中所蕴含的知识。书目情报本身就是依赖于被揭示的文献知识而存在的知识，即关于被揭示知识的知识。书目情报的编纂，尽管依附于原始的一次文献知识，但绝不是原始知识的简单重复与再现，而是基于原始知识的高度浓缩的二次知识。书目情报作为“关于知识的知识”，是描述、说明、处理源知识的知识，是人们进行知识资源管理的基本工具。书目情报可用来描述一类知识或知识集合的内容、结构和一般特征，是一种说明如何运用领域知识的概括性、总结性或关联性的知识，具有描述、定位、查找、评价与选择知识资源的功能。

书目控制的最终目标有二：一是有效揭示与检索知识资源，二是保存与传播知识资源。知识传播可无向扩散，学术交流亦能无区别服务，但是这种传播与交流往往漫无目的，是低效、无用甚至有害的信息通讯。当今社会知识供需矛盾愈演愈烈，知识资源的有效揭示与报导更加重要。知识经济时代，书目在知识揭示、报道、传播与利用中居功至伟。通过书目情报控制，知识供给就可向特定目

---

① 彭斐章．目录学教程．北京：高等教育出版社，2004：27-28

② 彭斐章．书目情报需求与服务组织．武汉：武汉大学出版社，2000：1，2-3

标用户传递，学术交流就能进行有针对性的个性化服务。这就是说，书目情报服务是知识定向、定量与有效传播的阀门，是人们知识导航的风向标和学海泛舟的指南。知识管理涉及知识的组织、关联、存储、检索、服务、传播、利用和开发等问题，这些问题的解决与书目情报服务密切相关。

网络环境下数字知识无序剧增与人们特定知识需求之间的矛盾更加突出，网络知识揭示、组织与检索等书目控制面临重大变革。“数字”与“网络”的崛起，彻底改变了知识存储方式和知识传播途径。但是网络知识的海量供给导致了“认知过载”，它的无序剧增造成了“知识迷宫”，网络数字知识资源的书目控制急需加强。正如恩格斯所言：“社会一旦有技术上的需要，则这种需要就会比10所大学更能把科学推向前进”①。网络知识书目控制是目录工作发展的新阶段，它涉及网络知识资源的搜集、分类、标引、组织、存储、检索与利用等过程。当前，分类目录、搜索引擎、超文本链接等网络信息组织工具，实际上是传统书目控制理论与现代信息技术手段相融合的产物。数字时代知识爆炸式扩张，网络信息分类、元数据编目、搜索引擎等书目控制技术横空出世。网络信息的搜集、整序、组织与传播，迅速成为书目控制的热点与难点。专门著录网络信息的元数据标准也不断出现，譬如DC、TEI、GILS、FGDC、VAR、EDA等。分类目录从纸质文献排架扩展到网络信息组织，搜索引擎从单一形式发展到专业、综合、学术、独立、集合、分布与智能等多元模式。

网络信息是以超文本链接组合的图、文、声、像等多媒体信息，是开放、动态、多样、网状的信息集合。有报告显示，2012年全国每天新增数据量达到10 ZB（1百万亿亿字节）；百度日更新网页数十亿，日处理数据数十PB（千万亿字节，1 PB=1024 TB），每天响应数十亿次搜索请求。② 然而，大量而无序的信息，不是财富而是灾难。网络信息无序增长，知识作为序化信息却又十分稀缺。我们处于信息超载的时代，却又过着知识贫乏的生活。因此，如何把分散的、无序的网络信息整序成网络知识并合理组织，是解决信息过载与知识贫乏的治本之策。数字时代，书目控制突破了知识管理必须以文献单元为单位的技术瓶颈，已经深入到以知识单元为单位的知识管理。毫无疑问，基于知识单元的知识聚类与知识链接，开创了人类知识管理活动中书目控制的新阶段。知识资源的智能标引、自

---

① 马克思恩格斯选集 第4卷．北京：人民出版社，1972：505

② 互联网协会公布2012年影响中国互联网发展十件事．人民网．http：//it. people. com. cn/n/2013/0116/c1009-20223300. html［2013-01-16］

动文摘、知识挖掘、知识推送等现代技术的广泛应用，必然促进网络知识资源书目控制的发展。

目前，网络信息搜索引擎根据其网络信息的组织与检索方式，可分为分类目录搜索引擎和全文索引搜索引擎。分类目录搜索引擎，是以网络信息分类组织为基石的信息检索工具，即由编辑人员访问、筛选、分析与归类网站（含自己主动访问选择的网站和网站管理人员推荐的网站），以超文本链接方式将不同学科、专业或区域的信息按照分类或主题组织，建立树状结构的可供检索和查询的等级式主题目录索引数据库，保存各网站的站名、网址及内容提要，向用户提供浏览和检索的等级层次目录体系。Yahoo 和 Magellan，就是网络信息分类组织的典型代表。分类目录搜索引擎信息分类不规范，没有一个统一的控制词表和参照标准，分类目录差别较大，搜索范围较小，数据库更新慢，查询交叉类目时容易遗漏，查全率低。① 网络信息分类体系处于初创阶段，还依赖于后台的人工干预，知识智能分类仍在探索之中。全文索引搜索引擎，是以网络信息主题（关键词、标题词等）组织为依托的信息检索工具，即利用网络“蜘蛛（robot 等）”沿着 HTML 链接自动访问网页，对网页内容进行关键词标引或进行主题分类，然后建立主题词（关键词）与网页链接对应的倒排文档索引数据库，保存各网站网页的内容，向用户提供关键词匹配的网络信息检索途径。全文索引搜索引擎，利用主题法来组织与揭示网络信息资源，信息查找快捷全面，用户使用比较方便。AltaVista 就是这种搜索引擎的杰出代表。

随着数字处理技术的发展，书目情报自动控制技术逐步走向实用，这主要体现在利用计算机对源知识进行自动标引、自动索引和自动文摘三个方面。自动标引是采用词频统计、句法分析、语义分析和人工智能等手段自动揭示与标引文献主题内容的过程，通常有自动抽词标引和自动赋词标引两种。前者描述文献主题内容的标语词，是直接从原文中自动抽取的语词，后者的标语词不是来自于被描述文献，而是选自预先编制的词表。自动索引指通过文献进行分析，自动生产由标目、修饰语和参照项组成的索引款目，进而形成完整的索引数据库。当前，计算机索引技术有关键词索引、词串索引、挂接主题索引、轮排主题索引、人工智能索引等。自动编制文摘主要分为“自动摘录”（automatic extracting）与“自动文摘”（automatic abstracting）两种，其机理是文本物理信息分析（语词频率、

① 彭志宏，王家驹．现代图书馆信息检索与利用．郑州：郑州大学出版社，2008：194

语词与句子的位置等）、自然语言理解（识别与提取知识焦点）或文本结构分析（知识单元的篇章结构）。自动摘录之设计程序使得计算机根据各种统计指标，从原始文献中选出具有代表意义的高权值句子，并按它们在原文中出现的次序组合起来构成文摘，即计算机处理后输出的结果只是一种摘录。自动文摘指让计算机模拟文摘员手工编写文摘的过程，真正地用散文体写出一篇文摘。由此可见，自动编制文摘主要有机械文摘法和理解文摘法两种方法。机械文摘法借助模式匹配、词权或句权统计、启发函数和线索词典等，机械地抽取重要句子组成摘要，又可细分为统计摘录法、位置摘录法和提示摘录法；理解文摘法先通过篇章理解，将原文转换成篇章意义的机内表示，再对机内表示进行删节，最后利用自然引言生成技术写出摘要。① 理解文摘法也称人工智能文摘法，它引入知识获取和知识表示的理论与技术，从语义和文本结构两方面入手处理原始文献，是自动编制文摘的发展方向。

3.3.2 机读目录格式的完善

机读目录（Machine-Readable Cataloging record，MARC），是以代码形式和特定结构记录书目信息，能够被计算机识别、存储、编辑和输出的目录形式。简言之，MARC 就是机器可读目录（计算机可识读与处理的目录）。MARC 格式是一种用于描述、存储、交换、控制和检索知识资源的元数据标准，是图书馆书目数据组织与馆藏文献管理的重要工具。目前，利用 MARC 格式可以生产出多种目录产品，如书本式目录、卡片目录、OPAC（Online Public Access Catalog）和 IPAC（Internet Public Access Catalog）等。② MARC 数据输出灵活，既可产生各种类别的传统目录，又可在 Internet 以不同的风格显示，还可作为书目数据上传下载。

1961 年，美国国会图书馆（LC）开始图书馆自动化的设想；1963 年，该馆组织了在内部工作中采用电子计算机技术的可行性调查。③ 同年，G. W. 金等人发表了关于美国国会图书馆书目系统自动化的报告。1965 年，阿弗拉姆夫人等开始研制 MARC；1966 年，LC 成功制定了 MARC Ⅰ，并开始发行 MARC 磁带。1968 年，英美两国合作改进机读目录格式，推出 MARC Ⅱ。④ 1971 年，美国标准局正式批准 MARC Ⅱ 格式为美国国家标准。1973 年，国际标准化组织采用 MARC

① 王知津等．现代索引文摘法．北京：北京图书馆出版社，1999：24 表 0-241
② CALIS 联机合作编目中心．CALIS 西文图书编目业务培训教材．2004：21-22
③ 刘英华，赵哨军．信息资源检索．北京：科学出版社，2010：213
④ 梁焕平．MARC 与 Dublin Core 两种元数据的比较研究．情报杂志，2004（4）：110-112

作为国际标准。LC 研制的 MARC，20 世纪 80 年代称为 USMARC 或 LCMARC；1998 年 5 月—2000 年 7 月，美国图书馆协会（MARBI）和加拿大机读目录委员会（CCM）举行了多次会议，最终使 USMARC 和 CANMARC 实现了融合，一体化后的 USMARC 正式更名为“MARC21”。① 20 世纪 70 年代，德、法、加、澳、意等国先后制订了各自的 MARC 格式标准。为了统一各国机读目录格式，在国际范围实现不同文种、不同载体文献的书目数据的交换与共享，1977 年国际图联（IFLA）颁布了 Universal MARC Format（UNIMARC）。1994 年，IFLA 出版了 UNIMARC 第二版。UNIMARC 架起了国际间书目数据互相转换的桥梁。

在参照 UNIMARC 格式和遵循我国国家标准的基础之上，《中国机读目录格式》（CNMARC/B）和《中国机读规范格式》（CNMARC/A）逐渐成为了国内外中外书目信息的交换与共享的标准格式。1979 年，北京图书馆（中国国家图书馆）和北京大学图书馆等组成“北京地区机读目录研制协作组”，开始引进、研究美国国会图书馆的 LCMARC；1986 年，UNIMARC 中译本问世；1989 年，北京图书馆制订出《规范数据款目著录规则（草案）》和《中国机读规范格式（试用本）》；1991 年，正式出版《中国机读目录通讯格式》；1995 年，北京图书馆出版《中国机读目录格式使用手册》（2001 年出版“修订版”，2004 年出版“新版”），并修订《中国机读规范格式（试用本）》（1999 年编印）；1996 年和 2002 年，文化部实施行业标准《中国机读目录格式》（WH/T0503-96）（CNMARC/B）与《中国机读规范格式（WH/T15—2002）》（CNMARC/A）；2005 年，在 CNMARC/B 基础上修订而成的国家标准《中国机读目录格式》通过专家评审，已上报全国信息与文献工作标准化技术委员会和国家标准化管理委员会。② 同年，《MARC21 书目数据格式使用手册》（MARC21/B）和《MARC21 规范数据格式使用手册》（MARC21/A）正式出版，为我国西文书目数据处理提供了标准与规范。国家图书馆和 CALIS 的联机编目与书目数据共享，使 CNMARC 与 MARC21 在我国图书馆界迅速普及。书目数据库是书目记录的集合，书目记录是书目数据库的基本单元。

MARC21 记录由记录头标（Record label）、目次区（Directory）和可变长数据字段（Variable data fields）三部分构成，每条记录均以记录终止符结束。记录头标提供对记录进行处理的参数，位于每条记录的开头，固定长度为 24 个字符

① 王细荣．图书情报工作手册．上海：上海交通大学出版社，2009：102

② 王细荣．图书情报工作手册．上海：上海交通大学出版社，2009：102

位置（00-23）。目次区是记录中每个可变长控制字段和可变长数据字段位置的索引，位于记录头标之后，计算机自动生成。目次区由若干个款目构成，每个款目固定长度为12个字符，由字段标识符（3）、字段长度（4）和字段起始字符（5）三部分构成。可变长数据字段包括两部分：无字段指示符和子字段代码的可变控制字段（00X），有字段指示符和子字段代码的可变数据字段（01X-9XX），两者共十一大功能块。CNMARC数据记录的整体结构安排和MARC21基本相同，但其可变数据区字段只有十大功能块，而且字段顺序也有别于MARC21。MARC记录的内部结构如图3-2，MARC21和CNMARC可变长数据区的功能块如表3-1。

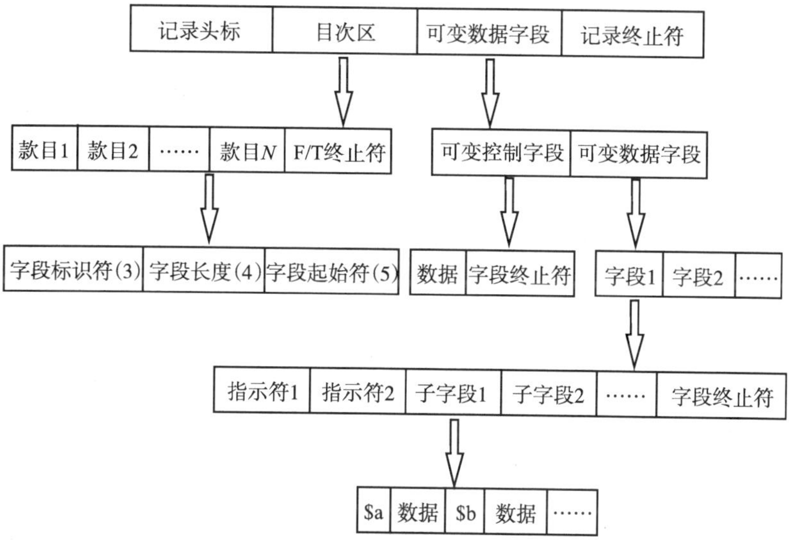

图3-2 MARC记录结构示意图

表3-1 MARC21和CNMARC可变长数据区的功能块

字段代码	MARC21可变长数据区功能块	CNMARC可变长数据区功能块
00X	控制字段	0XX——标识块
01X-09X	各种号码和代码字段	
1XX	主要款目字段	编码信息块
2XX	题名、版本、出版发行项等字段	著录信息块
3XX	载体形态项等字段	附注块

续表

字段代码	MARC21 可变长数据区功能块	CNMARC 可变长数据区功能块
4XX	从编说明等字段	连接款目块
5XX	附注字段	相关题名块
6XX	主题检索字段	主题分析块
7XX	名称等附加款目、连接字段	知识责任块
8XX	从编附加款目、馆藏信息等	国际使用块
9XX	地方用字段	本地使用块

MARC 作为一种标准的文献著录格式，脱胎于纸质文献的手工编目，它与卡片目录格式一脉相承。《国际标准书目著录》（ISBD）和《英美编目条例》第 2 版（AACR2r）以及我国的《文献著录总则》（GB3792. 1-83）和《普通图书著录规则》（GB3792. 2-85）等有关文献编目的规则，同样是 MARC 著录所必须遵循的规范。馆藏文献的外表特征与内容特征，如题名与责任说明、版本、出版发行、载体描述、丛编、附注、主题、分类、摘要和标准号等，在 MARC 著录格式中都得到了充分的反映。在参照 USMARC 的基础上，国际图联制定了通用的机读目录格式标准 UNIMARC，世界各国以此为标准纷纷建立了 MARC 格式。MARC 保证了书目数据在不同系统之间的兼容，为联机编目和编目数据转换奠定了基础，为编目数据共享提供了保证。

MARC 记录格式详细灵活，字段和子字段极其丰富，既可以对文献进行不同级别的著录，又能够提供多途径的检索入口。文献的外表特征（题名、责任者、出版项等）和内容特征（分类、主题、摘要等），都可以在 MARC 中找到对应的著录位置或描述手段。图书馆可通过 MARC 书目数据库集成纸质文献、声像资料、缩微产品和电子文献等知识资源，允许对题名、著者、主题和分类等进行标识并作为检索入口，还可利用 MARC 的数据单元对检索词进行出版、日期、语种、文献类型等多种形式的限定。

当前，实体图书馆、复合图书馆和数字图书馆共存，馆藏资源类型有本地馆藏、异地馆藏、临时馆藏、虚拟馆藏和浮动馆藏①，馆藏资源载体有纸张、磁带、硬盘、光盘等等。MARC 最初是针对印刷型文献著录设计的，后来其描述对

① 王丽文．军校图书馆特色服务探析．信息管理，2009，22（2）：36-39

象逐步扩展到音像制品等实体文献。图书馆数字资源急剧增长，严重冲击着作为馆藏资源著录标准的 MARC 格式。这主要体现在三个方面，一是 MARC 标准能不能著录数字资源，二是实体馆藏与虚拟馆藏的书目数据能不能兼容，三是 MARC 格式会不会影响数字资源的网络发布。数字资源编目需要解决其获取和利用问题，即准确反映具体的存储位置和利用方式。

1993 年 4 月，OCLC 与美国国会图书馆联合建议：修改 MARC21 书目格式以适应联机信息资源编目，新增 MARC856 字段“电子资源定位和检索”（Electronic location and access）。1994-1996 年，OCLC500 多家成员馆将 856 字段作为正式的字段编制了 18000 条网上资源。① OCLC 为了更好地描述与组织网络资源，先后实施了 InterCat、NetFirst 及 CORC（Cooperative Online Resource Catalog）等数据库的建库工作。其中 InterCat 所有记录都用 USMARC 格式，并在记录中添加 856 字段；NetFirst 是一个经由 OCLC FirstSearsh 或 OCLC Cataloging Service 可查询到的网络资源数据库，它由 OCLC 摘出网页摘要和索引，并配有 LC 的标题词和杜威十进分类号；而 CORC 则是一个在线资源联合目录，被称为 InterCat2，它较之 InterCat 具有以下特点：①除用 MARC 格式外还可使用 DC 元数据组织；②除用 HTML 外也可使用 XML 作为其句法结构；③强调合作编目、资源共享。② OCLC InterCat 数据库已经拥有数十万条数字化资源的书目记录，可提供题名、作者、关键词与浏览等检索途径；美国国会图书馆（LC）也是开展网络资源编目的先行者，其新千年编目会议计划实施“互联网资源书目控制”，这些事实证明 MARC/AACR2 完全可以适用于网络资源编目。2000 年 UNIMARC 修订之后，增加 856 字段用于“电子资源定位与检索”。数字资源在网上有相对固定的存储位置，即：“协议：//网络域名或 IP 地址/目录/…/文件名”。856 字段是 MARC 记录中揭示电子资源“位置”与“获取”的专门字段，包括可获取文献的电子地址和通过指示符 1 的值所定义的文献检索方法。电子版文献资源和有相应电子版本或相关电子资源的非电子资源都适合于用 856 字段揭示。当某一文献有多种数字资源或电子资源可通过两种以上检索方式获得时，应用 856 字段重复著录。

为了充分揭示电子资源，我国 CNMARC 吸收了 UNIMARC 的 856 字段。856 字段为必备字段，主要记录电子资源的存贮地址和存取方式。指示符 1 标示电子资源的获取方式（Access method），即说明通过 EMAIL（电子邮件）、FTP（文件

---

① CALIS 联机合作编目中心 . CALIS 中文图书编目业务培训教材 . 2004：15-16

② 王松林 . 资源组织 . 北京：北京图书馆出版社，2011：173-174

传输协议)、Dial-up（电话拨号)、Telnet（远程登录)、HTTP（超文本传输协议)、MMS（Windows 流媒体协议）等访问方式（协议）来获取电子资源。指示符 2 描述被编目文献（书目记录所描述的文献实体）与 856 字段所标示的网上电子资源的关系:① Resource（电子资源），Version of resource（有电子版），Related resource（有电子版相关资源），No display constant generated（没有显示)。856 字段标示符 1 说明了电子资源的 7 种访问方式，标示符 2 揭示了编目记录与电子资源的 5 种关系，如表 3-2 所示；该字段还有 $a-$f、$h-$z、$2 和 $3 等 27 个子字段，详细描述了电子资源的访问地址、登录方式、读取方式、传输方法甚至访问口令等重要信息，如表 3-3 所示②,③,④。其中，$u（统一资源标识，用于记录网络资源的 URL)、$2（链接文本，用于链接内容替代 URL 显示，MARC21 为 $y）和 $z（公共附注，用于显示关于资源链接的说明性文字）是三个最常用的子字段。子字段 $y 和 $2 在 CNMARC 和 MARC21 中的定义进行了互换，即在 CNMARC 中 $y 和 $2 分别为检索方法与链接文本，而在 MARC21 中它们分别为链接文本与检索方法。

表 3-2　CNMARC 和 MARC21 的 856 字段指示符列表

指示符	描述	使用说明
第 1	检索方式	描述访问方式。
#	无信息提供	用于子字段 $g（统一资源名 URN）而无 $u（统一资源定位地址 URL）时。
0	电子邮件（Email)	通过邮件传输协议来访问检索电子资源。
1	文件传输协议（FTP)	通过文件传输协议（FTP）访问检索电子资源。
2	远程登录（Telnet)	通过远程登录（Telnet）访问检索电子资源。
3	拨号入网（Dial-up)	通过电话拨号上网的方式访问检索电子资源。
4	超文本传输协议（HTTP)	通过超文本传输协议（HTTP）的方式访问检索电子资源。

① 靳丽娟 . MARC 在因特网资源编目中的应用分析 . 情报科学，2004（6）：746-748，756

② CALIS 联机合作编目中心 . CALIS 西文图书编目业务培训教材 . 2004：21-22

③ 王松林 . 资源组织 . 北京：北京图书馆出版社，2011：176-178

④ CALIS 联机合作编目中心 . CALIS 中文图书编目业务培训教材 . 2004：15-16

续表

指示符	描述	使用说明
7	检索方式在子字段 $y 中说明（如 MMS）	检索方式非以上 5 种时，由子字段 $y 的标识性代码说明。CNMARC 有，MARC21 检索方式在子字段 $2 中说明。
第 2	关系	标引的电子资源与编目记录所描述的书目、期刊或文献之间的关系。
#	无信息提供	CNMARC 未定义，MARC21 有。表示无信息显示。
0	电子文献（Resource）	CNMARC 未定义，MARC21 有。表示编目记录为网上电子资源。
1	有电子版（Version of resource）	CNMARC 未定义，MARC21 有。表示网上电子资源为编目记录的电子版本，说明著录对象为印刷资源或其他非网络资源的网络版地址。
2	相关资源有电子版（Related resource）	CNMARC 未定义，MARC21 有。表示网上电子资源与编目记录相关，详细内容在 $3 子字段中描述。
8	不生成附注导语	CNMARC 未定义，MARC21 有。没有产生可显示内容（No display constant generated）。

表 3-3　CNMARC 和 MARC21 的 856 字段的子字段列表

子字段	描述	使用说明
$a	主机名称	包含电子地址的合法域名，在同一个主机有多个网络地址时，可重复。
$b	检索号	包含与主机相关的检索号码。可为 IP 地址或电话号码（国家代码-地区代码-电话号码）。此数据可能经常变化，可由系统生成。可重复。
$c	文件压缩信息	包含有关文件的压缩信息，文件是否需要特定的程序来进行解压需作特别说明。可重复。
$d	路径	用于说明文件存储位置的逻辑目录与子目录的名称序列。可重复。

续表

子字段	描述	使用说明
$e	查询与检索的日期和时间	记载电子文献一次被检索的时间，以 YYYYMMDDHHMM 方式表示，即年月日时分。不可重复。CNMARC 有，MARC21 无。
$f	电子文件名称	指子字段 $d 目录/子目录下的电子文件名称。如果一个逻辑文件分成了多个部分并以不同名称储存，可重复 $f。这种情况，通常是指由不同的部分组成的一个书目文献。其他情况下，是通过重复 856 字段检索不同的文件名。记载在 $f 的文件名有时会包含通配符（如“*”或“?”），此时 $z 的公共注释会解释文件命名由来。该子字段也可能包含电子出版物或会议名称。
$h	请求处理者名	包含用户名或用户的请求处理者，常指主机地址@前的数据。不可重复。
$i	指令	远程登录时所需要的指令或命令。不可重复。
$j	位/秒（BPS）	与主机连通后每秒可以传输的最小和最大的二进制位数，即通讯率。记录每秒传输的字节数的句法应当为：［最小波特率］—［最大波特率］。不可重复。
$k	口令	检索电子资源时需要的一般口令。要求保密的口令除外。不可重复。
$l	登录/注册	某些网上资源连接时，要进行登录，即“logon”、“login”等。记录登录用户名。不可重复。
$m	协助检索的联系信息	提供联系人名，以协助检索子字段 $a 所著录的主机数据资源。可重复。
$n	记录在 $a 的主机地名	记录在 $a 的主机所在的地址名称或地理名称的完整形式。可重复。
$o	操作系统	在 $a 中著录的主机所用操作系统。不可重复。
$p	端口	网络地址的一部分，用于标识主机所进行的处理或服务。不可重复。

续表

子字段	描述	使用说明
$q	电子文件格式类型	包含电子文件格式类型的标识，以确定数据通过网络传输的方式。通常文本文件以字符型数据传输，一般限于 ASCⅡ（美国信息交换用国家标准代码）字符集，即基本拉丁字符集、0-9 数字符号、少数专用字符和大多数标点符号。包含有 ASCⅡ字符集以外的字符的文本文件或非文本文件（例如计算机程序、图像数据）必须用其他文件传输模式，通常为二进制模式。电子文件格式类型可以从因特网上注册的媒体类型（MIME）等列表中获取。不可重复。
$r	设置	在传输数据时所需的设置。包括：每个字符包含的二进制位数；停止束的二进制位数；奇偶性（使用奇偶校验技术）。不可重复。
$s	文件大小	说明 $f 中指定的电子文件的大小，通常用八位字节（位组）表示。如果 856 字段中重复了多个 $f 文件名，$s 也多次重复并紧随相应的 $f 文件名之后。期刊不使用本子字段，因为 856 字段与整个题名有关，而不是与某个期次号发生关系。可重复。
$t	终端类型	著录系统所支持的终端类型。通常在远程登录时使用。可重复。
$u	统一资源标识	统一资源标识（URI）提供利用现有的 Internet 协议自动检索位置和目标的标准句法。856 字段的结构可以通过相关的 856 子字段建立统一资源地址（URL），但是也可使用子字段 $u 替代其他子字段或补充其他子字段不包含的信息。如果有多个 URL 需要记入，可重复 856 字段。不可重复。
$v	有效检索时间	856 字段中所著录的数据资源被允许访问的时间（小时）。可重复。
$w	记录控制号	电子资源的控制号。可重复。
$x	非公共附注	与 856 字段标识的电子资源地址相关的附注。附注形式不完整或不用于公共显示。可重复。
$y	检索方法	第 1 指示符为 7 时注明其他检索方法。不可重复。CNMARC 有，MARC21 为链接文本。
$z	公共附注	与 856 字段标识的电子资源地址相关的附注。附注的形式完整或用于公共显示。可重复。

续表

子字段	描述	使用说明
$2	链接文本	用于替代 $u（URI）中 URL 的显示。当出现 $2 时，必须链接其内容，而 $u 链接的是目标。可重复。CNMARC 有，MARC21 为检索方法。
$3	专指资料	CNMARC 无，MARC21 有。

网络资源著录除了用 856 字段描述“定位与检索”外，还通过相关附注揭示其他特征，如著录依据、检索限定、文件格式、其他载体形态、系统要求、访问方式等。① 通过修改或增加字段与子字段，MARC 格式可以充分地揭示电子资源的其他特征。MARC21 修改了记录头标区第 7 位和 245 字段子字段 $h，增加 307、357、500、520、516、530、538、753 等字段；② CNMARC 则在记录头标区第 7 位（字符位置 6）和 010/011/015/016、135、200、230、304、327、336、337 等字段体现。周立军等的《关于电子资源机读目录格式著录的探讨》③ 和施波等的《电子信息资源自动编目的研究与实践》，④ 对电子信息资源的著录做了比较全面的研究。MARC21 和 CNMARC 关于数字资源著录的字段（或子字段）如表 3-4 所示。

表 3-4　MARC21 和 CNMARC 关于数字资源著录的字段（或子字段）

MARC21		CNMARC	
字段—子字段	内容	字段—子字段	内容
头标区第 7 位	m 为计算机文档（计算机文件）	头标区第 7 位	l 为电子信息资源（计算机存贮介质）
245—$h	文献类型标识	010/011/015/016	分别描述 ISBN、ISSN、ISMN 和 ISRC

① 郑雯译，丁育明．网络资源与光盘资源编目要点探析．现代图书情报技术，2004（5）：58-61，65

② 宋蓓玲．网络信息资源编目初探．情报杂志，2004（4）：123-124

③ 周立军等．关于电子资源机读目录格式著录的探讨．图书馆论坛，2003（5）：91-93

④ 施波等．电子信息资源自动编目的研究与实践．情报学报，2004（1）：52-57

续表

MARC21		CNMARC	
字段—子字段	内容	字段—子字段	内容
307	文献检索或获取时间	106	编码数据字段，文字资料的形态特征
357	文献传播控制	135—＄a	描述电子资源编码数据
500	一般性附注	200—＄b	计算机数据、计算机程序和网络数据等电子信息资源
520	摘要附注	230—＄a	资料特殊细节
516	计算机文件类型或数据注释等	304—＄a	题名来源附注，内容为题名与责任说明附注
530	其他载体形态附注	327	电子资源内容附注
538	系统需求和存取注释	336	电子资源类型附注，说明电子资源类型特征
753	检索计算机文件的系统细节描述	337—＄a	系统要求细节附注，记录电子资源的技术细节
856	电子信息资源定位与检索信息	856	电子信息资源定位与检索信息

MARC 借助互联网络的发展，开创了在线联机编目的新时代。成员馆可直接利用网络编目系统，远距离即时查询与存取，即时上传与下载各种书目数据。网络资源的“MARC”编目，在实践中显示出强大的生命力。OCLC InterCat 采用 MARC 格式进行网络信息资源编目，现有 MARC 记录 4.5 万条。网络信息 MARC 编目工具 MARCit，是一个安装在浏览器上的软件。当要对某一网站编目时，MARCit 可以从浏览器“抓取”站点的标题、URL 及其他数据，自动在 OPAC 上建立一条 MARC 记录。① 由此可见，网络信息编目不仅可以使用 MARC 格式，而且能够利用程序进行智能“MARC”。

用统一的编目格式建立书目数据库，是开展知识资源共享的前提条件。MARC 把传统资源与数字资源有机整合在一起，建立基于 OPAC 的一站式检索，

① M. Rogers. Infotech. Library Journal，1998，123（3）：99-100

向用户提供统一、全面的信息检索平台，克服了数字化信息资源与纸质型文献资源在建设、管理、服务中彼此分割的弊病。① 譬如，通过856字段实现对网络资源的链接，读者在查询到网络资源书目时可以方便地通过书目直接链接到资源本身。856字段可重复使用，同一种网络资源的多个链接可在同一个书目里反映，而无需做多个书目。② MARC具有良好的兼容性，能够把传统印刷型文献信息和网络数字虚拟信息整合在一起，实行书目数据的集成管理。

3.3.3 数字知识控制的探索

网络信息无序增长、无序分布和无序流动，具有明显的混沌性、鲜明的不均匀性和潜在的失控性。这与人们特定的知识需求之间的矛盾日益加剧，网络知识资源的书目控制越发重要。搜索引擎检索效率不甚理想，漏检率与误检率较高；返回信息量太大，非文本文件检索困难；"一个搜索适用所有用户"的模式，难以解决"忠实表达"和"表达差异"问题，不能满足用户个性化知识需求。毋庸讳言，搜索引擎无法独自肩负起网络信息控制的重任。于是，网络知识资源编目——用元数据揭示与描述网络知识资源，已经成为业界关注的焦点。

元数据（Metadata）是关于数据的数据（Data about data），它作为规范的数据结构标准，提供了一种框架体系和方法来描述数字化信息的基本特征，并通过一套通用的编码规则，将来源各异的数字化资源归纳到一个标准的体系中。③ 元数据是描述知识资源特征与属性的结构化的数据，其功能主要有：揭示、定位、组织、发现、评估、选择、索引和检索等。元数据对信息的内容和位置进行准确的描述，提供有关信息对象的名称、内容、年代、格式、制作者等基本属性。在不同信息领域有不同的元数据标准，如书目信息MARC，艺术信息CDWA与VRA core，档案和手稿EAD，网络信息DC，政府公用信息GILS，电子形式全文TEI，地理空间信息FGDC/CSDGM，音乐资料SMDL，建筑信息FDA/ADAG，文化艺术信息REACH等。其中，DC和MARC是最突出的描述信息的元数据格式。

DC（Dublin Core）是Dublin Core Elements Set（都柏林核心元素集）的简写，是网络信息描述的最小的标准元数据元素集。DC包括标题、著者、主题、

① 姜仁珍．图书馆数字信息资源编目的实现．图书馆学研究，2004（2）：58-59

② 郑雯译，丁育明．网络资源与光盘资源编目要点探析．现代图书情报技术，2004（5）：58-61，65

③ 陈传夫．图书馆学研究进展．武汉：武汉大学出版社，2010：787

资源描述、出版者、其他责任者、日期、资源类型、格式、标识、信息来源、语言、关联、资源的覆盖范围、版权等15个元素。这15个核心元素，可选择、可重复和可任意排列，还可用模式（SCHEME）、语言（LANG）和类型（TYPE）来限定与细化元素语义。获取题名、出版者、形式、类型、标记符、日期和主题等7个元素，就可以对网络信息进行简单著录。此外，DC格式具有灵活性和扩展性，允许修改或增删元素反映特定的描述对象。DC是"MARC格式的网络微缩版"，既能保证网络信息描述的简洁灵活，又能保证网络信息著录的详细充分。由于DC元数据集具有简单明了、语义互操作性强、国际认同度高、可扩展性好等优点，[①] 目前已成为世界上使用最广泛的元数据格式。

1998年，因特网工程任务组（Internet Engineering Task Force，IETF）正式接受用DC元素集描述网络资源，将其作为网络资源编目方式的一个正式标准（RFC2413）予以发布。[②] DC可用HTML、XML和XML/RDF等标记，其描述网络信息所形成的数据，既可以作为独立的记录存储和传递，又可以作为信息资源的一部分嵌入信息资源中。超文本标记语言HTML（HyperText Markup Language）、可扩展标记语言XML（Extensible Markup Language）和标准通用标记语言SGML（Standard Generalized Markup Language）是网络上通行的三种标记语言。SGML是一种覆盖面很广的比HTML更早的标志语言标准，凡是有一定格式的文件都属于SGML，比如报告、乐谱等。HTML是SGML在网络上最常见的文件格式，实际上就是SGML的一个专门DTD（Document Type Description）类型（文献类型声明）。现在流行的XML是SGML省略了复杂部分与不常用部分的一个简化版，它不是直接用来写网页的标记语言，而是用来创造标记语言（如HTML）的元语言，然后再用这个标记语言来显示信息。[③] SGML功能强大但过于复杂，实现和维护不易，不适合描述简单的文档。因此DC通常以HTML和XML作为编码标准。

HTML文档通过HEAD/META表明文档的某一属性及属性值，即标题、作者、版权等文档信息。DC设置了两种HTML语言标签"NAME"和"CONTENT"，同时将每个单元都加了著录标识（label），既可使用HTML语言输出Web产品，又保留其著录标识和体系。每个DC元素对应一个〈HEAD〉的

① 袁昱明，施建华．网络教育资源平台的理念、原理与技术．北京：科学出版社，2010：208

② 陈传夫．图书馆学研究进展．武汉：武汉大学出版社，2010：382-383

③ 陈拥军．电子商务应用与技术．北京：清华大学出版社，北京交通大学出版社，2010：303

〈META〉标记，元素可能有修饰词和内容细化属性，使用 HTML/Meta 元素标记 DC 的基本格式是：

<meta name= “DC. [DC 元素名 . 细化属性名]” scheme= “[编码内容标准]” content= “[DC 元素值]” >

或：<meta name= “DC. [DC 元素名 . 细化属性名]” lang= “[语言编码内容标准]” content= “[DC 元素值]” >

XML 可扩展性强，可轻易地完成不同元数据格式间的相互转换，具有联接各种元数据格式的重要作用，因而逐渐为各种元数据格式所采用。文献类型声明定义文件所代表的信息单元内容结构，是 XML 用户扩展的重要途径。资源描述框架 RDF（Resource Description Framework）是一个使用 XML 语法来表示的资料模型，用来描述互联网资源的特性及资源与资源之间的关系。XML 和 RDF 分别规范了 Internet 上资源描述的语法和语义，为元数据的编码、交换和重用提供了基础架构。① RDF 解决的是如何采用 XML 标准语法无二义性地描述资源特性的问题，使得所描述的资源的元数据信息成为机器可理解的信息。如果把 XML 看作为一种标准化的元数据语法规范的话，那么 RDF 就可以看作为一种标准化的元数据语义描述规范。②

元数据兴起是网络资源描述的要求与结果，每一种元数据格式都有它的特定优势与描述对象。在众多的元数据格式中，MARC 与 DC 脱颖而出，它们都具有描述、组织与检索数字信息的功能，都是网络信息资源编目的格式。MARC 结构严谨，有统一的格式和编码规则，对信息资源的著录详细完整，描述及定位准确，③ 较好地保证了不同主体对于同一资源描述的一致性。MARC 是最成熟、最规范和最详细的元数据，著录信息可靠度和准确度高，往往是其他元数据制定的参照物。通过修订 AACR2 与 ISBD（ER）、新增 856 等字段和用 SGML 或 XML 重新包装，④ MARC 作为图书馆成熟的文献资源著录格式，通过扩展之后可看作是一种精致的网络资源编目标准。现在，我们还可以通过 XML/DTD 或 XML/RDF 描述 MARC 字段，实现 MARC 数据的 XML 结构化，保证 MARC 数据库与网络信息的集成。DC 元数据结构灵活，著录简单，数据格

① 黄伟红，张福炎 . 基于 XML/RDF 的 MARC 元数据描述技术 . 情报学报，2000，19（4）：326－332

② 吴砥，刘清堂，杨宗凯 . 网络教育标准与技术（第 2 版）. 北京：清华大学出版社，2011：337

③ 朱红涛 . 元数据、Dublin Core 和 MARC 分析研究 . 情报杂志，2004（1）：85－86，89

④ 孙更新，雷小平 . 2001－2002 年我国文献信息编目研究概述 . 2004（3）：28－30

式互通性强。自诞生之日起DC就力图构建一种标准的元数据元素集，现已成为世界上使用最广泛的元数据格式之一。DC定义了网络信息描述的最小元素集，既是元数据的交换格式，也是元数据内部处理格式；适用范围不止书目，而是所有数据；适用众多领域，很好地解决了数据变长、可重复问题。① 因此，DC成功实现了信息资源组织工具之间数据的相互转换，是跨领域描述网络资源的元数据集，也是简单描述 Internet 资源的首选。② MARC 和 DC 适合网络信息分等级著录的要求，并且信息描述能力突出、信息描述充分完整，具有良好的基础和较强的影响力。总之，MARC 和 DC 能够很好地满足网络资源揭示的要求，是网络信息编目的基本格式。

网络信息总量已经超过了以往任何一种媒介，③ 并且还在以每天700万个网页的速度增加。④ 譬如，MSN的数据储备库中储存了50亿个网址、图像和新闻源，而百度的信息总量超过8亿页。⑤ 网络信息数量庞大、质量不一，稳定性和可靠性差别很大，其编目层次等级、格式要求和描述详略等各不相同，这要求以不同的元数据标准对网络信息资源编目。因此，编目专家提出了用不同的编目标准对网络信息资源进行编目。⑥ Gorman 建议以完整编目、完整"都柏林核心"记录、简化"都柏林核心"记录和未结构化全文关键词检索等四种不同等级的描述方法对网络信息进行组织，Dillon 提出了另一个四层次的方案：传统编目、"都柏林核心"记录、粗略编辑的"自动收集"和没有编辑的自动收集代理。⑦,⑧OCLC CORC 采用 MARC 或 DC 两种格式描述网络资源，建立了示范性网络资源数据库 InterCat 和 NetFirst，并针对 Web 提供多种输出格式。⑨ OCLC 利用编目工具 MARCit，成功地实现了网络信息资源的自动编目。OCLC 还推出了描述和检索网络信息资源的 Spectrum 系统，这是一种为没有专业编目或标记知识背景的个人制作描述网络信息资源的记录而设计的工具。Spectrum 系统允许用户注册

---

① 余致力．医药信息检索技术与资源应用．南京：南京大学出版社，2009：41

② 王兰成，敖毅．数字图书馆技术：信息集成与信息检索．北京：国防工业出版社，2007：39

③ 蒋淑媛．网络媒介社会功能论．北京：新华出版社，2011：182

④ 梁学青．浅议图书馆编目工作．青海师范大学学报（哲学社会科学版），2010，32（3）：153-155

⑤ 管永胜．网络营销的6个关键策略．北京：中国物资出版社，2011：221-222

⑥ 梁学青．浅议图书馆编目工作．青海师范大学学报（哲学社会科学版），2010，32（3）：153-155

⑦ 许磊．网络资源编目现状分析．情报科学．2003，21（4）：391-394

⑧ N. Oder. Cataloging the net：can we do it? Library Journal，1998，123（16）：47-51

⑨ 陈如好．现代文献信息编目技术研究进展．图书馆理论与实践，2003（6）：5-6

和描述 Internet 上可检索的信息资源，它由三部分组成：记录生成子系统、记录转换子系统、记录检索子系统。这三个子系统分别完成：记录生成、数据库生成、记录检索三项工作。① 用户可以将各种元数据格式转换为 MARC 格式，生成一个兼容各种格式的记录数据库，系统还提供了可检索 OCLC Web 服务器数据库的 HTML 界面。从整体上看元数据使用较少，尽管许多搜索引擎是基于网页中定义了的元数据来索引网络信息，但简单的 HTML “关键词” 和元标签 “描述” 仅仅在 34%的网站主页上被使用，而使用 Dublin Core 元数据标准的站点更是微乎其微，仅仅只有 0.3%。② 因此，利用元数据格式描述与揭示网络信息，尤其是将元数据格式嵌入网页之中，还需要进一步的宣传与推广。

不同的信息领域存在不同的元数据格式，描述信息的元数据格式越多，不同数据库之间数据的互操作性就越弱。运用诸多标准不一的元数据格式，不仅揭示信息耗时费力，而且要求从业人员专业化。标准化和规范化是信息资源共建共享的基石，元数据格式 “大一统” 前景乃大势所趋。网络信息资源的著录、组织与检索，迫切需要一套标准化的信息描述语言与数据交换格式。构建完善的元数据编目格式，实现网络知识资源描述和各种元数据格式之间的数据转换是数字知识编目的重中之重。各种元数据的数据单元和描述方法基本一致，特别是 MARC 和 DC 分工协作相得益彰，能够很好地适应对网络信息进行不同等级编目的要求。我们可以构建基于 DC-MARC 的元数据集，即以 MARC 和 DC 为核心，各种元数据集并存发展。现有元数据标准的发展与完善和新元数据标准的开发与制定，都必须以 DC-MARC 为基础。基于 DC-MARC 的元数据集和 XML/RDF 资源描述体系，实现了各种元数据互转换与互操作的无缝衔接。当然，某些特殊领域的元数据格式，对特类网络信息有独到的描述功能。我们可以通过 DC-MARC 的扩展把它们纳入通用格式之中，或者建立数据映射与转换的 “接轨” 机制把它们与通用格式联系在一起。诚如斯，就能进行网络信息的联机编目，就能充分实现网络资源的分布式共建共享。发达国家网络信息编目的研究与应用已有重大突破，我国网络信息编目还处于起步阶段，应用领域基本上是空白，研究领域以介绍西方国家的成果为主。目前，国家图书馆、北京大学图书馆和上海图书馆等积极探讨中文元数据标准的制定。

---

① 冷伏海，徐跃权，冯璐．信息组织概论（第 2 版）．北京：科学出版社，2008：105

② 陈志强．基于机器学习的用户个性化元搜索引擎的研究．北京：北京工业大学，2009：2

3.4 图书馆知识检索的技术方法

3.4.1 知识资源检索的方法

文献知识资源检索，已经从手工操作发展到计算机检索。计算机检索就是利用计算机将检索入口词与检索系统中存贮的知识资源的特征标识进行匹配，把合乎条件的源知识检索出来。它经历了脱机检索、联机检索和网络检索的发展历程。检索系统的基本构成要素是：检索终端、Web 服务器、数据库和通讯网络。检索终端是用户提交检索请求的操作设备，也是用户接收检索结果的最终场所。Web 服务器接收检索请求，提取与分派检索任务给特定数据库的服务设施。数据库是用户最终的检索对象，通信网络是检索请求和知识资源的传递通道。随着计算机分时技术的进步和信息传输流量的增加，网络知识检索优势明显：检索速度快且不受时空限制，可以满足异地多用户同时检索；数据库的知识资源丰富，类型多、范围广，收录涵盖的年限长；检索结果输出灵活方便，可在检索终端显示、打印和保存；"人-机对话"检索方式，适合个性检索策略。Internet 是人类有史以来最大的知识宝库和信息海洋，资源定位（查找网址）、网络目录（信息浏览）和搜索引擎（关键词搜索）是网络知识检索的基本方式。

（1）网络资源定位检索

Internet 是以 TCP/IP（传输控制协议/互联网协议）和 HTTP（超文本传送协议）为核心而发展起来的。统一资源定位符 URL（Uniform Resource Locator），俗称网址，是 Internet 用来描述信息资源的字符串。它包括传输协议、信息资源的主机 IP 地址和主机目录及文件名的具体地址三个部分。网络数据库、网上出版物、网络机构等有固定的 URL（网址）。联机数据库检索中心，期刊、报纸等电子出版物，图书馆、高校、企业、政府等机构都有唯一明确的网址。利用网络浏览器（如 IE）查找网址，是快捷、方便、准确地查找相关网络信息的检索方法。

（2）网络分类目录浏览

Web 信息以超文本链接方式组织，基本组织单元是信息节点而不是字符串，信息节点之间通过链接进行联系。超链接是网页必不可少的一个元素，同一主题或相关的信息因超级链接构成了庞大的无形的跳跃式的信息网。超文本信息检索技术，以超文本信息节点之间的多种链接关系为基础，根据思维联想或查找信息的需要，通过链接从一个信息节点转到另一个信息节点。主题相关或相近的 Internet 信息，通过超级链接连接在一起。一些检索型网站和检索工具，比较合理地按主题类别组织信息。超级链接，犹如印刷型文献的参考文献，提供全面的回溯信息源。人们可以根据它顺藤摸瓜，在网上按信息类别自由地浏览，边点击查看边分析筛选，一步一步根据链接跳转查阅，直至获得令人满意的结果。当前，网络分类目录主要有两类：一类是由专家对网站分类标引的基于分类的网络目录，一类是由搜索器对网页自动标引的基于全文索引的网络目录。这两类网络目录各有优势，前者分类组织准确率高但不描述网页、人工更新周期长，后者揭示具体网页、自动更新周期短但分类组织准确率低。

（3）网络关键词索引查找

网络信息关键词索引查找，通常借助于搜索引擎来完成。搜索引擎（Search Engine，也称导航站点）为用户与信息架起一座桥梁，是用户检索 Internet 信息的强有力工具。搜索引擎技术集中体现在四个方面：访问、阅读、整理 Web 信息的信息采集，建立包含关键信息的索引数据库，根据用户请求查找索引数据库相关文档的搜索软件，以及为用户提供可视化的查询输入和结果输出界面的用户接口。中文搜索引擎有搜狐、网易、悠游、天网、北极星、常青藤、中文雅虎等，英文搜索引擎有 Yahoo、Vltavista、Excite、Infoseek、Lycos、Opentext、Webcrawler 等。在搜索框内输入由主题词、关键词及运算符组成的检索式，合理地运用限制条件，点击搜索就能找到相关的网址或网页。自从第 1 个搜索引擎 WWWW（World Wide Web Worm）在 Colorado 大学开发成功以来，Web 上的搜索引擎已经发展到数百个。虽然各个搜索引擎的具体实现不尽相同，但一般包含爬虫程序（Robot）、分析程序（分析器）、索引程序（索引器）、检索程序（检索器）和用户接口界面 5 个基本部分（如图 3-3 所示），而且大致的工作原理基本相同。① Robot 又称"蜘蛛 Spider（Crawler）"，是一种全文数据采集程序，它不间断地沿着 HTML 文档链接自动漫游，搜集各种 Web 网页。分析器将 Robot 搜集到的网页进行主题分析或分类标引，从中提取出反映网页知识的特征标识。索引器的任务是把特征标识组织成倒排文档，建立指向网页链接或网页快照的索引数据库。检索器通过对检索标识和索引标识进行匹配，并将命中结果经过处理后返回给用户接口程序。用户接口程序作为知识用户和检索系统之间的中介工具，具有接收用户检索请求和提供检索结果的双重功能。

---

① 李树青，韩忠厚．个性化搜索引擎原理与技术．北京：科学出版社，2008：7

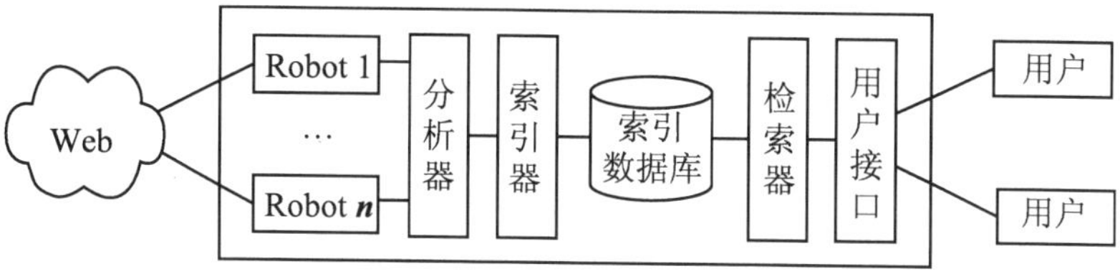

图 3-3 搜索引擎的基本组成

(4) 通用信息检索方法

信息检索是把用户检索请求转换为检索入口词，再通过与索引库匹配寻找符合条件的源信息，并返回经过排序的命中结果的查询过程。实施信息检索首先应当根据用户信息需求选择恰当的检索入口词，诸如题名、著者、主题、关键词、分类号、年代、引文、出版社、ISBN 号、ISSN 号等，其次利用同位词、同义词、上位词、下位词及截词等词控方式控制检索词的专指度，然后运用布尔逻辑、位置逻辑及截词技术等进行检索词组配，辅以文献外表特征、加权检索、规范主题词及二次检索等方法进行限定检索并返回结果。一般说来，检索系统通用的信息检索技术包括：加权技术、截词技术、词位限定、字段限定、范围控制、布尔逻辑、全文检索、倒排索引、概率推理模型和空间向量模型等技术。

信息检索的成功，关键在于制订正确的检索策略和运用科学的检索方法，否则，无异于大海捞针。检索策略就是在分析用户情报需求的基础上，选择检索途径、检索用词，明确各词之间的逻辑关系，构造检索表达式，明确查找步骤的科学安排，具体体现为一组检索式的总和。检索策略对检索效果有很大影响，检索策略制订得好，不仅可达到较高的检全率和检准率，还可以提高检索速度，缩短检索时间，降低检索费用。① 分析检索课题的学科范围、文种、时间、文献类型等，选择对口的知识源（数据库），提取合适的检索词，并构建恰当的检索式，这是实施信息检索的通常步骤。检索入口词又称检索标识，是构成检索策略的重要组成部分，即进行逻辑组配和编写提问式的最小元素。选择最适当的检索入口词，有利于提高检索效果。检索式是指运用布尔逻辑算符、位置逻辑算符及其他限制符号（如截词符）等，把各种检索词进行组配，准确表达检索提问的式子。检索式由检索词、逻辑算符、位置算符及截词符等元素组成，是计算机检索信息

① 肖秋会．档案信息检索．武汉：武汉大学出版社，2011：165

库的匹配依据。在检索过程中，充分利用检索界面的交互性、友好性，及时根据反馈的信息进行策略调整。检索结果处理是指选取、整理、加工、编辑、打印检出信息，并接受信息用户反馈。

信息检索效率是指信息检索的全、准、快、便、省，其中最主要的是全和准，即其评价标准是检全率、检准率、检索方便性、检索成本与效益，① 检全率和检准率则是评价检索效率最常用的两个指标。检全率和检准率既是衡量信息检索效果的指标，又是检验信息检索技术水平的标准。检全率是指检出相关信息记录数与系统中全部相关信息记录数之比，检准率是指检出相关信息记录数与检出全部信息记录数之比。在信息检索中，检全率与检准率之间的关系与检索提问的结构有关②。不同的检索条件，决定检全率与检准率之间存在如下关系：检全率不变，检准率不变或上升或下降；检准率不变，检全率不变或上升或下降；检全率与检准率之间呈互顺关系；检全率与检准率之间呈互逆关系。在实际操作过程中，检全率和检准率可以互顺上升，但达到一定高度后必然成为互逆关系。理想的检索目标是最大限度地命中相关信息，并尽可能地剔除虚假信息，使检全率和检准率达到互顺关系的峰值，即在互顺关系与互逆关系的临界点检索效率最高。面对检全率和检准率达到临界值后存在“互逆”的两难选择，根据用户实际情况在合理的范围内单方面提高检全率或检准率，这也是一种实用的提高检索效率的途径。

检索效率是检索系统的生命线，也是信息检索的永恒追求。恰当地运用逻辑组配、语词控制和二次检索等方法，控制用户检索请求与数据库匹配的精度，尽量避免漏检与误检——丢失相关信息或产生冗余信息，从而提高检全率和检准率。一般来说，提高检全率需要扩大检索式的概念外延，扩检技巧主要有：使用上位词、同义词、参见词等降低检索词的专指度，利用截词符限定检索，忽视大小写以避免漏检，用逻辑或“OR”组配，利用主题词等级关系进行族性、聚类及相关检索，弃用逻辑与“AND”降低检索式网罗度，从主题、关键词、题名、分类号、著者等处进行多途径检索，提取隐性主题概念，利用“参考文献”与“超级链接”进行追溯检索。提高检准率要求缩小检索式的概念外延，缩检技巧主要有：用下位词提高检索词专指度，利用逻辑非“NOT”进行概念否定检索，

① 王兰成．知识集成方法与技术：知识的组织与检索．北京：国防工业出版社，2010：263

② 邓汉成，王瑛，王敏芳．从检索实例看查全率和查准率之间的关系．情报学报，2000，19（3）：237-241

用逻辑与"AND"限定主题概念，提高加权检索的阀值，利用限制符与前缀符等限制检索，通过位置符［（W）、（nW）、（nN）、（S）、（F）、（L）］控制检索词顺序与位置并避免虚假组配及无关组配，区分大小写检索，使用规范化主题词避免一词多义、多词一义和词义含糊，多途径多因素组配检索或二次检索。此外，检索系统数据库的收录范围（时间跨度与学科范围等）、知识档次（完整性与相关度）、更新周期以及使用的方便程度等，都是影响知识检索效率的重要因素。

3.4.2　知识资源检索的途径

（1）全文搜索

广义的文献检索包括系统的文献存储和用户的文献检索两个方面，狭义的文献检索主要指用户的文献检索，即用户如何从文献源中有效地获取所需文献的过程。文献存储首先由文献标引人员对原始文献进行主题分析，提取主题概念；然后用检索语言的语词（标识）标示主题概念，完成文献标引；最后将文献标识及其对应的原始文献进行序化存储，建立检索系统（工具）。文献检索过程是用户对检索课题进行主题分析，形成主题概念；再把主题概念转换为检索语言的语词（标识），确定检索词；对检索词进行恰当的组配形成检索式，检索后获取输出结果。在文献检索和文献存储过程之中，检索语言起着至关重要的作用，它是标引人员和检索人员的共同语言，是确保文献揭示和文献检索一致的前提条件。文献标引、文献存储、用户提问、用户检索和检索语言等组成了文献检索系统，其工作原理如图 3-4 所示。计算机检索系统和手工检索工具的原理一致，其奥妙之处在于通过人工标引或自动标引组织成倒排文档的索引库，再通过索引库指向源知识。用户检索实际上是把由检索词与运算符组成的检索式提交检索系统，再由查找程序在索引库中高速地"匹配"，将符合检索式要求的匹配结果所指向的原文献返回给用户。计算机检索系统工作流程如图 3-5 所示。

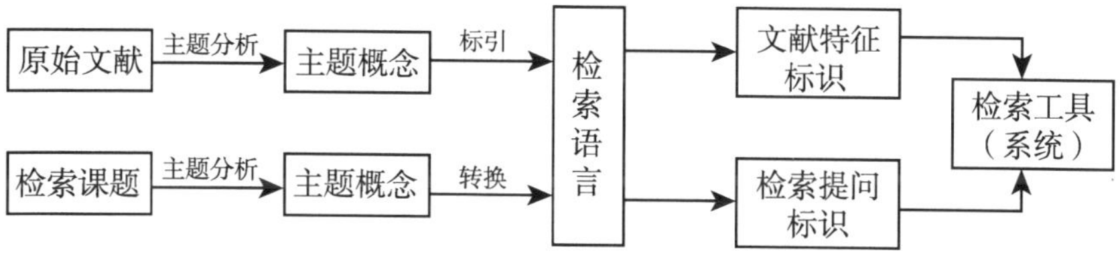

图 3-4　文献存储与检索过程示意图

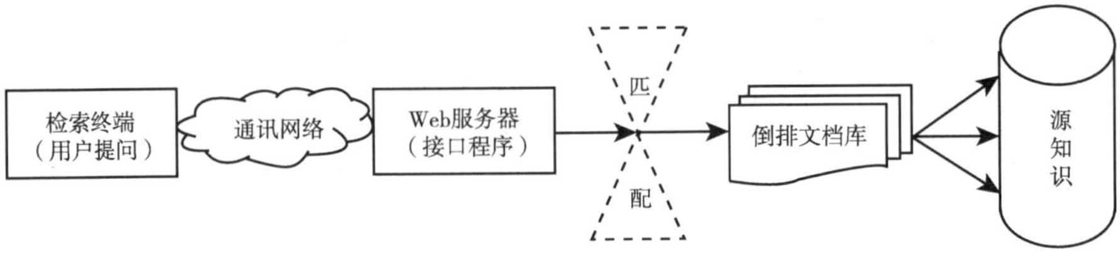

图 3-5 计算机检索系统工作流程

计算机能够傻乎乎地、忠实地进行高速匹配工作，这种性能是实现全文检索的基本条件。全文检索系统建立了关键词的反向索引机制，即将文献源和关键词序化存储，构建关键词和文献的映射关系索引。对每一个关键词来说，它对应着包含该关键词的文献编号，出现的次数与频率，甚至出现的位置（由起始偏移量和结束偏移量确定）等。用户实施全文检索，实际上仍然是检索关键词列表中的关键词，再通过关键词对检索对象进行定位。显然，全文检索的关键词来自于全文中有意义的实词，必须通过相应的生产算法进行词法分析，并建立倒排文件索引。词法分析就是进行格式过滤、分词处理、虚词过滤和语词标准化等，具体步骤主要是：过滤非纯文本文件（如 pdf、ppt、doc、caj 等）的格式信息，转换为标准的文本文件；对文本字符串进行分词，形成形式完整的语词；过滤所有无检索意义的虚词，如英语中的 a、an、the、and 等，汉语中的地、的、得等；进行语词标准化处理，如统一大小写、处理动词时态及单复数等。经过词法分析之后，每一篇文献都对应着许多的关键词。反过来，把数据库中所有文献的关键词排序，让每一个关键词对应相应的文献及其位置。文献中关键词定位方法有二：一是语词定位，记录关键词出现的语词数位置；一是字符定位，记录关键词出现的字符数位置。

假设文献 1、文献 2、文献 3 通过词法分析，产生了如下关键词：

文献号	关键词
文献 1	A，B，A……
文献 2	B，B，D……
文献 3	A，C，D……

把关键词 A、B、C、D……排序，并对应相关的文献及其频次与位置，这样就形成了基于全文关键词的倒排索引库：

关键词　　文献号［频次，词位置］　　文献号［频次，词位置］

A 文献 1	[2 次，1，3]	文献 3 [1 次，1]
B 文献 1	[1 次，2]	文献 2 [2 次，1，2]
C 文献 3	[1 次，2]	
D 文献 2	[1 次，3]	文献 3 [1 次，3]

全文检索实际上是用检索词或检索式查寻关键词倒排索引数据库，找到与检索条件匹配的关键词，依据其指针转向符合检索条件的文献。没有关键词索引，全文检索就不得不对源文献库逐句逐词进行字符串匹配。对大型数据库而言，源文献数量大，检索用户多，这种逐字符匹配方式必然导致检索时间长、系统响应慢、检索效率低等。全文检索对象以索引库代替了源文献库，极大地减少了计算机的匹配运算。全文检索不仅支持单个检索词的查找，而且还支持检索词的位置控制或组配查找。譬如，用户查找含关键词 A 的文献，结果是文献 1 和文献 3 都被命中，显然文献 1（A 出现 2 次）比文献 3（A 出现 1 次）的相关度，更符合用户的要求；用户查找同时包括关键词 A 和 D 的文献，结果文献 3 被检出。

（2）搜索引擎

搜索引擎是网络信息检索最重要的工具，许多搜索引擎不仅提供通用的综合性搜索功能，而且具有进行学科性、专题性甚至个性化检索的搜索功能。1998 年，Page 和 Brin 在斯坦福大学开发的 Google，已成为公认的全球规模最大的搜索引擎。Google 有 158 个国际域名，支持对 html、pdf、xls、ppt、doc、wps、mw、rtf、txt 等各类型电子资源的快速搜索，也支持对网页、视频、图片、资讯、地图、博客、热榜等进行分类搜索，并且还提供网站导航功能。尤其是 Google 学术搜索（http：//scholar. google. com），可广泛搜索来自学术著作出版商、专业性社团、预印本、各大学及其他学术组织的经同行评论的文章、论文、图书、摘要和文章。① 科学搜索引擎 scirus（http：//www. scirus. com/）则是一个学术性搜索引擎，它提供 Journal sources、Preferred Web sources、Other Web sources 等检索途径，知识用户可以根据需要限定搜索对象的类型，并找到适合自己需求的知识资源。

目前，搜索引擎技术大致分为两类，即基于网站的分类技术和基于全文的索引技术。网站分类技术，就是专家对网站进行主题归纳和树状分类，登录的每个站点属于至少一个类别并有简略的描述。它为网络信息导航带来了极大的方便，

① 关于 Google 学术搜索 . http：//scholar. google. com. hk/intl/zh-CN/scholar/about. html [2012-12-28]

但除了运作成本较高以外，还难以深入描述网站的内部细节，因此用户不能查询网站内部的重要信息，造成了信息丢失。① 以 Yahoo 和 Magellan 为代表的分类目录搜索引擎，分类索引项由人工编辑，索引库由人工管理，分类目录数据库由编辑人员在访问、分析与归类网站后建立或者根据各网站管理员提供的站点描述而建立。这种分类导航网站的资料库，搜集保存的是各网站的站名、网址及内容提要。分类目录搜索引擎以超文本链接方式将不同学科、专业或区域的信息按照分类或主题目录方式进行组织，提供可供检索和查询的等级式主题目录。电话号码簿式的网站名称和网址链接再加上一个查寻框，分类浏览与网站检索功能强大，使用十分方便。

全文索引搜索引擎（也称机器人搜索引擎，robot search engine）以 AltaVista 为代表，不是靠人工发现和甄别信息，而是由 Robot 程序自动搜索网页，然后对网页内容进行标引并建立索引数据库。索引数据库根据“蜘蛛”的漫游周期自动更新。基于全文的搜索引擎资料库，搜集保存的是 Internet 各网站网页的内容；用户的检索结果不是站名与网址，而是与查询的关键词相关的网页集合与文字节录。全文索引搜索引擎提供关键词、主题词或自然语言查询，用户在搜索框中输入检索词或检索表达式，搜索引擎会返回一组指向相关站点的超链接。全文检索技术处理的对象是文本，能够对大量文档建立由字（词）到文档（网页）的倒排索引，用户可以通过关键词匹配把含该关键词的相关网页查出来，但是返回的信息量太大，“忠实表达”和“表达差异”问题也难以解决②。

这两类搜索引擎技术，都有自己的不足之处。分类目录搜索引擎采用人工干预技术，信息分类不规范，没有一个统一的控制词表和参照标准，分类目录差别较大；搜索范围较小，数据库更新慢，查询交叉类目时容易遗漏；如果用户检索请求没有对应的分类目录，则无法进行查找；信息遗漏不可避免，查全率低。关键词式的全文搜索引擎采用机器人搜索技术，自动标引不完善，数据库更新快，检索功能强，但是信息关联难以控制且重复链接信息较多，查准率低。搜索引擎互相覆盖，输出信息重复，检索结果太多且不一定与用户需求相关。

此外，搜索引擎还存在诸多难以克服的问题。譬如，索引库中全部或部分下载的网页中有许多无用或暂时信息，影响了索引速度，也浪费了网络通信资源；

① 高少琛．基于查询拓展和聚类技术的资源检索系统的研究与应用．上海：上海交通大学，2007：1

② 霍艳蓉．Web 信息检索的关键技术．现代图书情报技术，2002，97（6）：31-32，35

站点、网页的内容经常变化，实时性难以保证。现有搜索引擎在信息维护、信息重复、网络及站点负载方面还存在很大的不足，索引数据库往往很大，检索的查准率不高①。同时，信息资源层出不穷，无人组织控制，查全率无法得到保证。另外，搜索引擎的截词技术、词位限定检索、字段限定检索或范围检索技术应用十分有限，信息检索结果不太令人满意。

3.4.3 知识资源检索的趋势

(1) 智能检索技术

智能检索（Intelligent Retrieval）技术是人工智能技术与检索技术的融合，它在模拟人脑思维方式的基础上，建立供用户选择的检索智能模型，分析用户以自然语言表达的检索请求，快速、自动生成供用户参考、选择的信息检索策略。该检索技术的核心主要是用户需求的语义理解、知识挖掘和知识检索三方面。② 它利用语义分析模块自动智能分词，进行用户请求和知识库“数据”的语义理解，最终把知识库中匹配的信息筛选、整序后提供给用户。基于智能技术基础的智能搜索引擎，拥有机器学习技术、智能代理技术、知识发现技术，基于自然语言理解，拥有智能化的检索、分析和反馈功能。③ 其中，智能代理技术 Agent 是一些智能化的程序，能够学习用户的需求，并利用搜索引擎等系统提供的现有服务来检索用户所需信息；Push 技术采用主动服务新模型，直接向用户推送其感兴趣的信息，而无须用户查找。知识发现技术的信息检索，模拟人的思维行为模式，认知信息概念、潜在信息及相关成分，同时，以知识为单元，可以使检索结果深入到知识单元，提高信息检索的针对性。④ 总之，智能检索以用户信息需求为基点，建立用户检索智能模型，检索过程、检索结果、检索反馈和数据库维护智能化、自动化，还能够实现信息定期和定题检索以及根据用户反馈自动对知识库进行维护和更新。⑤

网络信息组织，应当建立知识分类体系和智能化控制词表，实现知识分类与语词表达的有机融合，为信息用户提供分类、主题或分类主题组合的信息、知识查询功能。网络信息分类组织，就是按某个领域（专业、主题）抽取、表达和

---

① 褚亚萍等．搜索引擎的现状及分析．计算机与现代化，2001，75（5）：23-27

② 王新才．政府信息资源管理．北京：科学出版社，2011：135-136

③ 王立清．信息检索教程（第2版）．北京：中国人民大学出版社，2008：251

④ 谭云明，廖艳君．网络商务信息采集．北京：中国经济出版社，2008：68

⑤ 王立清．信息检索教程（第2版）．北京：中国人民大学出版社，2008：251

类聚知识单元，利用网络开放、动态的技术条件和管理方式，构造网络资源的知识库，改善网络资源的利用现状。① 知识分类体系应当以学科为中心，学科、主题、事物相结合，在保持分类法系统性特性的基础上，采用多元划分、多维展开的方式，并用链接方式揭示类目的横向关系，最终构建成多维的网络信息分类体系②。智能化控制词表，以专家系统知识库为基础，从主题（概念）关系入手，建立主题语词与分类目录的对应索引数据库，实现分类、主题之间的动态对应与转化。网络信息组织分类主题智能化，能够自动实现网络信息分类类目与主题语词智能匹配，有利于网络信息分类浏览和主题检索紧密联系、自由切换。分类主题一体化人工智能技术，是把无序的网络信息资源搜集、整合成有序的知识的关键，是自动标引建立知识数据库的核心，也是检索系统向用户提供智能服务的前提。分类主题智能化的网络信息组织，不仅创造了高质量的知识数据库，而且为用户提供了多途径、多层次的信息检索工具。

（2）多媒体检索技术

多媒体信息是文本、图像、声频和视频的混合体，数字存储与处理技术促使图文声茂的多媒体信息逐渐成为 Web 主流。现在多媒体检索主要借助于文本检索，一般不涉及图像自身特征的分析处理，即用户从反映图像内容的文字性描述（如题名、类别、主题等）角度来入手检索图像。信息检索正从传统线性文本检索向非线性多媒体检索发展，有关图像、声频、视频等多媒体检索技术的研究逐步提上了议事日程。基于内容的图像检索技术瓶颈有：①对图像进行基于内容的识别和解释，图像特征的提取在检索中占有重要地位；②图像的许多特征并不能用简单的数值和字符来精确表达，需要能表达图像内容特征的查询方式及用户接口；③具有时空关系的多媒体数据必须确保各对象间的时空同步，它直接影响到数据库的数据模型和索引方式③。对此，MPEG-7 专家组正在制定多媒体内容描述标准，内容操纵包括摘要、查询、索引、检索、浏览、过滤等技术④。MPEG-7“多媒体内容描述接口”（Multimedia Content Description Interface）标准由描述符（D，Descriptors）、描述方案（DS，Description Schemes）、描述定义语言（DDL，Description Definition Language）以及系统工具等四个部分构成；通过

---

① 苏新宁等．组织的知识管理．北京：国防工业出版社，2004：128

② 邓均华．网络分类搜索引擎与传统分类法之比较分析——兼论建立我国信息组织分类标准．河南图书馆学刊 2001，21（5）：60-61

③ 黄祥林．图像检索中的关键技术．测控技术，2002，21（5）：22-25

④ 吴慰慈．网络环境下信息存储与检索技术的发展．四川图书馆学报，2003，131（1）：3-6

MPEG-7 所定义的 D、DS 和 DDL，可以对各种形式存储的多媒体内容进行结构化的描述，对多媒体信息的这种描述使用户在资源检索的过程中具有更加灵活的资源过滤方式①。

以位串形式存储的数字化多媒体信息，与数据描述之间缺乏对应关系，需要特殊的检索处理技术，即多媒体信息检索技术的关键是图像、声频和视频检索技术。信息特征是联系信息标引与信息检索的唯一桥梁，图像、声频与视频信息的检索也是以其自身的形式与内容特征描述为基础。图像信息包括描述对象的主题，颜色、纹理、形状、轮廓等视觉概念，著者、发行地、发行时间等制作信息，位置、移动及组合等相互关系；声频信息包含音频、音调、响度、频宽、音色和节奏等；视频信息则是指对象的镜头、场景及视场的运动等。基于内容的多媒体信息检索技术的基理是：首先，计算机自动抽取多媒体信息特征，编制多媒体信息特征倒排索引数据库；其次，从用户接口获得多媒体信息检索标识，诸如输入草图、轮廓图、音频、镜头或从检索库中调用的相似多媒体信息；然后，计算机“理解”用户多媒体信息查询请求标识（查询样本）并与索引数据库中的对象进行相似匹配；最后，排序与输出多媒体信息检索结果。

(3) 元搜索引擎技术

现有搜索引擎的数据库规模和覆盖面都极其有限，检索结果的漏检、误检率较高，检索效率不甚理想。美国 NEC 研究所 S. Lawrence 和 C. L. Giles 两位博士的研究表明，现在的搜索引擎漏掉了大约 84％的网页信息。② 美国科学期刊 Nature 的一篇报告中指出，最大的搜索引擎覆盖现有网页资源的 16％，即使把被调查的 11 个搜索引擎加在一起，覆盖面也只增加到 42％。③ 由于信息采集机制、信息组织机制和用户检索机制等方面的不足与制约，搜索引擎还存在比较突出的问题：搜索结果排序标准不一，检索结果的排序机制有待改善；缺乏网页主题内容的有效描述，无法深入到语义内容，没有解决非文本、图片、压缩文件、音响、动画文件等的索引和编制问题；命中文献之间相互孤立或关系模糊不清，不能体现信息之间主题的相关性、不同版本间互动性与关联性等。④ 显然搜索引擎返回成千上万条没有筛选与排序的匹配记录，用户面对网络海量信息无所适从；

---

① 李瑞勤．MPEG-7 促进多媒体信息检索领域的革命．中国图书馆学报，2003（1）：72-74

② 董全中．当代搜索引擎存在的问题及其改进．图书馆理论与实践，2007（5）：39-40

③ S. Lawrence, C. L. Giles. Accessibility of information on the Web. Nature science journals, 1999, 400 (8): 107

④ 冷伏海，徐跃权，冯璐．信息组织概论（第 2 版）．北京：科学出版社，2008：271-272

"一个搜索适用于所有用户"的搜索模型，无法满足用户的个性化信息检索需求。据专家评测，目前主要搜索引擎返回的相关结果的比率不足45%，其原因是现有的因特网搜索引擎拥有极少量的知识，并且是面向最一般的用户模型。①在各大搜索引擎中，由于机制、算法、范围等的不同，对于同一内容的查询请求返回的查询结果重复率不足34%。② 此外，站点、网页信息动态变化，旧页面不断被更新（包括内容改变、位置移动等）和删除，新页面不断出现，这导致URL改变而造成大量的死链接，索引库中保存的许多网页包含无用或暂时信息。大多数搜索引擎的提问函数有限，只提供关键词间最基本的布尔逻辑组配。每个搜索引擎在查寻方法、速度、查全率和查准率等方面差异很大，在收录信息的范围、内容、检索方法上各不相同，搜索与管理技术互不兼容，譬如截词技术、词位限定、字段限定、范围限定、逻辑运算、匹配方式以及数据库维护等技术应用千差万别。搜索引擎用户接口不一，互不兼容，相互操作性差，用户使用多个独立的搜索引擎检索信息极不方便。因此，人们积极探究网络知识控制技术，力图早日开发新一代搜索引擎。③,④,⑤一般认为，搜索引擎应当解决以下几个关键的技术问题：①信息发掘功能，数据零点更新，即及时链接新增的信息，剔除被删除的站点；②多途径检索功能，用户进行交互式检索，控制信息输出，获得满意的结果；③信息推荐功能，按信息关联程度排序，重要而准确的信息排在前列；④高检索效率功能，虚假信息和垃圾信息被过滤，真实信息不遗漏，检准率和检全率最佳化；⑤智能检索功能，自动分析、理解与处理检索词，为用户提供所需信息；⑥协作检索功能，信息检索系统协同作业，不同地区、专业、语种、类型的搜索引擎应当实现数据库有条件共享或互相满足对方的信息检索请求。元搜索引擎作为新一代搜索引擎的代表，在网络信息检索中渐露头角。

元搜索引擎（Meta Search Engine），亦称多元搜索引擎、集合搜索引擎、综合搜索引擎，是关于搜索引擎的搜索引擎。它是指在统一的用户查询界面与信息反馈的形式下，共享多个搜索引擎的资源库为用户提供信息服务的系统。⑥ 元搜

---

① 张佰明，李志宏，蔡越越．网络传播实务．北京：中国传媒大学出版社，2010：9

② 李瑞花．基于WEB平台的混合搜索的研究与实现．西安建筑科技大学，2011：5

③ D. J. Slone. Internet search approaches: The influence of age, search goals, and experience. Library & Information Science Research, 2003, 25 (4): 403-418

④ D. Tabatabai and B. M. Shore. How experts and novices search the Web. Library & Information Science Research, 2005, 27 (2): 222-248

⑤ R. A. Sit. Online library catalog search performance by older adult users. Library & Information Science Research, 1998, 20 (2): 115-131

⑥ 袁津生，李群．搜索引擎基础教程．北京：清华大学出版社，2010：53

索引擎主要充当一个中间代理角色，具有虚拟数据库与信息搜索代理的特点和检索效率高、扩展性能强与服务多样化的优势。它本身没有庞大的网页网站索引数据库，也没有独立搜索引擎那样复杂的索引机制，搜索时直接利用其他搜索引擎的索引数据库。其工作流程是：首先接收与分析用户的检索请求，对用户检索请求进行格式转换等预处理；然后把处理过的检索请求分配给多个独立搜索引擎，即递交给若干个底层搜索引擎查询；最后将其他搜索引擎返回的检索结果进行去重、组合、排序等后处理，并显示或提交给用户。譬如，MetaCrawler 支持调用 Google、Yahoo、Yandex 等 12 个独立搜索引擎，Profusion 可以检索 AltaVista、Infoseek、Lycos、Excite、Webcrawler、Opentext、Yahoo 等 11 个著名搜索引擎，SavvySearch 能够查找 200 多个搜索引擎或指南，此外 Mamma、万伟搜索、搜星搜索等均可同时调用多个搜索引擎。① 元搜索引擎没有自己的资源库和机器人，因此不可能独立地完成信息检索的过程。它主要履行信息搜索的代理功能，即请求提交代理、检索接口代理和结果显示代理。② 请求提交代理，通过统一而灵活的用户检索界面，确保其的“个性化”检索请求设置，充分接收与理解信息请求，譬如利用搜索引擎调用、检索时间、结果数量等控制方式表达用户的信息需求。检索接口代理，实现把检索请求转换成若干个底层成员搜索引擎能够处理的命令格式并向它们递交检索请求。结果显示代理，按用户检索要求把成员搜索引擎返回的结果集进行筛选与整合（去重、合并与排序）并显示输出。元搜索引擎集成多个单个成员搜索引擎，通过在多个独立的搜索引擎中并发查询，提高了检全率；同时利用各种智能软件对各搜索引擎返回的信息进行过滤或后处理，删除不合适或重复的网页并对结果按关联度高低进行排序等，提高了检准率。

元搜索引擎提供统一的集成检索界面，允许用户灵活调用成员搜索引擎，充分实现了个性化的信息供给服务。譬如，提供“选择最好”模式，即运用统计分布或分类统计方式，确定某一主题检索效率最好的搜索引擎；提供“选择最快”模式，即以随机方式将检索指令传送给若干搜索引擎，选择最先返回若干结果集并组织成全局结果集输出，或者利用先验式的某类信息与搜索引擎检索速度的映射关系控制字典进行信息检索控制；提供时间及结果数控制模式，MetaCrawler 定义了等待检索的最大时间（5 秒–2 分钟）和从每个搜索引擎返回

① 吴斌，刘和文．文献信息检索理论与实践．合肥：安徽大学出版社，2010：20 表 0–202

② 袁津生，李群．搜索引擎基础教程．北京：清华大学出版社，2010：53

的最大结果数（10，20，30）①。Profusion 提供诸如搜索引擎选择、检索类型、结果显示、摘要选项、链接检查等较多的检索选项，能够自动实现符合特殊检索语法要求的转换，可以选择 3 个最好的搜索引擎、3 个最快的搜索引擎、全部搜索引擎或任意几个搜索引擎等四种调用方式。② 元搜索引擎用统一的检索界面屏蔽各种接口与处理过程，接收用户查询请求并进行预处理和格式转化，“动态”激活若干个成员搜索引擎，对返回结果进行后处理，向用户提供全面、准确的个性化排序结果。元搜索引擎将多个搜索引擎有机整合，网络信息搜索能力和覆盖面空前增大。但是，它递交用户查寻请求时，受语法词法、逻辑组配、位置关系、运算控制等限制，难以实现单个搜索引擎的高级搜索功能，又可能产生新表达差异问题。因此，元搜索引擎在请求理解、查询分派、数据库选择、文本选择和结果处理等方面，还有待于进一步开发与完善。网络信息的搜集与索引数据库的建立，是成员搜索引擎的重点，而非元搜索引擎的内容。用户界面的改进、调用策略的完善、返回信息的整合以及最终检索结果的排序，是元搜索引擎研究的重中之重。

（4）自然语言处理技术

自然语言是非受控语言，除语法限制外其他束缚较少，信息标引直接从原始信息中抽取词组，因而标引错误少、准确度高、时效性强。同时，用户使用自然语言检索极其方便，不必考虑繁琐的检索规则。每一个人都是网络信息的生产者（或潜在的生产者），也都是网络信息的实际用户（或潜在用户）。自然语言处理无疑是网络信息组织人性化的最佳选择，但需要通过一定的技术、规则与方法去除词义模糊、理顺词间关系与理解文本内容，否则容易造成漏检与误检而难以获得满意的检索效果。标引语言是沟通信息与用户的中介或桥梁，自然语言对于信息揭示和用户使用都极其方便，因此分类主题标引自然语言化乃大势所趋。自然语言标引，采用以自然语言为基础的不受词表控制的自由词来揭示信息，采取自由抽词、自动分类等方式来组织信息。全文自动标引技术难关已有较大突破，自然语词与分类号的对应转换以及自然语词与知识库词典语词的对应匹配技术已有很大进展。自然语言自动标引，不仅提高了网络信息组织的效率，而且为用户提供了自然语言检索方式，为人工智能信息组织与检索奠定了坚实的基础。

---

① 王芳，张晓林．元搜索引擎：原理与利用．现代图书情报技术，1998（6）：18-21

② 吴斌，刘和文．文献信息检索理论与实践．合肥：安徽大学出版社，2010：201

自然语言处理（Natural Language Processing，NLP），从微观上讲是指从自然语言到机器（计算机系统）之间的一种映射，从宏观上说是指计算机能够执行人类所期望的某些语言功能，跟知识组织密切相关的 NLP 技术有信息抽取技术、自动分类技术、自动标引技术与自动文摘技术等。信息抽取就是从文本中自动抽出有关的信息，存入到有结构的数据库中，以备查询；自动分类就是将文本自动放入到一定的类别中，以便日后按类索取，按照是否具有确定的分类系统进行区分，又可以分为自动分类和自动聚类两种方式；自动标引是让计算机通过分析自动给出文本的主题词，包括从机器词典中取出主题词的赋词标引和从文本中抽出主题词的抽词标引；自动摘要则是在保持原有文本基本含义的基础上，自动形成一种浓缩了原有文本含义的简短文本的技术。① 文本解释技术是自然语言处理的基础，需要利用自动识别、自动分词、概念发现及语义关联等对文本进行适当分析并确定关键内容。自然语言的检索系统，通常建立系统内关键词词典、类主题词典和后控制词表等自然语言处理系统。语词是信息表达的最小单位，是信息检索技术中匹配的基本元素。英语等西方语种有空格作为分隔符，基本上不存在语词切分问题。汉语字词之间没有分隔符，而对信息资源的标引与对用户检索输入的“理解”都必须进行正确的语词切分，汉语切词已成为全文检索技术的瓶颈。虚假组配很多，垃圾信息不少，误检率相当高，无关结果较多，检全率和检准率难以控制，是目前汉语切词检索的通病。

汉语在词法、句法、语义、语用中都可能存在不同程度的歧义现象，词与词素及词组之间界限模糊导致分词词典中的词条选择困难，对分词词典未收录的概念词适应能力差，这些都制约着汉语的分词技术的发展。现在，常用的汉语词语切分方法有按词典进行最大词组匹配、逆向最大词组匹配、最佳匹配法、全自动词典切分法等，此外还有基于神经元网络的分词方法、专家系统的分词方法、基于统计和频度分析的分词方法等。② 由于汉语词语之间没有区分标识，这些分词技术的效果还不是很理想。在汉语分词技术之中还有一种二元语法自动切分的方法，即把文档中前后相邻的两个字作为一个关键词，建立关键词索引。譬如，“武汉大学”，可以切分为“武汉、汉大、大学”。用户查询时先对其检索词进行同样的切分，再在索引库中匹配。二元切分实现简单，没有词表维护，但是中文

① 王兰成．知识集成方法与技术：知识的组织与检索．北京：国防工业出版社，2010：37-38

② 李志义．Web 信息检索系统的设计及应用．北京：清华大学出版社，2011：7

文档二元切分后索引大小和源文件基本相当，而英文索引文件却只有源文件的30％～40％。① 因此，二元语法切分不太适合大型检索系统，对中小型检索系统来说还无大碍。

另外，汉语计算机处理字符集和内码体系不统一，中国大陆、新加坡使用简体，港澳台使用繁体；大陆采用国标码（gb），台湾采用大五码（big5）。因此，中文自然语言处理技术面临两大艰巨的任务：汉语自动切分与编码自动转换。尤里卡中文智能搜索引擎，利用先进的自然语言理解技术，解决了“表达差异”和“忠实表达”的难题，信息检索和导航服务智能化，用户输入口语化的查询请求，就能立即得到详实、准确、直接的答案②。2008 年两会期间，四川省代表团中的十多名全国人大代表联名建议尽快制定《汉字数字化方案》，彻底解决汉字输入、中文加密、电脑编程、人机界面、语音控制、人工智能等一系列中文信息处理领域的难题。③

（5）基于内容的检索技术

目前网络信息检索，是根据 URL 进行定位搜索，常常返回死链接。这是因为 Web 信息更新太快，信息重组、移动、删除司空见惯，而索引库中 URL 没有同步更新。如果从信息内容的语义与特征出发，以包含关键词的表作为检索目标网页的查询条件进行内容寻址，当一个目标网页移动时，基于内容的寻址定位不会改变，从而仍然可以得出正确的检索结果④。在传统数据库中进行信息检索，通常是以数值或字符作为匹配标识来查找与获取特定的信息资源。随着图像、音频、视频等非结构化多媒体数据库的急剧增长，如何对其数据内容进行自动语义分析、表达与检索就成为了人们研究的热点。基于内容的检索（Content-Based Retrieval，CBR），是多媒体数据库信息检索中的一门新兴的技术。它是指从多媒体数据中分析、提取出可供检索的内容特征（如图像中的颜色、纹理、形状，视频中的镜头、场景以及镜头的运动，声音中的音色、音调、响度等），然后根据这些线索从大量存储在数据库中的媒体进行查找，检索出具有相似特性的媒体数据。⑤ 这就是说，CBR 的基本原理是：首先利用多媒体信息分析处理程序，对其

---

① 奉继承．知识管理：理论、技术与运营．北京：中国经济出版社，2006：159

② 李村合．新一代中文智能搜索引擎尤里卡研究．情报科学，2003，21（1）：86-88

③ 10 余名代表联名提议汉字数字化方案，您支持吗？http：//fuxing. bbs. cctv. com/viewthread. php?tid=11506687&extra=page%3D1［2008-03-21］

④ 霍艳蓉．Web 信息检索的关键技术．现代图书情报技术，2002，97（6）：31-32，35

⑤ 朱范德．多媒体技术概论（第 2 版）．南京：东南大学出版社，2011：288

内容进行全面准确的标引，建立“内容-对象”关系型索引多媒体数据库；其次在实施检索之时利用计算机程序自动获取用户查询内容，跟多媒体索引库匹配并提供内容完全一致的检索结果。

网络信息检索不受时空限制，检索速度快，检索功能强大。智能化、知识化、多媒体、多语言、自然语言、基于内容等多途径一体化网络信息检索技术，为人们跨越信息时空描绘了波澜壮阔的蓝图。网络信息急剧膨胀，搜索越来越难以控制，有效检索越来越困难。一次搜索结果可能返回数以万计的网页信息，庞大的信息群中有用信息只是“冰山一角”。信息过剩导致“认知过载”，用户只能在返回结果的开始几十个网页链接中做出选择，结果往往浏览了信息噪音，却漏掉了有效信息。当今世界信息贫穷与信息过剩同在，在信息网络中找不到所需信息，无异于拿着金饭碗讨饭吃。从根本上解决信息贫穷与信息过剩的问题，必须开发新一代成熟的信息资源检索技术。

3.5 图书馆知识服务的技术方法

3.5.1 知识资源供给的网络化

Internet 的触角已经延伸到了地球的每一个角落，数字技术改变了人类知识交流的方式。门泽尔和米哈依洛夫将科学交流（知识交流）分为两类：一是客观、公开与稳定的“正式交流”，即以图书、期刊、会议论文、学术论文、特种资料等正式出版物为依托的知识交流；二是主观、隐秘与不稳定的“非正式交流”，即通过专家学者的直接对话、现场考察、试验参观、科技展览、口头讲演、会议报告、书信传递、内部交流、预印本与单行本交换等方式来交流研究者个人的观念或见解。在前网络时代，科学交流控制主要针对正式交流过程中的科技文献。网络环境下非正式交流和正式交流之间的界限日益模糊，非正式交流在网络技术支持下更加繁荣，正式交流在信息表现形式与信息传递方式上也发生了巨大变革。① 非正式交流经过网络中介之后显得“正式”，正式交流经过网络虚拟之后变得“非正式”。因此，网络环境下的知识交流，与其说是“正式交流”与“非正式交流”，不如说是“稳定性交流”与“非稳定性交流”。当然，在“稳定性交流”与“非稳定性交流”之间，还存在一种过渡状态的“半稳定性交流”。譬如，网络图书、期刊与报纸等作为网络出版物，一般传播“稳定性交流”的

① 彭斐章等著．数字时代目录学的理论变革与发展研究．武汉：武汉大学出版社，2009：58

资源；Email、BBS、ICQ、QQ、MSN、P2P等网络会话工具，往往提供“非稳定性交流”的资源；而Blog是一种个性化和互动性强的实时网络出版方式，大多可归属于“半正式或半稳定”的资源。数字地球村时代，科学交流（知识交流）方式的变革为图书馆事业发展带来了前所未有的挑战和机遇。

Internet信息纷繁芜杂、无所不包，图书、期刊、报纸、论文集、数据库等组成了一个开放的知识网络。网上出版物是指在网络环境中编辑、出版、发行的出版物以及印刷型出版物的网络版，主要包括网上图书、网上期刊、网上报纸等。① 网上出版物，发行时间短，使用方便，深受信息用户好评。图书馆在Internet上建立网页、网站，把数字资源网络化，成为信息存储、整序、管理和交流中心，有利于充分发挥其信息传播和服务的职能。Internet不仅实现了信息资源共建共享，使馆藏信息网络化、网络信息虚拟馆藏化，而且彻底地打破了时空的局限，提高了信息服务效率和质量。统一采购、联合编目、网上查寻、文献传递、网际互借、联机检索、多媒体服务等一系列信息建设、开发与利用工作，为充分地利用人类的一切有价值信息资源提供了保障。例如，以CERNET为中心的CALIS，直接与Internet相联，确保全国高校实现资源共享，中文文献保障率为95％，外文文献保障率为80％。图书馆知识资源共建共享观念深入人心，图书馆应该积极借鉴企业界成功实施的战略联盟。据统计，在近10年来位居世界前列的2000家公司中，战略联盟的投资回报率为17％，超过一般企业投资回报率的50％，最积极从事联盟的25家公司取得了17.2％的权益资本报酬率，比《财富》500强公司的权益资本报酬率高出40％。② 尽管公益性图书馆与盈利性企业组织有很大的差别，但是两者在资源共享和规模效益方面有极大的相似性。

在传统出版中，创造、生产、分发和消费之间是一条单向的、彼此分离的媒体供应链，而现代网络出版则形成了四者一体、角色互换、双向互动的组合体。网络出版在媒体形式上形成了“大传媒”概念，使书、报、刊、广播、电视甚至咨询、培训、远程教育、情报资料等融为网络出版。在过程上，它把创造者（作者）、出版者、销售者（批发、零售）、使用者或接受者融为一体，既是大的出版中心，又是大的图书销售中心，还是大的图书资料及信息检索中心，同时又

① 王立清．信息检索教程（第2版）．北京：中国人民大学出版社，2008：232

② 徐建清．电力多经制造产业实施战略联盟的思考．http：//www.chinapower.com.cn/article/1038/art1038862.asp［2008-03-18］

可以是咨询、读者活动和培训中心。① 网络开放存储学术资源，是一类新兴的供用户免费获取的知识资源。诸多图书馆、大学机构或其他公共部门建立了开放存取中心，不少专家学者与有识之士纷纷让渡自己的版权，国家机构或公共部门资助的学术资源也应该公开共享。譬如，英国诺丁汉大学 OpenDOAR 机构库导航目录，能够帮助学者获取最原始的研究成果，发现学科发展趋势及其创新点。中国科技论文在线是一个综合性学科 e 印本文库，其学术论文的文责由作者自负，版权归作者本人所有，它为科研人员提供了一个学术观点、创新思想和技术成果的发布与共享平台。中国预印本服务系统是一个提供预印本服务的实时学术交流系统，用户可以自由提交、检索、浏览或评论预印本资料。奇迹电子文库主要收录原创科研论文、综述、讲义及专著的预印本及电子书，资料全部为注册用户自行上传，版权归原作者所有，提供分类浏览、关键词检索、奇迹论坛、奇迹百科、奇迹日记等学术交流与服务。

网格计算指利用互联网将分布在世界各地的计算机整合成一台“虚拟的超级计算机”，从而具有超强的数据处理能力，能充分利用网上的闲置处理资源、减少和避免设备升级和购买的投入成本，实现处于不同机构的计算资源、存储资源、数据资源、信息资源、知识资源、专家资源的综合利用和全面共享。② 知识网格是一种新兴的高级网格技术，它是在人工智能和知识管理的基础上形成的网格，是集数据网格、计算网格和服务网格为一体的一种智能网格，其发展趋势是以知识网格为基础的海量数据存储和信息处理技术，个性化信息服务技术，知识发现和分析技术，应用服务器和知识文档与流程支撑框架。③ 网络是一种实现知识管理的技术手段与实践平台。知识自由与知识平等是人类追求的理想和目标，网络的兴起为其实现提供了契机，但同时对知识管理提出了挑战。

群件技术（Groupware）是一个帮助群组协同工作的技术体系。群件就是针对群体工作而发展出来的技术产品，目的在于促进群体的交流合作及资源分享，充分提高群体的工作效率和质量，即以交流（Communication）、协调（Coordination）、合作（Collaboration）及信息共享（Information Sharing）为目标，支持群体工作需要的应用软件。④ 群件成员通过一对一、一对多或多对一的在线

① 周蔚华等．数字传播与出版转型．北京：北京大学出版社，2011：46

② 奉继承．知识管理：理论、技术与运营．北京：中国经济出版社，2006：202

③ 奉继承．知识管理：理论、技术与运营．北京：中国经济出版社，2006：202

④ 张宁，余霏．群件技术在战略联盟组织中的应用．当代经理人，2005（17）：100-101

交互方式，充分实现知识交流与资源共享，从而为成员协同作业消除了时空差异的影响。这就是说，无论是同一时间工作（实时或同步）还是在不同时间工作（异步）的群件用户，无论是同一个地方（同地）还是在不同的地方（异地）的群件用户，通过群件构建的虚拟团队都能够方便地进行“3CIS”。Lotus Notes 和 Microsoft Exchange 是两种较为典型的群件产品，都具有 E-mail 信息处理、群组日程安排、电子会议系统、文档操作处理、工作流自动化、群组数据共享和群组虚拟讨论等功能。Lotus 公司推出的 Domino/Notes R5 版本，开发了安全、简便、有效的信息管理和工作协同平台，为用户提供了一条实现从简单的电子邮件到高级的通信和协作解决方案的捷径。它集成了通信、群件和 Web 应用服务器等多种功能，提供适用于各种规模的电子邮件服务、以知识为中心的协同工作和以开放与安全为标准的 Internet/Intranet 应用服务。[①] Microsoft 公司的群件产品 Exchange 同样提供了功能强大的通信与协作平台，允许群件用户共享数据、广泛协作、虚拟交流以及进行互操作等。

图书馆知识资源有结构化知识、非结构化知识和隐性知识，DBMS 适合结构化知识的管理要求而不适合对非结构知识和隐性知识进行处理，群件技术在非结构化知识和隐性知识的管理方面有较好的表现。面向文档与面向设计的非结构化文档数据是传统数据管理的难题，但利用群件文档数据库就可以方便地对文档数据进行操作。图书馆凭借基于互联网络的群件工具，既实现了馆员与用户的虚拟互动，切实促进了知识共享、知识传递、知识交流与在线讨论，又实现了图书馆职能部门之间的实时联系，推动了图书馆业务流程重组和业务部门整合。群件技术为图书馆隐性知识管理奠定了坚实的基础，尤其是知识专家的在线参与，为图书馆隐性知识服务提供了新思路。此外，群件管理如果和知识库、专家系统等无缝连接，那么图书馆知识服务就能够更加深入与便捷。知识库（knowledge warehouse）是一种由数据库、方法库、模型库、知识源库和专家库组成，并使用数据库技术、多维数据库技术、专家系统、数据挖掘技术对知识进行管理的特殊的数据库，库中有与数据相关的语境和经验；专家系统试图在某种程度上模拟人的决策，利用巨大的数据和信息分析功能帮助读者找到相应的文献资源，以便他们更快、更便捷地了解当今科技发展的前沿信息。[②] 诚如斯，图书馆知识资源共享、交流与服务就会迈上一个新台阶。

---

① 周学君，崔洪芳，杨欣．计算机基础教程．武汉：华中科技大学出版社，2005：43

② 石向实，刘晨．图书馆知识管理．杭州：浙江大学出版社，2006：209-219

3.5.2　知识资源服务的智能化

知识发现技术、数据挖掘技术和知识地图技术，是知识资源智能化服务的核心技术。目前互联网资源共享主要是基于搜索引擎的信息获取，web 搜索引擎部分地解决了资源发现问题，但就知识发现而言，即使检索精度再高，搜索引擎也不能胜任。① 传统搜索引擎缺乏知识处理能力和理解能力，难以深层次处理个性化、区域性和专业性的非结构化知识。知识发现是一种基于语义的高级检索，是指从知识库中通过搜索、分类和跟踪，形成知识地图，并将知识进行发布的过程②，即从网络信息中挖掘出潜在的、有意义的和有规律的知识。知识搜索引擎是知识发现的核心。传统搜索引擎是基于关键词层面的语词匹配，知识搜索引擎则是基于知识层面的智能化信息处理。知识发现能够分析与处理非结构化文档，知识发现服务器具有强大的分类检索、文档检索和在线专家检索功能。这就是说，知识发现系统不仅发现与提取相关知识，而且可以找到解答问题的在线专家。

知识发现（Knowledge Discovery，KD）通常包含数据收集、数据预处理、数据转换、数据挖掘、模式解释和评价等几个步骤（如图 3-6 所示），它的基本任务是数据分类、数据聚类、衰退和预报、关联和相关性、顺序发现、描述和辨别、时间序列分析。③ 知识发现技术通过模拟人的思维模式认知信息概念、潜在信息及相关成分，涉及数据库技术、统计技术、机器学习、模式识别技术以及信息检索技术。知识处理系统以人工神经网络、传播激活模型、联想网络及并行分布处理等处理方法进行自我处理，通过大量的处理节点及其相互联系之间的交互达到一种智能行为；知识学习系统从样本中自动学习，最常用的知识学习算法有归纳学习算法、多层前向反馈神经网络和遗传算法等。④ 这样，知识发现技术实现了知识的自动分类与聚类，揭示了知识之间的关联性，提供了隐含性知识与预测性知识，从而切实保障了图书馆知识服务从文献单元深入到知识单元。吕永波等设计的基于 Agent 的 Web 知识发现系统（Agent based Web Knowledge Discovery System，A -WKDS），通过互相协作的文本知识提取子系统、用户兴趣特征挖掘

---

① 吕永波等．基于 Agent 的 Web 知识发现模型及应用研究．中国软科学，2006（8）：141-146
② 奉继承．知识管理：理论、技术与运营．北京：中国经济出版社，2006：191-192
③ 孙吉红，焦玉英．知识发现及其发展趋势研究．情报理论与实践，2006，29（5）：528-530，527
④ 谭云明，廖艳君．网络商务信息采集．北京：中国经济出版社，2008：68

子系统和知识过滤子系统来完成知识处理过程：用户登录 A-WKDS 系统，系统调入该用户的用户兴趣模型；系统获得用户查询请求并将其传递给元搜索 Agent，元搜索 Agent 通过调用搜索引擎组来实现 Web 信息的获取；文本知识提取子系统对取回的 Web 文档集进行结构化处理、特征表示、分类、聚类、文本摘要等；知识过滤子系统根据用户兴趣模型对分类后的文档摘要进行筛选，推荐相关度较高的文档给用户，用户兴趣特征挖掘子系统观察用户对推荐文档的反应，并以此修改用户兴趣模型。①

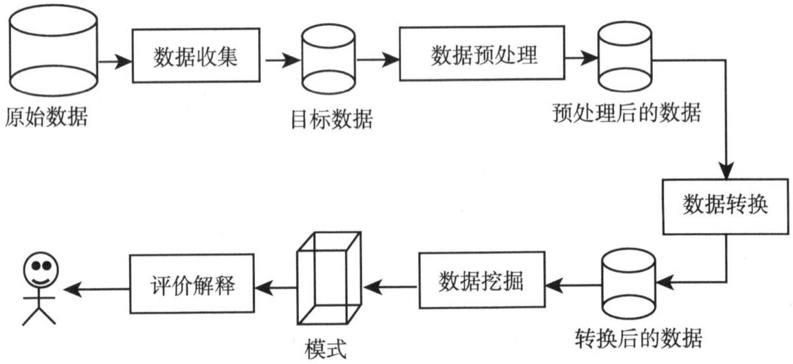

图 3-6　典型的知识发现过程

数据挖掘（Data Mining），又称为数据库中的知识发现（Knowledge Discovery in Database，KDD）、“数据考古学（Data Archaeology）”、“数据模式分析（Data Pattern Analysis）”或“功能依赖分析（Functional Dependency Analysis）”等，是利用分类、评价、预测、关联分组、聚类等关联性分析与机器自我学习，以及其他统计方法，从复杂且庞大的数据库中找出隐藏、未知的知识，……数据挖掘并不只是一种技术或是一套软件，而是一种结合数种专业技术的应用。② 也有学者认为数据挖掘是指利用统计分析工具、神经网络、模糊逻辑、遗传算法或者其他人工智能技术，从大量的、不完全的、有噪声的、模糊的、随机的数据中，提取可信、新颖、有效、隐含在其中的、人们事先不知道的、潜在的并能够被人理解的模式的高级处理过程。③ 知识发现和数据挖掘都是从数据中发现知识，但数据

---

① 吕永波等．基于 Agent 的 Web 知识发现模型及应用研究．中国软科学，2006（8）：141-146

② 奉继承．知识管理：理论、技术与运营．北京：中国经济出版社，2006：192-194

③ 石向实，刘晨．图书馆知识管理．杭州：浙江大学出版社，2006：209-219

挖掘比知识发现更加具体与深入。知识发现的核心过程是数据挖掘，数据挖掘是知识发现的特定步骤。Goebel 和 Gruenwald 认为：数据挖掘只占知识发现的15%—20%。① 海量数据相互关联而又鱼龙混杂，数据挖掘的作用是寻找隐藏在数据背后的规律，并揭示关系、提出假设和预测趋势。

知识地图也称为认识地图或认知地图，最早由英国情报学家布鲁克斯（B. C. Brookes）提出。美国捷运公司曾使用一张充满知识资源的美国地理地图，它包含带有索引号或表示层次关系的表格和文件，以及信息资源管理表和信息资源分布图，是知识地图的早期形式。知识地图是一种能在语义和知识层面上描述知识的模型，其目的在于以一种通用、直观的方式对知识进行获取、组织、呈现和检索，从而实现知识的共享与创新。② 知识单元之间并非孤立的个体，而是存在相互关联的网状关系，这种知识单元的结构化关系就构成了知识地图。因为知识地图不仅揭示知识的存储地，而且揭示知识之间的关系，所以通过知识地图的每一个接点都能找到相关联的知识。知识地图是知识目录总览，为用户查找知识资源提供了直观化的工具。知识地图是一个向导而不是一个知识的集合，不是具体的知识而是关于知识的来源的知识；它所指向的知识源不仅可以是已经固化在一定的载体上的各种形式的文献、数据库，也可以是大脑中存储了丰富隐性知识的专家或其他员工。③ 隐性知识管理最有效的方法是管理知识专家，知识地图指向与链接知识专家，创建了同专家在线交流的虚拟模式，实现了隐性知识的共享。知识地图采用一种智能化的向导代理，通过分析用户的行为模式，智能化地引导检索者找到目标信息。④ 有学者指出：知识地图与目录具有共同的本质和功能，都是知识或知识资源的组织与查寻系统，其知识组织方法和原理基本相似；但目录所指的知识是文献等载体中所蕴含的客观知识或知识单元，而知识地图所指的知识则是知识资源，包括知识单元、人（如专家、知识工作者等）、技术、经验、政策等。他们还认为知识地图是指用符号、语词、清单、图表等各种信息模式来表示知识分布及其各种关系的地图，是进行知识组织与管理的良好工具；

---

① M. Goebel, L. Gruenwald. A Survey of Data Mining and Knowledge Discovery Software Tools. SIGKDD Explorations, 1999, 1 (1): 21-33

② 潘有能，丁楠．图书馆学学科知识地图的构建．大学图书馆学报，2007（4）：10-13，25

③ 李亮．知识地图——知识管理的有效工具．情报理论与实践，2005，28（3）：233-237

④ 石向实，刘晨．图书馆知识管理．杭州：浙江大学出版社，2006：209-219

一幅完整的知识地图至少应该包括两方面的内容：一是全部知识体系的总目录(包括其基本属性、种类、重要性等)，二是知识目录中各条款之间的相互关系。①·②

社会知识呈指数形式增长，知识检索日趋重要。现代通信技术、数字化技术、知识整序技术和数据库技术等知识管理技术不断进步，为网络环境下的图书馆知识管理注入了新的活力。知识检索向智能化检索的方向发展，主要体现在：检索工具通用化、多语种化、综合化、专业化；超媒体信息组织提供信息浏览、导航和索引功能；动态链接自动完成交互式的信息查询、跟踪和导航；检索系统能确定最优的检索策略，自动把用户的自然语言转化为检索式并进行智能化检索。未来网络环境下的知识检索系统，能够根据用户知识需求，自动实现检索词、检索语言和检索途径的自由转换，进行智能化的立体网络检索，使检全率和检准率都达到理想状态，从而实现检索效率最佳化。智能化的信息检索，模拟人脑的思维方式，进行智能、快速、高效、自动的检索，真正实现“人-机”合一、随心所欲的知识检索。

3.5.3 知识资源推送的人性化

图书馆知识服务方式主要有知识获取和知识推送两种。知识获取指用户主动从图书馆获取特定的知识资源，是一种人找知识的服务方式，如图书馆把知识资源发布在网页上等待用户访问；知识推送指图书馆主动把满足用户兴趣的知识推送给用户，是一种知识找人的服务方式，如图书馆通过 Push 或 RSS 等技术主动向用户发送知识。图书馆开展知识推送服务，降低了用户获取知识的成本，提高了图书馆服务的效率，因而备受业界关注。但是用户的知识需求迥异，如果图书馆实施无差别的知识推送服务，那就不是真正满足用户的知识需求，而是增加用户“知识过载”的负担。用户个性化的知识需求呼唤图书馆知识服务的个性化，因此个性化知识服务是图书馆知识推送一个极其重要的研究领域。图书馆确切把握用户的个性化知识需求，是知识推送成功与否的关键因素。当前，个性化知识推送技术原理主要有三种，即基于内容的推送、基于用户的推送和基于关联规则的推送。基于内容的推送，为每个用户构造 profile，根据用户以往的阅读习惯提

---

① 刘晓英，叶文青，文庭孝．构建知识地图——论现代目录学理论的发展与创新．图书与情报，2007（2）：9-12

② 刘晓英，叶文青，文庭孝．知识地图学——论现代目录学的本质．情报理论与实践，2007，30（3）：336-341

取用户的兴趣特征集合，通过加权方式区分用户的兴趣特征，形成用户的兴趣模型。[①] 基于用户的推送，通过分析用户历史记录而发现具有相同历史行为或兴趣的用户群组，然后挖掘相似用户群组中的有用信息返回给服务对象。[②] 基于关联规则的推送，根据生成的关联规则模型向用户推送信息，容易发现用户新的兴趣点。[③] 基于内容的推送技术难以区分知识的质量，不能为用户发现新的知识领域；基于用户的推送技术存在稀疏性问题，不适合用户数量多的知识管理系统；基于关联规则的推送技术难以抽取恰当的关联规则，且个性化程度相对较低。图书馆具有知识用户较多、知识资源丰富和用户知识需求主题相对稳定等特点，因而尽管基于内容的知识推送技术难以满足用户新的兴趣点，但是它能很好地解决用户特定主题的知识需求，是一种比较实用的图书馆知识推送技术。

在图书馆知识管理实践中，知识推送技术已经从批量的知识“Push”发展到了个性化的知识“RSS”。Push 是由 PointCast Network 公司于 1996 年推出的一种网播技术，它通过一定的技术标准或协议在网络上定期向用户传送需要的信息。用户指定所需信息内容及更新时间，网站 Push 系统就能自动搜寻并定期推送相关信息资源。Push 技术本身存在明显缺陷:[④] 信息服务商（网页提供者）是主动角色，用户只是单纯的接收者而没有对信息内容的选择权；推送的信息不是以用户需求为基础，不能满足用户个性化要求；用户所需信息与广告等无关信息一起强制性地推送给用户，加剧了信息网络的拥塞。因此，Push 技术很快由热变冷，图书馆知识推送找到了支持个性化服务的“RSS”。

RSS 诞生于网景（Netscape）公司 1997 年设计的描述新闻频道语言，作为当时非常重要的“推”技术，后来 Userland 公司和非商业组织 RSS-DEV 工作小组也推出了各自不同的 RSS 版本，因此 RSS 目前可以被看成是“Rich Site Summary（丰富站点摘要）”、“RDF Site Summary（RDF 站点摘要）”或“Really Simple Syndication（真正简易聚合）”的词头缩写。[⑤] RSS 是一种基于 XML 的信息内容描述、发布和聚合技术，可以将最新信息即时主动地推送到用户桌面，使得用户

---

① T. David. An advanced architecture for push services//Proceedings of the 4th International Conferenceon Web Information Systems Engineering Workshops（WISEW’03），Rome，2003：193-200

② J. Zhang，Y. H. Guo and Y. X. Zhong. Intern-based collaborative information recommendation algorithm · Computer Engineering&Application，2004，40（5）：4-5

③ B. Sarwar，et al. Analysis of recommendation algorithms for E-commerce//Proceedings of the 2nd ACM Conference on Electronic Commerce，Minneapolis，2000：158-167

④ 成建权，朱咫渝．从 Push 到 RSS——个性化信息服务的利器．现代情报，2006（11）：14-15，18

⑤ 李书宁，纪高飞．RSS 及其在图书馆的应用．图书馆理论与实践，2006（5）：96-98

不必直接访问网站就能够获得更新的内容。① RSS 发布格式标准、通用性较强，被许多网站采用进行信息推送服务。RSS 订阅或取消 Feeds（提要）的操作简单，在 RSS 阅读器中添加 Feeds 网址即完成订阅，删除 Feeds 网址即可取消订阅，整个订阅过程不需提交任何个人信息，有利于保护用户隐私，也免除垃圾邮件和广告的困扰。RSS 阅读器使用方便，Feeds 的标题、摘要和 URL 等信息自动更新与推送；用户能够按主题将订阅的不同站点内容聚合，还能够根据标题与摘要对订阅的 Feeds 进行再次筛选。图书馆个性化门户网站建设，需要利用 RSS 内容聚合（Aggregation）功能来实现知识的组织与服务。

图书馆利用 RSS 制作新资源、经典资源和热门资源等各种资源列表，有利于用户全程参与知识搜集、知识组织与知识服务过程。开展新书推介和制作导读目录，长期以来都是图书馆一项非常重要的工作。提供按学科专业、文献类型、统计排名等资源列表，既有助于用户了解馆藏资源，更好地利用馆藏资源，又有利于图书馆改进采访工作，提高馆藏资源的利用率。在网络导航服务和数字参考咨询服务方面，RSS 技术也大有用武之地。譬如，学科馆员开展最新期刊目次服务（Table of Contents，TOCs），或搜集与整理相关网络资源制作 RSSFeeds；参考馆员必须密切跟踪有关领域的最新动态与研究进展，用 RSS 阅读器订阅站点比用收藏夹收藏站点更加有效，后者无法自动更新且效率低下，前者能够定期更新、准确过滤与及时推送最新 RSSFeeds。2004 年 Yahoo 推出了 My Yahoo，2005 年 Google 推出了 My Google。这种基于 RSS 技术的个性化信息服务功能，对于并不总在固定地点上网，或者不需要另外安装软件来阅读 RSS 的用户很适用。② 譬如，My Yahoo 个性化功能非常强大，用户可以对 RSS 页面的内容、布局、颜色以及刷新频率等进行个性化设置。图书馆应当设立类似的基于网络的 RSS 服务个性化空间，整理、筛选、聚合与提供免费的网站 RSSFeeds，提高图书馆个性化知识服务的效率、水平与质量。

Web2.0 时代，图书馆更加关注读者个体，其门户网站也更加个性化。Ajax（Asynchronous JavaScript and XML，“异步 JavaScript 和 XML”）是支持异步 Http 请求的交互式 Web 网页开发技术，通过在用户和服务器之间引入中间媒介——Ajax 引擎，为交互操作较多、数据读取频繁的 Web 应用带来更高的效率；RSS 是最广泛的 XML 应用技术，实现了知识推送和内容聚合。Ajax 和 RSS 相结合，

① 赵阳，杨慧，林容，姜爱蓉．清华大学图书馆 RSS 服务实践．图书馆杂志，2006（6）：52-55，72

② 赵阳，杨慧，林容，姜爱蓉．清华大学图书馆 RSS 服务实践．图书馆杂志，2006（6）：52-55，72

有利于实现图书馆的主动服务和满足用户的个性化需求。譬如，清华大学图书馆开发了极具个性化的门户网站，充分应用 Ajax 和 RSS 来实现内容聚合和个性化服务，设计并且实现了栏目可拖拽、内容可定制并且可自动更新的个性化主页，读者可以根据个人兴趣和行为习惯打造出属于自己的图书馆主页。① 该图书馆门户网站能够将用户定制的栏目进行分类管理，实现不同类目标签页的无刷新切换，还能够基于 XML 标准数据格式支持或扩展其他类型栏目，使个性化门户网站集成更丰富的内容和提供更广泛的服务。

除了基于 XML 的 RSS 知识推送之外，图书馆知识服务还有很多个性化的推送形式，诸如提供人性化的使用指南和 FAQ 查询，利用手机进行知识信息推送，集合 Weblog 实现知识推送等。知识推送技术发展与其他知识管理技术息息相关，语义网络技术、知识挖掘技术、知识网格技术等为知识推送提供了强有力的支持。譬如，语义网络技术进步必然更好地揭示语义关系与改善语义匹配，这就有利于发展基于关联规则的推送技术，从而提升了图书馆个性化知识推送的服务能力。

康德在宇宙本体论中提出了时间和空间的结合，但在当时，知识资源在时空上的高度统一还只是一个美妙的设想。知识经济时代，Internet 以神话般的魔力构建了“数字地球村”，图书馆才有机会成为真正意义上的一体化知识时空场。数字图书馆时代即将来临！她既是一座大厦，又是一个界面。计算机服务技术体系从单机时代的主机/终端模式发展到文件服务器时代的共享数据模式，再发展到客户机/服务器时代的 Client/Server 计算模式，然后发展到能够实现全球化传播、高效率协作与个性化服务的 Browse/Server 网络计算模式，当前又大步迈向三层甚至多层模式的平台体系。基于 B/S 模式的 Internet 网络，为图书馆数字化与网络化提供了技术保障；基于知识网格与云计算的新兴技术，又为数字图书馆的建设与服务奠定了坚实基础。数字化知识存储与知识组织技术，知识智能搜索与知识挖掘功能，知识推送与专家系统体系，多媒体实时传输的交互界面，多语言自动翻译浏览处理平台等，为图书馆知识管理提供了强大的技术支持。图书馆知识管理技术体系的范畴极其宽广，除了上述所说的基本技术之外，还有许许多多的技术共同支撑图书馆事业，譬如，防火墙技术、入侵侦测与登录验证、权限设置与加密技术等数据安全性技术就是不可或缺的知识管理技术。

---

① 张蓓，张成昱，姜爱蓉. Ajax 和 RSS 在图书馆个性化门户网站中的应用. 现代图书情报技术，2007 (3)：65-68

4 图书馆知识管理范式的制度维度

为什么公元前2世纪到公元16世纪之间，在将人类的自然知识应用于实用目的方面，中国较西方更为有效？而近代科学关于自然界假说的数学化及其相关的先进技术，只是辉煌而短暂地兴起于伽利略时代的欧洲？此问题的本质实际上就是“孕育了灿烂技术文明的中国，为什么没有诞生出近代科学？”① 这就是著名的“李约瑟之谜”（Needham Puzzle）②，一个令人困惑不已的世纪难题。无数学者试图从地理因素、儒家思想、思维方式、汉语语言、宗教信仰等方面入手解谜，然而并没有达到预期的效果。在诸多的破谜假说之中，制度缺陷论脱颖而出，逐渐得到了世人的认可。2003年，英国李约瑟研究所所长古克礼在接受采访时说：“李约瑟的结论是，过去2000年中国的封建官僚制度产生了李约瑟之谜描述的现象。”③ 寇宗来认为专利制度是“解开李约瑟之谜最重要的钥匙”，“专利制度在欧洲的确立，为工业革命的滥觞和兴起提供了必备的条件”；虽然“那些被经济学家和历史学家认作是产生了18世纪末英国工业革命的所有主要条件，在14世纪的中国几乎都已存在了”，但是中国缺乏保障工业革命的“专利制度这样一个非常重要的制度变量。”④ 在屈辱的百年近代史中，轰轰烈烈的洋务运动草草收场，亚洲第一的北洋海师灰飞烟灭，声势浩大的实业救国难以为继……。历史反复表明：没有制度上的彻底变革，就没有“中国人民从此站起来了”！

制度是指“要求大家共同遵守的办事规程或行动准则”或“在一定历史条件下形成的政治、经济、文化等方面的体系”。⑤ 马克思在《德意志意识形态》

---

① 张太旗．撕开成功者的谜底．北京：中国发展出版社，2009：73

② 由著名科学史专家、英国学者李约瑟提出，至今还困扰着众多科学史工作者。亦称“李约瑟难题”（Needham Problem），“李约瑟命题”（Needham Thesis）或“李约瑟问题”（Needham Question）等。

③ 姜岩．《中国科学技术史》卷七将破解“李约瑟谜题”．http：//www.china.com.cn/zhuanti2005/txt/2003-03/10/content_ 5290257.htm［2008-01-20］

④ 寇宗来．专利制度的功能和绩效．上海：上海人民出版社，2005：82，86

⑤ 中国社会科学院语言研究所词典编辑室编．现代汉语词典：2002年增补本．北京：商务印书馆，2002：1622

中指出：制度只不过是个人之间迄今所存在的交往的产物①。显然，制度是人们生活与生产方式规范的总称，在社会发展中起着至关重要的作用。杨治华和钱军非常认可经济学家成思危的观点，即解决我们当前面临的挑战，非常重要的一条就是要靠创新——技术创新、制度创新与管理创新，并且通过引述自由主义学说的经典例子，以此来说明社会制度的不可或缺性。②

假如两个人要分一块蛋糕，如果第一个人既切蛋糕又先挑蛋糕，你对切蛋糕的人指示：你一定要切得公平，一定要用高技术，一定不准以权谋私。但不管你做了多少规定，他切的时候还是不能公平。如果我们从制度上规定，你第一个切蛋糕，可是让第二个人先挑，你不用给他做规定，他自然就会尽力切得公平。因为如果不公平，第二个人先挑了大的，他不就吃亏了吗？这样从制度上就解决了这个问题，从中可以看出制度的重要性。

茶前饭后，人们常常调侃：坏的制度使好人变坏人，好的制度使坏人变好人。制度是社会团体与个体的活动惯例，在社会正常运转中居功至伟。人类知识生产、积累、集散、传递、交流与利用的社会机制孕育了图书馆，也形成了保障图书馆管理的图书馆知识管理制度。图书馆既是一种知识机构又是一种知识制度，西方国家认“图书馆”为“institution”就兼有“机构”与“制度”的含义。黄纯元从日本学成归国后，多次在基础理论研究中使用“机构/制度”称呼图书馆；范并思先生亦主张“公共图书馆的出现意味着现代信息公平制度与信息保障制度的建立……它的存在代表着一种信息公平制度的存在……”。③ 在图书馆“机构/制度”研究的基础上，蒋永福阐述了“制度图书馆学”思想，我们提出了“构建以图书馆法为核心的公共知识管理制度”的设想。

4.1 图书馆知识管理制度的社会安排

4.1.1 知识活动理性选择的产物

人首先是自然的人，然后才是社会的人。从生命个体意义来看，人跟动物一样具有天然的趋利避害性。人之所以能够超脱动物界，一个至关重要的原因是人具有自觉或非自觉的“理性”与“德性”社会行为。人们批判“人为财死，鸟为食亡”或“各扫门前雪，哪管他人瓦上霜”，其实就反映了“理性”与“德

① 马克思恩格斯选集（1）. 北京：人民出版社，1995：78

② 杨治华，钱军. 知识管理：用知识建设现代企业. 南京：东南大学出版社，2002：103

③ 范并思. 新世纪，图书馆学基础研究什么？. 图书馆，2003（1）：14-15，4

性”约束下的世界观。人类的“理性”与“德性”是如何产生的呢？显然，这远非“人之初，性本善”这么简单。不少动物同类相食，人类亦有过类似的历史经历。经过漫长的进化，人类才从血的教训中“吃一堑，长一智”，才知道相互约束各自行为的重要性，于是才有了“理性”与“德性”的观念及行动。然而，“理性”与“德性”从来都是相对的、有限的。侯经川先生在“理性经济人”与“德性经济人”的基础上，运用“有限理性”与“有限德性”原则进行国际经济博弈的不对称分析，提出：“当自我利益与他人利益不可调和的时候，人们只能选择自我利益而牺牲他人利益。即使在自我利益与他人利益并非不可调和的时候……也有可能采取不必要的损人利己的行为”①。

当自我利益与他人利益难以调和的时候，当个体“理性”与“德性”不足以约束自己行为的时候，人们为了避免先人们“同类相残”的悲惨局面，于是制定了规范各自行为的制度。制度是人们（个人及组织）行为的规则，是关于人们的权力、义务和禁忌的规定②。行为规则分为个体规则和社会规则，但是个体规则不能违背或损害社会规则，因此社会规则是人们考察“制度”的主体与重点。广义的社会制度是对人们的活动规范的高度抽象，是通过强制力保障实施的社会政治、经济、文化、法律、教育等规则的总和。社会运转应当而且必须遵循社会制度这种“游戏规则”，正如“法典就是人民自由的圣经”③ 一样。社会制度以公共权力协调人们的社会活动，甚至规定人们的活动方式，并对违背制度的行为给予制约。

制度为人们提供了共同的活动规范，是社会效率、效益和公平的象征与保障。经济活动的目的是“在一定的局限条件下争取最大利益④”，其实整个人类社会活动又何尝不是如此？任何个人与组织都有自己的利益需求，但是过度竞争、损人利己乃至不择手段的行为，最终必然导致个体利益的实现困难重重或代价大增。通过制度规范之后，就能够保证大多数行为主体以较小的成本获得较多的利益，从而实现社会的效率、效益与公平。譬如，在繁忙的十字交通路口，司

---

① 侯经川．基于博弈论的国家竞争力评价体系研究．北京：北京图书馆出版社，2005：29，95，109，274

② 张旭昆．制度的定义与分类．浙江社会科学，2002（6）：3-7

③ 郭道晖．论法的本质内容与本质形式．法律科学-西北政法学院学报，2006（3）：3-12

④ 我国香港著名经济学家（曾任美国经济学会会长）张五常先生认为经济学理论主要有两条：一条是需求定律，另一条是在一定的局限条件下争取最大利益。张五常．经济学方法论．社会科学战线，2002（4）：206-214

机无序竞争的严重结果无需多言，而红绿灯制度则较好地保障了司机的个体利益和社会的整体效益。制度最基本的功能是节约，即让一个或更多的经济人增进自身的福利而不使其他人的福利减少，或让经济人在他们的预算约束下达到更高的目标水平，他们的目标，或者预算约束乃至其他行为不必严格囿于物质方面或经济方面。① 无疑，制度既是人类“理性”活动的产物，又是人类“理性”行为的保障。

知识是人们在社会实践活动中的产物，它随着社会进步不断产生、积累与发展。知识具有价值和使用价值，它无疑是一种商品。知识使用价值的非排他性，决定了它是一种可以多次交换的特殊商品。知识活动是一种社会的资源管理，信息、能源和材料是现代社会的三大支柱，知识资源已经成为比土地、资本更重要的资源。知识活动也是一种人力资源管理，人是知识的生产、组织与利用的主体，人类行为是在知识指导与支配下的活动。知识拥有者追逐市场利润最大化，知识用户获取所需知识则期望成本为零或成本最小化。其实，这是知识供给双方都寻求最大的知识利益，彼此矛盾的发展就需要“理性”规则来调和。因此，无论从何种意义上说，知识管理活动必然产生知识管理制度，知识管理制度最终实现社会大多数人或组织的最大化的知识利益。

英国学者哈耶克（F. A. Hayek）认为“知识分工”（the division of knowledge）类似于劳动分工，并且与劳动分工同等重要。任何人都只能掌握部分知识，完全的“知识均衡”只是理想状态，实现“趋于均衡状态”的唯一法门是对拥有不同知识的个人进行协调。他主张制度不是设计出来，而是参与者自发扩展的结果。早在20世纪30年代，哈耶克就在《个人主义与经济次序》中论述了“知识在社会中如何利用的问题”，探讨了知识帝国（知识垄断）和知识共享问题，即“是将所有应被利用的但原来分散在许多不同的个人间的知识交由一个单一的中央权威机构来处理呢，还是把每个人所需要的附加的知识都灌输给他们，以使他们的计划能与别人的计划相吻合?”他还提出“人类的知识不可能是完全的，因此需要一种不断交流和获得知识的途径”，并将社会制度的制定与选择因素归结于“更为充分地利用现有的知识”。② 由此可见，知识管理制度是知识分工与知识协作的产物，也是促进“知识均衡”与“知识共享”的社会机制。

知识管理制度是知识管理活动发展的必然结果。有了人和人类社会，就有了

---

① 林毅夫．再论制度、技术与中国农业发展．北京：北京大学出版社，2000：17

② 张润彤，曹宗媛，朱晓敏．知识管理概论．北京：首都经济贸易大学出版社，2005：30

知识与知识交流，就需要进行知识管理，并产生了知识管理机构（收藏、组织、提供知识的机构或场所）——图书馆。文献、文献收藏场所和文献管理员的出现，标志着原始的知识管理与知识管理制度的诞生。《吕氏春秋·先识览》记载："夏太史令终古［见桀惑乱］，出其图法，执而泣之……殷内史向挚见纣之愈乱迷惑也，于是载其图法，出亡之周。"① 终古与向挚分别是夏代和商代的史官，肩负着管理"图法"的职责。《史记·老子韩非列传》亦曰："老子者，楚苦县厉乡曲仁里人也……周守藏室之史也。"② 老子作为管理"守藏室"的官员，被认为是我国第一位国家图书馆馆长。古巴比伦图书馆和古希腊、古罗马文明，同样在人类文明史中闪着耀眼的光芒。这说明有史可考的图书管理制度，大致可以追溯到公元前2000年左右。随着知识载体从甲骨等实物发展到现在的光电信号，古代藏书楼变更为现代图书馆与数字图书馆。图书馆一直承载着知识管理活动规范（制度），知识管理活动规范早已成为了具体的知识管理制度。

知识管理制度有三大社会功能：决定知识管理的工作效率，提高知识管理的社会效益和保障知识分配的社会公平。任由知识无序生产、分布和交流，必然会导致知识获取不是"鱼目混珠"就是"海底觅针"。劳动效率的增长是社会发展与进步的重要条件，社会制度的根本就在于提高劳动生产率。知识管理制度，促使知识生产、分布和交流从无序到有序，节约了知识资源的存取代价，提高了知识管理的效率。知识具有增值性、社会性、共享性等基本属性，是社会加速发展的原动力。图书馆是为社会公众提供知识服务的公益性组织，知识管理事业是国家对全社会的智力投资，知识管理制度有着不可忽视的社会效益。社会公平主要体现在社会公众在各方面均具有完全平等的权利和进行各项社会活动的平等机会，不因性别、种族、地位与职业等个体差异而存在差别。认知自由是人的自由、平等与全面发展的基础，知识平等获取与合理使用的权利是每个公民基本的发展权。知识管理制度是知识管理活动理性选择的结果，也是知识管理活动理性开展的保障。

4.1.2 社会制度不可缺失的部分

社会制度，是整个社会经济、政治、文化、法律、教育等规则的总和，是社会体系正常运转所必需的"游戏规则"。林毅夫指出：制度是一系列人为设定的

---

① ［战国］吕不韦．吕氏春秋．呼和浩特：内蒙古人民出版社，2008：106

② ［汉］司马迁．史记．北京：线装书局，2006：284

约束与规范人们相互行为的规则和准则，它既可以由正式的规范如宪法、法律、书面合同、市场交易、法定组织等构成，又可以由非正式的规范如共同的价值观、准则、习俗、伦理观念和意识形态等组成。① 这就是说，作为社会的行为规范或活动规则，社会制度包括一切法律、法规、条例、政策、章程、规程、规则和办法等。制度存在于社会生活的各个方面，从人类的生存和发展角度看，最基本的社会制度有四种：承担人口繁衍的婚姻家庭制度、为人类提供生存资料的经济制度、促进社会物质文明和精神文明发展的教育科学制度、发挥领导和整合作用的政治制度②。图书馆知识管理所遵循的活动规则，就是图书馆知识管理制度。个体的创新知识经过市场交换获得经济利益，大众的公共知识通过免费交流产生社会效益。前者催生的知识产权制度，是经济制度的一分子；后者形成的图书馆制度，是教科文制度的一部分。知识产权制度是图书馆知识管理无法避开的制度规范，因此它是图书馆知识管理制度重要的构成要素，图书馆知识管理制度在社会制度体系中的关系如图 4-1 所示。

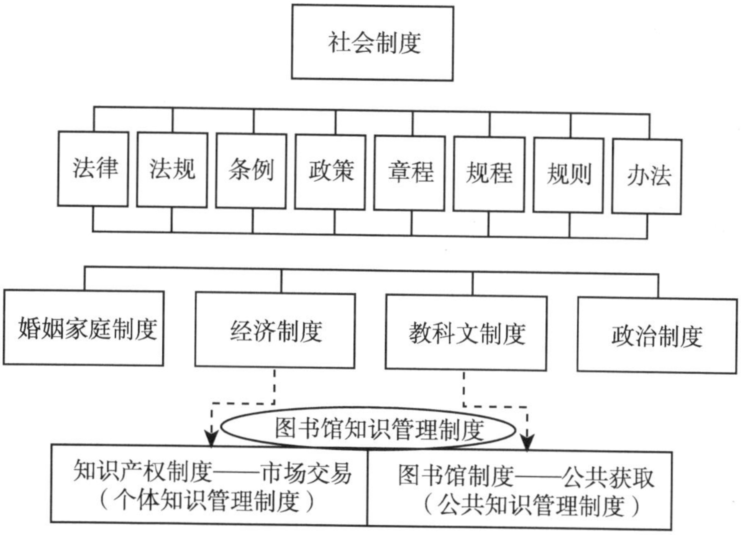

图 4-1　社会制度体系中的图书馆制度

社会制度是对社会、组织与人们的活动规范的高度抽象，是社会进步和人类

① 林毅夫．再论制度、技术与中国农业发展．北京：北京大学出版社，2000：16

② 杨心恒等．论社会学的基本问题：个人与社会．南开学报（哲学社会科学版），2002（5）：14-26

文明的体现与保障。任何社会组织都是人类社会某种需求的产物，与之对应的某种社会制度必然是此类组织与此种需求的“守护神”。社会法律制度是通过权力保障实施的行为规则，以公、检、法等机构的活动为依托；社会教育制度是各级各类学校的活动规范，以学校的存在为条件；社会医疗制度是医疗体系的行为依据，以医院、防疫站、保健所等部门的运作为前提……显然，图书馆是图书馆制度的实现形式，它本身就意味着（代表着）开展从事知识管理的图书馆制度，即图书馆是社会知识管理制度运作的载体。图书馆既是社会的公共机构（公共组织，公共物品），又是公共管理制度的产物与表现。芝加哥学派强调图书馆是“social institution”，“social institution”不仅是一般意义上的“社会组织”和“社会机构”，而且从字面上或从巴特勒和谢拉等人的解释中，“social institution”具有“社会制度”和“社会规范”等含义①。图书馆是从事公共知识资源管理的教育科学文化组织，图书馆制度是教育科学文化制度的重要组成部分。图书馆制度通过规范图书馆的知识搜集、知识组织（整序与存贮）和知识服务等，为社会公众平等地享受知识交流和知识服务提供了社会保障。

人类知识管理活动规范，一直是社会活动规范及社会制度的重要组成部分，并且随社会发展而不断深化与拓展。古代藏书楼、近现代图书馆、当代复合型图书馆、呼之欲出的数字化虚拟化网络化知识中心，是图书馆发展壮大的必由之路。无论知识载体如何变化，无论知识收藏、管理与利用机构或场所怎样变更，也无论知识处理技术怎么更新，图书馆馆藏资源的本质是人类社会的公共知识资源，知识管理是图书馆永恒的主题。图书馆知识管理，主要包括知识搜集、知识组织（整序与存贮）和知识服务等方面。一切以用户为中心，为社会公众平等地提供知识交流和知识服务是图书馆的最终目的。图书馆是为了实现人类知识共享与社会知识保障而做出的一项社会制度安排，它实际上代表着图书馆知识管理制度。

专门从事社会知识管理的图书馆集合，构成了社会最基础的知识共享与保障体系（制度）。知识经济时代，无论是实体的图书馆，还是虚拟的网络知识集合（知识中心，知识库），它们都是社会知识资源保障体系的有机组成部分。我国以公共图书馆、高校图书馆和科学与专业图书馆为核心的图书馆体系，为社会公众的知识需求提供了切实的保障。随着计算机技术和数据库技术、网络技术、通

① 黄纯元. 论芝加哥学派（下）. 图书馆，1998（2）：6-9

信技术等现代技术的发展，虚拟网络知识集合建设方兴未艾。我国高等院校图书馆文献资源保障体系（CALIS），明确提出中文文献和外文文献的保障率分别达到90％和80％以上，是网络环境下的图书馆知识资源共建共享的典范。以中国国家图书馆牵头建设的中国数字图书馆工程，试图构建全球最大的中文知识资源保障体系，同时为知识用户提供尽可能多的非中文语种的知识服务。

图书馆是一种社会公众共同的知识管理机构，即专门从事知识管理的公共组织。图书馆的功能是提供各种“社会知识”，或者说提供系统化、固定化、物质化了的“人类记忆”①。知识是图书馆活动的对象与目的，是图书馆事业的根基与灵魂，也是图书馆制度的价值所在。图书馆是社会公众最基础的知识资源共享组织、公共设施与保障体系，代表着保障知识公平与自由的知识管理制度。任何民主国家或政府都有责任为公民提供知识共享的公共平台，而图书馆正是最适合承担知识共享职能的公共平台之一；维护和保障知识秩序、知识共享和知识自由，是国家或政府设立图书馆这一公共设施或公共产品的制度性的功能定位与精神体现②。图书馆是社会公众的共同财产，始终为民所有与为民服务。

图书馆作为公共知识资源管理的制度安排，是调整社会知识资源分配关系的有效途径。图书馆知识管理制度，是社会公众（特别是弱势群体）自由、平等、高效地获取知识的保障。公共知识管理的投入是知识经济时代最重要的公共战略投资，有人提出扶贫的根本出路在于“知识扶贫”。“全民学习，终身学习”是学习型社会的基本特征，是人全面发展与自由发展的社会条件，是排除知识时代“功能性文盲”的唯一途径。图书馆是大众终身学习中心和知识资源交流中心，是真正的无形大学和闲暇文化中心，是面向大众开放的“全能学校”和“终身学校”。图书馆学习不受年龄、时间、性别、职业、地域的限制，不受学制、专业、教材、课程安排、工作环境的限制，能够充分满足读者的自我选择、自我规划、自我学习和自我完善的要求。建立健全图书馆知识管理制度，有利于全面提升国民素质和创新能力。

4.1.3 图书馆知识管理制度范畴

人类活动需要一系列行之有效的社会规范，于是产生了依托于社会组织的社会制度。制度经济学有一个值得我们深思的根本观点：人类社会从古到今的发展

---

① 黄纯元．论芝加哥学派（下）．图书馆，1998（2）：6-9

② 蒋永福．知识秩序·知识共享·知识自由——关于图书馆精神的制度维度思考．中国图书馆学报，2004，30（4）：10-13

中，关键因素是制度性因素而不是技术性因素①。近一个世纪以来，随着科学技术的迅速发展，人类社会的变化比任何一个世纪都大得多。不过不少学者认为，生产的发展与其说是技术本身，毋宁说是有利于人的创新活动的制度安排，而制度安排促进了技术的变革。② 技术对于社会进步与经济发展的作用显而易见，制度则在很大程度上制约技术的应用与革新。诺思认为："有效率的经济组织是经济增长的关键"，而"有效率的组织需要在制度上作出安排和确立所有权"。③ 在公共文化管理领域，制度创新同样起着至关重要的作用。图书馆是国家或政府为了维护和保障知识秩序而设立的一种机构，是一种世界各国普遍设置的共同的社会建制。④ 构建共建共享的社会知识资源保障体系，是图书馆知识管理制度的最终目标。图书馆承载着一种为知识受众公正、平等和自由地获取公共知识资源提供保障的社会制度。

图书馆是一个公益性的社会知识保障组织，是教育、科学与文化系统的重要组成部分。享受教育与完善自我是宪法赋予公民的神圣权利，传播科学与弘扬文化是社会发展的前提条件，知识公平与知识自由是人类的永恒追求。图书馆是一种必不可少的保障知识集散的社会制度安排，是教科文事业与知识传播机制的一部分。知识自由与知识权利是图书馆的核心价值，"制度图书馆学（institutional librarianship）"逐渐进入人们的研究视野。蒋永福先生明确提出："图书馆制度保障的公民知识权利，主要有知识自由、平等、共享的权利，以及知识休闲权利。机构范式和制度范式是图书馆学的两大范式。以制度范式为核心的图书馆学研究就是制度图书馆学研究。"⑤ 图书馆是国家为实现公民的基本权利及社会权利而建立的公共产品⑥，制度建设是图书馆发展之根本保障⑦。在图书馆界学者的呼吁下，图书馆知识管理制度逐步得到了社会的认可。

公共管理制度是社会制度的重要组成部分，是规范公共管理活动和协调公共

---

① 钱弘道．在法学和经济学之间．见：刘迎秋．社科大讲堂 法学卷．北京：经济管理出版社，2010：85-102

② 郭重庆．对中国科学技术发展滞后的思考．见：上海市杨浦区政协学习和文史资料委员会编．科学巨擘——院士风采录．上海：复旦大学出版社，2003：261-272

③ 张国良．e社会传播：创新、合作与责任．上海：上海人民出版社，2010：511

④ 蒋永福．知识秩序·知识共享·知识自由——关于图书馆精神的制度维度思考．中国图书馆学报，2004，30（4）：10-13

⑤ 蒋永福．知识权利与图书馆制度——制度图书馆学研究．中国图书馆学报，2005，31（1）：10-14

⑥ 王株梅．图书馆制度：定位及内在机理．图书馆学刊，2006（2）：3-4

⑦ 郭庆玲．制度建设：图书馆发展之根本保障．晋图学刊，2007（1）：61-63

利益分配的活动准则。公共组织既要通过正确行使公共权力来保障公共管理，又要避免侵犯公众权益和出现不作为行为。图书馆知识管理制度是关于知识的公共管理制度，为“公共知识事务”有效管理和“公共知识利益”公平配置提供了行为准则。图书馆是社会公共选择或安排的结果，承载着或代表着社会公域的知识管理制度。图书馆知识管理制度是保障公共知识管理经济效率、社会效益和社会公平的基础性教育科学文化制度。因此，一切关于图书馆知识管理的行为规范都属于图书馆管理制度的范畴，例如国家颁布的图书馆知识管理法律、法规、条例与政策，图书馆知识组织制定的章程、原则、方针与策略，图书馆知识管理运作的标准、方式、途径与程序等。

世界各国都制定了一系列教育科学文化制度，从制度层面确保图书馆是依法建立的最重要的社会知识保障组织。图书馆学不仅研究知识的搜集、组织与服务，而且还研究相关的社会知识保障体系（涉及知识组织、知识设施、知识资产、知识活动、知识人员的全方位和全过程的管理体系）①。图书馆知识管理制度，包括知识搜集、组织与服务以及相关社会知识保障体系规范，是全面调整图书馆与个人、组织、社会之间关系的系统的社会制度。图书馆知识管理的组织、领导、管理、经费、业务、人事、服务等方面的制度，都属于知识管理制度。

社会知识保障体系既要体现“知识平等”、“知识救助”与“知识扶贫”的职责，保护公民平等获取与合理使用知识的基本权利，又要遵循市场经济知识商品交换的基本要求，为人类知识再生产提供殷实保障。市场是经济资源有效合理配置的基本手段，是体现公平与保障效率的社会机制。知识是人类的劳动产品，是十分特殊的智力资源、无形资本和具有增值潜力的商品。知识交易的目的是实现其价值和使用价值，使知识生产者和知识消费者各取所需。马克思说过，商品交换是天生的平等派。只有让知识生产者平等地参与竞争，知识商品交换才能顺利进行，市场经济才能贯彻到知识领域。社会知识资源主要依靠市场来配置，政府主导通过制度调节来实现。在市场经济中，图书馆是法人（公共图书馆等）或准法人（高校图书馆），它与知识生产法人或传播法人不可避免地存在经济利益关系。同时，图书馆在搞好无偿服务的前提下，充分利用知识资源优势，开展有自主知识产权的知识服务，这本来也是无可厚非的，但行为主体之间的利益冲突需要有效地协调。国际有关知识产权与知识服务的条款，是图书馆参与知识市

---

① 龚蛟腾，侯经川，文庭孝．公共知识管理学——关于图书馆学的本质思考．大学图书馆学报，2003，133（6）：2-6

场竞争的通行证和护身符。我国图书馆知识管理制度建设，既要符合我国的现实国情，又不能违背国际知识产权条约。

总之，知识管理制度，包括以学校为代表的教育制度、以科研机构为核心的科研制度、以图书馆为主体的图书馆知识管理制度、以情报部门为依托的竞争知识管理制度以及其他以知识为对象的管理制度。制度是一种社会规范、管理法则和运作模式，涉及立法、行政、税收、信贷和管理等诸多领域。社会制度的作用主要是：平衡各方权益，提高经济效率。作为社会的知识行为准则和活动规范，社会知识管理制度必须保持知识生产者、组织者和利用者等行为主体的利益平衡。社会知识管理制度有“保护”与“限制”的双重功效，既要通过保护知识产权来激励知识生产，又要避免出现垄断而损害知识交流与利用。维护个人利益与公共利益的平衡，保障全体公民和社会组织正当的知识获取与利用权利，形成个人知识与社会知识的良性互动，是社会知识管理制度的基本目标。从不同的角度出发，就有不同的制度分类方法。根据制度规范程度、职责范围与功能作用等方面的特点，图书馆知识管理制度可以分为三类：图书馆知识管理法律制度，图书馆知识管理规章制度和图书馆知识管理运作制度。这就是说，关于图书馆知识管理的法律制度、规章制度和运作制度，共同构成了图书馆知识管理制度。

4.2 图书馆知识管理制度的历史变迁

4.2.1 古代图书馆知识管理制度

文献的生产与传播是文献管理机构出现的前提条件，文献管理机构是古代图书馆知识管理制度的物质基础。早在公元前4000年左右，我国仰韶文化时期出现了半坡象形文字。①《周礼》等典籍记载了“三皇五帝之书”，这说明大禹传子立夏前后书籍极有可能已经产生。我国早就有关于图书管理的记录，如夏太史令与殷内史分别掌管过夏朝与商朝的“图法”，老子管理过周朝的“守藏室”。孔子曾曰：“夏礼吾能言之，杞不足征也；殷礼吾能言之，宋不足征也。文献不足故也。足，则吾能征之矣。”《尚书·多士》亦称：“惟殷先人，有册有典。”②从文献记载来看，夏代以前就有原始的文献管理，而夏商周时期文献管理已经常态化与制度化。殷墟出土甲骨约16万片（发现共有4000多个单字，学者一致公

① 倪波，荀昌荣．理论图书馆学教程．天津：南开大学出版社，1981：138

② 何平立．天命、仪礼与秩序演绎：中国文化史要论．济南：山东人民出版社，2011：4

认者 1000 多字),[1] 并且甲骨的管理已有法度，可视为目录学思想的渊源、书目工作的胚胎[2]。从殷墟发掘的实物看，出土的每一个穴窖里的甲骨都有一定的年代，经常是以一个帝王在位的时期为断限，也有极少几个帝王的混合穴窖。甲骨入葬都有一定的方法和手续，甲骨上刻有“入”“示”字样和一些数码，这就是经过编排的记号,[3] 说明当时甲骨管理达到一定水平且已有呼之欲出的书目雏形。孔子及其门人整理文献与编写序录，无疑也是文献管理活动。显然，夏商周时期，我国出现了藏书（图法）、藏书室（图法藏所）和管理官员（守藏史）。

藏室、宫、殿、院、阁等“学统王宫”的古代官府藏书，以岳麓、应天、石鼓、白鹿洞等为代表的寺院藏书，以及私人藏书等三大藏书体系构建了古代藏书楼的辉煌。在图书馆的初级阶段——古代藏书楼时期，藏书往往为统治阶级、利益集团与豪强家族所拥有。特权阶级及其代言人享受占有与使用知识的特权，垄断或控制社会知识交流。前印刷型文献时代生产力水平低下，甲骨文献、缣帛文献、简牍文献甚至手抄纸质文献很难批量生产与复制。文献数量稀少、价值珍贵、传播不便，图书馆文献知识管理只可能在较小的范围内实现。古代藏书楼的基本特征是重藏轻用，藏书是不向社会开放的私有财产，所谓“书不出阁”是也。即使是官府藏书，也只供“家天下”的皇帝“退朝以自娱”。

图书管理活动产生了图书管理规则/规范，进而形成了图书管理制度。显然，图书馆管理制度，是图书馆管理活动的必然产物，并随着图书馆管理实践而逐步完善。相传“造字”的仓颉乃皇帝的史官，由此可见在原始社会末期，原始的图书管理规范（制度）就已经存在。夏商周时期，有关“图法”记载与“殷墟”考古的“历史化石”日渐丰富，这充分说明文献管理制度达到了一定的水平。此后，秦朝设立御史大夫执掌图籍，并在律令中明确规定：正本藏中央禁室，副本藏宫禁中，由政府派专人管理。汉初高祖曾“命萧何次律令，韩信申军法，张苍定章程，叔孙通制朝仪”，《汉书·艺文志》亦记载“张良、韩信序次兵法，凡百八十二家，删取要用，定著三十五家”，这实际上是在政府官员的主持下分门别类地整理编纂典籍。[4] 惠帝废除控制民间书籍的“挟书律”，导致“百年之间，书积如山”，为官府大规模的藏书整理奠定了基础，并产生了不朽巨著《别

① 《国家地理系列》编委会．人类遗产之旅．北京：蓝天出版社，2009：382

② 张广福．中文工具书基础教程．北京：国防工业出版社，2006：99

③ 毕宝魁，卞地诗．国学基础二十四讲．沈阳：东北大学出版社，2010：25

④ 黄爱平．中国历史文献学．北京：中国人民大学出版社，2010：215

录》、《七略》。东汉“桓帝延熹二年（159 年）初，置秘书监，掌典图书、古今文字，考合异同”，[①] 这是我国设立的第一个掌管图书事业的中央机构，有力地促进了官府藏书事业的发展。宋代形成了官府藏书、书院藏书（岳麓、应天、石鼓、白鹿洞等）、寺观藏书和私人藏书四大体系，管理图书机构——馆阁制度也正式形成，图书整理、流通、管理各部门的组织基本形成[②]。清代七阁藏书（官府藏书）、书院藏书、寺观藏书和私人藏书均有很大发展，达到了我国古代藏书事业的顶峰。

关于官府藏书的措施、政令和规定，我国历朝历代都有不少的规定，有时候也以皇帝敕谕或官僚命令的形式出现。当然，统治阶级极力加强思想控制，实行“民可使由之，不可使知之”的愚民政策，某些极端的文献管理措施往往造成了不良后果。诸如，秦始皇“焚书坑儒”，无数典籍乃至士子化为尘土；隋炀帝“搜天下书籍与谶纬相涉者皆焚之”[③]，许多文献不分良莠“玉石俱焚”；清朝“文字狱”连绵不绝，《四库全书》“寓禁于征”，禁毁的书籍达几千种，其中全毁 2453 种，抽毁 402 种，销毁书版 50 种，销毁石刻 24 种。[④] 在《四库全书》编纂过程中，禁毁的书籍几乎与收录的文献相等，被焚禁书达 3000 余种近 7 万部，于是鲁迅感慨“清人纂修《四库全书》而古书亡”！[⑤] 统治阶级的倒行逆施，毁坏了大量的珍贵典籍，造成了灾难性的文化浩劫。这些文献甄别方法与文献管理政策，尽管有时候严重地误入歧途，但在整体上还是在缓慢地发展着。

如果说相关的国家政策或政府政令属于宏观层面的图书管理制度，那么单个藏书楼或藏书管理员的活动规范就应该是微观层面的图书管理制度了。古代藏书楼，尤其是私人藏书楼，通常规定藏书秘不示人，实行“书不出阁”的管理制度。譬如，距今已有 440 多年的天一阁，自范钦始“代不分书，书不出阁”，严格实施家族共同管理的制度。范氏家族规定，不管家族繁衍到何等程度，开阁门必得各房一致同意。阁门的钥匙和书橱的钥匙由各房分别掌管，组成了一圈一环也不可缺少的连环，如果有一房不到是无法接触到任何藏书的。处罚规则标明：子孙无故开门入阁者，罚不与祭三次；私领亲友入阁及擅开书橱者，罚不与祭一年；擅将藏书借出外房及他姓者，罚不与祭三年，因而典押事故者，除追惩外，

---

① 谢灼华．中国图书和图书馆史（第 3 版）．武汉：武汉大学出版社，2011：51
② 韩淑举．中国古代图书馆学思想述略．四川图书馆学报，2002，125（1）：70-75
③ ［清］张尔田．史微．上海：上海书店出版社，2010：100
④ 樊树志．国史十六讲（修订版）．北京：中华书局，2009：270
⑤ 史勇．中国近代文物事业简史．兰州：甘肃人民出版社，2009：21-22

永行摈逐，不得与祭。① 正是这种苛刻的互相监督制约的管理规范，基本上拒绝了外人进入天一阁，有效地避免了书籍流失。

我国古代图书馆事业常常随王朝更替而兴衰相继，图书馆知识管理制度建设曲折前进、螺旋式上升。国外图书馆和图书馆制度同样源远流长并历经曲折，《理论图书馆学教程》阐述了古代西方图书馆事业的发展状况：② 在公元前 3500 年左右，古埃及就有了象形文字和供书写用的纸草卷子。公元前 1800 年，古埃及出现了记录宇宙历史、祈祷活动及神话传说的神庙档案室（寺庙图书馆）。公元前 1580 年以后，埃及新王国第十八王朝创建了王室图书馆；公元前 3 世纪托勒密一世祖孙三代建立了亚历山大图书馆，收藏纸草书 70 万卷。公元前 2 世纪在小亚细亚建立的柏尔加姆图书馆，藏有羊皮纸书 20 万卷。大约在公元前 4000 年，古代两河流域出现了收藏在寺庙和宫廷王室中的楔形文字和泥板图书，内容包括宗教迷信、商行记录、政府档案等。其中，公元前 7 世纪亚述国王巴尼拔，创办了巴尼拔图书馆。该馆搜集各种文字记录 1 万多篇，用方头铁笔刻在 3 万多块泥板上，并按主题收藏在不同房间里，每间房的墙壁上刻有一个粗糙的排架目录，以供查检。古埃及的图书馆说明了北非图书馆知识管理的光辉历史，古两河流域的图书馆体现了西亚图书馆知识管理的杰出成就，古希腊、古罗马文明反映了欧洲图书馆知识管理的突出成绩。然而，欧洲的中世纪笼罩在宗教之中，科学文化事业没有多少值得称道的地方。

4.2.2 近现代图书馆知识管理制度

及至文艺复兴运动之后，学校教育和平民教育逐步普及，图书馆在近现代科学传播与知识交流中发挥着不可替代的作用，欧美图书馆制度取得了长足的进展。纸质印刷型文献的大量生产，使古代藏书楼转变为近现代图书馆，形成了“向社会开放”和“藏用并举”的先进理念。欧洲图书馆事业得到了显著发展，西方图书馆知识管理制度逐渐成熟。人类的自由与平等是建立在知识自由（认知自由）的基础之上的。图书馆所追求的最高境界是确保人类自由地存取知识资源，这也是一个不断法制化的过程。早在 1537 年 12 月 28 日，法国瓦罗亚王朝国王法兰西斯一世（Franois I）在签发的《蒙特斐利法》中规定：凡在法国注册

---

① 余秋雨．风雨天一阁．见：吴泰昌．中国新文学大系 1976-2000 · 第 18 集 散文集卷二．上海：上海文艺出版社，2009：353-364

② 倪波，荀昌荣．理论图书馆学教程．天津：南开大学出版社，1981：137-138

出版的图书，必须向皇家图书馆呈缴若干册。① 法国颁布了世界上最早的图书呈缴法，为皇家图书馆藏书建设提供了有利条件。1624 年英国颁布的《垄断法》被认为是世界上早期的信息保护法，1709 年英国女王安妮制定了世界上第一部版权法《安妮法》，1776 年瑞典颁布了保护信息传播活动的《出版自由法》。② 18 世纪以前，欧美制定了一些有关信息传播的制度，进一步推动了图书馆事业发展。

1696 年，北美马里兰州议会第一次采取立法行动兴建图书馆；1818 年美国首先通过了一项涉及州图书馆问题的立法，促使美国在 1840 年前各州首府都建立了州公共图书馆。③ 1848 年，美国马萨诸塞州议会通过了在波士顿市建立公共图书馆的法案，这是世界上第一部公共图书馆法。④ 美国是世界范围内较早地制定或通过图书馆法律法规的国家，在近现代图书馆创办乃至图书馆事业发展方面均取得了巨大成就。继 1848 年马萨诸塞州颁布《公共图书馆法》之后，1849 年新罕布什尔州也通过了《公共图书馆法》，到 1877 年美国有 20 个州制定了有关图书馆法，目前美国各州均有公共图书馆法。1956 年美国联邦政府第一次颁布全国性的《图书馆服务法》，1964 年将其修订为《图书馆服务与建设法》，1965 年美国国会通过了《初等和中等教育法》、《高等教育法》、《医学图书馆资助法》等几项与图书馆有关的重要法令。⑤ 随着知识资源海量剧增与信息技术迅速发展，图书馆事业建设与信息服务的规章制度也在不断地改进与完善。譬如，1967 年 7 月 6 日，美国颁布了《信息自由法》（Freedom of Information Act），旨在保护公民获取政府信息的权利；1998 年 10 月 28 日，时任总统比尔 · 克林顿签署《数字千年版权法》；2010 年 7 月 26 日，美国又对《数字千年版权法案》做出了最新修改。

1850 年，英国议会通过了世界上第一部全国性的《公共图书馆法（Public Library and Museum Act）》，该法案授权地方议会为免费图书馆购置设备征税，即规定每 5000 人要建立一所图书馆，经费从地方税收中拨给。⑥ “公共图书馆之父”爱德华兹为图书馆事业发展作出了不可磨灭的贡献，在他的努力下公共图书

① 刘慧．图书馆岗位设置与图书馆内部业务操作指南（上）．北京：中国教育出版社，2010：384
② 王建．信息法研究．成都：西南财经大学出版社，2011：7
③ 付立宏，袁琳．图书馆管理学．武汉：武汉大学出版社，2010：229
④ 王建．信息法研究．成都：西南财经大学出版社，2011：7
⑤ 王培霞．再论图书馆法与图书馆立法．新闻爱好者（理论版），2008（9）：99-100
⑥ 刘磊．信息资源共享评估研究：以 JALIS 为例．南京：南京大学出版社，2010：215

馆运动走上了法制的轨道。英国分别于1851年、1892年、1893年、1908年、1919年，对《公共图书馆法》进行了多次补充和修订；1964年和1972年，英国分别颁布了《公共图书馆和博物馆法》和《不列颠图书馆法》。[①] 日本在明治维新的推动下于1899年颁布《图书馆令》（历经1906、1933两次修订），1909年颁布《图书馆规程》，1947年、1950年与1953年分别通过《国会图书馆法》、《图书馆法》和《学校图书馆法》，1964年又修订通过《日本图书馆法》。1920年，苏联发布《人民委员会关于集中管理图书馆事业的命令》，1934年与1984年依次发布《关于苏维埃社会主义共和国联盟的图书馆事业》和《苏联图书馆事业条例》，1994年俄罗斯又颁布《俄罗斯图书馆事业联邦法》。1905年瑞典通过第一个图书馆法，并分别于1930年、1947年、1966年修订了该法。[②,③]此外，世界其他国家也相继制定了图书馆法，譬如捷克斯洛伐克的《公共图书馆法》（1919）、《全国图书馆组织法》（1959），比利时的《图书馆法》（1921），丹麦的《公共图书馆法》（1920）、《学校图书馆法》（1956）、《图书馆法》（1964），芬兰的《公共图书馆法》（1928）、《图书馆法》（1962），挪威的《图书馆法》（1935）、《学校公共图书馆法》（1971），匈牙利的《图书馆法》（1956），韩国的《图书馆法》（1963），伊朗（1964）、波兰（1968）、民主德国（1968）、保加利亚（1970）等国也制定了图书馆法规。据不完全统计，世界上已有美、英、法、日、韩等60多个国家制定和颁布了250多部图书馆法。[④] 西方经历了轰轰烈烈的持续几个世纪的图书馆立法运动，逐步形成了比较完善的图书馆制度体系，促使知识共享与知识保障在法律上得到了认可与规范。公共图书馆的立法运动，标志着图书馆制度的规范化与社会化。图书馆法保障了各国图书馆事业健康发展，促进了知识普及和文化传播，推动了科学文化事业进步。

各国政府及其职能部门纷纷颁布法律、法规、章程、规程、条例、政策、规则和办法等保障图书馆管理顺利进行，国际组织也积极制定相关政策促进图书馆事业健康发展。国际图联（IFLA）及其下属机构多次呼吁："每个国家都应建立图书馆法"，"为了提供永久性和不断发展的国家图书馆事业，只有靠立法才能解决"，"公共图书馆应在能保证在全国范围内建立公共图书馆法律的明确规定

① 周庆平，朱开忠，武魏泓．图书馆工作概论．合肥：安徽科学技术出版社，2007：105

② 马海群等．信息资源管理政策与法规．北京：科学出版社，2009：121-122

③ 吴秀珍．和谐图书馆建设．沈阳：沈阳出版社，2007：183

④ 马海群等．信息资源管理政策与法规．北京：科学出版社，2009：121-122

下建立”。[1] 联合国教科文组织的《公共图书馆宣言》（1949 年）公开声明：公共图书馆必须“以同样条件对社区的所有成员免费开放，不分职业、信仰、阶层或种族”，[2] 是“一种民享民有的民主化机构/制度”[3]。1994 年，联合国教科文组织重新颁布的《公共图书馆宣言》明确指出：“每一个人都有平等享受公共图书馆服务的权利，而不受年龄、种族、性别、宗教信仰、国籍、语言或社会地位的限制，向所有的人提供平等服务”；1999 年国际图联制定的《图书馆与知识自由宣言》再次强调：“图书馆应该平等地为所有用户提供信息、设备及服务，不允许种族、信仰、性别、年龄歧视或任何其他形式的歧视”。[4] 西方国家、国际图联与联合国教科文组织等已经形成了一系列共识，主张通过加强制度建设来保障公众平等获取知识的自由与权利。

1840 年鸦片战争之后，国门洞开，西学东渐。随着西方科学技术、经济制度、政治理念、思想观念源源不断地涌入，我国现代学术体系逐步形成，图书馆和图书馆事业亦得到了长足发展。我国近现代图书馆发展深受国外图书馆界的影响，从图书馆业务规范到图书馆运作模式乃至图书馆管理制度都留下了学习与借鉴的印痕。我国最早出现“图书馆”一词的文献，当属 1894 年《教育世界》第 62 期所刊发的《拟设简便图书馆说》。[5] 近代以来随着西学东渐，传统的四部分类体系很难适合日益增多的科技图书。1896 年，梁启超所撰《西学书目表》将西学图书分为学、政、教、杂四类，并在《西学书目表》中实际采用了学、政、杂三分法，初步具备了自然科学、社会科学与综合类的雏形。[6] 1902 年，徐树兰创办了我国第一所公共图书馆“古越藏书楼”。1904 年该馆率先向社会开放，标志着图书馆进入了为社会公众提供知识服务的新时代。同年，徐树兰次子徐尔谷主编并印行了《古越藏书楼书目》，彻底冲破四部书目分类体系的樊篱，在分类、编目、书目体系、类目名称上均有创造性。徐氏书目将藏书分为政、学 2 部 48 类 332 子目，以适应新旧书籍的类分，并将新学之书与“经”并列；在编目方法上著录详明，有分析、互著、参见，充分揭示馆藏。[7] 1904 年，我国第一所

---

① 梁平．图书馆法简史要略．河南图书馆学刊，2001，21（6）：76-79

② 中国图书馆学会．中国图书馆学会年会论文 2006 年卷．北京：北京图书馆出版社，2006：181

③ 蒋永福．现代公共图书馆制度研究．北京：知识产权出版社，2010：83

④ 杨丽娟．创新性信息服务：图书馆信息服务质量的新型管理模式．昆明：云南大学出版社，2009：109

⑤ 王志国，王泽武，马淑坤．图书馆与图书馆学．呼和浩特：内蒙古人民出版社，2008：28

⑥ 纪陆恩，庄蕾波．境外合作编目理论与实践．北京：海洋出版社，2007：4

⑦ 邢佳佳，徐保安．中华名门才俊·徐氏名门．济南：泰山出版社，2007：380-381

官办公共图书馆——湖南省图书馆正式成立。近代图书馆与图书馆事业的发展，是图书馆知识管理制度告别古代迈进近代的物质基础。

20 世纪初，是中国图书馆事业发展的黄金时期，初步建立了近代图书馆制度体系。1910 年（宣统二年），清政府颁布了我国第一部图书馆法《京师图书馆及各省图书馆通行章程》20 条；1915 年，北洋政府教育部颁布了《通俗图书馆规程》11 条和《图书馆规程》15 条。① 国民政府成立之后，中央政府和有关部门以及地方政府先后制定一系列图书馆法规。1927 年，大学院公布《图书馆条例》，同年公布《新出图书呈缴条例》；1930 年，中华民国教育部公布《新出图书呈缴规程》、《图书馆规程十四条》（对前大学院公布的《图书馆条例》的修正）；1939 年，教育部公布《修正图书馆规程》；1940 年，国民政府公布《国立中央图书馆组织条例》；1941 年教育部公布《普及全国图书教育办法》，并于 1943 年、1944 年先后两次修正；1947 年，教育部公布《图书馆规定》；此外，还有地方政府的图书馆法规，如《台湾省图书馆组织规程》（1946）、《湖南图书馆暂行章程》（1947）等等。②·③我国图书馆知识管理制度，在近现代经历了一个曲折而辉煌的大发展时期。

新中国成立以来，我国图书馆事业经历了 20 世纪 50 年代至 60 年代初的兴盛、70 年代末至 80 年代初的复兴以及近几年的大发展。改革开放至 20 世纪 80 年代中期，是我国图书馆事业恢复与发展比较好的一个时期；2002 年十六大以来，则是我国图书馆事业快速发展的一个黄金时期。仅以公共图书馆数量来说，1949 年 10 月公共图书馆只有 55 所（全国各类型图书馆 392 所），④ 1977 年公共图书馆发展到 1020 所，2012 年公共图书馆增加到 2975 所。⑤ 高校图书馆、科学与专业图书馆、工会图书馆等各种类型图书馆均得到了长足发展，从总体上来看走过了一段从弱到强的持续发展的历程。近年来，随着国民经济的快速增长和文化事业的逐步加强，我国图书馆事业发展的宏观环境不断改善、财政拨款持续增加、办馆条件明显好转。社会良好的宏观环境为图书馆事业的发展提供了有利条

---

① 迟玉华，朱曦，杨丽娟．21 世纪中美图书馆的创新与实践．昆明：云南人民出版社，2008：59

② 周庆平，朱开忠，武魏泓．图书馆工作概论．合肥：安徽科学技术出版社，2007：106

③ 马海群等．信息资源管理政策与法规．北京：科学出版社，2009：123

④ 吴慰慈等．中国图书馆事业发展历程．见：《中国图书馆年鉴》编委会．中国图书馆年鉴（1996）．北京：北京图书馆出版社，1997：20-55

⑤ 中华人民共和国国家统计局．全国年度统计公报．http：//www. stats. gov. cn/tjgb/ndtjgb/qgndtjgb/index. htm［2013-02-28］

件，图书馆事业的兴盛必然促进图书馆制度的发展。

这个时期，我国相继制定和颁布了一系列有关图书馆事业发展的政策与行政法规。1950 年，我国制定了《关于改进公共图书馆工作的规程》。1955 年，文化部颁发《关于征集图书、杂志样本办法》和《关于加强与改进公共图书馆工作指示》，并抄发中华全国总工会《关于工会图书馆工作的规程》；1956 年，高等教育部颁发《中华人民共和国高等学校图书馆试行条例（草案)》；1957 年，国务院公布《全国图书协调方案》。① 1978 年，国家文物事业管理局颁发了《省、市、自治区图书馆工作暂行条例（试行草案)》。② 1980 年 5 月，中央书记处通过了《图书馆工作汇报提纲》。1981 年 9 月，教育部召开的第二次全国高校图书馆工作会议，修订了 1956 年 12 月第一次全国高校图书馆工作会议制定的《中华人民共和国高等学校图书馆试行条例（草案)》，并于同年 10 月颁发了《中华人民共和国高等学校图书馆工作条例》。③ 1982 年，全国人大常委会制定的《中华人民共和国宪法修改草案》，第一次在宪法条文中明文规定国家有计划地发展社会主义的图书馆事业，同年，文化部公布了《省（自治区、市）图书馆工作条例》。④ 1987 年，国家教委修订 1981 年颁发的“高等学校图书馆工作条例”，并改名为《普通高等学校图书馆规程》，同年，中国科学院颁发《中国科学院图书情报工作暂行条例》。⑤ 20 世纪末，教育部和文化部分别加强了对高校图书馆与公共图书馆的评估工作，既在 1989 年前后开始进行高校图书馆评估，又分别于 1994 年、1998 年、2004 年、2009 年开展四次全国公共图书馆评估。⑥ 教育部和文化部相继颁发了一系列评估的标准、方案与方法，诸如《全国公共图书馆评估标准》(1993 年)、《县以上公共图书馆的评估定级》(2002 年)、《普通高等学校图书馆规程（修订)》(2002 年)、《普通高等学校图书馆评估指标（征求意见稿)》(2003 年)、《省级公共图书馆评估标准》(2003 年)、《普通高等学校图书馆文献集中采购工作指南》(2006 年)、《普通高等学校图书馆评估指标（修改

① 王陆军．睁眼看世界——我们向国外图书馆学习什么．北京：海洋出版社，2010：117

② 周庆平，朱开忠，武魏泓．图书馆工作概论．合肥：安徽科学技术出版社，2007：107

③ 郭明蓉．中国高等教育发展进程中的高校图书馆研究．成都：四川人民出版社，2009：336

④ 王红玲，张齐增，孙孝诗．网络环境下图书馆信息资源的整合开发．北京：北京图书馆出版社，2006：76

⑤ 周庆平，朱开忠，武魏泓．图书馆工作概论．合肥：安徽科学技术出版社，2007：107

⑥ 文化部已经部署 2013 年完成全国县级以上公共图书馆第五次评估定级工作。

稿)》(2006 年)、《公共图书馆建设用地指标》(2008 年)、《公共图书馆建设标准》(2008 年)、《公共图书馆服务规范》(2011 年) 等。在不同时期，政府有关主管部门制定了很多指导与规范图书馆工作的行政文件、行政法规与地方性法规，极大地促进了我国公共知识管理事业的发展。目前，我国有各类型图书馆35 万所，藏书 40 亿册，专职工作人员 40 万人以上，与世界上 130 多个国家和地区建立了交流与合作关系，并有各类图书馆条例、规范、方案、办法、规程、标准和规定等百余种①。但是，缺少法律约束、规范与强制的政策与法规，其功能与作用含有颇多的“水分”，图书馆法应当尽早提上议事日程。

4.2.3 当前图书馆知识管理制度

图书馆法律制度是图书馆知识管理制度最重要的内容之一，也是最受图书馆界学者瞩目的研究热点之一。20 世纪末，数字文献成为了馆藏资源的重要组成部分，网络技术实现了知识与信息的无障碍传播，传统实体图书馆逐步向电子图书馆、虚拟图书馆、数字图书馆、网络图书馆、无墙图书馆、复合图书馆等发展。现代 IT 技术对传统文献造成了颠覆性的革命，数字文献复制极其容易，传播极其快捷，利用极其方便。无疑，数字文献打破了实体文献各种行为主体的利益平衡，对知识产权人、知识使用者、知识出版者和图书馆都造成了极大的冲击。当前，图书馆知识管理制度的研究重点是怎样合理利用相关的网络数字版权制度，如何构建网络环境下图书馆知识管理的资源共享与保障体系。

为了有效保护知识创新者的知识产权，1998 年美国颁布了“数字千年版权法案”。该法案亦称“千禧年著作权法案”或“数字千年著作权法案”或“新千年著作权法案”，对数字版权的完整性保护具有重要的历史意义。传统版权法案的“正当使用”条款规定：得到或者复印一本有版权的书并不是件违法的事情，只有复印并大量散布有版权的材料以从中牟利才是违法的行为。②“数字千年版权法案”认定作品在网络上传输属于发行（publication)，仅仅是“得到”有版权的材料就是违法行为，美国司法实践中一系列的判例，都将未经著作权人许可的作品网上传输作为侵权对待。千年法案相关条款允许图书馆对作品做三个数字化形式的复制品，但一个时间内只能用一个，图书馆为保存资料可以将作品做数

① 尹雪梅. 根据法学理论谈谈我国的图书馆法. 四川图书馆学报，2001，124 (6)：19-23

② 网上版权今得保障——美数字千年版权法案出台. http：//www.people.com.cn/electric/1130/d1050.html［2008-02-22］

字化复制品等。① 跟传统版权制度相比，数字版权的界限更加森严。图书馆知识管理制度，应当跟上网络环境下数字版权的步伐。

2005年，中国大学图书馆馆长论坛通过的《图书馆合作与信息资源共享武汉宣言》宣称："图书馆是国家和政府为保障公民自由、平等地获取信息和知识而进行的制度安排"，"最大限度地满足每一位公民（读者）对信息和知识的需求，是图书馆义不容辞的责任"，"图书馆代表的是公共利益，信息资源共享的目的是使社会公众获益"②。"武汉宣言"表明，我国图书馆界在信息资源共享和信息公平获取方面已经形成了共识，网络环境下图书馆知识管理制度已经受到了人们的重视。

2006年7月1日，我国正式实施《信息网络传播权保护条例》。《条例》明确规定保护著作权人、表演者、录音录像制作者等权利人的信息网络传播权，即"除法律、行政法规另有规定的外，任何组织或者个人将他人的作品、表演、录音录像制品通过信息网络向公众提供，应当取得权利人许可，并支付报酬"；同时又为数字图书提供商在信息网络传播领域提供了一个"避风港"，即"图书馆、档案馆、纪念馆、博物馆、美术馆等可以不经著作权人许可，通过信息网络向本馆馆舍内服务对象提供本馆收藏的合法出版的数字作品和依法为陈列或者保存版本的需要以数字化形式复制的作品，不向其支付报酬，但不得直接或者间接获得经济利益。"③ 图书馆作为一个公益性的知识管理机构，享有《条例》赋予的免责权，为图书馆的虚拟在线运作提供了制度规范。

2007年4月5日，温家宝总理签署《中华人民共和国国务院令》第492号，于2008年5月1日起施行的《中华人民共和国政府信息公开条例》正式出台。《条例》第16条规定："各级人民政府应当在国家档案馆、公共图书馆设置政府信息查阅场所，并配备相应的设施、设备，为公民、法人或者其他组织获取政府信息提供便利"；"行政机关可以根据需要设立公共查阅室、资料索取点、信息公告栏、电子信息屏等场所、设施，公开政府信息"；"行政机关应当及时向国

---

① 小心别被《数字千年版权法案》DMCA撞了你的腰. http://www.seovista.com/post/dmca-deleted-results.html [2008-02-22]

② 中国大学图书馆馆长论坛. 图书馆合作与信息资源共享武汉宣言. 大学图书馆学报，2005 (6)：2-4

③ 中华人民共和国国务院令第468号. http://www.gov.cn/zwgk/2006-05/29/content_294000.htm [2008-02-21]

家档案馆、公共图书馆提供主动公开的政府信息"。① 西方发达国家政府信息公开都有法制保障，并且已经达到了相当高的水平，不少国家规定不公开的政府信息必须经过严格的审批。譬如，美国依据"信息自由法"和"版权法"，对联邦政府拥有和资助生产的数据采取"完全与公开"的共享政策。② 即使在发展中国家之间进行比较，我国政务公开也处于靠后的位置。因此，本《条例》对保障公众获取公共信息具有重要意义，尤其是明确规定行政机关应当及时向公共图书馆主动提供信息，这将极大地促进公共图书馆的建设。

长期以来，图书馆作为知识产权较少光顾的自由王国，为社会公众的知识自由提供了可靠保障。尽管相关网络传播法案或条例仍然对图书馆网开一面，但是这个口子比以前小得多。譬如，对于网络服务提供商著作权侵权的认定大多数国家采用过错原则和过错推定原则相结合的做法，并通过"避风港原则"和"红旗标准"加以规范。"避风港原则"是指在发生著作权侵权案件时，当ISP（网络服务提供商）只提供空间服务，并不制作网页内容时，如果ISP被告知侵权，则有删除的义务，否则就被视为侵权；如果侵权内容既不在ISP的服务器上存储，又没有被告知哪些内容应该删除，则ISP不承担侵权责任。"红旗标准"是指假如涉嫌侵权的材料、事实、情况像一面鲜亮的红旗在ISP面前公然飘扬（同样情境下的"理性人"亦能够发现），ISP仍未采取有效措施予以处置，则可认定其间接（帮助）侵权成立。③ 显然，图书馆可以充分利用这些适合于搜索引擎、网络存储、数字图书馆的条款，积极开展网络信息导航服务等。又如，依据我国的《信息网络传播权保护条例》，图书馆以教学科研为目的，可以有条件地开展馆藏资源数字化。但是，条款规定的为陈列或者保存版本需要以数字化形式复制的作品，应当是已经损毁或者濒临损毁、丢失或者失窃，或者其存储格式已经过时，并且在市场上无法购买或者只能以明显高于标定的价格购买的作品。④ 这种规定存在操作模糊的空间，还需要在实践中进一步完善。

图书馆制度建设保障了图书馆人文精神的落实，图书馆人文精神的发展促进了图书馆制度建设。范并思教授认为中国图书馆学第一次集中地关注图书馆人文

---

① 中华人民共和国国务院令第492号. http://www.gov.cn/zwgk/2007-04/24/content_592937.htm [2008-02-21]

② 王健. 信息经济学. 北京：中国农业出版社，2008：136

③ 夏露. 电子商务法规. 北京：清华大学出版社，2011：196-197

④ 中华人民共和国国务院令第468号 http://www.gov.cn/zwgk/2006-05/29/content_294000.htm [2008-02-21]

精神、信息公平、图书馆职业理念、图书馆制度、图书馆权利与图书馆法理等问题；2002 年，李国新首次系统研究图书馆权利（图书馆自由）的思想基础与职业价值；2005 年初，中图学会召开“新年峰会”，集中讨论图书馆权利以及相关问题；2005 年初，一批杂志集中推出表现图书馆人文精神的栏目，如《图书馆建设》第 1 期推出“走向权利时代”专栏，《图书馆》第 1 期推出“21 世纪新图书馆运动”专栏，《图书情报知识》第 1 期推出组稿“弱势群体与图书馆人文关怀”，《图书馆杂志》第 3 期推出“图书馆员：职业精神与核心能力”专题讨论等。① 2006 年底，蒋永福先生撰文“话别”《走向权利时代》专栏，总结了“图书馆权利”研究中的 5 大观点：② （1）图书馆权利，从根本上说是利用者的权利，而不是图书馆的某种特权或利益；（2）为了突出图书馆权利的责任主体和义务主体，可把图书馆权利区分为社会立场上的图书馆权利和馆员立场上的图书馆权利；（3）领会和践行《公共图书馆宣言》、《格拉斯哥宣言》、《因特网宣言》、《知识自由宣言》、《图书馆权利宣言》（美）、《图书馆自由宣言》（日）等所阐发的公共、公开、共享的宗旨或理念，应该成为维护图书馆权利的行动指南；（4）在现行著作权以及信息网络传播权保护的法律框架内，如何拓宽图书馆的豁免权或合理使用范围，是图书馆界不懈努力争取的权利诉求；（5）促成图书馆信息资源的普遍获取或开放获取，是图书馆权利从应然状态转变为实然状态的根本途径。图书馆技术是图书馆业务工作的方法或手段，它提供了图书馆事业发展的动力，但它不能决定图书馆事业发展的方向。正如 IT 技术一样，它既是人类进行知识处理与传递的利器，又是歹徒从事高科技犯罪的工具。图书馆制度规定了图书馆事业发展的目标，21 世纪初我国图书馆界人文精神研究必然对图书馆制度产生深刻的影响。

有学者坦言，现代化和全球化实际上就是西方化。从某个方面来说，我国近代史确实是一部向西方学习的历史。近现代图书馆和图书馆制度，是西学东渐和中西交流的产物。即使在现代，发达国家仍然掌握技术标准与制度规范的话语权。譬如，MARC 和 DC 等元数据标准，计算机技术和网络技术标准等等，都被美国等科技强国垄断。我国图书馆界应当积极跟踪世界先进技术、吸收科学管理经验，并逐步加大自主创新力度。

---

① 范并思，兰小媛．信息技术冲击下的图书馆人文思潮．高校图书馆工作，2005，25（5）：1-6

② 蒋永福．激情燃放之后话别——《走向权利时代》专栏结束语．图书馆建设，2006（6）：16

4.3 图书馆知识管理制度的社会职能

4.3.1 构建公众的知识保障体系

各国宪法和诸多国际文件明确规定人们应当享有的基本权利，其中之一就是公民的文化权利。知识交流自由（言论自由）、知识获取自由、知识创新自由和自我发展自由等，是公民文化权利的具体表现形式。图书馆作为一种极其重要的教科文组织，在保障公民知识的交流、获取、创新以及自我发展等方面有着不可替代的作用。图书馆为公众获取知识提供了公共平台，促进了知识的自由传播与交流。正如蒋永福先生所言：公共图书馆无可争议地成了保障公民信息获取权的社会公共渠道之一，政府设置公共图书馆的核心目的就是为了保障公民的信息获取权而提供一种公共制度安排。① 2002 年，国际图联理事会在英国格拉斯哥公布《图书馆和信息服务机构及信息自由的格拉斯哥宣言》（The Glasgow Declaration on Libraries, Information Services and Intellectual Freedom），认为自由获取和传播信息是人类的基本权利，图书馆和信息服务机构的主要职责是保障与促进信息自由；强调图书馆和信息服务机构是通向思想和文化的大门，为个人和团体的独立决策、文化发展、研究及终身学习提供必要的支持。② 由此可见，图书馆作为保障公众知识自由的制度，具有坚实的法理基础。

图书馆馆藏资源实质是人类的公共知识资源，即是相对于“个体知识”（自然人与法人单位独有的知识）而言的社会大众公有共享的知识。为了准确把握“公共知识资源”的含义，我们不妨先来弄清“公共”的释义。《现代汉语大词典》：属于社会的，社会公有共享的③；《现代汉语辞海》：属于社会的，公有公用的④；《汉语大词典》：公有的，公用的⑤；《新编实用汉语词典》：属于社会的，公众共同所有的⑥；《现代汉语词典》：属于社会的，公有公用的⑦。因此，“公共”一词在现代汉语中的确切含义是：属于社会的，公众公有公用的，它对

---

① 蒋永福，黄丽霞．信息自由、信息权利与公共图书馆制度．图书情报知识，2005（1）：2表0-23

② 韦景竹．版权公共利益研究．博士学位论文，武汉：武汉大学，2006：39-40

③ 《现代汉语大词典》编委会．现代汉语大词典．上海：汉语大词典出版社，2000

④ 倪文杰等．现代汉语辞海．北京：人民中国出版社，1994：306

⑤ 罗竹风．汉语大词典（第二卷）．上海：汉语大词典出版社，1988：60

⑥ 韩敬体等．新编实用汉语词典．北京：社会科学文献出版社，1990：146

⑦ 中国社会科学院语言研究所词典编辑室．现代汉语词典：2002 年增补本．北京：商务印书馆，2002：435

应拉丁语系的“public”。“公”和“私”从来都是相对存在的，譬如，公车和私车、公有财产和私有财产、公众和个人、社会和个体等。公共知识（Public Knowledge）是基于“公共”概念的知识，个体知识主要是指个人或企业（自然人或法人等）所拥有的知识。公共知识是相对于个体知识（包括个人知识和企业知识）而言的一个概念，即众多自然人与法人所共同拥有的知识。

有学者类似地按共享程度将知识分为：个人知识（Personal Knowledge），个人拥有的大量的、复杂的来源于各种渠道所获取的知识，囊括个人的专业知识、工作经验、工作技巧、诀窍、个人专利，甚至生活常识、思想体验、社交能力等，及其更高层次的价值观和思想；组织共享知识（Organizational Sharing Knowledge），在组织内部扩散的知识，包括组织的规章制度、生产流程、作业指导书、产品知识等；组织受控知识（Organizational controlled Knowledge），在一个组织内部部分人所拥有的或控制的为防止向外扩散而受到保护的知识，如专利或知识产权等；社会公共知识（Societal Knowledge），在开放的市场上随手可得的组织外部知识。① 其实，组织共享知识和组织受控知识，不能在社会上公开流通与共享，仍然属于个体知识的范畴；个体知识包括个人知识、组织共享知识和组织受控知识，它们的流通靠基于“利益机制”的市场来实现；社会公共知识更多地表现为公益性的共享与获取，尽管其背后隐含市场因素，譬如个体知识转换为公共知识往往需要公益组织买单、政府行政干预或个体自愿公开等。

馆藏知识的搜集、组织与服务，无不以社会公有的知识资源为基础。知识资源的社会公有共享性质，决定图书馆是一种进行社会知识管理的公益组织。图书馆作为专门从事公共知识管理的公共设施，构成了社会最基础的知识共享平台与知识保障体系，代表着人类知识平等获取、合理使用和共建共享的社会机制。图书馆知识管理制度是保障公众知识自由与知识平等的护身符，是保障社会知识管理经济效率、社会效益和社会公平的基础性教科文制度。

馆藏知识是人类共同的财富，理应全社会共享，社会公民的纳税是图书馆赖以存在的根基，图书馆知识管理事业是国家对全社会的智力投资。图书馆活动经费主要来源于政府税收，其次是社会集资及私人捐赠等。政府及其公共组织（部门）是图书馆的坚强后盾，某些社会团体及公益人士也加入到图书馆事业之中。图书馆是社会的知识资源共建共享与保障体系（制度），具有开放性、公益性、

① 徐向艺，辛杰．企业知识管理．济南：山东人民出版社，2008：19

社会性、共享性和无偿性。充分、有效而平等地获取知识，必须建立健全的社会知识保障体系；图书馆知识资源共建共享与保障体系（制度），则是其至关重要的组成部分。

因此，图书馆不是简单的文献藏借机构，而是社会的知识交流系统、知识管理部门、知识保障体系和知识基础工程。图书馆是社会的公共知识设施与知识保障体系，知识的自由传播与公平获取是图书馆的价值理念。图书馆是社会的、公共的和公益的知识管理设施，理应为社会公众自由与平等地提供知识服务。自由与平等是人类的永恒追求。认知自由（知识自由）是人类自由的基础，也是公众最基本的权利。不论贫富等级，每个公民都有平等地享受图书馆知识服务的权利。图书馆向一切人平等地提供服务，是改变社会不公平现象的基地。知识资源是贫困地区最稀缺的资源，知识贫困包括获取知识能力的贫困、吸收知识能力的贫困和交流知识能力的贫困。① 图书馆不仅是公益性的知识共享与保障机构，而且是必不可少的知识救济与扶贫组织。

图书馆应当无条件地向一切用户平等地开放，保证社会大众拥有平等地获取与利用知识的权利。1972 年，联合国教科文组织发表的《公共图书馆宣言》明确表示："公共图书馆应当随时都可让人到馆，它的大门应当向社会上一切成员自由地、平等地开放，而不管他们的种族、肤色、国籍、年龄、性别、宗教、语言、地位或教育程度。"② 1994 年，联合国教科文组织修订的《公共图书馆宣言》类似地重申"每一个人都有平等享受公共图书馆服务的权力，而不受年龄、种族、性别、宗教信仰、国籍、语言或社会地位的限制"，并要求"对因故不能享用常规服务和资料的用户，例如少数民族用户、残疾用户、医院病人或监狱囚犯，必须向其提供特殊服务和资料"。③ 国内外兴起的特种类型图书馆以及图书馆的某些人性化设施（如轮椅通道、自动门电梯、专用厕所、盲人读物、放大镜）等，有利于保障特殊人群（尤其是残疾人群）平等地获取知识。发达国家盲人图书馆服务早已存在，其盲文馆藏也比较丰富。1897 年美国国会图书馆开辟了盲人阅览室，1924 年丹麦国家盲人图书馆在哥本哈根成立，1969 年日本盲人图书馆开始产生。美国国会图书约有 30 万册的盲文图书，英国国家盲人图书馆盲文书籍已有 35 万余册，日本大约有 80 余家盲文图书馆为全国 30 多万视觉

---

① 谢胜文．论"知识贫困"．湘潭大学学报（哲学社会科学版），2005，29（4）：160-162

② 李严．图书馆核心价值论．北京：中国戏剧出版社，2009：88

③ 吴慰慈，董焱．图书馆学概论（修订 2 版）．北京：北京图书馆出版社，2008：368

障碍者服务，韩国盲文图书馆收藏盲文文献1.8万册。① 2002年8月，国际图联在其成立75周年之际公布的《格拉斯哥宣言》提出："图书馆和信息服务机构，要一视同仁地为用户提供资料、设施和服务。不允许出现因种族、国家或地区、性别、年龄、健康状况、宗教或政治信仰等任何因素而引发的歧视"；"不受限制地获取信息，是自由、平等、人类相互理解与和平的基础"。② 保障公众获取知识的权利是图书馆的重要职责，图书馆必须尽力扩大并给予所有公众获取知识的自由。

市场经济和计划经济都是资源配置的方式，它们分别以市场和政府为主体进行资源或利益的社会分配。市场是一只"看不见的手"，政府是一只"看得见的手"，这两只手共同主宰了社会资源的命运。市场机制的利益驱动准确地反映了市场供需变化，往往对优化资源配置更加有效，但商品私利性的空前膨胀也会导致市场失灵，需要政府干预的呼声日益高涨。政府与市场的功能应该是互补而不是相互替代的，正如萨缪尔森指出的那样："对现代化经济没有两手（市场和政府）使之运转，这就像孤掌难鸣一样"。③ 知识资源配置同样受到"两手"的制约，知识产权交易就是"看不见的手"在支配，图书馆知识交流更多表现为"看得见的手"在控制。当然，"看得见的手"也不能违反"看不见的手"的基本规律，图书馆知识共享的背后就有"政府买单"、"团体出资"或"社会捐赠"的幕后参与或隐性交易。政府拨款是图书馆参与市场行为的经济基础，也是政府税收"取之于民，用之于民"的体现。

科教兴国的伟业、知识经济的腾飞、学习型社会的创建、公民文化权利的落实、公共知识平等获取的保护等，都离不开完整的社会知识保障体系。图书馆不仅是公共知识保障体系（系统），而且是社会知识的共享与保障制度。在英语中，体系（系统）和制度（体制）是同一个词"system"。馆藏知识是人类共同的财富，理应全社会共享，图书馆经费主要来源于社会全体公民的纳税，这些决定了图书馆的神圣职责——保障社会大众平等地获得知识的权利。知识自由和知识平等是公民的基本权利之一，甚至这种权利往往是公民享有其他权利的前提条件。平等服务和开放服务，是图书馆的基本服务原则。

---

① 吴昌合，董宇豪．论公共图书馆与盲人服务．河南图书馆学刊，2011，31（6）：34-37

② 李严．图书馆核心价值论．北京：中国戏剧出版社，2009：88

③ 崔东红，陈晶．微观经济学原理与实务．北京：北京大学出版社，中国农业大学出版社，2009：476

图书馆知识管理制度，为公众自由平等地存取知识提供保障。它不仅包括社会知识资源的搜集、组织与服务的规范，而且还包含相关的社会知识保障体系（涉及知识组织、知识设施、知识资产、知识活动、知识人员的全方位和全过程的管理体系）的规范。譬如，以计算机技术为核心的现代管理技术标准，是图书馆知识管理不容忽视的内容；知识产权法律体系中公益组织规避风险的“合理使用”条款，也是图书馆知识管理重要的组成部分。

4.3.2 履行知识的公共管理职责

任何具体的“公共”利益，都很难保证每一个人同等分享。因此，“公共”通常也指多数人的或关于多数人利益的。当然，社会上存在公共危害、公共灾难等，这时“公共”表现为多数人遭受侵害或承担损失，此类公共事务管理关乎多数人的利益。公共管理注重社会大众的公共需求，从而理性地对待公共物品（Public Goods）和处理公共事务（Public Affairs）。美国经济学家萨缪尔森（P. A. Samuelson）认为：公共物品是指非竞争性的和非排他性的产品。公共事务是指涉及社会全体公众的生活质量和共同利益的一系列活动，以及这些活动的实际结果①。国家和政权从来都是社会的公共物品或公共事务，传统行政管理无疑是典型的公共管理。“物质”或“服务”，都是公共物品的表现形式；社会、国家与政府等公共领域事务，都是公共管理对象。私人利益可以通过“市场机制”来实现，而公共利益必须依靠强制性与权威性的公共权力来保障。公共管理是公共组织对公共物品和公共事务的管理，它以全体社会人员为服务对象，以公共利益为根本的出发点和归宿点。

人与社会的关系，蕴含了私与公的辩证统一。只要有人类社会，就有私与公的如影相随，就有私人管理活动和公共管理活动。野蛮与蒙昧时代，原始人为生存而群居，共同生活产生了原始的公共管理。原始社会的部落会议、分工协作与攻伐媾和等，阶级社会的区域治理、赈灾救济与社会管理等，这些都是公域部门的公共管理活动。古有“天下为公”之说，反映了古代人类社会的公共管理思想。20世纪70年代，西方国家兴起“新公共管理（New Public Management）”运动，公共管理迅速从政府部门向公益性非政府部门拓展。公共部门包括“纯粹”公共部门（政府组织）和“准”公共部门（公益性非政府组织，即介于公与私之间的第三部门），它们共同掌握社会公共资源与管理社会公共事务，并为

---

① 黎民．公共管理学．北京：高等教育出版社，2003：14

公众提供公共产品和公共服务。政府部门、非政府的公益组织、非营利性的机构甚至某些介入公益的私人部门都可成为公共管理的主体，公共组织囊括政府部门、公益企业、事业组织、社会团体、慈善机构等。公共管理以公共行政为起点，迅速扩散到教科文、社会福利、慈善事业、社会保障等诸多领域。公共管理或准公共管理覆盖政治、经济、教育、科学、文化、娱乐、卫生、环境、福利、治安、媒介与出版等一切公共事务的管理活动。

公共组织是以实现公共利益为目标的组织，它一般拥有公共权力或经过公共权力的授权，负有公共责任，以提供公共服务、管理公共事务、供给公共产品为基本职能。① 政府部门是典型的公共组织，也是公共组织的主要组成部分；非政府的准公共部门，则是公共组织的重要组成部分。公共组织不以营利为目的，其宗旨是致力于协调社会公共利益与服务社会大众。一般来说，公共组织必须具备五个基本特征：社会性是公共组织的基本属性，公共利益是公共组织的管理目标，公共权力是公共组织的前提条件，公共资源是公共组织的运作基础，公共物品是公共组织的服务内容。国家和社会的相关制度体系，授权图书馆从事知识组织与服务活动。馆藏资源本身就是公共资源。图书馆作为人们从事教育、科学和文化活动的公共场所或公共设施，代表社会行使知识管理的公共权力，保障民众公正、公平和自由获取公共知识资源的权益，为社会大众提供“公益性”、“无差别”的公共知识服务。显然，图书馆是专门从事知识管理的公共组织。马恒通等指出：“公共物品”是指由政府提供的由公民税收支持的代表公共利益的物品或服务。根据公共物品的特征（非分割性、非排他性、非竞争性）判断，图书馆属于公共物品，是由政府通过全民税收支持其经费开支而面向全民开放，免费为全民所利用的文化教育机构，因而是一种公益性教育机构。②

公共事务包括政治性、经济性和社会性的公共事务，公共管理是公共组织处理公共事务和提供公共物品的管理活动，其目标是实现与保障社会全体公众的共同利益。公共物品具有三个特性，即效用的不可分割性、消费的非竞争性和受益的非排他性。图书馆和公共知识资源，都是人类重要的公共物品。物品有私人物品和公共物品之分，知识同样可以分为“个体知识”和“公共知识”。公共知识是社会大众公有共享的知识，是人类共同创造的宝贵财富。公共知识资源的社会公有共享性质决定了公共知识管理事业的公益性。公共知识管理活动的最终目标

① 聂平平，尹利民．公共组织理论．武汉：武汉大学出版社，2009：280

② 马恒通，曹红毅．论图书馆的公益性．图书情报工作，2004，48（8）：103-106

始终是为了社会公众更好地利用知识，切实保障人们公平与自由地获取公共知识的权利。图书馆业务实质是知识领域的公共管理，是极为重要的社会性公共事务。

公共管理的对象是公共物品——公共资源、公共事务、公共服务等，因此公共管理包括一切供给公共产品、处理公共事务和提供公共服务的管理活动。公共管理需求是公共服务的原动力，即社会公众在共同的生产与生活中，要求平等与自由地分享公共物品的行为；其目的是维护公共利益，即公共管理组织能够经济、有效地提供公共物品和公共服务，保证社会大众公平地分配社会的公共利益（共同利益）；其宗旨是促进社会公平，即公共管理承担公共责任，提供公共服务，追求公共利益，保障社会公平。图书馆事业经费主要来源于公民纳税，是政府“还税于民”的产物。图书馆是人类知识管理的公共设施，馆藏知识资源是知识领域的公共资源。图书馆知识搜集与组织是处理知识的公共事务，图书馆知识服务是为全体社会公众提供知识的公共服务。作为公益性的公共知识管理与保障体系，图书馆的活动宗旨是为一切用户提供知识服务。图书馆是社会的知识共享设施和保障体系，是确保公共知识自由传播和平等获取的公益组织。公共知识管理研究公共知识管理活动、公共知识保障体系和公共知识管理制度等，涉及知识生产、组织、存储、传播、利用、服务、产权、技术、制度和人才等。

文化事业在公共管理事务中的比重不断增加，地位日益突出。图书馆是社会的公共知识管理部门，是面向公众提供知识服务的社会性教育、科学、文化系统。知识的“公共”管理涉及诸多社会组织，而作为专职的公共知识管理的组织——图书馆则是其杰出代表。“公共性”和“知识性”是图书馆知识管理的两大基本属性，图书馆知识管理是知识领域的公共管理。在知识产权横行的时代，个人跨越知识壁垒和知识门槛的代价高昂，知识领域的公共管理必然备受关注。公共知识保障有利于社会公众（特别是弱势群体）获得平等的发展权利与享受基本的知识福利，公共知识管理是极其重要的公共管理。作为社会公共的知识存取设施与知识保障体系，图书馆具有显著的公共性与公益性。公共知识是社会公众公有共享的知识，公共知识管理本身就是一种公共管理。图书馆的根本任务是有效地管理公共知识，或者说是有效地进行知识的公共管理。

4.3.3 规范图书馆知识管理活动

图书馆肩负着社会知识交流的功能，是物质、精神和政治文明建设的重要基地，在传播科学文化知识和提高全民族的素质方面有着不可估量的价值。然而，

4 图书馆知识管理范式的制度维度

为什么公元前2世纪到公元16世纪之间，在将人类的自然知识应用于实用目的方面，中国较西方更为有效？而近代科学关于自然界假说的数学化及其相关的先进技术，只是辉煌而短暂地兴起于伽利略时代的欧洲？此问题的本质实际上就是“孕育了灿烂技术文明的中国，为什么没有诞生出近代科学？”① 这就是著名的“李约瑟之谜”（Needham Puzzle）②，一个令人困惑不已的世纪难题。无数学者试图从地理因素、儒家思想、思维方式、汉语语言、宗教信仰等方面入手解谜，然而并没有达到预期的效果。在诸多的破谜假说之中，制度缺陷论脱颖而出，逐渐得到了世人的认可。2003年，英国李约瑟研究所所长古克礼在接受采访时说：“李约瑟的结论是，过去2000年中国的封建官僚制度产生了李约瑟之谜描述的现象。”③ 寇宗来认为专利制度是“解开李约瑟之谜最重要的钥匙”，“专利制度在欧洲的确立，为工业革命的滥觞和兴起提供了必备的条件”；虽然“那些被经济学家和历史学家认作是产生了18世纪末英国工业革命的所有主要条件，在14世纪的中国几乎都已存在了”，但是中国缺乏保障工业革命的“专利制度这样一个非常重要的制度变量。”④ 在屈辱的百年近代史中，轰轰烈烈的洋务运动草草收场，亚洲第一的北洋海师灰飞烟灭，声势浩大的实业救国难以为继……。历史反复表明：没有制度上的彻底变革，就没有“中国人民从此站起来了”！

制度是指“要求大家共同遵守的办事规程或行动准则”或“在一定历史条件下形成的政治、经济、文化等方面的体系”。⑤ 马克思在《德意志意识形态》

---

① 张太旗．撕开成功者的谜底．北京：中国发展出版社，2009：73

② 由著名科学史专家、英国学者李约瑟提出，至今还困扰着众多科学史工作者。亦称“李约瑟难题”（Needham Problem），“李约瑟命题”（Needham Thesis）或“李约瑟问题”（Needham Question）等。

③ 姜岩．《中国科学技术史》卷七将破解“李约瑟谜题”．http：//www.china.com.cn/zhuanti2005/txt/2003-03/10/content_ 5290257.htm［2008-01-20］

④ 寇宗来．专利制度的功能和绩效．上海：上海人民出版社，2005：82，86

⑤ 中国社会科学院语言研究所词典编辑室编．现代汉语词典：2002年增补本．北京：商务印书馆，2002：1622

个单位各购一套①，但是一直少有读者问津，如今大部分成为装点门面的摆设；二是服务方式陈旧、单一、被动，迄今为止仍是借借还还，并且拒借率奇高；三是服务手段落后，现代化服务手段差，文献信息的传播以书本式为主，文献开发的深度不够，文献信息的整合营销传播更是无从谈起②。面临网络时代数字信息的巨大冲击，图书馆读者流失现象逐年增加，某些图书馆甚至出现了工作人员终年守空房的现象。Google 首席执行官埃里克·施密特（E. Schmidt）在接受采访时表示："随着全球互联网产业的高速发展，今后绝大部分公众将通过互联网而不是传统报纸来获取外界信息。"③ 2009 年中国未成年人互联网运用状况调查报告显示，互联网已成为我国中学生知识获取、人际交往和娱乐消遣的重要渠道，搜索引擎是他们获得信息的重要入口，84.4％的中学生经常使用百度搜索引擎。④ 显然，图书馆必须改变传统计划经济千篇一律的办馆模式，以公众需求为导向，根据本地经济建设的实际需要，"花小钱，办大事"，开拓性地进行某一学科（主题、领域）文献信息的特色服务，特色图书馆和图书馆特色建设脱颖而出。随着国务院机构改革的持续创新，"小政府、大服务"的制度理念进一步落实，图书馆知识资源共建共享有望取得较大突破。

图书馆自身发展迫切需要制度作后盾，图书馆与知识用户的关系迫切需要制度来协调。20 世纪 50 年代以来，在世界范围内形成了用户权益保障的最基本理念：平等、自由地利用图书馆、享受图书馆服务是现代社会中每一个公民的一项基本权利；法律的基本原则是：国家保障公民、法人及非法人单位公平、自由、合法地利用图书馆的权利，图书馆不得超越法律法规、主管部门的规定以及业务工作规范而限制、封存、损毁、变卖收藏的文献信息资源。⑤ 图书馆法，是我国图书馆事业发展的保障，是公共知识管理制度的核心。公共知识管理法的作用是：确定图书馆在知识经济社会中的地位和作用，调整图书馆与国家、社会、用户、工作人员、公共知识保障体系及其内部的各种关系，规定它们各自的职责、权利和义务。建立健全图书馆制度，有利于规范图书馆知识管理的各项活动，有

---

① 罗平．当前文献信息资源共建共享的若干问题．国家图书馆学刊，2000（2）：35-38

② 邱维民．关于特色图书馆理论与实践若干问题的思考．图书馆，2002（4）：57-58

③ 谷歌 CEO 施密特：互联网是获取信息主要渠道．http：//tech. qq. com/a/20090122/000191. htm.［2013-3-20］

④ 互联网已成中学生知识获取 娱乐消遣重要渠道．http：//news. xinhuanet. com/internet/2010-03/18/content_ 13194409. htm.［2013-3-20］

⑤ 李琳．"入世"后的图书馆立法问题．图书馆，2002（5）：68-70

利于促进图书馆知识管理事业健康、持续、快速发展。

图书馆知识管理制度所追求的目标是知识资源社会共享，构建“低投入高产出”的终身学习知识系统，确保读者范围不受时空因素的制约，实现公民随时随地获取知识的愿望。公共知识共享与保障制度是保护公民的文化权利与满足公民不断增长的文化生活需要的护身符。政府要加大对公共知识管理领域的投入，提高馆藏知识资源的使用效益，做到图书馆知识管理设施建设“零拒绝、零阻碍”。创建社会公平的知识共享与保障体系，有利于贫困省份和弱势群体的公共知识平等获取与合理使用，即真正地保护全体公民知识平等的合法权益。图书馆知识管理制度应当以社会效益为中心，以公益性和无偿性为原则，以公共知识为内核来服务社会公众。图书馆制度是规范图书馆知识管理的行为准则，图书馆的性质、经费、标准、建设、工作人员和用户的权利与义务等需要协调与规范。图书馆法是馆藏资源平等获取与合理使用的法律保障，是完善图书馆知识管理制度的关键。

图书馆知识管理制度是图书馆知识管理事业发展的产物，也是保障图书馆活动和加强图书馆管理的基本规范。尤其是图书馆法律制度，为调节国家与图书馆、图书馆与外界组织以及图书馆与读者之间的各种关系提供了强制性的活动规范或行为依据。吴漂生认为我国图书馆界通常将读者定位为隐形消费者，并以此为基础解析读者权利，形成了有关读者权利的共识：(1) 借阅权，读者有自由借出文献阅读的权利。(2) 保障权，读者拥有图书馆一定文献保障的权利。(3) 平等权，读者在利用图书馆时应有的公平、公正地获取文献信息的权利以及人格受尊重的权利。(4) 时空权，读者利用图书馆的时间和空间的权利。(5) 知情权，读者享有要求图书馆提供知识产品或服务相关信息的权利。(6) 咨询权，读者遇到问题时向图书馆提出咨询而要求得到图书馆帮助的权利。(7) 监督权，读者享有对图书馆及其工作人员提出批评与建议的权利。(8) 受尊重权，读者享有其人格尊严、民族风俗习惯得到尊重的权利。(9) 结社权，读者享有依法成立维护自己合法利益的社会团体的权利。(10) 隐私权，读者在不违背公序良俗原则基础上，个人享有一切法律赋予的实然权利。(11) 诉讼权，读者享有受到侵权时提出上诉的权利。① 读者权利固然需要通过法律制度来维护，但是法制不是万能的管理手段，必然有其死角、局限与不足。譬如，“读者第一”的服务内涵，

① 吴漂生．我国读者权利研究综述．图书馆论坛，2007，27（4）：16-19

“以人为本”的服务理念，再强悍的法律制度也无法发挥作用。

图书馆、政府、读者及其相关活动的调节，往往需要法律制度之外的其他制度来平衡。立法机构建立图书馆法律制度，保障图书馆经费以及图书馆事业发展必需的条件；图书馆健全规章制度，改进服务技术、拓展服务内容和提升服务效果；读者遵守图书馆制度，主动配合图书馆管理。在实际工作中，图书馆的服务宗旨与服务理念很难完全落实，譬如，读者借阅权分为三六九等，借阅的册数、期限与资料类型往往因人而异；读者隐私权保护意识薄弱，有效监督与申诉机制缺失；图书馆单方面制定的规章制度，特别是处罚条款更多地考虑方便业务管理而非维护读者利益等等。图书馆处于复杂的社会关系范畴之中，必然受到各种相互联系的主客观因素的共同制约，法律、规则、道德、习惯等都有各自的调整领域，它们共同发挥着协调图书馆活动的作用。图书馆立法缺位、职业自律制度缺位、职业权益保障制度缺位和职业准入制度缺位，是阻碍中国图书馆事业发展的瓶颈；制度缺位必然带来职责的缺位和功能的缺位。① 加强图书馆制度建设，是促进与规范图书馆知识管理活动的必要条件。

4.3.4 完善社会的知识产权制度

从生产与归属角度出发，知识可分为社会知识和个人知识。社会知识概念的界定，必须区分其研究对象是“社会知识”还是“知识的社会维度”，前者指关于社会或以社会为对象的知识，后者指处于一定社会历史条件之中的认识主体与过程本身的关于任何对象的知识②。显然，相对于个人知识而言的社会知识，不是关于社会的知识，而是属于社会的知识。社会知识强调知识的“归属”与“所有权”，包括迄今为止人类创造的一切知识和范式；个人知识是指个人独创并拥有的知识，注重个人的“创造性”与“所有权”。③ 个人知识来源于外界的社会知识和内在的合理领悟，是社会客观存在和个人主观意识相互作用的结果。由此可知，社会知识主要是已社会化的客观知识，而个人知识主要是个人创造的私有知识。

个人知识创新是社会知识增长的源泉，又是社会知识开发与利用的成果；社会知识是个人知识创新的基础，又是无数个人知识汇集的产物。仓颉造字（个人

---

① 蒋永福．制度缺位：中国图书馆事业发展的瓶颈．国家图书馆学刊，2006（1）：32-33

② 吴畏．社会知识论还是社会认识论？．自然辩证法研究，2004，20（11）：36-39，101

③ 彭继红．知识史观：一种新的社会历史方法论．湖南师范大学社会科学学报，2000，29（4）：28-33

知识)，离不开普通民众的支持（社会知识)，同时，仓颉所造的字（个人知识)，又成为普通民众公用的字（社会知识)。知识创造与知识保障，是一个互为条件与互相促进的统一体。个人知识是社会知识发展的动力，社会知识是个人知识发展的源泉①。社会知识只有经过个人学习、吸收与加工转变成个人知识，才能成为直接的生产力。个人创造的知识只有转化成社会知识，才能充分实现其价值并创造更多财富，促进人类文明的发展。知识创造增加社会知识总量，社会知识增长保障知识应用与知识创造，这是一个周而复始的循环过程。

然而，个体的知识创新成果，尤其是那些具有较大应用价值的创新成果，转化为社会知识并非毫无条件的。个体意愿往往是个体知识社会化与否的决定性因素，知识产权是保障个体知识利益的私有权，知识产权制度是促进个体知识公开和协调各方利益的知识管理机制。早在1474年，威尼斯共和国就首先建立了专利制度，明确规定："在10年期限内，未经发明人同意与许可，禁止其他任何人再制造与该发明相同或者相似的装置。若其他人贸然仿制，将赔偿专利人金币百枚，仿制品也将立即销毁。"② 16、17世纪，中西欧盛行垄断特权（Monopoly Privileges)、特许状（Charters)、专卖权（Franchise)、许可（License）和律令（Regulation）等准"专利"政策。1623年英国政府颁布了钦定的《垄断法案》，人们称其为"现代专利法之始"；法国于1791年通过了专利法，美国国会在1793年通过了首部专利法。③ 专利制定在一定程度上保护了发明人私有创新成果的可占有性，推动了知识创新与知识扩散，并繁荣了欧洲的工商业。

前专利制度时代，知识创新者刻意保守创新成果，技术绝活"不传外人或传子不传婿"，以免"教会徒弟，饿死师傅"。这种为了个体利益高度保密甚至至死守口如瓶的做法，不利于知识的交流、传播与累积。在专利制度规范下，知识创新者只有向社会公开创新成果，才有可能申请专利并获得法律保护。专利制度至少产生了两种重要作用：一是专利制度保证创新成果的可占有性，专利权人通过专利"获利"，从而鼓励知识创新；一是创新知识成为社会公共的知识资源，保障了知识的交流、传播与累积，从而为后继知识创新提供了有利条件。专利制度加速了知识交流与知识创新，促使"资产阶级在它不到一百年的阶级统治中所创造的生产力，比过去一切世代创造的全部生产力还要多，还要大"。④

---

① 白宗新．个人知识与社会知识及其教育意义．全球教育展望，2004，33（11)：18-23

② 寇宗来．专利制度的功能和绩效．上海：上海人民出版社，2005：79

③ 寇宗来．专利制度的功能和绩效．上海：上海人民出版社，2005：79

④ 景中强．论马克思精神生产理论的经济学来源．理论与改革，2003（2)：35-38

知识产权是一种知识创新者的私有权利，适度保护既有利于维护权利人的利益，又有利于鼓励知识创新。然而，过度保护形成的知识垄断，必然损害知识用户的权益，并因知识流通受限而阻碍知识创新。于是乎，诸多有识之士积极奔走呼号，期望降低知识消费的门槛。他们还身体力行，纷纷组织或参与网络开放存储资源建设，把自己的研究成果向社会公开以供人们自由利用。美国国会通过的"数字千年版权法案"，空前强化了数字知识产权的保护，因而备受争议、广遭诟病。这些反对知识产权过度保护的专家学者认为：DMCA 侵犯了消费者的权利并阻碍了科学技术的发展，是以牺牲消费者、教育工作者、学术研究者及科学家们的利益为代价的走过了头的数字版权保护法案。2001 年 7 月 16 日，俄罗斯软件专家得米特里·斯克拉雅罗夫（Dmitry Sklyarov）在参加美国拉斯维加斯城举行的会议之后，被美国权力当局以违反"DMCA"为由逮捕。随即在互联网上引发了国际性"营救得米特里运动"，运动号召大家舍弃 adobe 公司产品①，并在美国、德国、俄罗斯和以色列举行抗议活动；电子出版联合会和大量知名人士也严厉谴责，这些人士包括"linux 之父"兰纳司·图瓦茨（Linus Torvalds）、开放源码运动主席依力克·雷蒙特（Eric Raymond）、和 slashdot. org 的创始人罗伯·米尔达（Rob Malda）等。②"营救得米特里运动"不断加强，美国联邦执法机构受到外界的强大压力，最终同意释放他回俄罗斯。斯坦福大学法律教授劳伦斯·列士格（Lawrence Lessig）认为："法律应当帮助创作者保护他们的版权利益，但绝不应当把权限扩展到超越版权保护，特别是法律不能把对加密方法和对安全保密所进行的核心研究定为刑事犯罪。"③ DMCA 某些条款还存在十分激烈的争议，它必将在社会立法实践中得到进一步的修改与完善。

知识产权制度面临一个两难的困境，一方面数字出版和网络传播使得知识产权极易受到侵犯，于是人们力图通过立法（如 DMCA）、加密技术、IP 控制等手段加强知识产权保护力度；另一方面，布满"雷区"与"陷阱"的知识产权有"过度"保护的趋势，这必然妨碍公众知识自由获取的权益，甚至有悖于知识产

---

① 2001 年 6 月 26 日，adobe 公司会见美国联邦调查局（FBI）特殊探员，控告斯克拉雅罗夫和雇用他的俄国莫斯科的 elcomsoft 软件公司的产品侵害了 adobe 公司的数据保密方法，并且告知联邦调查局斯克拉雅罗夫将于 7 月 13 日至 7 月 15 日前来美国参加在拉斯维加斯举行的"白客、黑客"软件安全科技大会。这直接导致了斯克拉雅罗夫的被捕。

② "数字千年版权法案"首战折戟 俄软件公司无罪. http://www.poptool.net/server/p128/J12815727.shtml [2008-02-21]

③ "数字千年版权法案"首战折戟 俄软件公司无罪. http://www.poptool.net/server/p128/J12815727.shtml [2008-02-21]

权制度促进知识创新的初衷。当前，知识共享理念和知识自由获取思想深入人心，不少专家学者积极倡导知识产权保护应该网开一面，甚至主张知识产权应当覆灭或消亡。OA（Open Access）、CC（Creative Commons）和 Copyleft（自由软件）的兴起，就是人们力图打破知识产权保护壁垒的尝试。在现有版权制度下，学术期刊出版日益集中在少数出版商手中，学术期刊的垄断定价节节攀升，形成了不利于公众获取与学术交流的“学术期刊危机”。在这种情况下，国际学术界和图书情报界开展了备受关注的开放存取运动，即作者授权全世界范围内的所有用户，为合理目的在任何数字媒体上免费、无条件地获取他们需要的文献，允许用户公开复制、利用和传播、演示这些作品，允许在所获得作品的基础上演绎新的作品。① “创作共用” CC 是一个非赢利性的组织，权利人保留部分权利和放弃另一部分权利，公众可以自由地使用已授权的作品，从而实现了权利人和公众双方利益的共赢。软件版权许可模式 Copyleft，允许任何人自由地使用、复制、修改软件，并可发行能够而且必须供“自由利用”的软件修改版，这样实现了公众充分地共享软件。OA、CC 和 Copyleft 的蓬勃发展表明，知识公共获取权利需要得到进一步保护与加强。

知识产权是指人们依法享有保护自己智力劳动成果的权利，是权利人“独占”或“排他”的私权。图书馆知识管理提倡“公开使用”与“免费使用”，这与知识产权严重冲突。于是，各国立法机构以“公益原则”和“法定许可”来保障图书馆享有一定的“豁免权”，同时严格限制图书馆的“公益”服务范围与程度，譬如美国图书馆复印资料就有量的限制。知识产权保护的目的，不是限制知识用户的合法使用，而是通过保护权利人的合法利益来促进知识创新。林毅夫认为产权“是具有节约功能的重要制度”，“是确定个人和团体对于他们所占有的资产（包括某人自己的劳动）的权利的正式和非正式规则”，“体现了制度的另一基本功能即再分配功能的重要性”。② 知识产权的过度保护，尽管维护了权利人的合法利益，但是严重削弱了知识用户的知识需求，阻碍了知识的进一步创新。图书馆知识管理制度，保障了社会公众平等地享受知识交流与服务的权利，是知识产权制度的重要组成部分。它有利于调整与平衡各种知识关联者的利益关系，有利于合理配置社会的知识资源。知识资源在时间、空间和数量上的合理分布，离不开有效的知识产权制度。利益平衡是知识产权制度的重要功能，社会效

---

① 韦景竹．版权公共利益研究．博士学位论文，武汉：武汉大学，2006：108-110

② 林毅夫．再论制度、技术与中国农业发展．北京：北京大学出版社，2000：19

益是知识产权制度的不懈追求，知识共享是知识产权制度的终极目标。

物权有私有权和公有权之分，知识存在同样的事理。个体知识一般指个人或组织所创造的知识，往往可以作为一种特殊的商品存在，世界各国纷纷制定知识产权制度来保护和鼓励个体知识的创新。如果个体知识无条件共享，那么知识创新主体的利益就可能受到损害，不利于知识创新的持续发展。社会知识是已经社会化了的以文献为载体的客观知识，通常作为人类社会共同的知识财富，如馆藏知识、政府知识、网络开放存取知识等。倘若社会知识不能共享，知识创新主体就犹如黑暗中的夜行者，知识创新活动就难以深入开展。个体知识和社会知识的扩散机制截然不同，前者是基于经济利益的盈利性知识传播，所需知识主要以有偿服务的方式提供，后者是基于社会效益的公益性知识传播，用户常以无偿服务的方式获得所需知识。咨询公司和情报机构是经营性知识服务机构，国家和社会兴办的各类图书馆则是公益性知识服务组织。人类知识记忆也分为个体知识记忆和公共知识记忆两种形式①。公共知识记忆的需要是图书馆产生的前提和赖以存在的根基，图书馆是人类知识的公共记忆装置，馆藏资源是人类的公共知识资源。图书馆作为公众共享的公益性知识组织，既是知识共享设施和知识保障体系，又承载着社会公共的知识管理制度。

如果说知识产权是一种知识私有权，那么知识产权制度则是一种知识利益平衡的杠杆。毋庸讳言，当前有关知识产权保护的制度比较完善，而对于促进知识共享和鼓励知识流通的公共应用重视不够。在知识产权保护和知识用户保障的平衡机制中，现有知识产权制度严重向前者倾斜。因此，如何切实维护社会公众的知识获取权益，是知识产权制度研究的一个至关重要的问题。显然，图书馆知识管理制度，为人们自由、平等地获取知识做出了卓越的贡献。图书馆知识管理始终坚持公益原则——不以经济利益为目的、追求社会效益和服务于社会大众，是保障社会知识自由传播和平等获取的公共设施与公益组织。馆藏知识资源的社会公有共享性质，在很大程度上决定了图书馆知识管理事业的公益性。公共图书馆面向社会大众服务，具有完全的公益性；机构/单位图书馆面向部分人群服务，具有局部的公益性。图书馆是专门从事知识管理的社会公益组织，它本身就代表着公众的知识权利。图书馆知识管理业务是极为重要的社会性公共事务，图书馆知识管理制度是知识领域的公共管理制度。

---

① 蒋永福．图书馆与人类的记忆——从知识记忆角度理解的图书馆学．中国图书馆学报，2000，26（2）：10-13，37

数字环境下，网络被称为盗版者的天堂，知识零成本交流容易产生“权益真空”。知识产权保护面临一系列新问题，其保护的难度空前加大。但是，这不能成为抹杀知识公共获取权利的理由，不能成为否定图书馆知识管理制度的依据。印刷型文献时代，大多数国家在知识产权制度中设计了“例外条款”，规定了图书馆的“合理使用”，保障了图书馆为公众提供知识服务时避免“知识产权”的限制。图书馆是保障知识共享的公共知识服务部门，它的服务宗旨和最终目标是“任何人在任何时候、任何地点，均可以获得任何图书馆的任何信息资源”①。图书馆不仅是一种知识保障机构，而且是一种知识救济组织。它为社会知识公平，特别是弱势群体的知识公平提供了切实保障。在数字地球村时代，知识产权制度的平衡机制受到了极大的挑战。无论知识产权保护如何发展，图书馆知识管理制度都为知识产权制度的杠杆平衡发挥了独特的作用。

4.4 图书馆知识管理制度的内容体系

4.4.1 图书馆知识管理法律制度

社会制度是社会法律制度、社会规章制度以及社会运作制度的集合，图书馆知识管理制度同样由法律、规章和运作制度组成。图书馆知识管理制度，是保障图书馆知识管理经济效率、社会效益和社会公平的基础性教科文制度。图书馆知识管理法律制度，是图书馆知识管理制度的重要组成部分，是我国图书馆知识管理事业发展的法律保障。规定图书馆、用户和社会在图书馆知识管理活动中的责、权、利，规范图书馆知识管理活动，需要制定如下三个方面的图书馆知识管理法律制度。

（1）图书馆知识管理法

一切从事知识管理的公益性机构（组织）都应当归属于人类的图书馆。实体的知识馆（图书馆等）和虚体的网络知识集合（网络知识中心，网络知识库，或称为数字图书馆等），共同构成了公共知识资源保障体系。沉积了人类几千年文明的图书馆法律制度，不仅是实体图书馆进行知识管理的基础，而且也是虚体图书馆进行知识管理的依据。我国虽然制定了一系列图书馆章程、条例、规程、方案、规范、标准、办法、规定和指示等，但由于缺乏国家法律强制性与约束

① 中国大学图书馆馆长论坛．图书馆合作与信息资源共享武汉宣言．大学图书馆学报，2005（6）：2–4

力，图书馆事业基本处于建设不规范、管理机构不明确、经费没有保障的人治状态。图书馆法通过明确规定图书馆的地位职能、管理体制、组织机构、馆员队伍、馆长任免、馆藏建设、服务方式、建筑设备、技术标准、经费来源、网络建设和资源共享等，从而保证、监督和规范图书馆事业的发展，即：保证国家与各级政府部门对图书馆事业的领导和图书馆事业发展的正确方向，保证全体社会成员享用图书馆的权利和对图书馆的监督，保证图书馆的社会地位和发展图书馆事业所必需的经费、人力、建筑设备及其合法权益，保证图书馆收藏民族文化遗产的完整性，调节图书馆的内外关系、加强图书馆的统一管理、保证图书馆的正常秩序和推动图书馆事业的发展。① 美国通过立法来保障图书馆事业的可持续发展，获得必要的政府财政支持，取得图书馆事业发展的优惠政策，保证图书馆服务的公平合理，界定图书馆必须承担的社会义务。美国公共图书馆经费主要来源于服务区内的居民税收，地方政府的税收中一般规定3%—6%用于公共图书馆建设，并在相应的图书馆法案中加以确定。② 依靠强有力的法律保障，遵循“谁设置、谁管理”与“谁纳税、谁受益”的原则，美国公共图书馆事业取得了举世瞩目的成就。

从20世纪80年代中期起，我国逐渐颁布了一系列的地方性图书馆法规，如《天津市区、县图书馆工作条例》(1986年)、《天津市市、区、县少年儿童图书馆工作条例》(1986年)、《上海市公共图书馆管理办法》(1996年)、《深圳经济特区公共图书馆条例（试行)》(1997年)、《内蒙古自治区公共图书馆管理条例》(2000年)、《广西壮族自治区公共图书馆管理办法》(2000年)、《湖北省公共图书馆条例》(2001年)、《河南公共图书馆管理办法》(2002年)、《北京市图书馆条例》(2002年）和《浙江省公共图书馆管理办法》(2003年）等，《四川省公共图书馆条例》、《广州市公共图书馆条例》也有望近期出台。2001年1月4日，我国台湾地区“立法院”第4届第4期第28次会议正式通过总共20条的《图书馆法》，对图书馆立法之缘由、立法对象、主管机关、各级各类图书馆之概念及设置原则、馆长及馆员资质和任用原则、图书馆与其他相关法规的均衡借用、呈缴本制度、图书馆职能范围及业务内容、评鉴及奖惩等诸方面做出了法律的界定。③《中华人民共和国图书馆法》立法工作启动之后，2001年4月拟

① 吴慰慈，董焱．图书馆学概论（修订2版）．北京：国家图书馆出版社，2008：170

② 刘洪辉．美国公共图书馆管理模式及启示．图书馆论坛，2005，25（4）：21表0-211，196

③ 付立宏，袁琳．图书馆管理学．武汉：武汉大学出版社，2010：241-242

出了征求意见稿，2002 年该《图书馆法》草案历经两次修改形成了第三稿，然而由于多种因素制约至2004 年6 月立法陷入停顿。2008 年11 月，我国《公共图书馆法》立法程序启动；2009 年 11 月初，初步形成了草案讨论稿；2010 年 3 月，面向相关部委和各省、市、自治区文化厅局征求意见；2012 年初，文化部正式推出《公共图书馆法》征求意见稿。

图书馆法是由国家立法机关依据一定的法律程序制定或认可的有关图书馆事业和图书馆活动的专门法规，它是建立与管理图书馆、制定图书馆行政法规和规章制度的总依据，① 因此成为了近代以来图书馆知识管理最根本、最核心的制定规范。虚体的数字图书馆或网络知识中心同样需要法制保障，曾有学者批评《中华人民共和国图书馆法》草案没有将图书馆与著作权人的关系纳入规范的范围，这将给图书馆数字化进程留下法律后患②。其实，我们应当跨越具体形态的限制，制定包括实体图书馆和虚体网络知识集合的“图书馆知识管理法”。它必须确定图书馆的性质、地位、作用、任务、设置、经费、标准及其发展等，必须规定图书馆与国家、社会、用户、工作人员、知识资源保障体系之间的各种关系与各自的职责、权利和义务。“图书馆知识管理法”是图书馆知识管理法律体系的核心部件，是图书馆设置与存在、运行与服务、建设与发展的法律依据，是图书馆知识管理事业发展的法律保障。

（2）图书馆知识管理相关法

图书馆知识管理相关法，是指与图书馆运行、服务、环境等相关的其他法律法规，它保证了图书馆知识管理活动与社会环境有机地衔接。图书馆知识管理相关法有两种类型：图书馆适用的其他法律，其他法律中有关图书馆的规定。《著作权法》、《知识产权法》、《文物保护法》、《专利法》、《教育法》、《档案法》等就是典型的图书馆知识管理相关法，其他诸如行政法、财政法、城市规划法、环境保护法、残疾人保护法等也应归类于相关法的范畴。总体来说，我国图书馆知识管理相关法为数极少，而且有关图书馆知识管理的条款也比较模糊。目前，网络信息安全法和知识产权保护法，是图书馆知识管理相关法的研究重点与热点。垃圾信息泛滥、黄色信息成灾、信息泄密不断、网络病毒流行、网络黑客入侵、信息隐私曝光等，网络信息安全受到了严重的挑战，网络图书馆知识管理安全呼

① 吴慰慈，董焱．图书馆学概论（修订2版）．北京：北京图书馆出版社，2008：168

② 席涛．关于图书馆立法的几个基本问题——兼评《中华人民共和国图书馆法》草案．山东图书馆季刊，2003（2）：18-20

唤法制保护。知识产品商业价值与日俱增，其经济利益不可忽视，知识产权越来越受到人们的关注。知识产权中“合理使用”、“例外条款”及“公共借阅权”等，为图书馆知识管理开了“绿灯”。

近年来，我国相继制定了与数字图书馆建设或图书馆数字化服务密切相关的两个《条例》，即《信息网络传播权保护条例》和《中华人民共和国政府信息公开条例》。2006年5月18日，中华人民共和国国务院公布《信息网络传播权保护条例》，2013年1月30日，重新颁布经过国务院第231次常务会议修改通过的《信息网络传播权保护条例》。该《保护条例》第七条明确规定：“图书馆、档案馆、纪念馆、博物馆、美术馆等可以不经著作权人许可，通过信息网络向本馆馆舍内服务对象提供本馆收藏的合法出版的数字作品和依法为陈列或者保存版本的需要以数字化形式复制的作品，不向其支付报酬，但不得直接或者间接获得经济利益。”① 2007年1月17日，国务院第165次常务会议通过《中华人民共和国政府信息公开条例》。该《信息公开条例》自2008年5月1日起施行，第十六条明文规定：“各级人民政府应当在国家档案馆、公共图书馆设置政府信息查阅场所，并配备相应的设施、设备，为公民、法人或者其他组织获取政府信息提供便利”，“行政机关应当及时向国家档案馆、公共图书馆提供主动公开的政府信息”。② 这两个《条例》的颁布与实施，无疑为数字环境下图书馆知识管理提供了保障与规范。

(3) 与国际“游戏规则”接轨

知识资产（Knowledge assets）是指企业拥有的能带来竞争优势和效益的知识的总和，包括专利技术、技术秘密、经营经验、学习能力等。③ 它虽然不具有独立的实物形态，但乃组织与个人创造价值不可缺少的特有资源。因此知识作为一种可用于交换的特殊商品，已经得到了相关国际组织认可与保护。世界贸易组织（World Trade Organization，WTO）与世界知识产权组织（World Intellectual roperty Organization，WIPO）制定了一系列具有法律效力的规则，要求各个成员必须承认与遵守。图书馆属于公益性的公共服务业，同样面临WTO和WIPO的洗礼。譬如，WTO将服务贸易分为商业服务、通讯服务、建筑服务、分销服务、教育

① 中华人民共和国国务院令第634号. http://www.gov.cn/zwgk/2013-02/08/content_2330133.htm. [2013-02-28]

② 中华人民共和国国务院令第492号. http://www.gov.cn/zwgk/2007-04/24/content_592937.htm. [2013-02-28]

③ 赵顺龙. 企业战略管理. 北京：经济管理出版社，2008：304

服务、环境服务、金融服务、健康及社会服务、旅游及相关服务、文化娱乐及体育服务、交通运输服务、其他服务等12大类，其中第10大类明确规定“不包括广播、电影、电视在内的一切文化、娱乐、新闻、图书馆、体育服务，如文化交流、文艺演出等”①。有了这一规定之后，图书馆就能够在知识传播与服务中享受优惠，合理规避某些知识贸易或服务中的苛刻条款。

2001年12月11日，中国正式加入WTO。在全球一体化的知识市场博弈中，我们必须遵循WTO的游戏规则并学会“与狼共舞”，才能更好地吸收国外先进的科学技术与管理制度。因此，我们必须履行WTO成员的义务，坚决清理和废除违背国际组织规则的法律、法规、条例和管理办法。同时，我们应当尽快与国际规则接轨，按照现有国际条约制定、修改和完善本国的各项法律法规。《1994年关税与贸易总协定（GATT）》、《服务贸易总协定（GATS）》、《经济、社会及文化权利国际公约》、《世界知识产权组织版权条约》、《世界知识产权组织邻接权条约》、《与贸易有关的知识产权协议（TRIPS）》、《伯尔尼保护文学及艺术品公约》、《关于出版物国际交换的条约》、《IFLA公共图书馆标准》、《公共图书馆宣言》等有关知识服务和知识产权保护的国际条约、协定，都是制定符合我国国情和时代精神的图书馆知识管理法律法规的重要依据。图书馆知识管理法律体系必须跟国际“游戏规则”接轨，既能保护数据库利用、信息传播、文献复制等知识资源的合理使用，又能确保我国自主知识产权不受侵犯。

4.4.2 图书馆知识管理规章制度

图书馆知识管理规章制度，主要包括三个方面的内容：技术标准规章制度，事业管理规章制度和个体管理规章制度。图书馆知识管理必然有一套通用技术标准、行业规定、工作方式和管理方法等，它们通过相关管理部门认可、推广与强制就可成为对行业有约束力的技术标准规章制度和事业管理规章制度。单个图书馆独特的管理规则，就是只对自己有约束力的个体管理规章制度。

（1）技术标准规章制度

“书同文、车同轨、度同制、行同伦、地同域”的大一统政策，对维护民族团结和国家统一功莫大焉。图书馆知识管理技术标准规章制度，就是图书馆知识管理行业的“度量衡制度”。技术标准不仅规范了工作方式、提高了管理效率，而且保障了协作运转、提供了共享基础。图书馆工作标准是指图书馆工作、技

---

① 杜扬．国际贸易理论与实务．北京：机械工业出版社，2008：57

术、设备等的数量和质量的规格和要求，图书馆业务标准化、规范化是图书馆科学管理的重要内容。根据《中华人民共和国标准化管理条例》，我国参加了国际标准化组织文献工作标准化技术委员会的活动，并于1979年底成立了“全国文献工作标准化技术委员会”（现更名为“全国信息与文献标准化技术委员会”）。该委员会专门负责组织图书馆、档案馆、情报中心及出版方面的标准化工作，①制定了一系列关于术语、标号、代码、字符集和拼写方法的标准，关于信息描述及其格式的标准，以及关于文献组织与交换的标准。② 依据不同的颁布主体，技术标准可以分为国际标准、国家标准、行业标准和企业（组织）标准等。我国图书馆技术标准既有国际标准化组织制定的国际标准，又有《普通图书著录规则》、《连续出版物著录规则》等全国文献工作标准化技术委员会颁布的国家标准，还有《中国机读目录格式》、《公共图书馆建筑防火安全技术标准》等文化部颁发的行业标准。“数字地球村”时代，图书馆知识管理如果没有统一的技术标准规范，图书馆知识资源共建共享就是纸上谈兵。著录规则、MARC格式、元数据格式、Z39.50传输标准、网络通讯协议等，构成了一整套图书馆知识管理技术标准。没有文献著录规则、文献标引方法和MARC格式标准，文献资源的分类编目就无法进行。没有标准化设备和标准化数据格式，计算机存储的数据就是一堆0与1排列组合的乱码，网络图书馆构建与网络图书馆知识管理从何谈起？因此，我们必须紧紧依靠先进科学技术，不断改进与完善图书馆知识管理技术标准规章制度。

（2）事业管理规章制度

图书馆知识管理的事业管理规章制度，主要指宏观的图书馆知识管理事业规范，即全局性的图书馆知识管理工作规程。图书馆知识资源共建共享，需要相关管理规范进行宏观调控。图书馆知识管理事业的可持续性发展，离不开国家知识管理部门制定的一系列政策举措。1949年新中国成立以来，党、政府和有关主管部门相继制定了一系列指导与规范图书馆工作的政策、文件、条例和法规，譬如《关于禁止珍贵文物图书出口暂行办法》（1950年）、《关于处理反动的、淫秽的、荒诞的书刊图画的指示》（1955年）、《关于工会图书馆工作的规定》（1955年）、《关于加强与改进公共图书馆工作的指示》（1955年）、《高等学校图书馆试行条例（草案）》（1956年）、《全国图书协调方案》（1957年）、《关于加

① 鞠英杰．信息描述．合肥：合肥工业大学出版社，2010：15

② 吴慰慈．图书馆事业与图书馆学教育．北京：北京图书馆出版社，2006：73

强高等学校图书资料工作的意见》（1978 年）、《省（自治区、市）图书馆工作条例（试行草案）》（1978 年）、《关于图书情报工作暂行条例（试行草案）》（1978 年），《图书馆工作汇报提纲》（1980 年）、《中华人民共和国高等学校图书馆工作条例》（1981 年颁布，1987 年修订更名《普通高等学校图书馆规程》）、《省（自治区、市）图书馆工作条例》（1982 年）、《关于改进和加强图书馆工作的报告》（1987 年）与《公共图书馆条例（草案）》（1988 年）等。① 这些文件、指示、通知、规程、方案等图书馆知识管理规章制度，极大地促进了我国图书馆知识管理事业的发展。

(3) 个体管理规章制度

任何事物都是个性与共性的统一，而且个性大于和包含共性。个体图书馆是图书馆知识管理事业的组成部分，它既具有图书馆知识管理的共性，又有作为个体的特性。因此，每一个图书馆，都必须根据自己的实际情况制定个体管理规章制度。个体管理规章制度，是技术标准规章制度和事业管理规章制度有益的必要的补充。目前，各个图书馆都从本馆的实际情况出发，制定了读者服务手册、馆员工作守则、业务工作规则、文献服务须知等具体管理规章制度。不少网络知识库、网站也公布自己的管理制度，要求网民认可与遵守。个体管理规章制度，对用户、管理员和业务工作等作出了明确要求，有利于图书馆知识管理具体工作的操作实施。但是它必须坚持以图书馆知识管理法为准绳，以技术标准规章制度为基石，以事业管理规章制度为原则。

4.4.3 图书馆知识管理运作制度

图书馆知识管理法律制度和规章制度是图书馆知识管理的“软件”，其功能与作用只有通过“硬件”——图书馆知识管理运作制度才能实现。我国图书馆知识管理运作制度应当包括三个部分：文化行政管理部门，图书馆知识管理理事会和图书馆知识管理学会。

(1) 文化行政管理部门

长期以来，我国图书馆体系形成了“三大系统，七大门类”，即我国七大不同类型的图书馆分别由文化部、国家教育部、科学院三大系统领导。虚体网络知识中心，主管部门基本上对应或类似于实体图书馆。这种体制的弊端是条块分割、各自为政、重复建设，图书馆知识管理事业缺乏宏观调控，不利于图书馆知

① 吴慰慈，董焱. 图书馆学概论（修订 2 版）. 北京：北京图书馆出版社，2008：171

识资源共建共享。我国《图书馆法》草案第一章第四条明确了图书馆事业的主管机关，文化行政部门是图书馆事业的归口管理机关，各级政府的相关部门（计划部门、财政部门、教育部门、科技部门、新闻出版部门）要在各自的职责范围内保障和支持图书馆事业的发展。① 尽管这部“图书馆法草案”已经不了了之，但是对于图书馆事业管理部门的责任定位还是值得肯定的。图书馆的主管部门，无疑也是文化行政管理部门，同时，图书馆是法人或准法人（如高校图书馆），有独立自主的发展权，不是政府的“附属物”。文化行政管理部门的职责是要以图书馆知识管理法为依据，制定相关规章制度，确立整体发展规划，为图书馆知识保障体系的协调、有序、健康发展提供良好的环境。

（2）图书馆知识管理理事会

文化行政管理部门的主要作用是为图书馆知识管理事业提供宏观指导，而不是作为“管事婆”干预图书馆的发展。如何保证图书馆知识管理正常运转呢？怎样发挥图书馆知识管理的最大效益呢？由各级图书馆成立相应的图书馆委员会（或称图书馆理事会），代理政府行使管理图书馆的职能，这是美国图书馆界成功的管理模式。美国普通图书馆法规定：公共图书馆的管理机构是图书馆理事会，理事会成员由议员、作家、银行家、社会名流组成，由市政当局或市长批准任命；理事会负责研究解决图书馆的方针、政策、经费与实施等问题。② 国家图书馆和信息科学委员会由 16 人构成，其中国会图书馆馆长与博物馆和图书馆服务学院的院长是当然委员，其他 14 名委员由参议院推荐和批准，并由总统任命；该委员会负责美国图书馆和信息需求的听证、研究、普查和分析，向总统、国会、州政府、地方政府等部门提供有关国家政策实施的咨询并出版有关部门出版物。各州和城市有相应的图书馆委员会，成员由州政府或州议会按规定任命，负责本行政区划内的公共图书馆的规划、指导和管理，譬如馆长招聘与考核，图书馆的馆员数量、工酬等级、岗位职责的确定，以及图书馆服务成效考评等。③ 在此，我们可以借鉴美国先进的管理经验，成立图书馆知识管理理事会，理事由代表性强的图书馆知识用户担任并由文化行政管理部门批准任命。图书馆知识管理理事会，是图书馆的决策与监督机构。这样，就形成了由文化行政部门宏观调控和由理事会具体负责的管理机制，最终实现高效的图书馆知识管理。

① 刘小琴．中国图书馆立法进程——与政府官员对话．大学图书馆学报，2003（2）：2-5

② 宫占凤．美国大学图书馆管理模式研究．山东图书馆季刊，2002（2）：6-10

③ 刘洪辉．美国公共图书馆管理模式及启示．图书馆论坛，2005，25（4）：21 表 0-211，196

既然图书馆是社会的公益组织，那么图书馆管理就应该采取公开与透明的管理模式，尽可能地让公众享有知情权或直接参与管理。美国公共图书馆的社会支持团体——“图书馆之友”，在图书馆事业发展中，起了不可低估的支持与监督作用。“图书馆之友”由热心图书馆事业的人士组成（如热心的读者、离职的专业馆员、图书馆委员会的卸任人员等），参与公共图书馆的宏观管理、考评，或为图书馆争取议会和民众的支持，同时也代表民众向图书馆提出服务诉求。“图书馆之友”在公共图书馆系统充当公众与议会、政府之间的桥梁，是美国现行体制下公共图书馆不可或缺的强有力的支持团体，也是图书馆提高服务水平、满足居民阅读需求的馆外监督团体。① 这就是说，美国的“图书馆之友”既为图书馆事业发展提供了良好的环境，诸如呼吁获得更大程度的财政拨款，争取各种基金会、企业和社会团体的赞助，招募和充当图书馆日常事务与各种活动的志愿者，又为社会公众监督与管理图书馆提供了必要的途径，促使图书馆承担应尽的社会义务，不断提高服务水平。图书馆事业的发展离不开民众的支持和监督，设立由关心图书馆事业的民间组织或社会机构，有利于公众参与图书馆的建设和管理并切实提高图书馆的服务能力。我国图书馆界应当加强与读者的联系，成立类似的群众性图书馆民间团体，甚至建立图书馆事业与服务的社会听证制度。图书馆民间组织促进了图书馆理事会、图书馆和读者之间的相互联系，有利于提高图书馆管理效益和推进图书馆事业的发展。

（3）图书馆知识管理学会

图书馆学会（协会）是学术性的研究机构，也是行业性的管理组织。美国图书馆协会（The American Library Association）成立于1876年，由12个部（办公室）、11个分协会、21个专业图书馆协会、51个州图书馆分会等构成，负责图书馆工作人员从业资格的确定、图书馆学院教育资格的认证（由认证委员会对学院的组织、管理、资金、师资力量、课程设置、录取标准、设施和服务等方面进行考察）等，该协会的重点工作领域是：图书馆员培训、图书馆法和图书馆标准的制定、出版编辑、图书馆合作等、促进馆藏建设和信息检索、推进图书馆自动化网络化数字化发展、国际图书馆交流等。② 由此可见，美国图书馆协会的社会职能十分强劲，不仅开展图书馆学研究，而且指导图书馆实践，还涉足图书馆学教育等领域。

---

① 余子牛．十年：南山图书馆（上册：实践与思考）．长沙：岳麓书社，2008：24

② 刘洪辉．美国公共图书馆管理模式及启示．图书馆论坛，2005，25（4）：21表0-211，196

在促进学术繁荣、总结实践经验、指导实际工作和规范行业活动等方面，中国图书馆学会具有不可替代的作用。譬如，为了切实履行图书馆承担的社会职责，中国图书馆学会六届四次理事会于 2002 年 11 月 15 日通过了图书馆行业自律规范——《中国图书馆员职业道德准则（试行）》。“准则”是图书馆员的行为标准与工作规范，它的贯彻落实有利于强化图书馆员的社会角色意识，有利于加强图书馆员职业道德建设，有利于提高图书馆员从事知识服务的水平。为了推进我国图书馆事业的发展，自 2006 年起，中国图书馆学会组织了“志愿者”行动，收到了良好的成效。2006 年 10 月，在武汉大学举行的第二届数字时代中美图书馆学情报学教育国际研讨会上，中国图书馆学会秘书长汤更生代表中国图书馆学会在开幕式上发言，呼吁图书馆学、情报学教育者对国家颁布的相关职业标准和我国图书馆员职业资格认证制度和体系的研究与构建给予更多关注，为行业培养更多具有社会责任感和职业精神、符合行业需求的高层次人才。①

在现有图书馆学会的基础上，成立图书馆知识管理学会体系。知识管理学会的职责和功能主要是：通过“百家争鸣，百花齐放”的讨论，为图书馆知识管理实践活动提供理论指导；介绍先进工作经验与方法，为提高图书馆知识管理效率服务；分析调查图书馆用户的知识需求，为优化图书馆知识管理提出建议；研究图书馆知识管理重大议题，为文化行政管理部门和图书馆知识管理理事会决策提供参考；及时总结个体图书馆规章制度，为图书馆知识管理规章制度的修订献计；积极参与法律法规建设活动，为完善图书馆知识管理法制提出具体措施。图书馆知识管理学会，是文化行政管理部门和图书馆知识管理理事会及图书馆的咨询与服务组织。

英国数学家哲学家怀特海尖刻地指出：“中国人就个人从事研究的禀赋是不容置疑的，然而中国的科学是微不足道的，如果任其自生自灭的话，没有任何理由可以认为它可以取得任何成就。”② 知识创新是我们终结李约瑟之谜的关键，是中华民族走向复兴的希望。制度是知识创新的基本保障，没有制度护航知识创新就会触礁。早在 1983 年托夫勒就在演讲时指出：经济的快速发展，新的时代浪潮的形成，关键不在于科技和人，而在于制度；诺贝尔奖获得者美国著名经济

---

① 第二届数字时代中美图书馆学情报学教育国际研讨会召开．http：//gthy.com/CN/News/2006-10/EnableSite_ ReadNews141239521160496000.html［2008-03-23］

② 郭重庆．对中国科学技术发展滞后的一点思考．http：//www.cae.cn/expadvs/content.jsp? id=1726［2006-02-26］

学家库兹涅茨也认为：经济增长是生产能力和科学技术的长期提高及其制度和意识形态的及时调整。① 图书馆知识管理制度，是保障图书馆知识管理经济效率、社会效益和社会公平的基础性教育科学文化制度。图书馆是专门从事公共知识管理（为社会公众进行知识搜集、整序、存储、提供和交流服务）的社会公益组织，是为了实现人类知识共享与社会知识保障而作出的一项社会制度安排。② 图书馆实际上代表着平等、高效的知识管理制度，为公众提供了知识平等获取和合理使用的机会，为人们利用人类一切优秀文化成果提供制度规范。公民文化权利的保护、社会关系的调整、WTO 义务的履行以及学习型社会的创建，迫切需要一套行之有效的图书馆知识管理制度。图书馆知识管理法律制度、规章制度和运作制度共同构成了图书馆知识管理制度，法律制度是规章制度和运作制度的法理依据，规章制度是法律制度的基石和运作制度的保障，运作制度是规章制度和法律制度的实现形式。我国图书馆知识管理制度构建应当以图书馆知识管理法（图书馆法）为核心，建立健全图书馆知识管理法律制度、规章制度和运作制度。

---

① 王潇．跨越发展的途径与代价．北京：中国经济出版社，2010：33

② 龚蛟腾，侯经川，文庭孝．公共知识中心与公共知识管理——再论图书馆的本质和定义．中国图书馆学报，2003，148（6）：14-18

5 图书馆知识管理范式的未竟之途

知识管理既是一种社会实践，又是一门新兴学科。尽管知识管理的历史可与人类社会的历程相比肩，但是直到20世纪80年代彼得·德鲁克提出知识经济概念，知识管理研究才迅速兴起并风靡全球。此后，在知识经济与信息技术的双重推动下，企业知识管理、图书情报知识管理和政府知识管理等相继兴起。知识管理是图书馆活动的根本任务，也是图书馆学研究的基本内容，更是图书馆事业的全部价值所在。知识管理理论探索空前繁荣了图书馆学的学术研究，知识管理实践活动进一步推动了图书馆事业的可持续发展。图书馆知识管理是国家知识创新体系的重要支撑力量，也是知识管理事业的重要组成部分。

随着知识管理特别是企业知识管理的快速发展，图书馆知识管理实践活动蓬勃兴起，图书馆知识管理理论研究持续升温。毋庸讳言，图书馆知识管理研究内容琳琅满目、成果良莠不齐、派系纷争不断，完整的图书馆知识管理理论体系还没有诞生。根据库恩“前科学——常规科学——科学危机——科学革命——新常规科学”的科学发展模式，图书馆学“文献（信息）管理范式”的危机重重，它正在发生面向“知识管理”的“科学革命”。图书馆知识管理的实践、探索与创新，必然推动图书馆事业发展与图书馆学理论变革，最终形成具有划时代意义的图书馆知识管理范式。在众多图书馆知识管理热点之中，如下五个方面尤其值得关注。

5.1 构建图书馆知识共享平台

知识经济时代，知识保障体系已经成为最重要的基础设施。“国家知识基础设施”（National Knowledge Infrastructure，NKI）是一项具有重大战略意义的知识工程。美国自1993年9月制定实施“国家信息基础设施”（National Information Infrastructure，NII，俗称“信息高速公路”）战略之后，接连出台了“全球信息基础设施”（Global Information Infrastructure，GII）计划、“下一代互联网”（Next

Generation Internet，NGI）计划和“Internet2”计划等一系列连续性极强的宏伟计划，[①] 这些计划为美国国家知识基础设施建设提供了必要的前提条件。国家知识基础设施主要指将高校、科研系统、企业等知识机构与广大劳动者紧密联系在一起的社会网络，[②] 其组成部分主要有：（1）知识人员，高素质、高技能的人是知识活动的载体；（2）知识机构，包括企业、学校、研究院所和中介服务机构，它是知识生产、扩散和运用的主体；（3）社会化知识网络，包括专业学会、非政府组织及其他民间社团组织形成的知识网络，这是知识活动的渠道；（4）电信基础设施，包括通讯网、传媒网、计算机网和其他信息与知识共享技术手段等。[③,④]现在，社会的核心财富是知识资源，知识的创造、扩散和应用是知识基础设施的内在要求。通过知识网络的协同和互动，促使知识得以生产、传播和应用，保障人们在经济活动的各个环节都可以很容易地获得和利用所需要的知识。

当前，西方发达国家加快了知识基础设施建设步伐，力图构建完善的社会知识保障体系，确保社会知识交流成本的降低和使用效益的提高。社会知识各个领域、各个层面的数字化知识库，是国家知识基础设施的核心产品。许多国家把数字图书馆当作当今社会最基础的知识设施，我国也及时启动了中国数字图书馆工程、中国高等教育文献保障系统、国家科技图书文献中心、国家科技数字图书馆、中国国家知识基础设施工程、“美数字图书馆”工程、上海数字图书馆、万方数据资源系统等八大重点项目。[⑤] 中国知网（China National Knowledge Internet，CNKI）、中文科技期刊库、超星数字图书馆、中国信息港等，也是国家知识基础设施的重要组成部分。

图书馆知识管理实践是图书馆事业发展的基石，不仅备受世人的瞩目，而且上升到国家知识基础工程的高度。国外图书馆知识管理实践如火如荼，知识共享是图书馆知识管理实践的重要内容。目前，美国计算机网络四通八达，互联网使用者居世界前列，上网用户总数仅次于中国。借助于良好信息平台，美国图书馆知识资源共享体系十分完善。基于资源共享理念的知识网格实验，取得了阶段性的成果。知识网格是利用人工智能进行知识管理的智能网格，它试图将网络上的

---

① 王伟军．信息管理基础．北京：首都经济贸易大学出版社，2010：303

② 付立宏，袁琳．图书馆管理学．武汉：武汉大学出版社，2010：359

③ 黄元元．国家知识基础设施建设刍议．华东经济管理，2000，14（4）：6-7

④ 李跃新等．知识工程基础与应用案例．北京：科学出版社，2006：7

⑤ 数字图书馆：网络时代图书馆事业发展的方向．http：//www.ccmedu.com/bbs/dispbbs.asp?BoardID=12&ID=2362&page=1［2007-09-21］

各种知识资源、知识设备、专家资源整合成虚拟的超级知识管理系统，真正实现知识资源的综合利用和全面共享。知识网格为知识搜集、组织、共享与服务提供了发展良机，我们应当积极利用网格技术构建图书馆知识资源管理体系。

没有知识资源，图书馆就没有存在的价值。知识资源是图书馆知识管理的直接对象，也是图书馆知识管理的核心要素。知识经济时代，知识以几何级数递增，特别是数字化知识信息疯狂地扩张。图书馆以互联网络和现代技术为依托，积极构建共建共享立体化的知识资源保障体系，提供及时、准确、全面、高效而不受时空限制的知识服务，并朝着智能化知识管理与服务的方向发展。知识资源共建共享既是提高图书馆知识管理效率的重要途径，又是保障图书馆知识管理效益的必然步骤，更是满足社会大众知识需求的必要措施。当前，知识资源共建共享蓬勃发展，已成为图书馆知识管理的核心业务之一。知识共享不再是一种简单的美妙设想，而是当今世界各国尤其是西方发达国家的现实存在。①·②·③·④·⑤·⑥·⑦图书馆有史以来就是一个公益性的知识管理组织，肩负着知识存储、组织与分享的永恒使命！

1967 年，美国俄亥俄州 54 所大学图书馆相互合作与资源共享，组建了第一个计算机联机图书馆合作网络——俄亥俄大学图书馆中心（Ohio College Library Center）。1977 年，俄亥俄大学图书馆中心允许俄亥俄州以外的图书馆成为资源共享会员，逐渐发展为国际联机网络系统；1981 年，该中心正式更名为联机计算机图书馆中心（Online Computer Library Center，OCLC），现有 96 个国家与地区 53000 所图书馆和信息中心使用其产品与服务。⑧ OCLC 包括各种传统实体文献资源和网络虚拟数字资源，是全球最大的书目数据共建共享中

---

① C. C. H. Law and E. W. T. Ngai. An empirical study of the effects of knowledge sharing and learning behaviors on firm performance, Expert Systems with Applications, 2008, 34 (4): 2342-2349

② K. Joranson. Indigenous knowledge and the knowledge commons. The International Information & Library Review, 2008, 40 (1): 64-72

③ E. W. Coakes, J. M. Coakes and D. Rosenberg. Co-operative work practices and knowledge sharing issues: A comparison of viewpoints. International Journal of Information Management, 2008, 28 (1): 12-25

④ C. L. Hsu and J. C. C. Lin. Acceptance of blog usage: The roles of technology acceptance, social influence and knowledge sharing motivation. Information & Management, 2008, 45 (1): 65-74

⑤ C. P. Yu and T. H. Chu. Exploring knowledge contribution from an OCB perspective. Information & Management, 2007, 44 (3): 321-331

⑥ W. F. Boh. Mechanisms for sharing knowledge in project-based organizations. Information and Organization, 2007, 17 (1): 27-58

⑦ J. Kotlarsky, P. C. van Fenema and L. P. Willcocks. Developing a knowledge-based perspective on coordination: The case of global software projects. Information & Management, 2008, 45 (2): 96-108

⑧ 盛小平. 图书馆知识管理引论. 北京：海洋出版社，2007：62-63

心，它通常提供元数据编目、馆藏资源管理、数字参考咨询和知识资源共享等系列服务。在图书馆知识管理方面，尤其是在知识资源共建共享方面，OCLC的开创之功不可埋没。2001年，俄亥俄州大学开始实施“知识库计划（Knowledge Bank Project）”，由该校等信息执行官（CIO）办公室、图书馆、俄亥俄州图书馆联盟（OhioLINK①）、OCLC多个成员团体共同实施，利用D-Space软件进行知识机构库建设。② 机构知识库最早起源于美国麻省理工学院（MIT）图书馆（1999年），后来在MIT与OCLC的示范与带动下成为了数字图书馆建设的热点领域。截至2008年4月18日，美国已经有机构知识库292个，欧洲总共有548个。③ 俄亥俄州大学知识库放置在图书馆，和图书馆知识服务目录并列，提供了方便的目录浏览和信息检索功能。该知识库是一个较为完整的机构知识存储库和校外参考库，内容涉及在线公开出版物、在线参考工具（目录、索引等）、在线信息服务（电子存储、在线培训、技术指导中心等）、电子文献管理、行政数据仓库、电子出版物辅助（预印本服务、电子书刊支持、网站开发与维护等）、成员研究目录、数字化机构储存库、数字化信息服务研究与发展等。④ 俄亥俄州大学图书馆构建了开放的知识管理平台，充分地保证了图书馆知识资源的自由利用，极大地促进了网络知识资源的开放存取，成功地开创了组织成员知识共享的运作模式。

图书馆应当建立开放共享的知识管理平台，让所有成员能把自己的新知识添加到知识管理平台中去，同时也吸收和利用外部知识，丰富图书馆的知识库。⑤ 麻省理工学院图书馆，在知识共享领域取得了令人瞩目的成就。该图书馆专门建立数字化典藏（D-Space）系统，保障大学教师与科研人员自由地获取、保存与交流学术资源。1999年MIT图书馆决定搜集保存MIT的数字化研究成果，2002年正式启动D-Space计划。该计划保证个人顺利地上传数字化作品，用户方便地获取数字化资源，还能够和各大学院校、实验室、研究中心、机构组织、公司企业等合作与分享研究成果。D-Space采用开放资源系统（open-source system）处理文件、图书、学位论文、电脑程序、影音资料、多媒体、教具等各类媒体格

① 全称为The Ohio Library and Information Network。

② 柯平等．图书馆知识管理研究．北京：北京图书馆出版社，2006：379

③ 马海群等．面向数字图书馆的著作权制度创新．北京：知识产权出版社，2011：177

④ 柯平等．图书馆知识管理研究．北京：北京图书馆出版社，2006：379

⑤ 中国图书馆学会．中小型公共图书馆科学发展与创新：全国中小型公共图书馆联合会2009年研讨会论文集．北京：中国民族摄影艺术出版社，2009：79

式，免费提供给其他院校使用；2003 年，MIT 联合哥伦比亚大学、康奈尔大学、俄亥俄州大学、罗彻斯特大学、多伦多大学、华盛顿大学、剑桥大学等共同组建 D-Space 联盟，进行校际间数字化研究成果互通性研究计划。① MIT 图书馆 D-Space 系统在充分实现本校数字资源共享的基础上，逐步开拓了校际数字资源的合作共享。

20 世纪 90 年代以来，我国图书馆界知识资源共建共享也取得了突破性的进展。CALIS 是我国高等学校知识共享与保障体系，CASHL 是我国高校人文社会科学文献中心，中国数字图书馆工程是网络环境下我国最大的知识共享与保障体系。2000 年 6 月 12 日，国家科技图书文献中心（National Science and Technology library，NSTL）正式组建，这是一个由中国科学院文献情报中心、工程技术图书馆、中国农业科学院图书馆、中国医学科学院图书馆等共同组成的虚拟的科技文献信息服务机构。NSTL 按照“统一采购、规范加工、联合上网、资源共享”的原则，负责科技文献信息资源共建共享工作的组织、协调、管理与服务。2006 年 3 月，由中国科学院所属的文献情报中心、资源环境科学信息中心、成都文献情报中心和武汉文献情报中心四个机构整合而成的中国科学院国家科学图书馆，下设兰州、成都、武汉三个二级法人分馆，并依托若干研究所（校）建立特色分馆。该馆为分布在 20 多个城市的 80 多个研究所开通网络化服务，锐意进行知识服务创新，如组建以学科读者群为中心学科的服务团队，设立具有学科背景的学科馆员，建立以读者为本的绩效评估体系。此外，联采统编、集团采购和图书馆联盟等发展极其迅速，图书馆知识资源共建共享进入了一个新阶段。

5.2 开发图书馆隐性知识资源

隐性知识是隐藏在头脑中的知识，通常表现在人的行为之中。因此，隐性知识管理离不开对人的管理，如何整合馆员与用户是图书馆隐性知识管理的关键。图书馆知识管理应当采取综合化的策略，即在编码化策略的基础上增加人格化策略，充分而有效地实现知识资源的收集与整理、交流与共享以及利用与创新。图书馆知识管理可以借鉴知识螺旋策略，利用 SECI 模型促进隐性知识与显性知识的社会化、外在化、组合化和内隐化的转化（见图 5-1），实现读者、馆员、专

---

① 柯平等．图书馆知识管理研究．北京：北京图书馆出版社，2006：387

家等个人或群体之间知识的传递与交流。①知识的生产、共享、应用与创新过程和知识的SECI螺旋之间存在一种复杂的对应关系（见图5-2），知识生产包含隐性知识外在化和显性知识结合化，知识共享包含隐性知识社会化和显性知识内在化，知识应用包含显性知识结构化和显性知识内在化，知识创新则包含知识螺旋的四个阶段。②图书馆知识管理同样涉及知识生产、共享、应用与创新，这就要求编码化策略与人格化策略两者不可偏废，将显性知识管理与隐性知识管理融为一体。

英国电视大学图书馆利用实践社团、知识交换、讲故事和知识获取等形式，把隐藏在馆员和专家头脑中的知识系统化与客观化。社团成员拥有共同的目的、兴趣或行为，能够共享观念与见解，有利于共同解决问题或创新知识，这是隐性知识管理的重要方式之一。知识交换由受过培训的图书馆馆员或有学科背景知识的专家主持，讨论彼此感兴趣的主题，促进了知识交流与知识共享。该馆组建授课团队，通过讲故事介绍经验、交流思想与共享知识，从而达到隐性知识管理的目的。隐性知识获取是指收集员工、专家甚至用户的隐性知识，经过整理后进入知识的交流与共享环节，如利用应用软件工具将隐性知识结构化，并通过Web界面传递知识或获取知识。

	隐性知识	显性知识
隐性知识	社会化策略 观察、亲身实践 模仿、师传徒受 聊天室、电子信箱 虚拟社会	外在化策略 类比、隐喻、假设、编辑 日志、倾听、深度会谈 知识挖掘系统 商业智能、专家系统
显性知识	内隐化策略 团体工作、干中学 培训、讨论 电子社区 E-learning	组合化策略 分布式文档管理 内容管理 数据仓库 商业智能、专家系统

图5-1　知识螺旋策略

---

① 张润彤等．知识管理概论．北京：首都经济贸易大学出版社，2005：289

② 韩经纶．知识管理．天津：南开大学出版，2006：275-276

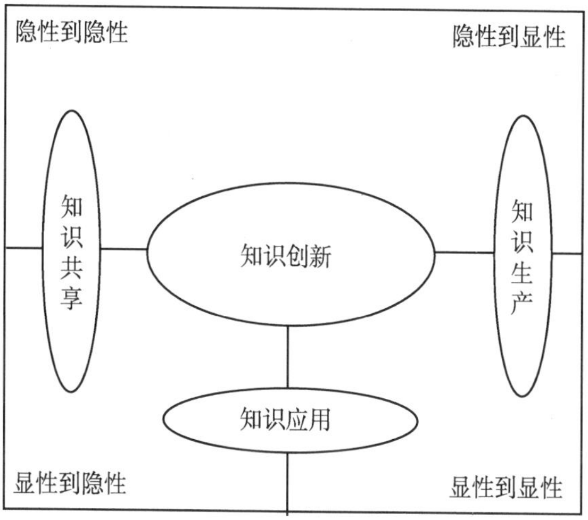

图 5–2　知识过程与知识螺旋的关系

俄亥俄州大学图书馆积极整合无形知识与动态知识，在隐性知识管理方面取得了良好的成效。该馆知识库包含问题解答、视频提交、社区检索、个别资源等，还提供知识库的组织成员、运行软件链接及知识库内容分组等。图书馆用户通过提交简单的申请与个人资料，就可以自由地上传个人所愿意提供的成果，共享知识库里的所有资源，有力地促进了知识的广泛交流与传播，促进了个体知识与组织知识的互动融合，是知识管理较为成功的尝试。① 俄亥俄州大学图书馆知识管理极其重视图书馆员的作用，认为馆员是知识管理者，要求每个馆员都承担知识管理者的角色。图书馆馆员应当成为：知识管理开发者，更加紧密地与员工和学生工作在一起，包括设计、组织与维护更广泛的数字资产；知识管理综合者，在大学教育与研究中起更加主动的作用，能在课程与研究项目中综合信息资源与服务；知识管理教育者，教育、培训学生与员工如何组织、保存与共享他们自己的信息资源，提高他们的信息素质；知识管理研究者，应用图书情报学与数字技术进行新的组织、检索与存贮选择。② 从个人隐性知识到组织显性知识的转化与共享，是知识管理研究的核心内容，也是知识管理实践的重中之

① 柯平等．图书馆知识管理研究．北京：北京图书馆出版社，2006：388

② 盛小平．图书馆知识管理引论．北京：海洋出版社，2007：59–60

重。[①,②,③,④,⑤]俄亥俄州大学图书馆注重开发知识资源尤其是隐性知识资源，探索了隐性知识服务的新途径。

美国路特葛斯大学新布伦斯维克校区图书馆的参考馆员开发了通用知识库（common knowledge database，CKDB），充分挖掘每个馆员的非正式知识，实现非正式知识的获取与共享，加速知识交流与传播。CKDB 的非正式知识包括参考馆员搜集专业文献的 URL，进行编辑加工并附上简短书目记录的 Web 站点；开发团队获取对所有馆员都有用的指引信息，使用通配符很容易检索的专业指南；参考馆员对解答问题的电子邮件进行标引建库，从而可以通过索引库快速检索需要的电子邮件；图书馆建立支持咨询工作的文件柜和罗拉代克斯（rolodex），使用“子单元”或“代码”快速检索与显示相关记录，并访问具有完整子代码的在线文档。[⑥] 该馆 CKDB 整合了正式知识资源和非正式知识资源，把人员、程序、技术和资源集合成一个整体，尤其是充分挖掘馆员的隐性知识，实现了隐性知识的显性化，对图书馆隐性知识的交流、共享与利用进行了很好的探索。

英国国家健康图书馆的专家认为：一个组织最有用的价值在于成员的知识，组织的运行效率取决于人们创新知识、共享知识、利用知识服务于组织的程度。2001 年，该馆实施知识管理策略：一是重组原有知识管理方式，如通过邮件、文档共享器、桌面电脑等进入知识信息库，建立部门内部互联网，编辑在线员工目录，举行会议、研讨会、信息聊吧等，鼓励馆员进行知识交流；二是进一步改善原有知识管理，如改进信息获取路径，联合资源资产，提供培训与引导，为知识获取与共享提供导航。除了为相关行业提供知识管理应用实践经验之外，该馆还希望达到以下目的：为国家健康服务部的知识共享文化提供支持，促进部门中

---

① K. T. Anuradha and T. K. Gopalan. Trend and patterns in explicit organizational knowledge：A correspondence analysis and cluster analysis. The International Information & Library Review，2007，39（3-4）：247-259

② X. Lin and L. M. Chan. Personalized knowledge organization and access for the web. Library & Information Science Research，1999，21（2）：153-172

③ D. Nevo and Y. E. Chan. A Delphi study of knowledge management systems：Scope and requirements. Information & Management，2007，44（6）：583-597

④ T. C. Chou，P. L. Chang，Y. P. Cheng and C. T. Tsai. A path model linking organizational knowledge attributes，information processing capabilities，and perceived usability. Information & Management，2007，44（4）：408-417

⑤ O. Steen. Practical knowledge and its importance for software product quality. Information and Software Technology，2007，49（6）：625-636

⑥ 盛小平. 图书馆知识管理引论. 北京：海洋出版社，2007：59-60

各个成员之间交流研究成果、实践经验、日常相关事务等信息；促进知识管理理论与技术的理解与共享；促进相似组织间的知识网格构建及虚拟社区内知识管理者角色的扮演；为知识管理提供系列案例，提供学习与共享经验；促进知识管理技能的发展等。① 自20世纪90年代初以来，欧美图书馆为了满足用户日益增长的信息需求，逐渐建立了“信息共享空间”（Information Commons②，IC）。世界上最早的IC是1992年8月美国爱荷华大学（University of Iowa）图书馆开放的“信息拱廊（Information Arcade，IA），近年来图书馆界在IC基础上发展了LC（Learning Commons）、KC（Knowledge Commons）、RC（Research Commons）等分支。③ IC作为图书馆知识社区构建的典型模式，已成为国外图书馆构建知识社区与实施知识管理最常见的组织方式。

组织学习型团队是开发隐性知识资源的有力途径，也是图书馆知识管理的重要内容。图书馆在显性知识管理方面形成了完整的理论体系，但是对于如何充分发挥人力资源优势来更好地管理隐性知识还需要进一步探索。学习型团队形成一种团体学习模式，能够充分激发馆员加强学习与提高素质的热情。国内诸多图书馆借鉴国外学习型图书馆的经验，在知识管理中充分发挥团队的作用。上海图书馆实现员工培训学分制，规定馆员每年必须参加继续教育，完成一定的学分才能考核合格。中科院文献情报中心则通过建立“图书馆发展战略论坛”、“中层干部学习与经验交流会”、中心电子馆务平台、参加学术活动与出访公开报告制度、学术年会制度等，努力调动广大员工岗位学习、岗位研究、岗位创新的积极性，共享经验与知识，大力倡导建设图书馆的知识库。④ 图书馆构建开放的学习型团队，为成员提供了良好的交流与互动平台，这有利于促进隐性知识资源的开发与利用。

学习型组织理论的提出能有效地改造和重组图书馆组织，构建学习型图书馆是实现馆员与读者交往的一条现实途径。在图书馆网站中建立以网络技术为依托

---

① 柯平等．图书馆知识管理研究．北京：北京图书馆出版社，2006：392-393

② 大陆译为“信息共享空间”、“信息共享中心”或“信息共用空间”等，香港译为“资讯廊”或“资讯坊”，台湾则译为“资讯公共空间”、“资讯大众”或“资讯市集”。

③ 吴云珊．泛在知识环境下图书馆服务新模式——Information Commons. 图书馆界，2013（1）：26-28，40

④ 柯平等．图书馆知识管理研究．北京：北京图书馆出版社，2006：398

的虚拟知识社区，这种跨越时空的学习共享系统将会促进馆员、用户等行为主体之间的互动，从而在社区平台上实现用户与用户之间、用户与馆员之间的交流和共享。① 全体馆员和全体用户是图书馆生机与活力之源，图书馆知识管理应当是紧密联系的知识管理团队，而不是毫无组织的散兵游勇。图书馆通过组建跨部门的知识管理团队，有利于实施现扁平化的知识管理，从而提高馆员自身的知识素养和业务技能，并促进知识管理活动中的协同工作以取得最佳效益。图书馆建立虚拟的“学习社团”和“知识社区”，让馆员与馆员、馆员与用户、用户与用户更好地交流与沟通，充分实现知识资源尤其是隐性知识资源的共享。通过知识管理团队成员的学习、交流、冲突、集成与共享，就能更好地保障用户从图书馆获取所需知识。

现代信息技术的迅速发展，尤其是数字技术与网络技术的急剧变革，为图书馆创建知识社区、建立学习型团队与开展知识管理提供了有利条件。基于Web2.0的图书馆2.0，形成了一个能够迅速汇集、及时提炼、便捷交流的知识转移服务系统，让知识生产和知识应用两个系统的信息、知识、人等要素得以顺畅地交流共享，从而极大地促进了隐性知识的开发、转移与共享。譬如，SNS（Social Networking Service）用户社区是一个通过博客、好友、文献互助、馆员咨询等功能模块组成的知识交流平台，也是一个虚拟的充分实现用户、馆员与专家互动的人际关系网络，从而成为了图书馆隐性知识转移的重要途径；My Library整合了包括借阅查询、馆藏检索、咨询建议、文献传递、科技查新、推荐图书等常规服务，提供了个性化服务平台和个性化空间，打造了读者个性化学习平台，满足了用户个性化服务的需求。用户可以在线定制所需的信息服务。② 传统图书馆服务主要是显性知识服务，馆员与用户往往是一种“对立”、“被动”的知识供给与知识获取的关系；未来图书馆服务则是隐性知识与显性知识并驾齐驱的服务，馆员与用户常常是一种“合作”、“互动”的知识交流、共享与利用的关系。

5.3 提升图书馆知识服务能力

20世纪30年代，美国芝加哥学派极力提倡“人文主义”，尽管有诸多忽视图书馆技术的消极因素，但他们重视图书馆读者服务的精神影响深远。图书馆知识管理是“社会人”的知识管理，其管理对象有人脑中的隐性知识，其管理过

---

① 陈红勤. 图书馆知识社区研究. 北京：中国书籍出版社，2010：7

② 杨新涯，彭晓东. 馆人合一：图书馆2.0创新与实践. 北京：知识产权出版社，2010：135

程需要人的全程参与，其管理目的是为人（用户）提供恰当的知识。因此，图书馆知识管理必然注重人文理念，否则就会偏离知识管理的方向。知识搜集和知识组织应以知识用户的需求为导向，知识服务应以满足知识用户的需求为目标。知识用户是图书馆知识管理的服务对象，也是图书馆知识管理的核心要素。图书馆必须改进知识服务方式，提供在线虚拟的个性化服务；全程跟踪用户知识需求，主动向用户推送对口知识；及时接收反馈信息，调整知识服务的内容与方式。同时，图书馆还应当积极构建学习型图书馆，吸收知识用户参与知识管理，建立馆员与馆员、馆员与用户、用户与用户的互动虚拟社区。通过网络虚拟社区，用户一方面可以享受动态的虚拟服务，及时解决自己面临的难题；另一方面可以提供智慧与上传知识，拓展图书馆知识服务的范围与深度。通过构建虚拟的知识社区并提供社会化的知识服务，图书馆就能够实现从"以图书馆为中心"信息服务模式转向"以用户为中心"的知识服务模式。

OCLC 不仅为图书馆界打造了知识资源共享平台，而且为从业人员建立了包括研究主题、论坛与会议的虚拟社区。研究主题拥有及时更新的 Web 资源，专家发表的观点与评论，以及个人的观点；论坛与会议主要是反映研究主题的留言板，用户参与的讨论组等。OCLC 的虚拟社区连接着众多的成员与非成员，吸引着他们浏览主题、观看论坛和参与讨论，并鼓励他们发表个人观点与贡献知识资源。美国麻省理工学院图书馆的 D-Space 依不同社群的个性化需求制定传送流程与取用政策。该馆非常注重用户体验，以用户为中心来设计、管理各项工作，提供各种服务。譬如，图书馆页面已经历了 1995 年前的第一代、1995-2001 年的第二代、2001-2004 年的第三代和 2004 年后的第四代，越来越体现人文关怀，越来越便于用户使用。① 2006 年初，上海大学图书馆采用了 PHP Wind Blog V4.0 开源软件，在本地服务器上建立了博客乐园，分为学科馆员博客和其他馆员博客两个园地，支持多用户、独立二级域名，提供用户模板、日志评论管理、RSS 输出、书签、相册、图文混排、朋友圈、博客排名和多途径搜索等功能，包括图书馆最新消息和新书通报等的 RSS 信息推送服务；开始尝试综合运用即时通讯、博客、维基、RSS 聚合、D-Space 及 Ajax 等 2.0 技术构建新的学科知识服务平台。② 图书馆充分利用现代信息技术，旨在提供基于知识单元、隐性知识与个性

① 柯平等. 图书馆知识管理研究. 北京：北京图书馆出版社，2006：387-388

② 上海图书馆. 知识创新与图书服务：第四届上海国际图书馆论坛文集. 上海：上海科学技术文献出版社，2008：164

化的知识服务。

我国上海图书馆以 Internet 网络为依托，积极开展网络知识管理实践，尤其是网络知识服务颇有特色。2001 年，上海市中心图书馆建立了网上联合知识导航站，以资深专家挂牌，对读者提出的问题进行回答，服务方式以电子邮件为主，附以网上原文传递、传真、邮件快递、网上实时问答等；网上联合知识导航站管理中心进行各类数据的即时统计和定期交流，并建立了一个问答知识库分类体系，方便读者按类检索所需的知识。此外，上海图书馆还创建了文献提供中心、网上支付平台、网上讲座与展览以及情报服务平台等。总之，上海图书馆的知识服务特色主要体现在：一是大力推进以知识服务和知识导航为特色的知识管理，组建国内首家集资源和专家优势于一体的虚拟参考咨询服务形式的“网上联合知识导航站”；二是重视知识联盟建设，实现国际国内知识共享；三是让信息与读者互动，提供个性化知识服务；四是开发隐性知识资源，重视用户教育。① 上海图书馆积极开通“e 卡通”电子资源远程服务与网上联合知识导航站，进一步实现了公益、免费与无障碍的知识服务。

图书馆门户网站整合了本馆知识资源和网络知识资源，提供以人为本的“一站式”知识服务。RSS 是 Internet 上聚合内容与元数据的一种技术，Feeds 一般是由信息发布者制作的包括标题、摘要和 URL 的共享数据。大型网站或数据库的信息内容非常丰富，RSS 允许用户自由订阅特定主题/类目的 Feeds，实际上就是把与用户无关的信息拒之门外。对于许多网站而言，元数据（书目数据）可以共享，而源知识则不能免费提供。图书馆合法用户通过在线服务既可以浏览书目数据，又能够获取自己需要的知识。图书馆利用 RSS 技术编制的开放目录查询个性化 Feeds 和开放目录分类个性化 Feeds，用户就能够方便地订阅任意主题和任何类目的文献知识资源。随着馆藏资源源源不断地增加，符合订阅条件的 RSSFeeds 也会不断地推送给用户。基于 RSS 技术的图书馆门户网站，将 RSS 资源按类组织并通过统一入口供读者使用，为用户提供了个性化定制工具和个性化知识服务。

RSS 最重要的功能是进行信息推送服务，图书馆借助 RSS 技术可以实现新闻公告、书目数据、知识资源和参考咨询的推送服务。新闻公告推送，主要指图书馆向用户主动提供最新的服务方式与服务内容，诸如开放时间、预约通知、数据

---

① 柯平等. 图书馆知识管理研究. 北京：北京图书馆出版社，2006：395-397

库试用、读者培训、学术活动等。书目数据推送，主要是向用户推介新书目、提供最新期刊目录以及进行书目导读服务等。知识资源推送，通常是根据用户的订阅主题或类目，提供最新的知识资源服务。参考咨询推送，一般是指馆员或专家进行跟踪服务，将最新情况或补充资料提供给用户。李书宁和纪高飞研究了 RSS 在图书馆的应用情况，并介绍了美国爱荷华州州立大学图书馆 RSS 知识服务的成功案例。① 该馆科学技术部创办了“丰富站点服务（Rich Site Services）”网站（http：//www. public. iastate. edu/CYBERSTACKS/RSS. htm），以分类的形式收集排列了提供 RSS、XML、Atom 等网络 Feeds 的图书馆的相关链接。截至 2004 年 12 月 31 日，该网站含有实际链接的类目有“图书馆公告、编目、馆藏发展、数据库、用户教育、网络导航、新书通告、参考咨询、评论、学术期刊目录”等 12 个类目，共收集了各类站点 91 个。RSS 技术可以广泛地应用到新购馆藏报道、书刊目次推送、网络资源导航、参考咨询服务乃至源知识供给等方面，俄亥俄大学图书馆、乔治亚州大学图书馆、明尼阿波利斯公共图书馆和西雅图公共图书馆等也积极利用 RSS 技术开展知识推送服务。

国内图书馆门户网站开始利用 RSS 技术开展知识服务，武汉理工大学图书馆、清华大学图书馆、中科院国家科学数字图书馆、厦门大学图书馆和香港科技大学图书馆等不同程度地整合 RSS 技术，如提供新闻聚合、开通参考 RSS 频道、推送最新资源与发布超期图书等。譬如，武汉理工大学推出了有代表性的 RSS 信息聚合服务，设立了数字图书馆中心门户、材料复合新技术信息门户和交通运输工程信息门户，用户只需到相关的栏目订阅这些个性化的频道，通过 RSS 浏览器就可以直接阅读支持 RSS 输出的网站内容，从而及时发现网站内容的更新，获得所需信息。② 清华大学图书馆 RSS 服务实践颇具典型性，该馆系统部赵阳等还详细说明了她们开发 RSS 服务的经验。③ 清华大学图书馆的新书通告 RSS 服务，能够将新书书目即时主动推送到读者桌面，读者通过 RSS 阅读器实现新书书目的查询和集中管理，查询到的书目可直接链接到图书馆的 OPAC 系统。清华图书馆的最新动态 RSS 服务，将“图书馆公告”、“电子资源动态”和“报告厅学术报告”三个动态栏目的最新信息推送到读者桌面，使读者在第一时间了解图书馆发布的动态信息。该馆购买的商业数据库 RSS 服务主要分为两类：一类是基于检索词的

---

① 李书宁，纪高飞. RSS 及其在图书馆的应用. 图书馆理论与实践，2006（5）：96-98

② 成建权，朱虺渝. 从 Push 到 RSS——个性化信息服务的利器. 现代情报，2006（11）：14-15，18

③ 赵阳，杨慧，林容，姜爱蓉. 清华大学图书馆 RSS 服务实践. 图书馆杂志，2006（6）：52-55，72

订购，在 EI、Proquest、PubMed 等数据库中，用户输入检索式返回检索列表时系统自动给出 RSS Feed URL，用户订阅后就会及时收到不断更新的相关数据；一类是基于期刊目次（TOC）的订购，IEEE、IOP、Nature、Science 和 CNKI 等期刊数据库按期刊目次提供 RSS Feed URL，并可自动向用户推送最新期刊目次信息。此外，她们还提出了图书馆深化 RSS 服务的思路，即深化消息类与资源类自建数据库的 RSS 服务、整合基于商业数据库的 RSS 服务、开发与 RSS 服务相关的参考咨询工作和建立图书馆 RSS 服务的个性化空间。

5.4 提高图书馆馆员队伍素质

尽管波普尔和波兰尼对知识的划分标准不一，但是他们的划分结果相似相通。主观知识主要是隐性知识和部分未外化于载体的显性知识，客观知识通常属于显性知识；隐性知识主要属于主观知识，显性知识包括客观知识和部分未外化于载体的主观知识。显然，主观知识和隐性知识与人密切相关，而客观知识和大部分显性知识则与载体紧密相连。记录在载体上的知识，可以方便地共享与传播。人脑中的知识在外化于载体之前，他人无法知晓，更无法直接管理。因此，知识管理既包括以载体为媒介的知识资源管理，又包括以人为对象的人力资源管理。著名知识学教授 Nonaka 曾说："只有人类才能在知识创新的过程中扮演核心角色，无论计算机的信息处理能力有多大，它们终究不过是人类的一种工具。"①人是知识的载体，更是知识创新的主体，因此人力资源管理是知识管理的重要内容。

人作为知识的创造者、使用者和传播者，无疑是知识管理中最重要、最活跃和最主动的因素。知识是思维的成果，只能通过人的能动创造性的发挥而产生，并依附于人而存在。② 图书馆知识管理的效果在很大程度上取决于馆员，从知识搜集、组织到服务的每一个工作环节都蕴含了馆员的劳动与智慧。曾几何时，图书馆服务主要局限在文献借阅层次，馆员只不过是文献的"监护人"而已。图书馆馆员必须切实转变观念，从知识单元组织、挖掘、开发与利用馆藏资源，积极开展高层次的知识咨询服务。知识获取是一门似简实繁的学问，主要有死记硬背式（机械照搬式）、条件反射式、教学式（传授式）、演绎式、归纳式、猜想

---

① 张亮．基于知识共享的人力资源管理策略．特区经济，2005（5）：259-260

② 清华大学经济管理学院医疗管理研究中心，清华大学公共健康研究中心．2011 清华医疗管理国际学术会议论文集．北京：清华大学出版社，2011：470

验证式、反馈修正式、类比式、联想式、外延式、逆推理归纳式、消除归纳式等知识获取方法。① 这些方法或多或少地可以应用于图书馆知识服务，前三种方法在以往的知识服务中用得较多。随着知识咨询服务的深入开展，后几种知识获取方法必然受到馆员的重视。事实上，知识咨询服务往往需要馆员以“专业用户”的身份去获取知识，并不断与用户交流、沟通甚至直接参与用户的课题研究。

图书馆员是图书馆知识资源的管理者，是图书馆事业发展的掌舵手。美国图书馆界有人认为：在图书馆服务所发挥的作用当中，建筑物只占5%，信息资料占20%，图书馆员占75%。② 编码化的显性知识和头脑中的隐性知识，都是图书馆知识管理的组成部分。隐性知识管理，实际上就是对人进行管理。有学者提出：“人力资源管理是图书馆知识管理的核心内容”,③ “人力资源管理是图书馆知识管理的核心部分”④，或“对人的管理是知识管理的核心内容”⑤。知识管理的核心内容是寻求人与知识的有机结合，结合的有效性完全取决于人的主观能动性，因此人力资源管理被认为是知识管理中的最关键因素。⑥ 我国台湾学者则指出：“知识领航是知识管理的一个重要组成部分”，“知识领航也将成为图书馆学门从业人员的专业指标——必须能够担任某一个知识领域内的知识领航工作”。⑦ 显然，图书馆馆员是图书馆知识管理的核心要素，是图书馆知识管理研究的重要内容。图书馆馆员能否实现从文献管理员到知识馆员的角色转换，是图书馆知识管理成功与否的关键。图书馆事业的命运掌握在图书馆馆员手中，他们的整体素质在很大程度上决定了图书馆知识管理的水平与质量。

Ludwig 和 Starr 明确指出：技术环境、学术交流与学习环境的变化，要求图书馆员的使命和工作方式随之发生变化。⑧ 学习型图书馆是一个扁平化的开放型知识组织，馆员必须自觉参与终生学习、全员学习、全过程学习和团体学习。馆员主导了图书馆知识管理的活动过程，如知识搜集、知识整序、知识组织和知识

---

① 张润彤，曹宗媛，朱晓敏．知识管理概论．北京：首都经济贸易大学出版社，2005：130-132

② 刘贵琴．图书馆知识管理．合肥：安徽大学出版，2007：215-216

③ 程娟．地方高校图书馆核心竞争力研究．北京：中国水利水电出版社，2009：125

④ 马恒通．图书馆知识管理的核心——人力资源管理．图书馆理论与实践，2003（1）：12-13

⑤ 郭鹏．工业企业管理．西安：西北工业大学出版社，2009：268

⑥ 邱均平．知识管理学概论．北京：高等教育出版社，2011：220

⑦ 顾敏．知识管理与知识领航：新世纪图书馆学门的战略使命．图书情报工作，2001（5）：7-12，16

⑧ L. Ludwig，S. Starr. Library as Place：Results of a Delphi Study. Journal of the Medical Library Association，2005，93（3）：315-326

服务。Rowley 提出管理知识库、促进知识交流和平衡价值创造是图书馆员的 3 个"知识管理职能",① Schwarzwalder 主张图书馆员可以作为知识管理的代理,② Branin 则认为高校图书馆应当集知识管理的建设者、整合者、教育者和研究者于一体。③ Gandhi 在探讨知识管理在图书馆参考咨询中的应用时认为：参考咨询馆员应该从馆藏文献的管理员转变为公共记忆的管理员，应该从信息的发现、选择、组织与管理者转变为知识的创造者与管理者，应该从组织与提供信息的管理工转变为利用专业技术从事知识服务的专家。④ 如果说图书馆显性知识管理需要馆员来组织，那么图书馆隐性知识管理就直接表现为基于馆员的团队管理。

知识资源、知识馆员、知识用户、技术设备、管理制度和知识活动等都是图书馆知识管理的组成要素，其中知识馆员的定位和作用不容忽视。馆员的专业素质与操作能力、知识结构、外语水平、工作经验及敬业精神等，在很大程度上决定着图书馆知识管理水平。我国图书馆界存在一种恶性循环，一方面通过各种非正常途径入馆的人员络绎不绝，另一方面图书馆人才却严重流失。据天津市图情工委调查，天津市的高校图书馆专业人员中有 11％表示对图书馆工作不感兴趣，16％的人抱着有机会就走的态度，50％学图书情报专业的大学生已经跳槽；在江苏高校图书馆，只有 13％的人对图书馆感兴趣，而准备调走的人占 35％；各大专院校近几年来留下 3000 多名非图书情报专业毕业生充实到图书馆，而经过各种渠道已有 2000 余人外流。⑤ 显然，从整体上来说，现有图书馆馆员队伍还难以承担图书馆知识管理的重任。事实上，图书馆人力资源建设不能靠"堵"，而应该从"人本管理"、"激励机制"和"价值实现"等方面进行"疏"，应该进一步加强图书馆知识管理的学科教育。

除了"在工作中学"与"在学习中工作"的继续教育之外，提高馆员队伍素质的另一条重要途径是努力培养"科班"出身的知识馆员。学校是培养人才的摇篮，图书馆学专业教育是高素质馆员的孵化器。从 1850 年起，图书馆学教育在欧洲就以私授形式出现；1886 年，卡尔·嘉茨科（K. F. Dziatzko，1842-

---

① J. Rowley. Knowledge Management—the New Librarianship? From Custodians of History to Gatekeepers to the Future. Library management，2003，24（8-9）：433-440

② R. Schwarzwalder. Librarians as Knowledge Management Agents. Econtent，1999，22（4）：63-65

③ J. J. Branin. Knowledge Management in Academic Libraries：Building the Knowledge Bank at the Ohio State University. Journal of Library Administration，2003，39（4）：41-56

④ S. Gandhi. Knowledge Management and Reference Services. The Journal of Academic Librarianship，2004，30（5）：368-381

⑤ 刘传和，田才. 以知识管理来指导图书馆人力资源管理. 图书馆论坛，2006，26（1）：130-132

1903）在德国戈廷根大学开设图书馆学讲座，讲授书志学、文献学、图书馆管理法等课程。① 1887 年，杜威（M. Dawey，1851-1931）在纽约创办了世界上第一所图书馆学院，即哥伦比亚大学“图书馆管理学院”（school of library economy）②。在他们的努力下，图书馆学学校教育出现在大学的讲堂。1926 年，美国芝加哥大学图书馆学院首次设立图书馆学博士学位课程，标志着图书馆学教育体系走向完善。③ 1920 年，沈祖荣与韦棣华建立了我国第一个图书馆学教育机构——文华图书科；1929 年，沈先生将文华图书科独立为文华图书馆学专科学校④。图书馆学学校教育走过了 100 多年的历程，取得了长足的进展，并形成了相对稳定的学科体系。近年来，我国图书馆学“本科专业教育开始复苏、硕士研究生教育稳步发展、博士研究生教育有所增长、专业教育层次不断提高”⑤。当前，我国大陆图书馆学界约有 40 个高等院校和科研机构开展专业教育，形成了本科、硕士研究生、博士研究生和博士后流动站等层次齐全的专业教育体系。而且，图书馆学职业教育与继续教育仍然保持一定的市场。在本科教育逐步稳固的基础上，硕士研究生教育迅速增长，博士研究生教育稳步发展，博士后流动站取得了重大突破。尤其令人欣慰的是：目前几乎所有的管理专业都设置了“知识管理”或类似“知识管理”的课程，有的专业课程还直接以“知识管理学”命名⑥；而在图书馆学教育改革中，图书馆知识搜集、知识组织、知识服务等课程已开始进入课堂。这必然加快图书馆知识管理人才的培养，进一步推动图书馆知识管理事业的发展。

5.5 加强图书馆知识管理研究

国内外专家学者积极研究图书馆知识管理，在知识交流、知识组织、知识服务、知识资源管理、知识管理技术、知识产权制度、知识共享机制、知识地图和知识导航等方面取得了长足的进展。他们对信息管理和知识管理进行了详细的比较研究，通常把信息管理当作知识管理的原生状态，将知识管理看成信息管理的

① 《图书情报工作》杂志社．图书馆名家研究进展．北京：海洋出版社，2011：16-17

② 曾凡涛，李北平．管理信息系统．武汉：武汉大学出版社，2010：274

③ 《图书情报工作》杂志社．图书馆名家研究进展．北京：海洋出版社，2011：17-18

④ 中国图书馆学教育之父．http：//www. liminghua. cn/renwujinian/renwujinian/shenzurong. htm［2007-06-25］

⑤ 程焕文，潘燕桃，倪莉，邱蔚晴．1999～2003 年中国图书馆学教育进展．大学图书馆学报，2004（5）：77-82

⑥ 邱均平等．论知识管理学的构建．中国图书馆学报，2005，31（3）：11-16

高级阶段。他们认识到了图书馆知识管理的重要性，并力图运用知识管理理论来指导图书馆工作。①、②、③、④、⑤Charles 认为：知识管理可以引入到图书馆的许多业务之中，能够提高图书馆的管理效益。⑥ Pemberton 全面比较了 RIM（记录信息管理）和 KM（知识管理）的异同，探讨图书情报人员如何在担负 RIM 角色的基础上开展知识管理。⑦ 在文献 Knowledge Management and Reference Services⑧ 中，Gandhi 指出：密切相关的数据管理、信息管理和知识管理在具体应用中有明显的区别，数据管理和信息管理是知识管理的重要组成部分，知识管理系统的最终目标是促进组织的协作学习与知识共享。Katsirikou 构建了知识管理在图书馆联盟中应用的功能模型，认为知识管理保障了图书馆联盟的有效运作和各成员馆以及馆员作用的充分发挥。⑨ 在图书馆学发展史上，国外一直有重应用轻理论的倾向，技术学派的影响根深蒂固。图书馆知识管理实践活动在国外如火如荼，但是图书馆知识管理理论研究仍然停留在概念区分与术语移植的层次，图书馆学界没有形成成熟的知识管理理论体系。

20 世纪后期国外知识管理硕果累累，我国知识管理研究深受其影响。继 1981 年彭修义倡导研究“知识学”之后，1984 年宓浩和黄纯元首创从宏观的社会环境考察图书馆的“知识交流论”。近 20 多年以来，强调图书馆作为社会知识中介的“知识交流论”，解释图书馆内部业务工作的“知识组织论”，注重图书馆整体知识活动的“知识集合论”，阐述图书馆知识服务表现形式的“可获得性

① D. Y. Jeong and S. J. Kim. Knowledge structure of library and information science in South Korea. Library & Information Science Research, 2005, 27 (1): 51-72

② V. A. Geronimo and C. Aragon. Resource sharing in university libraries: A tool for information interchange. Library Collections, Acquisitions, and Technical Services, 2005, 29 (4): 425-432

③ M. Lesk. Knowledge Representation Schemes. Understanding Digital Libraries (Second Edition), 2005: 117-151

④ T. K. Srikantaiah, M. Konenig. Knowledge management for the information professional. Information today, 2001, 18 (2): 46

⑤ C. R. McInerney. Working in the virtual office: Providing information and knowledge to remote workers. Library & Information Science Research, 1999, 21 (1): 69-89

⑥ T. Charles. Knowledge Management and Academic Libraries. College and Research Libraries, 2002, 62 (1): 44-55

⑦ J. M. Pemberton. KM & RIM: OIL & WATER? Information Management Journal, 2004, 38 (3): 47-55

⑧ S. Gandhi. Knowledge Management and Reference Services. The Journal of Academic Librarianship, 2004, 30 (5): 368-381

⑨ A. Katsirikou. Consortia and Knowledge Management: The Functional Context and an Organizational Model. Library Management, 2003, 24 (6-7): 337-347

论”，揭示图书馆知识活动本质的“公共知识管理论”，①以及“知识资源管理论”、“馆藏知识传播论”等图书馆知识管理学术研究持续升温。

这些学说都认为知识管理是图书馆管理的内核或根本，并对图书馆知识管理进行了深层次的研究和对图书馆学本质进行了多角度的探索。无疑，图书馆知识管理学说的异军突起、争论不休，是图书馆知识管理范式形成的必要条件。诸多图书馆知识管理学说是人们从不同角度考察图书馆活动的结果，都闪烁着创建者思想的光芒。它们初步揭开了笼罩在图书馆学本质上的神秘面纱，图书馆知识管理发展迈出了铿锵有力的步伐。图书馆知识管理是一个极其复杂的历史议题，我们应该积极梳理各种知识管理流派，充分汲取与借鉴每一种学派的优点，以“去伪存真”与“去粗存精”的拿来主义态度对其进行整合研究。

知识是图书馆活动的根本，也是图书馆存在的根基，但图书馆不可能管理人类所有的知识。图书馆是社会知识交流系统的子系统，馆藏知识只是人类知识的一个子集，图书馆知识管理是知识管理的重要组成部分。王子舟先生明确指出：“图书馆学和知识管理存在明显的差别，二者之间不宜画等号”②。诸多图书馆“知识学派”对图书馆知识管理做出了历史性的贡献，但是它们没有进一步区分馆藏知识（资源）与知识（资源），没有充分揭示图书馆知识管理的个性特征，因而难以界定图书馆与其他知识管理机构的本质区别。上述学说难能可贵地从知识角度出发破解图书馆学的奥秘，却未能阐释图书馆馆藏与图书馆知识管理的本质，这不能不说是一个遗憾。馆藏资源的收藏与利用，表象是各种文献资源的采、编、藏、阅、借，实质是“知识资源”的搜集、组织与服务。“文献”停留在现象层次，“信息”揭示本质但过于笼统，“知识”深入本质而略欠专指。作为一种承载知识集散功能的社会机制，图书馆是保障“社会遗传”顺利进行的重要场所，它对人类文明的传承与发展起着巨大的作用。图书馆是公益性的社会知识服务组织，这是它区别于其他知识机构的显著特征。

图书馆知识管理决不是孤立的个体行为，而是跟企业知识管理、政府知识管理等密切相关，它们共同构成了社会知识管理体系。知识传递、利用与创造都依靠社会知识保障体系来支撑。囊括各类学校的教育机构、提供创新知识的科研院

---

① 傅秀兰，曾湘琼. 图书馆知识管理学说的梳理与评析. 图书馆工作与研究，2011（8）：23-26

② 王子舟. 图书馆学的基本概念与核心概念. 中国图书馆学报，2001（3）：7-11

所、管理公共知识的图书馆、经营竞争知识的情报部门、基于知识管理的其他文化组织，共同形成了庞大的社会知识保障体系。政府是社会公共管理的主体，应当积极履行公共管理职能，在制度、市场、设施和人才等方面采取有效措施，积极引导社会知识保障体系的构建（如图 5-3 所示）。图书馆知识管理就是社会知识保障体系最重要的组成部分，它和教育机构、科研院所、情报部门以及其他文化组织紧密联系，共同承担人类知识传承与创新的职责。图书馆知识管理在社会知识保障体系中如何定位，它和其他组织（机构）知识管理有何关系，这是图书馆知识管理研究的内容之一。

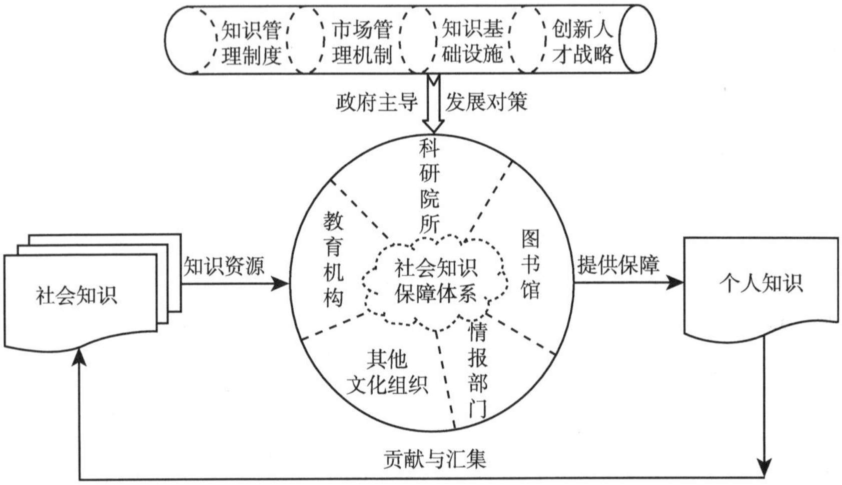

图 5-3　政府主导的社会知识保障体系示意图

知识管理不仅包括知识本身的管理，而且包括与知识有关的各种无形资源的管理。知识管理学的研究范畴十分广泛，涉及知识生产、知识获取、知识组织、知识存储、知识传播、知识利用、知识资产、知识设施、知识技术、知识环境、知识制度和知识人员等诸多方面的内容。图书馆知识管理活动，主要是指图书馆的知识搜集、组织与服务。当然，图书馆知识管理是一个业务、技术与制度相结合的完整系统，其研究范畴涉及知识管理的理论、原则、方法、实践（活动）、技术应用及其相关的社会知识保障措施等各个方面。图书情报的内核就是知识，知识组织、知识共享、知识服务、知识咨询、知识产权、知识保障与知识技术的探讨与实践高潮迭起。①·②·③·④·⑤·⑥·⑦知识领域的公共管理，凡是有关知识管理的理论、原则、方法、实践（活动）、技术应用及社会知识保障措施等都属于图书馆知识管理的研究范畴，譬如网络化与虚拟化的数字图书馆，平等服务与个性服务的图书馆理念，基于共享的知识保障体系，体现社会公平的知识基础工程等。

尽管图书馆的知识管理早就存在，但是我们对它的认识还刚刚开始。长期以来，图书馆管理、情报管理和档案管理都以“文献管理”为工作对象，它们的管理技术、方式与方法则相同、相近或相似。图书、情报与档案管理构成了一个以“文献管理”为特征的学科群，这就是人们所熟知的“图书情报档案学”。随着信息学的兴起，“文献管理”逐渐被“文献信息管理”或“信息管理”替换。图书馆“文献信息说”突破了实体文献的限制，扩大了图书馆学的研究视野，但它没有准确地揭示图书馆学的本质，反而因其概念过于宽泛，致使图书馆学在学术繁荣的背后日益失去自我，造成了图书馆学新的迷茫与混乱。毕竟，文献信息管理或信息资源管理不是图书馆学。信息管理是研究如何对信息产业进行管理，而图书馆服务只是信息服务业中的一小部分；信息管理的研究对象及内容比图书馆学涉及面要宽，两者区别大于联系。⑧ 无疑，“文献信息管理”没有真正地揭示图书馆学的本质，只是图书馆管理发展历程中的匆匆过客。

图书馆是管理文献知识的社会组织，是社会知识交流的重要场所。在历史上，图书馆长期承担着文献收藏与借阅的任务，“文献管理”范式在图书馆事业发展史中留下了浓墨重彩的一笔。20 世纪 80–90 年代“信息（资源）管理”盛

---

① Y. Berman. Knowledge transfer in social work: The role of grey documentation. The International Information & Library Review, 1995, 27 (2): 143–154

② P. D. Meo, L. Palopoli, G. Quattrone and D. Ursino. Combining Description Logics with synopses for inferring complex knowledge patterns from XML sources. Information Systems, 2007, 32 (8): 1184–1224

③ L. F. Lai. A knowledge engineering approach to knowledge management. Information Sciences, 2007, 177 (19): 4072–4094

④ Y. Awazu. Managing technology alliances: The case for knowledge management. International Journal of Information Management, 2006, 26 (6): 484–493

⑤ K. C. Desouza and J. R. Evaristo. Project management offices: A case of knowledge–based archetypes. International Journal of Information Management, 2006, 26 (5): 414–423

⑥ J. Chen and Y. Zhang, A rule based knowledge transaction model for mobile environments. Information Sciences, 2006, 176 (18): 2642–2672

⑦ S. Popadiuk and C. W. Choo. Innovation and knowledge creation: How are these concepts related? International Journal of Information Management, 2006, 26 (4): 302–312

⑧ 张健，张黎．信息管理与图书馆学辨析．四川图书馆学报，2001 (1): 10–13

极一时，图书馆管理经历了短暂的“文献信息管理”范式阶段。根据库恩的科学革命理论，图书馆管理正在发生向“知识管理”范式转变的革命。迈进21世纪之后，图书馆知识管理的理论与实践研究得到了长足进展。图书馆事业发展遭遇千载良机，图书馆学学科发展面临重大变革。知识管理是图书馆的基本职责与社会价值，是图书馆事业的核心内容与发展重点，也是图书馆学的研究对象与变革方向。图书馆知识管理的基础理论、业务流程、技术方法、制度规范、共享机制、知识地图、实践活动和人力资源等等都是当前图书馆学的研究热点，国内外图书馆知识管理的整合研究有利于图书馆知识管理范式的形成、发展与完善。在泛知识化时代，图书馆知识管理既要跟随知识管理潮流翩翩起舞，又要固守知识管理中属于自己的一块天地。图书馆知识管理是一个复杂的系统，涉及图书馆知识管理业务活动、图书馆知识管理理论整合和图书馆知识管理技术革新等领域。在图书馆知识管理实践全面铺开的同时，图书馆知识管理理论研究逐步受到了人们的关注。

图书馆知识管理作为一种社会的客观现象，历史是如此之悠久，它作为人们研究的学科对象，经历却如此之短暂。社会性和知识性的凸现，是图书馆学认识史上的丰碑。图书馆学的本质是知识管理，知识管理是图书馆学复兴的关键。图书馆学走过了从“文献”到“信息”再到“知识”的光辉历程，它不仅研究知识资源的搜集、组织与服务，而且研究相关的社会知识保障体系。图书馆知识管理研究是一项任重而道远的富有挑战性的探索，其范式完善还需时日。让图书馆学屹立于学科之林，让图书馆学获得应有的学科地位，这是每一位图书馆学研究者义不容辞的责任。我们坚信：图书馆知识管理尽管道路曲折，但前景却无限光明！

参考文献

一、中文部分：

1. ［德］K. Mertins，P. Heisig，J. Vorbeck 编著，赵海涛，彭瑞梅译．知识管理——原理及最佳实践（第 2 版）．北京：清华大学出版社，2004

2. ［法］H. 法约尔著，周安华等译．工业管理与一般管理．北京：中国社会科学出版社，1982

3. ［韩］李炳穆．迎接新千年到来的图书馆．图书情报工作，2001（1）：12-17

4. ［汉］司马迁．史记．北京：线装书局，2006

5. ［美］F. W. Lancaster 著，陈光祚等译．情报检索系统——特性、试验与评价（第二版）．北京：书目文献出版社，1984

6. ［美］F. W. Lancaster 著，郑登理，陈珍成译．电子时代的图书馆和图书馆员．北京：科学技术文献出版社，1985

7. ［美］F. W. 泰罗著，胡隆昶等译．科学管理原理．北京：中国社会科学出版社，1984

8. ［美］哈罗德·孔茨，海因茨·韦里克．管理学．北京：经济科学出版社，1998

9. ［美］泰普斯科特．数字化成长：网络时代的崛起．大连：东北财经大学出版社，1999

10. ［美］托马斯·库恩著．金吾伦，胡新和译．科学革命的结构．北京：北京大学出版社，2003

11. ［清］梁启超．中华图书馆协会成立会演说辞．中华图书馆协会会报，1925，1（1）：11-15

12. ［清］张尔田．史微．上海：上海书店出版社，2010

13. ［日］竹内弘高，野中郁次郎著；李萌译．知识创造的螺旋——知识管理理论与案例研究．北京：知识产权出版社，2006

14. ［瑞典］冈纳·缪尔达尔（G. Myrdal），顾朝阳等译．世界贫困的挑战——世界反贫困大纲．北京：北京经济学院出版社，1991

15. ［英］K. R. Popper 著，纪树立编译．科学知识进化论——波普尔科学哲学选集．北京：生活·读书·新知三联书店，1987

16. ［战国］吕不韦．吕氏春秋．呼和浩特：内蒙古人民出版社，2008

17. “图书情报事业与学科的可持续发展”学术研讨会征文通知．图书情报工作，2004（3）：126/2004（6）：128/2004（7）：128

18.《国家地理系列》编委会．人类遗产之旅．北京：蓝天出版社，2009

19.《图书情报工作》杂志社．图书馆名家研究进展．北京：海洋出版社，2011

20. А·И·米哈依洛夫等著．科学交流与情报学．北京：科学技术文献出版社，1980

21. CALIS 联机合作编目中心．CALIS 西文图书编目业务培训教材．2004

22. CALIS 联机合作编目中心．CALIS 中文图书编目业务培训教材．2004

23. J. H. 谢拉著．张沙丽译．图书馆学引论．兰州：兰州大学出版社，1986

24. K. Mertins，P. Heisig，J. Vorbeck. 知识管理——原理及最佳实践（第 2 版）．北京：清华大学出版社，2004

25. M. 波兰尼著，王靖华译．科学、信仰与社会．南京：南京大学出版社，2004

26. 白宗新．个人知识与社会知识及其教育意义．全球教育展望，2004，33（11）：18-23

27. 宝鹿．2000 年知识管理学术研讨会在伦敦举行．质量译丛，2000（2）：39

28. 鲍炎炎．头脑、躯干、骆驼吃草与竞争优势．中国知识产权报，2005-07-13

29. 比尔·盖茨表示 5 年内网络教育大行其道．天津日报，2010-1 表 0-23（07）

30. 毕宝魁，卞地诗．国学基础二十四讲．沈阳：东北大学出版社，2010

31. 毕军．充满智慧的中华科技事典．长春：时代文艺出版社，2010

32. 蔡震．“纸书”将成为艺术收藏品？．扬子晚报，2010-5-8（A29）

33. 曹存根．国家知识基础设施的意义．中国科学院院刊，2001（4）：255-259

34. 常文菊．试论在大型综合型医院如何建立学习型图书馆．医学信息，2007，20（4）：591-593

35. 陈传夫．图书馆学研究进展．武汉：武汉大学出版社，2010

36. 陈光祚等．科技文献检索．武汉：武汉大学出版社，1987

37. 陈红勤．图书馆知识社区研究．北京：中国书籍出版社，2010

38. 陈丽容．三网融合将优化网络资源利用．通信信息报，2010-08-11（A01）

39. 陈乃林等．建设区域性学习型社会的实证研究报告——以江苏为个案．北京：高等教育出版社，2010

40. 陈奇．吴雁南评传．贵阳：贵州人民出版社，2010

41. 陈如好．现代文献信息编目技术研究进展．图书馆理论与实践，2003（6）：5-6

42. 陈颂．图书馆之书籍选择法．武昌文华图书科季刊，1929，1（2）：117-126

43. 陈雅．知识图书馆：理论与模式．南京：南京大学出版社，2008

44. 陈拥军．电子商务应用与技术．北京：清华大学出版社，北京交通大学出版社，2010

45. 陈志强．基于机器学习的用户个性化元搜索引擎的研究．北京：北京工业大学，2009

46. 成建权，朱思渝．从 Push 到 RSS——个性化信息服务的利器．现代情报，2006（11）：

14-15，18

47. 程焕文，潘燕桃，倪莉，邱蔚晴.1999~2003年中国图书馆学教育进展．大学图书馆学报，2004（5）：77-82

48. 程焕文．高涨的事业与低落的教育．中国图书馆学报，2001，27（1）：67-70

49. 程焕文．危机种种——图书馆学信息学教育札记．图书馆，2000（1）：39-40

50. 程娟．地方高校图书馆核心竞争力研究．北京：中国水利水电出版社，2009

51. 迟玉华，朱曦，杨丽娟.21世纪中美图书馆的创新与实践．昆明：云南人民出版社，2008

52. 仇诗权．全球革命．北京：中国文联出版社，2008

53. 储节旺等．知识管理概论．北京：清华大学出版社，北京交通大学出版社，2006

54. 储流杰．图书馆发展散论．图书馆，2000（4）：17-20

55. 褚亚萍等．搜索引擎的现状及分析．计算机与现代化，2001，75（5）：23-27

56. 崔东红，陈晶．微观经济学原理与实务．北京：北京大学出版社，中国农业大学出版社，2009

57. 崔红娟，周理盛，刘振西．高校图书馆与隐性文化．北京：化学工业出版社，2007

58. 单渭菊，赵娜．浅谈企业人力资源管理新模式——建立“学习型组织”．山东纺织经济，2010（8）：35-37

59. 邓汉成，王瑛，王敏芳．从检索实例看查全率和查准率之间的关系．情报学报，2000，19（3）：237-241

60. 邓均华．网络分类搜索引擎与传统分类法之比较分析——兼论建立我国信息组织分类标准．河南图书馆学刊2001，21（5）：60-61

61. 丁海滨，赵淑梅．电子文件管理基础．北京：中国档案出版社，2007

62. 丁炜．论知识经济时代的知识信息服务．图书馆学研究，2000（4）：79-81

63. 丁有骏等．核心竞争力与图书馆 第八届北京高校图书馆信息服务学术年会．北京：机械工业出版社，2006

64. 董多杰．高校图书馆现代化功能新论．青海师范大学学报（哲学社会科学版），2005（1）：147-148

65. 董金祥．基于语义面向服务的知识管理与处理．杭州：浙江大学出版社，2009

66. 董全中．当代搜索引擎存在的问题及其改进．图书馆理论与实践，2007（5）：39-40

67. 董焱，邢素丽．数字时代的图书馆与图书馆员．北京：北京图书馆出版社，2006

68. 杜定友．图书馆管理法上之新观点．浙江图书馆月刊，1932，1（9）：23-28

69. 杜定友．图书馆学概论．上海：商务印书馆，1927

70. 杜定友讲，梁春华述．研究图书馆学之心得．国立中山大学图书馆周刊，1928，1（1）：1-6

71. 杜士英．视觉传达设计原理．上海：上海人民美术出版社，2009

72. 杜扬．国际贸易理论与实务．北京：机械工业出版社，2008

73. 段存升．现代大学制度下“学习型”大学建设的诉求与要点分析．教育探索，2012（6）：5-7

74. 樊斌，鞠晓峰，李翠霞．企业内部知识共享激励机制研究．北京：中国农业出版社，2010

75. 樊树志．国史十六讲（修订版）．北京：中华书局，2009

76. 范并思，胡小菁．图书馆 2.0：构建新的图书馆服务．大学图书馆学报，2006（1）：2-7

77. 范并思，兰小媛．信息技术冲击下的图书馆人文思潮．高校图书馆工作，2005，25（5）：1-6

78. 范并思．新世纪，图书馆学基础研究什么？．图书馆，2003（1）：14-15，4

79. 冯天瑜，何晓明，周积明．中华文化史．上海：上海人民出版社，1990

80. 奉继承．知识管理：理论、技术与运营．北京：中国经济出版社，2006

81. 付立宏，纪真．新加坡国家图书馆理事会（NLB）知识管理实践探微．图书馆杂志，2005，24（10）：57-61

82. 付立宏，袁琳．图书馆管理学．武汉：武汉大学出版社，2010

83. 傅国涌．偶像的黄昏．武汉：长江文艺出版社，2006

84. 傅荣校，叶鹰．公共信息资源管理．北京：科学出版社，2010

85. 傅秀兰，曾湘琼．图书馆知识管理学说的梳理与评析．图书馆工作与研究，2011（8）：23-26

86. 高少琛．基于查询拓展和聚类技术的资源检索系统的研究与应用．上海：上海交通大学，2007：1

87. 宫占凤．美国大学图书馆管理模式研究．山东图书馆季刊，2002（2）：6-10

88. 龚蛟腾，侯经川，文庭孝．公共知识管理学——关于图书馆学的本质思考．大学图书馆学报，2003，21（6）：2-6

89. 龚蛟腾，侯经川，文庭孝．公共知识中心与公共知识管理——再论图书馆的本质和定义．中国图书馆学报，2003，29（6）：14-18

90. 龚蛟腾，侯经川．构建以图书馆法为核心的公共知识管理制度．图书情报工作，2004，48（7）：58-61，81

91. 龚蛟腾，文庭孝．公共管理框架下的公共知识管理．图书情报工作，2006，50（6）：93-97，111

92. 龚蛟腾．公共管理学体系中的公共知识管理学．图书情报工作，2007，51（5）：86-89，117

93. 龚蛟腾．国内外图书馆知识管理研究综述．中国图书馆学报，2008，34（5）：79-84

94. 龚蛟腾．浅论知识馆（图书馆）定义．图书馆学研究，2003（5）：8-10

95. 龚蛟腾．图书馆学上位学科再探究：知识管理学还是公共管理学．中国图书馆学报，2008，34（2）：24-28

96. 龚蛟腾．图书馆知识管理范式探究．图书馆理论与实践，2008（4）：6-9

97. 龚蛟腾．元知识与元知识管理（学）——关于书目情报与目录学本质的探讨．图书与情报，2008（1）：29-33

98. 龚蛟腾．知识管理学：图书馆学之上位学科．中国图书馆学报，2006，32（5）：80-83，87

99. 顾敏．图书馆学探讨．新竹：枫城出版社，1981

100. 顾敏．知识管理与知识领航：新世纪图书馆学门的战略使命．图书情报工作，2001（5）：7-12，16

101. 关于《普通高等学校图书馆评估指标》及评估办法说明（征求意见稿），2002. 6. 20

102. 管永胜．网络营销的 6 个关键策略．北京：中国物资出版社，2011

103. 郭道晖．论法的本质内容与本质形式．法律科学-西北政法学院学报，2006（3）：3-12

104. 郭明蓉．中国高等教育发展进程中的高校图书馆研究．成都：四川人民出版社，2009

105. 郭鹏．工业企业管理．西安：西北工业大学出版社，2009

106. 郭庆玲．制度建设：图书馆发展之根本保障．晋图学刊，2007（1）：61-63

107. 郭秋萍等．信息管理学．北京：化学工业出版社，2011

108. 郭日生等．中国可持续发展信息共享现状和展望．中国人口·资源与环境，2001，11（2）：119-121

109. 郭重庆．对中国科学技术发展滞后的思考．见：上海市杨浦区政协学习和文史资料委员会编．科学巨擘——院士风采录．上海：复旦大学出版社，2003

110. 国际 21 世纪教育委员会报告．联合国教科文组织总部中文科译．教育——财富蕴藏其中．北京：教育科学出版社，1996

111. 国家教委．普通高等学校图书馆评估指标体系大纲．国家教委教备［1991］79 号

112. 国家科技领导小组办公室．关于知识经济与国家知识基础设施的研究报告．1998 年 3 月

113. 韩德明．法律职业化的知识论基础与司法制度合理化．法学论坛，2005，20（2）：24-26

114. 韩经纶．知识管理．天津：南开大学出版，2006

115. 韩淑举．中国古代图书馆学思想述略．四川图书馆学报，2002，125（1）：70-75

116. 何平立．天命、仪礼与秩序演绎：中国文化史要论．济南：山东人民出版社，2011

117. 何郁冰．从知识创新的角度论现代科技传播．未来与发展，2003（3）：26-29

118. 何郁冰．科学社会学视野中的科技传播和知识创新．自然辩证法研究，2003，19（7）：61-64，79

119. 洪湛侯．中国文献学新编．杭州：杭州大学出版社，1994

120. 侯金川．物质·能量·信息统一论．湘潭大学学报（哲学社会科学版），1997（5）：110-114

121. 侯经川．基于博弈论的国家竞争力评价体系研究．北京：北京图书馆出版社，2005

122. 胡鞍钢，才利民．从“六普”看中国人力资源变化：从人口红利到人力资源红利．清华大学教育研究，2011，32（4）：1-8

123. 胡述兆．为图书馆建构一个新的定义．中国图书馆学会会报（台湾），2001（66）：1-4

124. 黄爱平．中国历史文献学．北京：中国人民大学出版社，2010

125. 黄纯元．论芝加哥学派（下）．图书馆，1998（2）：6-9

126. 黄霏嫣．网络环境下的个性化献服务．中国信息导报，2007（8）：2表0-23

127. 黄丽娟．基于数字图书馆的图书馆业务重组探讨．科技情报开发与经济，2010，20（24）：68-69

128. 黄伟红，张福炎．基于XML/RDF的MARC元数据描述技术．情报学报，2000，19（4）：326-332

129. 黄祥林．图像检索中的关键技术．测控技术，2002，21（5）：22-25

130. 黄懿陆．商族源流史．昆明：云南美术出版社，2010

131. 黄元元．国家知识基础设施建设刍议．华东经济管理，2000，14（4）：6-7

132. 黄宗忠．图书馆学体系的沿革与重构．图书与情报，2003（3）：2-9，54

133. 霍艳蓉．Web信息检索的关键技术．现代图书情报技术，2002，97（6）：31-32，35

134. 纪陆恩，庄蕾波．境外合作编目理论与实践．北京：海洋出版社，2007

135. 姜仁珍．图书馆数字信息资源编目的实现．图书馆学研究，2004（2）：58-59

136. 蒋淑媛．网络媒介社会功能论．北京：新华出版社，2011

137. 蒋永福，付小红．知识组织论：图书情报学的理论基础．图书馆建设，2000（4）：14-17

138. 蒋永福，黄丽霞．信息自由、信息权利与公共图书馆制度．图书情报知识，2005（1）：2表0-23

139. 蒋永福，李集．知识自由与图书馆制度——关于图书馆的制度视角研究．图书馆建设，2004（1）：10-12

140. 蒋永福，李景正．论知识组织方法．中国图书馆学报，2001，27（1）：3-7

141. 蒋永福．激情燃放之后话别——《走向权利时代》专栏结束语．图书馆建设，2006（6）：16

142. 蒋永福．客观知识与图书馆——从客观知识角度理解的图书馆学．中国图书馆学报，2000（5）：46-51

143. 蒋永福．图书馆与人类的记忆——从知识记忆角度理解的图书馆学．中国图书馆学报，2000，26（2）：10-13，37

144. 蒋永福．图书馆与知识组织——从知识组织的角度理解图书馆学．中国图书馆学报，1999（5）：19-23

145. 蒋永福．图书馆与制度公正——制度图书馆学研究．图书情报工作，2005，49（1）：14-18

146. 蒋永福．现代公共图书馆制度研究．北京：知识产权出版社，2010

147. 蒋永福．知识权利与图书馆制度——制度图书馆学研究．中国图书馆学报，2005，31（1）：10-14

148. 蒋永福．知识秩序·知识共享·知识自由——关于图书馆精神的制度维度思考．中国图书馆学报，2004，30（4）：10-13

149. 蒋永福．制度缺位：中国图书馆事业发展的瓶颈．国家图书馆学刊，2006（1）：32-33

150. 焦晓波．基于库恩科学哲学的关系营销范式的思考．经济问题探索，2005（8）：55-58

151. 教育部高等教育司，全国高等学校教学研究中心编．信息管理类专业人才培养模式改革研究报告．北京：高等教育出版社，2005

152. 金中仁，成建权，陈振宇，张杰．图书馆信息共享与信息集群服务．北京：人民邮电出版社，2009

153. 靳丽娟．MARC 在因特网资源编目中的应用分析．情报科学，2004（6）：746-748，756

154. 靳玉乐．学校课程领导论：理论研究与实践探索．北京：人民教育出版社，2011

155. 经济合作与发展组织（OECD）编．杨宏进，薛澜译．以知识为基础的经济（修订版）．北京：机械工业出版社，1997

156. 经济合作组织（OECD）．The Knowledge-based Economy. 北京：机械工业出版社，1996

157. 景中强．论马克思精神生产理论的经济学来源．理论与改革，2003（2）：35-38

158. 靖继鹏，马费成，张向先．情报科学理论．北京：科学出版社，2009

159. 鞠英杰．信息描述．合肥：合肥工业大学出版社，2010

160. 瞿书铭，林端宜．传统藏书评价研究概况．中华医学图书情报杂志，2003，12（3）：29-31

161. 柯平，高洁．信息管理概论（第二版）．北京：科学出版社，2007

162. 柯平，王平．基于知识资源论的图书馆学基础理论体系研究．中国图书馆学报，2006，32（2）：9-14

163. 柯平．论知识管理．郑州大学学报（哲学社会科学版），2001，34（6）：132-136

164. 柯平．信息素养与信息检索概论．天津：南开大学出版社，2005：14

165. 柯平．知识管理在图书馆中的应用研究．图书馆学研究，2003（9）：8-12

166. 柯平．知识资源论——关于知识资源管理与图书馆学的研究对象．图书馆论坛，2004，24（6）：58-63，113

167. 柯平等．图书馆知识管理研究．北京：北京图书馆出版社，2006

168. 孔稳舒．新建本科院校图书馆建设探索．昆明：云南科技出版社，2009

169. 寇宗来．专利制度的功能和绩效．上海：上海人民出版社，2005

170. 冷伏海，徐跃权，冯璐．信息组织概论（第2版）．北京：科学出版社，2008

171. 黎民．公共管理学．北京：高等教育出版社，2003

172. 李波．对特色图书馆的再认识——简析特色图书馆的特征．图书情报知识，1998（1）：24-25

173. 李朝明．信息管理学教程．北京：清华大学出版社，2011

174. 李村合．新一代中文智能搜索引擎尤里卡研究．情报科学，2003，21（1）：86-88

175. 李大玲，柯平．论图书馆学的知识资源传承原理．图书馆工作与研究，2006（2）：21-23

176. 李东林．大学图书馆建设与利用．郑州：河南人民出版社，2007

177. 李桂华，张晓林，党跃武．知识服务之运营方式探索．图书馆，2001（1）：18-22

178. 李怀斌．市场营销学．北京：清华大学出版社，2007

179. 李家清．图书馆知识管理的特征及其实施策略．图书情报知识．2003（1）：11-13

180. 李亮．知识地图——知识管理的有效工具．情报理论与实践，2005，28（3）：233-237

181. 李琳．“入世”后的图书馆立法问题．图书馆，2002（5）：68-70

182. 李明杰．中国古代图书馆学的知识论取向．中国图书馆学报，2010，36（1）：27-34

183. 李祁连．运用控制论的观点来研究藏书建设．广东图书馆学刊，1989（4）：73-77

184. 李青华．高校图书馆电子文献与虚拟文献评估方法探讨．大学图书馆学报，2000（2）：10-14

185. 李青丽．建立健全西北贫困地区文献信息保障机制．乌鲁木齐：新疆科学技术出版社，2007

186. 李瑞花．基于WEB平台的混合搜索的研究与实现．西安建筑科技大学，2011：5

187. 李瑞勤．MPEG-7促进多媒体信息检索领域的革命．中国图书馆学报，2003（1）：72-74

188. 李书宁，纪高飞．RSS及其在图书馆的应用．图书馆理论与实践，2006（5）：96-98

189. 李树青，韩忠厚．个性化搜索引擎原理与技术．北京：科学出版社，2008

190. 李四达．数字媒体艺术史．北京：清华大学出版社，2008

191. 李万健．知识与图书馆学和图书馆．四川图书馆学报，2003（6）：2-5

192. 李醒民．库恩在科学哲学中首次使用了“范式”（paradigm）术语吗？．自然辩证法通讯．2005，27（4）：105-107

193. 李严．图书馆核心价值论．北京：中国戏剧出版社，2009

194. 李跃新等．知识工程基础与应用案例．北京：科学出版社，2006

195. 李志义．Web 信息检索系统的设计及应用．北京：清华大学出版社，2011

196. 联合国教科文组织国际教育发展委员会编著．华东师范大学比较教育研究所译．北京：职工教育出版社，1989

197. 梁灿兴．可获得性论的图书馆原理（二）．图书馆，2003（5）：15-18

198. 梁灿兴．可获得性论的图书馆原理（六）．图书馆，2004（4）：22-25

199. 梁灿兴．可获得性论的图书馆原理（三）．图书馆，2004（1）：12-16

200. 梁灿兴．可获得性论的图书馆原理（四）．图书馆，2004（2）：16-21

201. 梁灿兴．可获得性论的图书馆原理（五）．图书馆，2004（3）：15-20，25

202. 梁灿兴．可获得性论的图书馆原理（一）．图书馆，2003（4）：10-13

203. 梁灿兴．图书馆学的核心问题和研究对象新见．图书馆，1998（5）：10-11，18

204. 梁焕平．MARC 与 Dublin Core 两种元数据的比较研究．情报杂志，2004（4）：110-112

205. 梁林梅，孙俊华．知识管理．北京：北京大学出版社，201

206. 梁平．图书馆法简史要略．河南图书馆学刊，2001，21（6）：76-79

207. 梁学青．浅议图书馆编目工作．青海师范大学学报（哲学社会科学版），2010，32（3）：153-155

208. 梁战平．情报学若干问题辨析．情报理论与实践．2003，26（3）：193-198

209. 林学俊．试论库恩的范式及其在科学认识中的作用．科学技术与辩证法，1997，14（1）：37-40

210. 林毅夫．再论制度、技术与中国农业发展．北京：北京大学出版社，2000

211. 刘秉文，王志国，李志勇．现代文献信息资源建设．呼和浩特：内蒙古人民出版社，2008

212. 刘传和，陈界．图书馆知识管理理论与实践．北京：海洋出版社，2007

213. 刘传和，田才．以知识管理来指导图书馆人力资源管理．图书馆论坛，2006，26（1）：130-132

214. 刘福潮，解建仓，罗军刚．电力企业安全管理技术与实践．西安：陕西科学技术出版社，2009

215. 刘贵琴．图书馆知识管理．合肥：安徽大学出版，2007

216. 刘国钧著．史永元，张树华编辑．刘国钧图书馆学论文选集．北京：书目文献出版社，1983

217. 刘国钧．什么是图书馆学．中国科学院图书馆通讯，1957（1）：1-5

218. 刘国钧．图书馆要旨．上海：中华书局，1934

219. 刘洪波．经典知识组织理论：一块动摇的基石．北京图书馆馆刊，1992（2）：73-

79，138

220. 刘洪波．论“知识交流”．图书馆学研究，1992（1）：5-11

221. 刘洪波．探求知识组织的底层．图书馆，1992（5）：5-9，35

222. 刘洪波．知识组织论——关于图书馆内部活动的一种说明．图书馆，1991（2）：13-18，48

223. 刘洪波．知识组织与知识社会化过程．中国图书馆学报，1991（1）：24-29

224. 刘洪辉．美国公共图书馆管理模式及启示．图书馆论坛，2005，25（4）：21 表 0-211，196

225. 刘慧．图书馆岗位设置与图书馆内部业务操作指南．北京：中国教育出版社，2010

226. 刘冀生，吴金希．论基于知识的企业核心竞争力与企业知识链管理．清华大学学报（哲学社会科学版），2002，17（1）：68-72

227. 刘磊．信息资源共享评估研究：以 JALIS 为例．南京：南京大学出版社，2010

228. 刘培刚，郑亚琴．网络经济学．上海：华东理工大学出版社，2007

229. 刘少雪．高等学校本科专业结构、设置及管理机制研究．北京：高等教育出版社，2009

230. 刘绍翰等．基于词条权值的相关反馈算法在 Web 信息检索中的应用．情报学报，2002，21（6）：668-673

231. 刘唐宇．中西义利观及其管理的比较研究．江西社会科学，2003（6）：107-110

232. 刘彤．网络并不必然会带来民主．新闻窗，2007（1）：96-97

233. 刘湘生．主题法是一种重要的检索方法．云南图书馆，1981（1）：22-29

234. 刘小琴．中国图书馆立法进程——与政府官员对话．大学图书馆学报，2003（2）：2-5

235. 刘晓英，叶文青，文庭孝．构建知识地图——论现代目录学理论的发展与创新．图书与情报，2007（2）：9-12

236. 刘晓英，叶文青，文庭孝．知识地图学——论现代目录学的本质．情报理论与实践，2007，30（3）：336-341

237. 刘迅．论图书馆学情报学理论的共同基础——关于波普尔世界 3 理论的思考．情报科学，1982（1）：13-20

238. 刘英华，赵哨军．信息资源检索．北京：科学出版社，2010

239. 刘植惠．知识经济中知识的界定和分类及其对情报科学的影响．情报学报，2000，19（2）：104-109

240. 柳晓春，涂启建．21 世纪图书馆学与情报学的学科定位．图书馆，2000（1）：9-10

241. 吕永波等．基于 Agent 的 Web 知识发现模型及应用研究．中国软科学，2006（8）：141-146

242. 罗平．当前文献信息资源共建共享的若干问题．国家图书馆学刊，2000（2）：35-38

243. 马费成．情报学的进展与深化．情报学报，1996，15（5）：338-344
244. 马海群等．信息资源管理政策与法规．北京：科学出版社，2009
245. 马海群等．面向数字图书馆的著作权制度创新．北京：知识产权出版社，2011
246. 马恒通，曹红毅．论图书馆的公益性．图书情报工作，2004，48（8）：103-106
247. 马恒通．图书馆与知识的进化．图书馆，2007（3）：1-5，10
248. 马恒通．图书馆知识传播论纲．中国图书馆学报，2007，33（6）：26-29
249. 马恒通．图书馆知识管理的核心——人力资源管理．图书馆理论与实践，2003（1）：12-13
250. 马克思恩格斯选集 第4卷．北京：人民出版社，1972
251. 马克思恩格斯选集．北京：人民出版社，1995
252. 毛泽东．毛泽东选集 第3卷．北京：人民出版社，1991
253. 每63.3万人仅一座图书馆．南方日报，2008-12-12（GC02）
254. 孟广均，徐引篪．国外图书馆学情报学研究进展．北京：北京图书馆出版社，1999
255. 中国图书馆学会基础理论研究组．图书馆学基础理论论文集．杭州：中国图书馆学会基础理论研究组，1985
256. 宓浩．良好的开端，更高的期望——评《图书馆学基础》．图书馆学研究，1983（1）：26-29
257. 宓浩．也谈图书馆学基础理论研究的方向问题．图书馆学研究，1983（3）：19-20
258. 宓浩．知识、知识材料和知识交流——图书馆情报学引论（纲要）之一．图书馆学研究，1983（6）：28-35
259. 倪波，荀昌荣．理论图书馆学教程．天津：南开大学出版社，1981
260. 聂平平，尹利民．公共组织理论．武汉：武汉大学出版社，2009
261. 潘吉星．中国古代四大发明——源流、外传及世界影响．合肥：中国科学技术大学出版社，2002
262. 潘有能，丁楠．图书馆学学科知识地图的构建．大学图书馆学报，2007（4）：10-13，25
263. 彭斐章，乔好勤，陈传夫．目录学（修订版）．武汉：武汉大学出版社，2003
264. 彭斐章．目录学教程．北京：高等教育出版社，2004
265. 彭斐章．书目情报需求与服务组织．武汉：武汉大学出版社，2000
266. 彭斐章等著．数字时代目录学的理论变革与发展研究．武汉：武汉大学出版社，2009
267. 彭继红．知识史观：一种新的社会历史方法论．湖南师范大学社会科学学报，2000，29（4）：28-33
268. 彭修义，熊奇永．关于知识研究的哲学思想．知识工程，1989（1）：44-46，8
269. 彭修义，熊奇永．图书馆知识研究我见．知识工程，1989（1）：27-29

270. 彭修义．关于开展“知识学”的研究的建议．图书馆学通讯，1981（3）：85-88

271. 彭修义．图书馆工作与图书馆学理论的知识文化考察．黑龙江图书馆，1987（3）：1-6

272. 彭修义．图书馆学理论研究的知识方向．图书馆．1992（4）：37-40，33

273. 彭修义．以文献知识为动力推进图书馆学理论研究与系科革命．图书馆，1998（6）：7-12

274. 彭志宏，王家驹．现代图书馆信息检索与利用．郑州：郑州大学出版社，2008

275. 齐建国等著．知识经济与管理．北京：社会科学文献出版社，2001

276. 钱弘道．在法学和经济学之间．见：刘迎秋．社科大讲堂法学卷．北京：经济管理出版社，2010

277. 清华大学经济管理学院医疗管理研究中心，清华大学公共健康研究中心．2011 清华医疗管理国际学术会议论文集．北京：清华大学出版社，2011

278. 邱均平，段宇峰．论知识管理与图书情报学的变革．中国图书馆学报，2003（2）：5-9

279. 邱均平，段宇锋．论知识管理与竞争情报．图书情报工作，2000（4）：11-14

280. 邱均平，沙勇忠．信息资源管理学．北京：科学出版社，2011

281. 邱均平．知识管理学概论．北京：高等教育出版社，2011

282. 邱均平等．论知识管理学的构建．中国图书馆学报，2005，31（3）：11-16

283. 邱维民．关于特色图书馆理论与实践若干问题的思考．图书馆，2002（4）：57-58

284. 任勇．任勇：走向管理的文治境界．北京：首都师范大学出版社，2011

285. 上海图书馆．知识创新与图书服务：第四届上海国际图书馆论坛文集．上海：上海科学技术文献出版社，2008

286. 生修雯．图书馆知识管理实现的促成因素及实践经验借鉴．大学图书情报学刊，2010，28（1）：6-9

287. 盛小平．图书馆知识管理引论．北京：海洋出版社，2007

288. 施波等．电子信息资源自动编目的研究与实践．情报学报，2004（1）：52-57

289. 施琴芬，吴祖麒，赵康．知识管理视野下的隐性知识．中国软科学，2003（8）：96-102

290. 石向实，刘晨．图书馆知识管理．杭州：浙江大学出版社，2006

291. 史晓麟．论传统文化与现代企业管理．中外企业家，2006（11）：58-60

292. 史勇．中国近代文物事业简史．兰州：甘肃人民出版社，2009

293. 宋蓓玲．网络信息资源编目初探．情报杂志，2004（4）：123-124

294. 苏新宁等．组织的知识管理．北京：国防工业出版社，2004

295. 孙凤云．图书馆信息服务的新亮点——兼议为中小企业提供信息服务．图书馆工作与研究，2010（2）：91-93

296. 孙更新，雷小平．2001–2002 年我国文献信息编目研究概述．2004（3）：28–30

297. 孙吉红，焦玉英．知识发现及其发展趋势研究．情报理论与实践，2006，29（5）：528–530，527

298. 孙建军．信息资源管理概论（第 2 版）．南京：东南大学出版社，2008

299. 孙姜燕，樊同科．计算机应用基础教程．北京：北京交通大学出版社，2010

300. 谭云明，廖艳君．网络商务信息采集．北京：中国经济出版社，2008

301. 陶述先．图书馆广告学．武昌文华图书科季刊，1929，1（3）：241–249

302. 滕立新．图书馆建设与管理研究．北京：军事谊文出版社，2010

303. 童旭光，鄢一龙，胡鞍钢．“十二五”时期必须加快转变教育发展方式．清华大学教育研究，2012，33（2）：25–30

304. 涂湘波，陈有志．文献传递理论与实务．北京：知识产权出版社，2009

305. 王邦兆，王国栋，催金贵．企业管理概论．北京：中国时代经济出版社，2006

306. 王二高，周建华．知识管理与企业可持续发展．中国质量，2006（8）：44–46

307. 王芳，张晓林．元搜索引擎：原理与利用．现代图书情报技术，1998（6）：18–21

308. 王广宇．知识管理——冲击与改进战略研究．北京：清华大学出版社，2003

309. 王鹤群，马家伟，李华．现代文献信息资源编目．呼和浩特：内蒙古人民出版社，2008

310. 王红玲，张齐增，孙孝诗．网络环境下图书馆信息资源的整合开发．北京：北京图书馆出版社，2006

311. 王惠琴，丁勇．管理原理．南京：河海大学出版社，2008

312. 王建．信息法研究．成都：西南财经大学出版社，2011

313. 王健．信息经济学．北京：中国农业出版社，2008

314. 王京山．图书馆学新思维：试论“大学图书馆学”的建立．图书情报工作，2002，46（1）：49–53

315. 王兰成，敖毅．数字图书馆技术：信息集成与信息检索．北京：国防工业出版社，2007

316. 王兰成．知识集成方法与技术：知识的组织与检索．北京：国防工业出版社，2010

317. 王立清．信息检索教程（第 2 版）．北京：中国人民大学出版社，2008

318. 王丽文．军校图书馆特色服务探析．信息管理，2009，22（2）：36–39

319. 王陆军．睁眼看世界——我们向国外图书馆学习什么．北京：海洋出版社，2010

320. 王培霞．再论图书馆法与图书馆立法．新闻爱好者（理论版），2008（9）：99–100

321. 王松林．资源组织．北京：北京图书馆出版社，2011

322. 王巍．科学说明和历史解释——论自然科学与人文学科的方法论统一性．中国社会科学，2002（5）：29–40

323. 王伟军．信息管理基础．北京：首都经济贸易大学出版社，2010

324. 王细荣．图书情报工作手册．上海：上海交通大学出版社，2009
325. 王潇．跨越发展的途径与代价．北京：中国经济出版社，2010
326. 王新才．政府信息资源管理．北京：科学出版社，2011
327. 王燕鸣．行业教育的探索与思考．北京：中国人口出版社，2008
328. 王运堂等．图书馆信息资源建设与利用．北京：中国文联出版社，2005
329. 王知津，栗莉．信息、知识、情报——再认识．情报科学，2001，19（7）：673-676
330. 王知津．知识组织的目标与任务．情报理论与实践，1999（2）：65-68
331. 王知津等．现代索引文摘法．北京：北京图书馆出版社，1999
332. 王志国，王泽武，马淑坤．图书馆与图书馆学．呼和浩特：内蒙古人民出版社，2008
333. 王株梅．图书馆制度：定位及内在机理．图书馆学刊，2006（2）：3-4
334. 王子舟，王碧滢．知识的基本组分——文献单元和知识单元．中国图书馆学报，2003（1）：5-11
335. 王子舟，张洲英．客观知识的基本性质．中国图书馆学报，2002，28（5）：9-12
336. 王子舟．论知识受众及其合法权益．图书情报知识，2003（3）：2-6
337. 王子舟．面向知识的图书馆学发展新趋势．中国图书馆学报，2007（1）：5-11
338. 王子舟．图书馆学的基本概念与核心概念．中国图书馆学报，2001（3）：7-11
339. 王子舟．图书馆学基础教程．武汉：武汉大学出版社，2003
340. 王子舟．知识集合初论——对图书馆学研究对象的探索．中国图书馆学报，2000（4）：7-12
341. 王子舟．知识集合再论——对图书馆学研究对象的阐释．图书情报工作，2000（8）：5-11
342. 韦景竹．版权公共利益研究．博士学位论文，武汉：武汉大学，2006
343. 维娜·艾莉．知识的进化．珠海：珠海出版社，1998
344. 温树田．医学文献检索．西安：第四军医大学出版社，2006
345. 文丰．重读宓浩．图书馆．1997（5）：36-38
346. 文化部图书馆司等编著．特色图书馆论．北京：北京图书馆出版社，1998
347. 乌家培．乌家培文库 第8册 信息社会与网络经济（1999-2001）．北京：中国计划出版社，2010
348. 吴斌，刘和文．文献信息检索理论与实践．合肥：安徽大学出版社，2010
349. 吴昌合，董宇豪．论公共图书馆与盲人服务．河南图书馆学刊，2011，31（6）：34-37
350. 吴砥，刘清堂，杨宗凯．网络教育标准与技术（第2版）．北京：清华大学出版社，2011
351. 吴漂生．我国读者权利研究综述．图书馆论坛，2007，27（4）：16-19

352. 吴畏．社会知识论还是社会认识论？．自然辩证法研究，2004，20（11）：36－39，101

353. 吴慰慈，董焱．图书馆学概论（修订2版）．北京：北京图书馆出版社，2008

354. 吴慰慈．图书馆事业与图书馆学教育．北京：北京图书馆出版社，2006

355. 吴慰慈．网络环境下信息存储与检索技术的发展．四川图书馆学报，2003，131（1）：3-6

356. 吴慰慈等．中国图书馆事业发展历程．见：《中国图书馆年鉴》编委会．中国图书馆年鉴（1996）．北京：北京图书馆出版社，1997

357. 吴秀珍．和谐图书馆建设．沈阳：沈阳出版社，2007

358. 吴云珊．泛在知识环境下图书馆服务新模式——Information Commons. 图书馆界，2013（1）：26-28，40

359. 武汉大学图书情报学院编．中国图书情报工作实用大全．科学技术文献出版社，1990

360. 席涛．关于图书馆立法的几个基本问题——兼评《中华人民共和国图书馆法》草案．山东图书馆季刊，2003（2）：18-20

361. 夏基松．现代西方哲学教程新编．北京：高等教育出版社，1998

362. 夏露．电子商务法规．北京：清华大学出版社，2011

363. 肖秋会．档案信息检索．武汉：武汉大学出版社，2011

364. 谢清果．中国科学文化与科学传播研究．厦门：厦门大学出版社，2011

365. 谢胜文．论“知识贫困”．湘潭大学学报（哲学社会科学版），2005，29（4）：160-162

366. 谢灼华．中国图书和图书馆史（第3版）．武汉：武汉大学出版社，2011

367. 邢佳佳，徐保安．中华名门才俊·徐氏名门．济南：泰山出版社，2007

368. 徐斌，喻德华．技术经济学范式与技术经济学发展的历史分期问题研究．数量经济技术经济研究，2007（3）：13-23

369. 徐向艺，辛杰．企业知识管理．济南：山东人民出版社，2008

370. 徐引篪，霍国庆．图书馆研究对象的认识过程：兼论资源说．中国图书馆学报，1998，24（3）：3-13

371. 徐引篪，霍国庆著．现代图书馆学理论．北京：北京图书馆出版社，1999

372. 许康，于衍平．科学技术体系的建构基础及演变方向探索．科学学研究，2006，24（2）：166-171

373. 许磊．网络资源编目现状分析．情报科学．2003，21（4）：391-394

374. 薛小棉．高校文献信息资源的开发与利用研究．高校图书馆工作，2001，81（1）：19-22

375. 严怡民．情报学概论（修订版）．武汉：武汉大学出版社，1994

376. 严怡民．走向21世纪的情报学研究．图书与情报，1999（1）：2-8

377. 严怡民主编．情报学概论．武汉：武汉大学出版社，1983

378. 杨博文．科技革命与全球竞争．北京：石油工业出版社，2008

379. 杨东升．促进人的全面发展研究．北京：中国文联出版社，2007

380. 杨桂荣，毛赣鸣，宋敬林．关于图书馆知识管理的研究．图书馆论坛，2007，27（1）：1-5

381. 杨丽娟．创新性信息服务：图书馆信息服务质量的新型管理模式．昆明：云南大学出版社，2009

382. 杨水旸．自然辩证法概论．北京：国防工业出版社，2009

383. 杨晓海．创造力管理．北京：国防工业出版社，2006

384. 杨心恒等．论社会学的基本问题：个人与社会．南开学报（哲学社会科学版），2002（5）：14-26

385. 杨新涯，彭晓东．馆人合一：图书馆2.0创新与实践．北京：知识产权出版社，2010

386. 杨勇．试论学习型组织理论在图书馆管理中的应用——构建学习型图书馆初探．图书馆论坛，2002，22（2）：37-39

387. 杨昭悊．图书馆学（上）．上海：商务印书馆，1923

388. 杨治华，钱军．知识管理：用知识建设现代企业．南京：东南大学出版社，2002

389. 杨仲山，屈超．信息经济测度方法的系统分析．北京：科学出版社，2009

390. 叶鹰．抽象图书馆学的分析化．中国图书馆学报，2002（6）：71-73

391. 叶鹰．图书馆学基础理论的抽象建构．中国图书馆学报，1998，24（3）：86-88

392. 尹雪梅．根据法学理论谈谈我国的图书馆法．四川图书馆学报，2001，124（6）：19-23

393. 于鸣镝．重新认识图书馆．图书与情报，2001（3）：6-8

394. 于伟．现代性与教育——后现代语境中教育观的现代性研究（第2版）．北京：北京师范大学出版社，2008

395. 余秋雨．风雨天一阁．见：吴泰昌．中国新文学大系1976-2000·第18集散文集卷二．上海：上海文艺出版社，2009

396. 余致力．医药信息检索技术与资源应用．南京：南京大学出版社，2009

397. 余子牛．十年：南山图书馆（上册：实践与思考）．长沙：岳麓书社，2008

398. 袁津生，李群．搜索引擎基础教程．北京：清华大学出版社，2010

399. 袁昱明，施建华．网络教育资源平台的理念、原理与技术．北京：科学出版社，2010

400. 曾凡涛，李北平．管理信息系统．武汉：武汉大学出版社，2010

401. 张白影，荀昌荣，沈继武．中国图书馆事业十年．长沙：湖南大学出版社，1989

402. 张佰明，李志宏，蔡越越．网络传播实务．北京：中国传媒大学出版社，2010

403. 张蓓，张成昱，姜爱蓉．Ajax 和 RSS 在图书馆个性化门户网站中的应用．现代图书情报技术，2007（3）：65-68

404. 张赤东．自主创新与研发资源配置——以中国工业企业为例．北京：知识产权出版社，2010

405. 张枫霞．图书馆读者服务．北京：海洋出版社，2009

406. 张凤，何传启．知识创新的原理和路径．中国科学院院刊，2005，20（5）：389-394

407. 张福学．知识管理系统的设计思路与实现工具．情报杂志，2002（3）：53-54，57

408. 张广福．中文工具书基础教程．北京：国防工业出版社，2006

409. 张国良．e 社会传播：创新、合作与责任．上海：上海人民出版社，2010

410. 张健，张黎．信息管理与图书馆学辨析．四川图书馆学报，2001（1）：10-13

411. 张俊英．微软创始人比尔·盖茨生意经．北京：中国画报出版社，2010

412. 张立．论新世纪图书馆员的继续教育与终身学习．图书与情报，2004（4）：81-82

413. 张亮．基于知识共享的人力资源管理策略．特区经济，2005（5）：259-260

414. 张林桂．以纸为承载体的印刷 100 年也不会消失．广东印刷，2003（6）：14-15

415. 张民选．隐性知识与隐性知识的显现可能．全球教育展望，2003（8）：15-21

416. 张铭洪，杜云．网络经济学教程．北京：科学出版社，2010

417. 张宁，余霏．群件技术在战略联盟组织中的应用．当代经理人，2005（17）：100-101

418. 张润彤，曹宗媛，朱晓敏．知识管理概论．北京：首都经济贸易大学出版社，2005

419. 张润彤等．知识管理概论．北京：首都经济贸易大学出版社，2005

420. 张舜徽选编．文献学论著辑要．北京：中国人民大学出版社，2011

421. 张太旗．撕开成功者的谜底．北京：中国发展出版社，2009

422. 张文显，于宁．当代中国法哲学研究范式的转换．中国法学，2001（1）：62-78

423. 张晓林．应转变图书馆学的研究方向．图书馆学通讯，1985，11（3）：57-64

424. 张晓林．走向知识服务：寻找新世纪图书情报工作的生长点．中国图书馆学报，2000，26（5）：32-37

425. 张旭昆．制度的定义与分类．浙江社会科学，2002（6）：3-7

426. 张圆．学习型社会与图书馆．科技咨询导报，2007（4）：254

427. 赵敦华．现代西方哲学新编．北京：北京大学出版社，2001

428. 赵蓉英，侯经川．近十年来情报学的发展及其哲学思考．图书情报知识，2003（6）：9-12，96

429. 赵曙明．国际企业：人力资源管理（第四版）．南京：南京大学出版社，2010

430. 赵顺龙．企业战略管理．北京：经济管理出版社，2008

431. 赵鑫珊．哲学与当代世界．北京：人民出版社，1986

432. 赵阳，杨慧，林容，姜爱蓉．清华大学图书馆 RSS 服务实践．图书馆杂志，2006

(6)：52-55，72

433. 赵颖梅．大学图书馆发展与和谐社会构建．成都：西南交通大学出版社，2007

434. 赵玉兰．高校图书馆藏书目标体系的评估．西北高校图书馆，1997（1）：37-38

435. 郑杭生，李霞．关于库恩的“范式”——一种科学哲学与社会学交叉的视角．广东社会科学，2004（2）：119-126

436. 郑雯译，丁育明．网络资源与光盘资源编目要点探析．现代图书情报技术，2004（5）：58-61，65

437. 中共中央党校教务部，国家人口和计划生育委员会宣教司．人口理论概要（修订本）．北京：中共中央党校出版社，2009

438. 中国大百科全书出版社．中国大百科全书（图书馆学 情报学 档案学）．北京：中国大百科全书出版社，1993

439. 中国大百科全书总编辑委员会《哲学》编辑委员会．中国大百科全书·哲学Ⅱ．北京：中国大百科全书出版社，1987

440. 中国大学图书馆馆长论坛．图书馆合作与信息资源共享武汉宣言．大学图书馆学报，2005（6）：2-4

441. 中国图书馆学会．中国图书馆学会年会论文 2006 年卷．北京：北京图书馆出版社，2006

442. 中国图书馆学会．中小型公共图书馆科学发展与创新：全国中小型公共图书馆联合会 2009 年研讨会论文集．北京：中国民族摄影艺术出版社，2009：79

443. 中华人民共和国国家标准：文献著录总则（GB3792.1-83）．图书馆学通讯，1983（4）：52-60

444. 钟雁．管理信息系统开发案例分析．北京：清华大学出版社，北京交通大学出版社，2006

445. 钟义信等．信息科学教程．北京：北京邮电大学出版社，2004

446. 周立军等．关于电子资源机读目录格式著录的探讨．图书馆论坛，2003（5）：91-93

447. 周庆平，朱开忠，武魏泓．图书馆工作概论．合肥：安徽科学技术出版社，2007

448. 周蔚华．网络出版的兴起与出版的范式转换．中国人民大学学报，2002（5）：112-118

449. 周蔚华等．数字传播与出版转型．北京：北京大学出版社，2011

450. 周学君，崔洪芳，杨欣．计算机基础教程．武汉：华中科技大学出版社，2005

451. 朱常红．谈谈新世纪的大学图书馆机构改革．四川图书馆学报，2002，125（1）：17-20

452. 朱范德．多媒体技术概论（第 2 版）．南京：东南大学出版社，2011

453. 朱光烈．媒体“大革命”．新闻大学，2000（4）：34-39

454. 朱红涛．元数据、Dublin Core 和 MARC 分析研究．情报杂志，2004（1）：85-86，89

455. 朱灵主编，中国日报社编．财富·中国——北京《财富》全球论坛·思维的盛宴．北京：新世界出版社，2005

456. 柳晓春，涂启建．21 世纪图书馆学与情报学的学科定位．图书馆，2000（1）：9-10

457. 张五常．经济学方法论．社会科学战线，2002（4）：206-214

二、英文部分：

1. A. Katsirikou. Consortia and Knowledge Management: The Functional Context and an Organizational Model. Library Management, 2003, 24 (6-7): 337-347

2. A. Kothari, N. Hovanec, R. Hastie and S. Sibbald. Lessons from the business sector for successful knowledge management in health care: A systematic review. BMC Health Services Research, 2011, 11 (1): 173

3. A. O. Idowu. Relationships Between Training/Experience, Knowledge of Computer Usage and Attitudes of Nigerian Librarians Towards Computers. The International Information & Library Review, 1998, 30 (4): 303-309

4. A. R. Gagliardi, N. Fraser, F. C. Wright, L. L. Charles and D. Davis. Fostering knowledge exchange between researchers and decision-makers: Exploring theeffectiveness of a mixed-methods approach. Health Policy, 2008, 86 (1): 53-63

5. B. Sarwar, et al. Analysis of recommendation algorithms for E-commerce //Proceedings of the 2nd ACM Conference on Electronic Commerce, Minneapolis, 2000: 158-167

6. C. Ebert and J. D. Man. Effectively utilizing project, product and process knowledge. Information and Software Technology, 2008, 50 (6): 579-594

7. C. Zhang and L. Li. Digital teaching reference book service: A case study on knowledge-object-based microstructure of digital resources. The International Information & Library Review, 2006, 38 (3): 110-116

8. C. C. H. Law and E. W. T. Ngai. An empirical study of the effects of knowledge sharing and learning behaviors on firm performance, Expert Systems with Applications, 2008, 34 (4): 2342-2349

9. C. K. Cheruiyot, A. Jagongo and E. O. Owino. Institutionalization of Knowledge Management in Manufacturing Enterprises in Kenya: A Case of Selected Enterprises. International Journal of Business & Social Science, 2012, 3 (9): 127-138

10. C. K. Maina. Traditional knowledge management and preservation: Intersections with Library and Information Science. International Information & Library Review, 2012, 44 (1): 13-27

11. C. Kuiken, H. Yoon, W. Abfalterer, B. Gaschen, C. Lo, and B. Korber. Viral genome analysis and knowledge management. Methods in molecular biology, 2013, 939: 253-261

12. C. L. Borgman. What can Studies of E-Learning Teach us about Collaboration in E-

Research? Some Findings from Digital Library Studies. Computer Supported Cooperative Work, 2006, 15 (4): 359-383

13. C. L. Hsu and J. C. C. Lin. Acceptance of blog usage: The roles of technology acceptance, social influence and knowledge sharing motivation. Information & Management, 2008, 45 (1): 65-74

14. C. P. Yu and T. H. Chu. Exploring knowledge contribution from an OCB perspective. Information & Management, 2007, 44 (3): 321-331

15. C. R. McInerney. Working in the virtual office: Providing information and knowledge to remote workers. Library & Information Science Research, 1999, 21 (1): 69-89

16. C. W. Chen. Modeling and initiating knowledge management program using FQFD: acase study involving a health care institute. , Quality & Quantity, 2012, 46 (3): 889-915

17. D. Nevo and Y. E. Chan. A Delphi study of knowledge management systems: Scope and requirements. Information & Management, 2007, 44 (6): 583-597

18. D. Tabatabai and B. M. Shore. How experts and novices search the Web. Library & Information Science Research, 2005, 27 (2): 222-248

19. D. A. Kalogeropoulos, E. R. Carson and P. O. Collinson. Towards Knowledge-based Systems in Clinical Practice: Development of an Integrated Clinical Information and Knowledge Management Support System. Computer Methods and Programs in Biomedicine, 2003, 72 (1): 65-80

20. D. J. Slone. Internet search approaches: The influence of age, search goals, and experience. Library & Information Science Research, 2003, 25 (4): 403-418

21. D. R. Liu, C. K. Ke, J. Y. Lee and C. F. Lee. Knowledge maps for composite e-services: A mining-based system platform coupling with recommendations. Expert Systems with Applications, 2008, 34 (1): 700-716

22. D. Y. Jeong and S. J. Kim. Knowledge structure of library and information science in South Korea. Library & Information Science Research, 2005, 27 (1): 51-72

23. E. W. Coakes, J. M. Coakes and D. Rosenberg. Co-operative work practices and knowledge sharing issues: A comparison of viewpoints. International Journal of Information Management, 2008, 28 (1): 12-25

24. F. Daneshgar and M. Parirokh. An integrated customer knowledge management framework for academic libraries. Library Quarterly, 2012, 82 (1): 7-28

25. Y. C. Yeh, Y. L. Yeh and Y. H. Chen. From knowledge sharing to knowledge creation: A blended knowledge-management model for improving university students' creativity. Thinking Skills and Creativity. 2012, 7 (3): 245-257

26. G. Guzman and L. Trivelato. Packaging and unpackaging knowledge in mass higher education-a knowledge management perspective. Higher Education. 2011, 62 (4): 451-465

27. G. Prokopiadou, C. Papatheodorou and D. Moschopoulos. Integrating Knowledge Management

Tools for Government Information. Government Information Quarterly, 2004, 21 (2): 170–198

28. G. L. Persily and K. A. Butter. Reinvisioning and redesigning " a library for the fifteenth through twenty–first centuries" : a case study on loss of space from theLibrary and Center for Knowledge Management, University of California, San Francisco. Journal of the Medical Library Association, 2010, 98 (1): 44–48

29. H. Falk. The impact of computers on book and journal publication. In: J. L. Divilbiss. The economics of library automation. The 13th Annual Clinic on Library Applications of Data Processing. Graduate School of Library Science, University of Illinois at Urbana–Champaign, April 25–28, 1976: 72–82

30. H. Shimazu, A. Shibata, K. Nihei. ExpertGuide: A Conversational Case–Based Reasoning Tool for Developing Mentors in Knowledge Spaces. Applied Intelligence, 2001, 14 (1): 33–48

31. H. Zhuge and W. Guo. Virtual knowledge service market—For effective knowledge flow within knowledge grid. Journal of Systems and Software, 2007, 80 (11): 1833–1842

32. H. F. Cervone. Knowledge management as a method for supporting digital library projects. OCLC Systems & Services, 2011, 27 (4): 272–274

33. J. Chen and Y. Zhang, A rule based knowledge transaction model for mobile environments. Information Sciences, 2006, 176 (18): 2642–2672

34. J. Kotlarsky, P. C. van Fenema and L. P. Willcocks. Developing a knowledge – based perspective on coordination: The case of global software projects. Information & Management, 2008, 45 (2): 96–108

35. J. Mavodza and P. Ngulube. Exploring the use of knowledge management practices in an academic library in a changing information environment. South African Journal of Libraries & Information Science, 2011, 77 (1): 15–25

36. J. Rowley. Knowledge Management—the New Librarianship? From Custodians of History to Gatekeepers to the Future. Library management, 2003, 24 (8–9): 433–440

37. J. Wang. A Knowledge Network Constructed by Integrating Classification, Thesaurus, and Metadata in Digital Library. The International Information & Library Review, 2003, 35 (2 – 4): 383–397

38. J. Zhang, Y. H. Guo and Y. X. Zhong. Intern–based collaborative information recommendation algorithm · Computer Engineering&Application, 2004, 40 (5): 4–5

39. J. C. R. Tseng and C. H. Wu. An expert system approach to improving stability and reliability of web service. Expert Syste ms with Applications, 2007, 33 (2): 379–388

40. J. J. Branin. Knowledge Management in Academic Libraries: Building the Knowledge Bank at the Ohio State University. Journal of LibraryAdministration, 2003, 39 (4): 41–56

41. J. M. Pemberton. KM & RIM: OIL & WATER? Information Management Journal, 2004, 38

(3): 47-55

42. K. Joranson. Indigenous knowledge and the knowledge commons. The International Information & Library Review, 2008, 40 (1): 64-72

43. K. Yong-Mi and J. Abbas. Adoption of Library 2.0 Functionalities by Academic Libraries and Users: A Knowledge Management Perspective. Journal of Academic Librarianship, 2010, 36 (3): 211-218

44. K. C. Desouza and J. R. Evaristo. Project management offices: A case of knowledge-based archetypes. International Journal of Information Management, 2006, 26 (5): 414-423

45. K. T. Anuradha and T. K. Gopalan. Trend and patterns in explicit organizational knowledge: A correspondence analysis and cluster analysis. The International Information & Library Review, 2007, 39 (3-4): 247-259

46. L. Ludwig, S. Starr. Library as Place: Results of a Delphi Study. Journal of the Medical Library Association, 2005, 93 (3): 315-326

47. L. Ralph and C. Tijerino. Knowledge Management and Library Culture. College & Undergraduate Libraries, 2009, 16 (4): 329-337

48. L. F. Lai. A knowledge engineering approach to knowledge management. Information Sciences, 2007, 177 (19): 4072-4094

49. L. M. Given and H. A. Olson. Knowledge organization in research: A conceptual model for organizing data. Library & Information Science Research, 2003, 25 (2): 157-176

50. M. A. T. Al-Sudairy and T. G. K. Vasista. Fostering knowledge management and citizen participation via E-Governance for achieving sustainable balanced development. IUP Journal of Knowledge Management. 2012, 10 (1): 54-64

51. M. Buckland. Documentation, information science, and library science in the U. S. A. Information Processing & Management, 1996, 32 (1): 63-76

52. M. Fuchs, C. Muscogiuri, C. Niederée, M. Hemmje. Digital Libraries in Knowledge Management: An E-learning Case Study. International Journal on Digital Libraries, 2004, 4 (1): 31-35

53. M. Goebel, L. Gruenwald. A Survey of Data Mining and Knowledge Discovery Software Tools. SIGKDD Explorations, 1999, 1 (1): 21-33

54. M. Lesk. Knowledge Representation Schemes. Understanding Digital Libraries (Second Edition), 2005: 117-151

55. M. R. Lee and T. T. Chen. Revealing research themes and trends in knowledge management: From 1995 to 2010. Knowledge-Based Systems, 2012, 28: 47-58

56. M. Rogers. Infotech. Library Journal, 1998, 123 (3): 99-100

57. M. Biasutti and H. EL-Deghaidy. Using Wiki in teacher education: Impact on knowledge

management processes and student satisfaction. Computers & Education. 2012, 59 (3): 861-872

58. M. N. Murty, A. K. Jain. Knowledge-based Clustering Scheme for Collection Management and Retrieval of Library Books. Pattern Recognition, 1995, 28 (7): 949-963

59. N. L. Henry. Knowledge Management: A New Concern for Public Administration. Public Administration Review. 1974, 34 (3): 189-196

60. N. Oder. Cataloging the net: can we do it? Library Journal, 1998, 123 (16): 47-51

61. News and Events. http: //www. oclc. org/news/default. htm [2013-01-02]

62. O. Porumbeanu. International perspectives: Implementing Knowledge Management in Romanian Academic Libraries: Identifying the Elements that Characterize their Organizational Culture. Journal of Academic Librarianship, 2010, 36 (6): 549-552

63. O. Steen. Practical knowledge and its importance for software product quality. Information and Software Technology, 2007, 49 (6): 625-636

64. P. Butler. An Introduction to Library Science. Chicago: The university of Chicago Press, 1933

65. P. Criscuolo, A. Salter and T. Sheehan. Making knowledge visible: Using expert yellow pages to map capabilities in professional services firms. Research Policy, 2007, 36 (10): 1603-1619

66. P. D. Brewer and K. L. Brewer. Knowledge Management, Human Resource Management, and Higher Education: A Theoretical Model. Journal of Education for Business, 2010, 85 (6): 330-335

67. P. E. Peters. From Serial Publications to Document Delivery to Knowledge Management. Serials Librarian, 1996, 28 (1/2): 37-55

68. P. Shachaf and S. Horowitz. Are virtual reference services color blind? Library & Information Science Research, 2006, 28 (4): 501-520

69. P. Zager and O. Smadi. A knowledge-based expert systems application in libraryacquisitions: Monographs. Library Acquisitions: Practice & Theory, 1992, 16 (2): 145-154

70. P. D. Meo, L. Palopoli, G. Quattrone and D. Ursino. Combining Description Logics with synopses for inferring complex knowledge patterns from XML sources. Information Systems, 2007, 32 (8): 1184-1224

71. P. N. Bless, D. Klabjan and S. Y. Chang. Heuristics for automated knowledge source integration and service composition. Computers & Operations Research, 2008, 35 (4): 1292-1314

72. R. Bose. Knowledge management metrics. Industrial Management & Data Systems, 2004, 104 (6): 457-468

73. R. Clarke. Knowledge Management in the Main Library, the University of the West Indies, Trinidad. Information Development, 2004, 20 (1): 30-35

74. R. Metters and R. Verma. History of offshoring knowledge services. Journal of Operations

Management, 2008, 26 (2): 141-147

75. R. Schwarzwalder. Librarians as Knowledge Management Agents. Econtent, 1999, 22 (4): 63-65

76. R. A. Paton and S. McLaughlin. Services innovation: Knowledge transfer and the supply chain. European Management Journal, 2008, 26 (2): 77-83

77. R. A. Sit. Online library catalog search performance by older adult users. Library & Information Science Research, 1998, 20 (2): 115-131

78. R. M. Hutchins. The Learning Society. New York: F. A. Praeger, 1968

79. S. Gandhi. Knowledge Management and Reference Services. The Journal of Academic Librarianship, 2004, 30 (5): 368-381

80. S. Jayaraman. Knowledge Management and Problem Solving in Textiles. North Carolina State University, 1984

81. S. Lawrence, C. L. Giles. Accessibility of information on the Web. Nature science journals, 1999, 400 (8): 107

82. S. Popadiuk and C. W. Choo. Innovation and knowledge creation: How are these concepts related? International Journal of Information Management, 2006, 26 (4): 302-312

83. S. Durst and S. Wilhelm. Knowledge management in practice: insights into a medium-sized enterprise's exposure to knowledge loss. Prometheus, 2011, 29 (1): 23-38

84. S. K. Baker. New Opportunities for Research Libraries in Digital Information and Knowledge Management: Challenges for the Mid-Sized Research Library. Journal of Library Administration, 2007, 46 (1): 65-74

85. T. David. An advanced architecture for push services//Proceedings of the 4th International Conferenceon Web Information Systems Engineering Workshops (WISEW' 03), Rome, 2003: 193-200

86. T. du Plessis and A. S. A. du Toit. Knowledge Management and Legal Practice. International Journal of Information Management, 2006, 26 (5): 360-371

87. T. C. Chou, P. L. Chang, Y. P. Cheng and C. T. Tsai. A path model linking organizational knowledge attributes, information processing capabilities, and perceived usability. Information & Management, 2007, 44 (4): 408-417

88. T. Charles. Knowledge Management and Academic Libraries. College and Research Libraries, 2002, 62 (1): 44-55

89. T. K. Srikantaiah, M. Konenig. Knowledge management for the information professional. Information today, 2001, 18 (2): 46

90. The Digital Millennium Copyright Act of 1998. http: //www. copyright. gov/legislation/dmca. pdf [2007-10-06]

91. U. S. Aktharsha, H. Anisa and S. D. Ali. The Usage Behavior of Knowledge Management System in Hospitals. IUP Journal of Knowledge Management, 2012, 10 (2): 22–44

92. V. A. Geronimo and C. Aragon. Resource sharing in university libraries: A tool for information interchange. Library Collections, Acquisitions, and Technical Services, 2005, 29 (4): 425–432

93. W. Youngdahl, K. Ramaswamy and R. Verma. Exploring new research frontiers in offshoring knowledge and service processes. Journal of Operations Management, 2008, 26 (2): 135–140

94. W. F. Boh. Mechanisms for sharing knowledge in project–based organizations. Information and Organization, 2007, 17 (1): 27–58

95. W. Y. Tam, K. S. Lui, S. Uludag and K. Nahrstedt. Quality–of–Service routing with path information aggregation. Computer Networks, 2007, 51 (12): 3574–3594

96. X. Lin and L. M. Chan. Personalized knowledge organization and access for the web. Library & Information Science Research, 1999, 21 (2): 153–172

97. Y. Awazu. Managing technology alliances: The case for knowledge management. International Journal of Information Management, 2006, 26 (6): 484–493

98. Y. Berman. Knowledge transfer in social work: The role of grey documentation. The International Information & Library Review, 1995, 27 (2): 143–154

99. Y. K. Dwivedi, K. Venkitachalam, A. M. Sharif, W. Al–Karaghouli, V. Weerakkody, Research trends in knowledge management: analyzing the past and predicting the future. Information Systems Management, 2011, 28 (1): 43–56

100. Y. J. Chen, Y. M. Chen, and M. S. Wu. An empirical knowledge management framework for professional virtual community in knowledge – intensive service industries. Expert Systems with Applications, 2012, 39 (18): 13135–13147

101. Z. C. Leung, Knowledge management in social work: The interplay of knowledge sharing platforms. International Social Work, 2012

三、网络部分：

1. “数字千年版权法案”首战折戟 俄软件公司无罪. http://www.poptool.net/server/p128/J12815727.shtml [2008–02–21]

2. 10余名代表联名提议汉字数字化方案，您支持吗？ http://fuxing.bbs.cctv.com/viewthread.php? tid=11506687&extra=page%3D1 [2008–03–21]

3. 169个西班牙人征服印加帝国：势如破竹. http://www.1history.cn/viewthread.php? tid=162528 [2008–01–20]

4. 2006“数字图书馆与开放源码软件（OSS）”学术研讨会. http://oss2006.las.ac.cn/info-

glueDeliverWorking/ViewPage. action? siteNodeId=43&languageId=1&contentId=-1 [2008-03-23]

5. 2009 年全国新闻出版业基本情况 . http://www. gapp. gov. cn/cms/html/21/493/201009/702538. html [2010-12-02]

6. CNNIC. 第 31 次中国互联网络发展状况统计报告 . http://www. cnnic. net. cn/hlwfzyj/hlwxzbg/hlwtjbg/201301/t20130115_ 38508. htm [2013-01-15]

7. Legacy Walk.. http://www. fsu. edu/ ~ legacy/ [2010-12-05]

8. Web portal. http://webopedia. com/TERM/W/Web_ portal. html [2008-03-29]

9. 陈波 . 搜索引擎在 Web2. 0 中的崛起 . http://news. ccidnet. com/art/1032/20051227/401229_ 1. html [2009-06-28]

10. 第二届数字时代中美图书馆学情报学教育国际研讨会召开 . http://gthy. com/CN/News/2006-10/EnableSite_ ReadNews141239521160496000. html [2008-03-23]

11. 第二届数字图书馆与开放源码软件学术研讨会召开 . http://www. cas. cn/hy/xshd/200903/t20090320_ 2048657. shtml [2009-03-20]

12. 渡渡 . 拥有"完美记忆"的人:1000G 就能记录人的一生 . http://news. xinhuanet. com/st/2005-12/29/content_ 3984576_ 1. htm [2012-5-18]

13. 谷歌 CEO 施密特:互联网是获取信息主要渠道 . http://tech. qq. com/a/20090122/000191. htm. [2013-3-20]

14. 关于 Google 学术搜索 . http://scholar. google. com. hk/intl/zh - CN/scholar/about. html [2012-12-28]

15. 关于评估问题的答复(第二部分). http://gthy. com/Attachment/Doc/1144055050. doc [2008-02-05]

16. 郭重庆 . 对中国科学技术发展滞后的一点思考 . http://www. cae. cn/expadvs/content. jsp? id=1726 [2006-02-26]

17. 国家网络出版工程建设获突破性进展《中国学术期刊网络出版总库》通过验收 . http://www. cnki. net/gycnki/daobao/cnkidaobao32/daobao32_ 1. htm [2008-04-12]

18. 互联网协会公布 2012 年影响中国互联网发展十件事 . 人民网 . http://it. people. com. cn/n/2013/0116/c1009-20223300. html [2013-01-16]

19. 互联网已成中学生知识获取 娱乐消遣重要渠道 . http://news. xinhuanet. com/internet/2010-03/18/content_ 13194409. htm. [2013-3-20]

20. 姜岩 .《中国科学技术史》卷七将破解"李约瑟谜题". http://www. china. com. cn/zhuanti2005/txt/2003-03/10/content_ 5290257. htm [2008-01-20]

21. 教高〔2002〕3 号 . 教育部关于印发《普通高等学校图书馆规程(修订)》的通知(2002 年 2 月 21 日). http://www. edu. cn/20020610/3058180. shtml [2008-03-23]

22. 教育部关于印发《普通高等学校本科专业目录(2012 年)》、《普通高等学校本科专业设置管理规定》等文件的通知 . http://www. moe. edu. cn/publicfiles/business/htmlfiles/moe/

s3882/201210/143152. html. [2013-02-25]

23. 柯平．图书馆知识管理与知识服务的若干问题．http：//gthy. com/CN/News/2006-04/EnableSite_ ReadNews1113655411461536000. html [2007-09-21]

24. 李润文，李健．不是“书吃人”就是“人吃书”——全国1/4县级图书馆没钱购书．中国青年报．http：//zqb. cyol. com/content/2005-08/21/content_ 1163865. htm [2012-09-28]

25. 苹果股价逼近500美元 市值已超谷歌微软之和．http：//it. people. com. cn/GB/17074313. htm [201表0-2-10]

26. 全球宽带用户突破6亿 中国1.64亿户位居第一．中国日报网 http：//www. chinadaily. com. cn/hqcj/zxqxb/2012-06-27/content_ 6290718. html [2013-01-02]

27. 数字图书馆：网络时代图书馆事业发展的方向．http：//www. ccmedu. com/bbs/dispbbs. asp? BoardID=12&ID=2362&page=1 [2007-09-21]

28. 网上版权今得保障——美数字千年版权法案出台．http：//www. people. com. cn/electric/1130/d1050. html [2008-02-22]

29. 小心别被《数字千年版权法案》DMCA撞了你的腰．http：//www. seovista. com/post/dmca-deleted-results. html [2008-02-22]

30. 新闻出版业“十二五”时期发展规划．http：//www. gapp. gov. cn/cms/html/21/508/201104/715451. html [2012-12-31]

31. 新闻出版业“十一五”发展规划．http：//www. gapp. gov. cn/cms/cms/website/zhrmgh-gxwcbzsww/layout3/indexd. jsp? channelId=436&infoId=451671 [2008-04-12]

32. 徐建清．电力多经制造产业实施战略联盟的思考．http：//www. chinapower. com. cn/article/1038/art1038862. asp [2008-03-18]

33. 中国互联网络信息中心（CNNIC）．第30次中国互联网络发展状况统计报告．http：//www. cnnic. net. cn/hlwfzyj/hlwxzbg/hlwtjbg/201207/t20120723_ 32497. htm [2012-12-28]

34. 中国教育与人力资源问题报告．http：//www. china. com. cn/zhuanti2005/node_ 5279743. htm [2008-04-10]

35. 中国图书馆学会制定公共图书馆评估标准《细则》．http：//gthy. com/CN/News/2006-04/EnableSite_ ReadNews13512611143993600. html [2008-02-05]

36. 中国图书馆学教育之父．http：//www. liminghua. cn/renwujinian/renwujinian/shenzurong. htm [2007-06-25]

37. 中华人民共和国国家统计局．2010年第六次全国人口普查主要数据公报（第1号）．http：//www. stats. gov. cn/tjgb/rkpcgb/qgrkpcgb/t20110428_ 402722232. htm [2012-12-28]

38. 中华人民共和国国家统计局．全国年度统计公报．http：//www. stats. gov. cn/tjgb/ndtjgb/qgndtjgb/index. htm [2013-02-28]

39. 中华人民共和国国务院令第468号．http：//www. gov. cn/zwgk/2006-05/29/content_

294000. htm［2008-02-21］

40. 中华人民共和国国务院令第 492 号 . http：//www. gov. cn/zwgk/2007-04/24/content_592937. htm. ［2013-02-28］

41. 中华人民共和国国务院令第 634 号 . http：//www. gov. cn/zwgk/2013-02/08/content_2330133. htm. ［2013-02-28］

附录 图表索引